중국공산당 개혁개방기의 리더십 혁신과 북한, 1978-2018

저자 소개

서 지 徐 智

한국학중앙연구원 정치학 박사, 중국 대련외국어대학교 부교수이며 인천대학교 공자아카데미 중국측 원장, 대련외국어대학교 공자아카데미처 부처장 등을 역임하였다.
최근 주요 작품으로, 『숫자로 말하는 일대일로』, 『건강기공·오금희』, 「박정희 기업가적 리더십과 국가 발전, 그리고 중국에 주는 시사점」, 「'공공외교'의 중국화 루트 탐구-〈신시대 중국의 공공외교와 민간외교: 이론과 실천〉 논평-」 등이 있다. 특히 한중 양국의 문화 교류증진에 기여하여 인천시와 교육청, 지방경찰청, 부평구청, 관광공사, 국제교류재단, 그리고 인천대학교, 인천외국어고등학교, 강화고등학교 등으로부터 여러 차례 수상하였다.

중국공산당 개혁개방기의 리더십 혁신과 북한, 1978-2018

초판 1쇄 인쇄 2020년 7월 2일
초판 1쇄 발행 2020년 7월 10일

지은이 서 지 徐 智
펴낸이 이대현

책임편집 임애정 | **편집** 이태곤 권분옥 문선희 백초혜
디자인 안혜진 최선주 김주화 | **마케팅** 박태훈 안현진
펴낸곳 도서출판 역락 | **등록** 1999년 4월 19일 제303-2002-000014호
주소 서울시 서초구 동광로46길 6-6 문창빌딩 2층(우06589)
전화 02-3409-2060(편집부), 2058(영업부) | **팩시밀리** 02-3409-2059
전자우편 youkrack@hanmail.net
홈페이지 www.youkrackbooks.com

ISBN 979-11-6244-536-5 93300

정가는 뒤표지에 있습니다.

* 잘못된 책은 바꿔 드립니다.
* 이 도서의 국립중앙도서관 출판예정도서목록(CIP)은 서지정보유통지원시스템 홈페이지(http://seoji.nl.go.kr)와 국가자료종합목록 구축시스템(http://kolis-net.nl.go.kr)에서 이용하실 수 있습니다.(CIP제어번호 : CIP2020025279)

2019年度大连外国语大学孔子学院管理费资助项目

중국공산당 개혁개방기의
리더십 혁신과 북한,
1978-2018

서지 徐智

역락

중국 개혁개방기의 정치 발전, 어떻게 볼 것인가?

　정치 발전이란 합리적이고 책임 있는 정부와 평등하고 참여 지향적인 국민이 행정·사법 활동을 안정시키고 국민 전체의 복지를 향상시키는 정치 체제를 마련하는 것이다. 그런데 지금 한국에서 흔히 정치 발전을 정치 근대화로 이해하며, 정치발전에 대한 이론들과 평가 기준들은 주로 서구 입장에서 바라본 정치 발전에 대한 연구경향이라고 생각한다.

　한국의 현대정치사를 보면 국민들의 정치 참여를 매우 중요시하고 정치의 발전은 주로 국민들의 정치 참여에 의한 정책 개발 및 혁신에 달려 있다고 할 수 있다. 그러나 '제2차 혁명'이라고 불리는 중국 개혁개방기의 정치 발전 과정을 보면 대중의 정치 참여보다는 중국 지도부를 구성하고 있는 정치 엘리트들의 리더십 혁신(Leadership Innovations)에 의한 노선 변경과 각종 정책의 도입과 실천에 의하여 이루어졌다는 것이 한국과는 다른 지점이다.

　우리는 '포스트 사회주의(Postsocialism)'의 관점으로, 정치 리더십 혁신을 통한 중국 개혁개방기의 정치 발전 과정을 해석해 볼 수 있다. '포스트 사회주의'란 고전적인 마르크스주의의 이념으로 자본주의 역사의 발전 단계를 바라보는 것도 아니고, 개혁·개방 정책을 탈사회주의 선언 혹은, 사회주의가 지나갔다는 전제 아래 중국을 분석하고 해석하는 것도 아니다. 중국 개혁개방기의 '포스트 사회주의'는 사회주의 의미에서 자본주의에 대응하고 리더십 혁신을 통해 자본주의 발전 과정의 장점을 흡수시키고 사회주의 발전 과정의 결함을 극복해나가는 '중국특색 사회주의'를 말한다.

'중국특색 사회주의'는 유토피아 사상으로서의 사회주의를 지향하지 않고 맹목적인 자본주의를 추구하지도 않는다. 동아시아 신권위주의, 소련 레닌주의, 서유럽 사회민주주의(Social Democracy), 남미의 협동조합주의(Corporatism) 등 유용한 요소들을 모두 흡수하고 여기에 중국의 전통적 문화특징을 지닌 레닌주의와 결합하였다는 것이다. 중국이라는 거대한 나무는 중국의 전통 문화에 뿌리를 두고 중국의 특색이 줄기가 되었으며 다른 나라의 선진 경험이 가지가 되었다는 비유가 매우 적합하다고 생각한다.

일부 서구 학자들은 '국민에 의한 정부(民治)'가 아닌 상황에서 '국민을 위한 정부(民享)'가 있을 수 있다는 것을 이해하지 못했다. 그러면서도 개혁개방기의 리더십 혁신을 통해 거둔 중국의 성과를 부정할 수도 없었다. 서구는 민주제도가 정치적인 합법성의 유일한 원천이라고 인식한다. 그렇다면 중국 정권의 합법성은 무엇일까? 누구라도 자신의 국가가 아무런 위신이 없는 약한 정부가 아니라 권위 있는 강한 정부이기를 바란다. 당연히 권위는 합법성과 연계된다. 그러면 중국 권위 정부의 합법성은 어디에서 오는 것일까? 이에 대해 중국 문제를 연구하는 학자들이 깊게 생각해 볼 필요가 있다.

'민생 문제'는 중국 신해혁명 시기 손문의 '삼민주의(三民主義)'와 밀접한 연원을 가지고 있으며, 중국공산당 개혁개방기의 리더십 혁신 과정을 되돌아보면 중국 경제 발전의 길은 경제 성장을 촉진함과 동시에 '인본주의(人本主義)' 사상과 맞춤형 빈곤 퇴치(精準扶貧) 정책 등을 통해 국민 생활수준도 향상시켰다. 단순한 시장화를 통해서는 결코 많은 개발도상국의 발전을 실현할 수 없으며 많은 인구들의 민생 문제도 해결할 수 없을 것이다. 그러나 중국은 40년 동안 '제2차 혁명'을 거치면서 가난 탈출을 성공적으로 실현하였다. 미국의 군사외교지 「내셔널 인터리스트(The National Interest)」는 "중국공산당이 과거 수많은 정부가 해내지 못한 방식으로 국민 생활을 개선하고 중국이라는 기차를 빠르고도 정확하게 운행하고 있다."라고 평가하였다. 중국공산당 개혁개방기의 리더십 혁신은 다른 개발도상국의 어떠한 방식보다도 경제 성장과 민생 개선에 더 효과적이다.

1978년 덩샤오핑으로부터 2018년 시진핑까지 40년의 개혁개방 기간 동안, 중국공산당은 지속적인 리더십 혁신을 통해 '제2차 혁명'을 추진하면서 서구 발전 방식의 강점은 흡수하고 자국의 결점은 극복하였으며 개발도상국의 모범이 되었다. 동시에 중국이 가진 비(非)서구적 배경과 정치 사회 조직이라는 특징 때문에 아프리카, 남미, 동아시아, 아랍에 유난히 그 추종자가 많다고 해도 과언이 아니다. 그러므로 중국공산당 개혁개방기의 리더십 혁신 경험이 개발도상국인 북한에도 시사점을 줄 수 있다고 본다.

중국 개혁개방기 정치 발전 과정의 특징은 엘리트 정치 역량이 위에서 아래로 지도하고 진행하는 행동이며, 폭발적이고 돌변적인 것이 아닌 점차적으로 축적하는 점진적인 과정이다. 이러한 과정을 통해서 사회주의 기본 제도를 보다 더욱 강화시키고 발전시킴으로써 궁극적으로 중국특색 사회주의를 완성하는 것이다. 이렇게 보면 중국공산당 '제2차 혁명'의 과정은 '자아진화(自我進化, Self-evolution)'라는 뚜렷한 특징을 가지고 있다.

그러므로 중국공산당 최고지도자가 이끌어가는 '자체적'이라는 뚜렷한 특징을 가지고 있는 '제2차 혁명'의 '자아진화' 과정에 방점을 두고 연구하는 작업은 자못 중요하다. 그래서 이 책은 중국 개혁개방기의 현대 정치를 '자아진화' 과정으로 간주하고 중국 현대 정치의 사상적 배경, 즉 신해혁명의 최고지도자인 손문의 '삼민주의(三民主義)', '제1차 혁명'의 최고지도자인 마오쩌둥의 '마오쩌둥사상', 그리고 '제2차 혁명'의 '자아진화' 과정과 밀접한 관계를 가지고 있는 '사자능력(四自能力, Four-self Ability)' 이론 등 배경을 연구한 후에, 정치리더십 접근(Political Leadership Approach)을 통해 '제2차 혁명' 과정에서 있었던 덩샤오핑, 장쩌민, 후진타오, 시진핑 네 명 최고지도자의 리더십 형성 배경을 살펴보고 그들의 비전을 분석하며 비전에 따른 노선 및 정책 혁신을 검토하고 평가하였다. 나아가 이러한 현대 중국 경험이 북한 정치에 시사하는 지점이 무엇인지를 논의하였다.

총괄적으로 보면 1978년부터 2018년까지 40년 동안 중국의 개혁개방기는 정체 속에서 출발하였고 고난 속에서 전진하였으며 '돌다리를 두드리면서 강을 건너는 탐색'과 '최고지도자의 리더십 혁신'을 결합하면서 더욱 심화되었다. 이러한 과정은 제도나 조직 따위를 새롭게 뜯어고친다는 '개혁(改革, reformation)'의 특징은 물론, 이전의 제도와 거버넌스 방식을 근본적으로 변화시키고 심각한 사회 변혁을 일으킨다는 '혁명(革命, revolution)'의 요소도 포함하고 있다. 그리고 묵은 관습, 조직, 방법 따위를 완전히 바꾸어서 새롭게 한다는 '혁신(革新, innovation)'

의 이념을 통해서 정치, 경제, 사회 등 여러 측면에서 점점 발달하여 간다는 '진화(進化, evolution)'의 과정이 이루어진다고 할 수 있다. 그러므로 중국의 개혁개방기는 '제2차 혁명'이라고 불릴 수 있으며, 그의 최대 특징은 바로 최고지도자 '리더십 혁신'을 통해 실현한 '자아진화' 과정이다.

중국인들은 40년의 '제2차 혁명'이 당대 중국을 이루었다고 말한다. 하지만 당대 중국의 모든 것이 완벽하다고 말하는 것은 아니다. 반대로 부족하고 결함과 단점 그리고 실수가 여전히 있는데, 특히 전임자가 후임자에게 남긴 과제들, 시대와 더불어 새로이 나타난 과제들, 그리고 지금 한국 학계에서 흔히 말하는 인치(人治) 정치의 전통으로 인해 남겨 놓은 과제들을 수시로 그리고 지속적으로 최고지도자 리더십 혁신을 통해 보완하고 해결해야 한다.

결론적으로 말하자면, 중국공산당은 개혁개방기에 최고지도자들의 비전, 노선, 정책의 능동적 변화와 자체적 교정에 의한 리더십 혁신을 통해 '자아진화'의 성과를 이룰 수 있다고 본다. 물론, 과거 '자아진화'의 성과보다 지금 '자아진화'의 문제 해결과 미래 '자아진화'의 곤란 극복이 급무이다. 그런데 문제와 곤란이 존재하고 있더라도 이 책에서 다룬 중국의 경험과 교훈이 북한과 같은 개발도상국들의 발전에 미약하나마 힘을 보탰으면 한다.

중국 옛말에서 '만물병육이불상해(萬物幷育而不相害), 도병행이불상패(道幷行而不相悖)'라고 하였듯이, 향후에 중국과 북한의 정치 발전, 더 나아가 한반도의 안정과 세계의 번영을 위해, 국가와 국가가 활발히 교류하고 서로를 거울로 삼아 차이점과 공통점을 인정한다면 다양한 문화와 이념이 조화롭게 공존할 것으로 전망된다.

모든 새로운 시도는 결함과 실패를 동반할 수 있다. 그러므로 독자와 전문가의 평가와 지적을 더욱 겸허히 받아들이고 향후 더 큰 발전을 위한 배움의 기회로 삼고자 한다. 그리고 모든 새로운 성과는 가족들과 지인들, 그리고 교수님들의 배려와 지원 속에서 가능했다. 우선 자식이 멀리 한국에 유학하고 깊이 연구하는 것을 자랑스럽게 여기는 부모님께 깊은 감사를 드린다. 특히 2007년 초에 처음 한국 땅을 밟은 후 13년간, 학문의 길과 인생의 길에서 항상 저를 이끌어 주시고 격려해 주신 정윤재 지도교수님께 감사한 마음을 표한다. 그리고 저를 키워준 모교인 한국학중앙연구원에 계시는 모든 교수님들께 심심한 경의를 표한다. 마지막으로 본서의 출판을 지원해 주신 중국 대련외국어대학교, 그리고 본서의 출판을 위해 애써 주신 역락출판사의 노고에 진심으로 감사드린다. 언급하지 않는다고 존재하지 않는 것은 아니다. 깊은 은혜와 많은 애정을 입었지만 여기서 언급되지 못한 많은 분들께도 감사드린다.

2020년 초봄
대련 여순에서 서지

차례

제4부 장쩌민의 리더십 혁신: '3개 대표론'의 도입 / 165

● 표 차례

• 그림 차례

제1부

리더십 혁신과
자아진화(自我進化)

제 1 장

정치 발전과 리더십 혁신

정치 발전이란 합리적이고 책임 있는 정부와 평등하고 참여 지향적인 국민이 행정·사법 활동을 안정시키고 국민 전체의 복지를 향상시키는 정치 체제를 마련하는 것이다.[1] 하지만 지금 한국에서 흔히 정치 발전을 정치 근대화로 이해하며, 즉 신생 독립국 등 정치적 저발전국가에게 서구 산업 사회의 정치 발전을 전파하고 근대화시킴으로써 사회전반에 걸쳐 서구 자본주의 국가와 같은 발전된 사회를 이룰 수 있다고 보고 있다.[2] 필자는 이러한 정치 발전에 대한 이론들과 평가 기준들은 주로 서구 입장에서 바라본 정치 발전에 대한 연구경향이라고 생각한다.

정희채의 '정치 발전' 개념 모색에 의하면, "어떤 나라가 어느 정도로 정치 발전을 이룩하고 있느냐 평가에 관해서 흔히들 지극히 단순한 논리로 예컨대 민주화문제 하나만 가지고 일도양단(一刀兩斷)식으로 말하는 경우를 많이 본다."라고 지적하였다. 그리고 "이는 정치 발전

---

1) 국립국어원 표준 국어 대사전 웹사이트(stdweb2.korean.go.kr, 2018.6.13.)
2) 『통합논술 개념어 사전』, 청서출판, 2007.

의 개념에 대한 무지의 소치로서, 즉 특정국가의 정치 발전을 평가하는 문제는 우선 그 국가의 발전의 단계와 민주화뿐만 아니라 정치체계의 능력, 그리고 정치도의의 문제 등을 복합적으로 검토하여 이루어져야 할 것"[3]이라고 논의한 바 있다.

또한 정윤재에 의하면 "지금까지의 정치 발전 연구는 대부분 미국의 국제정치상 전략적 필요성에 기인한 것"[4]이라고 말하면서, "제3세계 국가 정치과정의 실상을 '과학'과 '경험적 분석'의 이름으로 서구의 이론이나 가설의 검증대상으로 전락시키거나 서구적 평가기준에 준거하는 비판적 또는 처방적 연구만을 대량생산했다고 해도 과언이 아닐 것"[5]이라고 거론한 바 있다.

이 두 정치학자의 견해는 중국 현대 정치 발전 연구에서도 참고할 수 있다. 중국도 제3세계 국가 중의 하나로, 정치리더십 접근(Political Leadership Approach)에 의한 중국 현대 정치 발전 연구, 특히 중국 정치체계의 능력 연구는 정치 발전 과정에 대한 자아준거적 연구[6]가 될 수 있다고 생각한다. 기존의 논의들은 개발독재라는 비교정치학적 명명에 의한 논의가 대부분이었기 때문에 이는 중국의 현실, 정치적 특성과 비서구적 정치문화의 정치 사회적 기능을 충분히 조명할 수 없었다. 따라서 이 책에서 필자는 정치리더십 접근에 초점을 맞춰 중국의 정치 발전을 살펴 볼 것이다.

3) 정희채, 『정치발전론』, 法文社, 2000, 480쪽.
4) 정윤재, 『정치리더십과 한국민주주의』 제3장 "제3세계 발전에 대한 정치리더십 접근 시론" 부분에서 인용, 나남출판, 2012, 88쪽.
5) 정윤재, 『정치리더십과 한국민주주의』, 나남출판, 2012, 89쪽.
6) 문승익 교수가 '자아준거 연구'란 개념을 제시하였는데 간단히 말해서 "자신의 상황과 필요성에 대한 주체적으로 조응하는 연구"라고 말할 수 있다. 문승익, '자아준거적 정치학', 『국제정치논총』제13집(1974), 111-118쪽. 정윤재, 『정치리더십과 한국민주주의』, 나남출판, 2012, 90쪽 재인용.

한 국가의 정치 발전에 영향을 미치는 중요한 요인은 두 가지로 요약할 수 있다. 하나는 한 국가의 국민 대중들이 정치 참여의 확대를 통한 새로운 개혁 프로그램 및 관련 정책들의 도입과 실천이며, 다른 하나는 정치 제도를 이끌어가는 지도자의 리더십 혁신(Leadership Innovations)이다. 한국의 현대정치사를 살펴보면 한국은 국민들의 정치 참여를 매우 중요시하고 정치의 발전은 주로 앞서 기술한 바와 같이 국민들의 정치 참여에 의한 정책 개발 및 혁신에 달려 있다고 할 수 있다. 그러나 중국 덩샤오핑의 등장으로 시작된 개혁개방의 정치 발전 과정을 보면 대중의 정치 참여보다는 중국 지도부를 구성하고 있는 정치 엘리트들의 리더십 혁신에 의한 노선 변경과 각종 정책의 도입과 실천에 의하여 이루어졌다는 것이 한국과는 다른 지점이다.

최근, 정치리더십을 중심으로 살펴본 현대정치학의 연구방향은 다양해지고 있는데 이 책의 연구방법에 있어서 참고할 만한 시사점을 다음과 같이 세 가지로 정리하였다. 첫째, 정치는 크게 인간적 요소(human factors)와 제도적 요소(institutional factors)로 구성되고 전개되는 것이라고 볼 수 있는바, 그동안 정치학은 지나치게 후자에만 치우치는 경향이 있었지만 지금은 생생한 정치현실에서 구체적이고 큰 영향력을 행사하는 사람들에 대한 학문적 관심과 연구가 강화될 필요가 있다. 가치, 이데올로기, 목적, 개성, 의무와 같은 인간적 요소를 강조함으로써 의료적 접근법(Medical Approach)[7]에 의한 리더십 분석은 정치와 정치리더십에 대한 결정론적인 개념을 극복할 수 있으며 정치학에 있

---

7) 의료적 접근법(Medical Approach)은 정윤재 교수의 논문 「A Medical Approach to Political Leadership: An Chae-Hong and A Healthy Korea, 1954-1958」(Hawaii: Univ. of Hawaii, 1988)을 통해 한국에 처음 소개되었다. 이 접근법은 진단, 처방, 동원이라는 용어로 문제 해결(problem-solving)에 대한 독창력과 지도자-대중 간의 상호작용적 관계를 강조함으로서 정치학을 평가적이고 분석적으로 만들 수 있다고 본다.

어서의 총체적인 접근을 고양시킬 수 있다고 본다.[8] 둘째, 정치리더십에 대한 새로운 관심은 민주주의를 "일련의 조건들"로 간주했던 이제까지의 경향을 지양하고 대신 "변화의 과정과 추진(process and direction of change)"으로 파악함으로써, 각 국가에서 최고지도자들이 각각 독특한 국민과의 관계를 유지하는 가운데 전개되고 있는 다양하고 다이내믹한 정치과정들을 적실성 있게 분석, 평가하는 계기를 제공할 것이다. 셋째, 정치전기학(Political Biography) 연구가 다양해지고 심화됨에 따라 과거의 정치지도자에 대한 공정한 평가를 기하고, 동시에 지금 활동하고 있는 주요 지도자들에 대한 축적된 정보를 바탕으로 그들에 대한 검증과 통제가 자연스럽고 일상적으로 이루어지도록 하는 것이 필요하다. 이것은 정치변화와 역사적 사건의 전개과정을 정치지도자 개인의 성장과정, 역할과 시대 인식, 특징적 활동에 초점을 맞추어 연구하는 것이다.[9]

정치리더십 접근은 정치지도자 개인의 권력행위뿐 아니라 그의 사상과 세계관, 그리고 정치리더십의 필연적 환경으로서의 역사적, 문화적, 국민적 특성도 함께 고려하기 때문에[10] 이에 의한 중국 정치 발전 연구는 기존 연구의 한계[11]를 벗어날 수 있으며 중국 정치과정에 대

---

8) 전미영, 「북한 정치리더십 연구를 위한 방법론적 시론」, 『한국학대학원논문집』(제10집), 1995, 232쪽.
9) 이러한 연구방향들은 정윤재의 저서인 『정치리더십과 한국민주주의』 중의 '현대정치학과 정치리더십' 부분의 내용을 본 논문의 리더십 접근에 대한 주요 연구방법으로 요약하고 정리한 것이며, 이 책의 연구방법에 대해 매우 중요한 참고 가치가 있다. (정윤재, 『정치리더십과 한국민주주의』, 나남출판, 2012, 50-51쪽, 56-60쪽)
10) 정윤재, 『정치리더십과 한국민주주의』, 나남출판, 2012, 118-119쪽.
11) 필자는 중국 정치 발전 과정에 관한 선행 연구들을 자세히 살펴보면 공산당의 일당지배를 존속하고 유지하기 위한 '피동적'인 변화 과정만을 연구대상으로 삼았으며, 중국 국력과 국민 복지를 향상시키기 위한 '능동적'인 진화 과정을 연구대상으로 삼지 않았다는 한계가 있는 것으로 보인다. 그리고 중국의 정치 발전 과정에 영향을 미치고 있는 정치리더십의 존재를 '정치체제', '이데올로기', '정당' 혹은 '국가' 개념에 종속시킴으

한 자아준거적 연구의 진작을 기대할 수 있다고 본다. 정치리더십은 이끄는 지도자와 따라가는 집단성원 사이의 상호관계에서 발생하는 권력현상이므로 이 개념에 입각한 중국 정치 발전과정의 연구는 정치 지도자와 국민 사이에 존재하는 다양한 상호관계적 동태를 분석하는 데 유용하다. 이 경우 정치리더십의 행위를 진단, 처방, 국민지지의 동원으로 나누어 분석한다면, 이 연구는 "국가와 사회의 상호관계를 조정하고 영향력, 아이디어 및 자원들을 선택적으로 쌍방에 전달해주는 박막(membrane)"의 역할을 명료하게 부각시킬 수 있다.[12]

로써 정치리더십 현상에서의 중국적인 특성을 부각시키지 못했을 뿐 아니라, 이는 중국의 정치 발전 과정에 대해 자칫 부정적인 인식을 가져올 수 있다고 생각된다.

12) Fred Block, *Revising State Theory: Essays in Politics and Postindustrialism*(Philadelphia: Temple University Press, 1987), 22쪽. 정윤재, 『정치리더십과 한국민주주의』, 나남출판, 2012, 116쪽 재인용.

제 2 장

중국의 '제2차 혁명'과 '자아진화'

중국 현행 헌법에 따르면 중국공산당은 국가 정권 조직에서 전면적으로 나라를 다스리고 각 분문을 조율하는 총괄적 핵심 지위의 집정당(執政黨)이다. 이는 중국공산당이 장기적으로 집정하는 근본적 법률 근거이기도 하다.[1] 중국공산당의 장기적 집정 과정을 살펴보면 '제1차 혁명'과 '제2차 혁명', 각자 특징을 지니고 있는 두 개 시기로 나눌 수 있다. '제1차 혁명'이란 중국공산당이 지도한 신민주주의 혁명과 사회주의 혁명을 일컫는데, 제국주의·봉건주의·관료자본주의를 무너뜨리고 새로운 중화인민공화국을 세워 사회주의 제도를 확립한 것이다. 이와 달리 중국공산당의 '제2차 혁명'이란 중국공산당이 지도한

---

[1] 중국의 1975년 『헌법』과 1978년 『헌법』은 문화대혁명의 '극좌(極左)' 사조의 영향을 받아, 중국공산당의 지도가 국가 정권 건설을 능가하는 '당과 정부를 구분하지 않다(黨政不分)'는 정치체제를 공식화하였다. 그런데 현행 헌법은 1982년 『헌법』을 근거로 삼아 시대의 변화에 발맞추어 세 번이나 개정하였다. 현행 헌법은 정당과 헌법의 관계를 명확히 하였으며 "중국공산당은 헌법과 법률의 범위 내에서만 활동이 가능하다"는 '법치(法治)' 원칙을 규정하였다. 이에 따라 중국공산당은 집정당으로서의 헌법적 지위가 전면적이고 과학적으로 확정되었다. 모지홍(莫紀宏), 「중국 헌법 문헌 중에서 집정당 지위의 변화를 논하다(論執政党在我國憲法文本中地位的演變)」, 『법학포럼(法學論壇)』, 2011년 제4기, 48쪽.

개혁개방이다.[2] 중국공산당의 개혁개방기는 공식적으로 1978년 12월 제11기 중국공산당 중앙위원회 제3차 전체회의부터 시작되었고 2018년까지는 '제2차 혁명'은 40년의 발전과정을 거쳤다. 결과적으로 1978년 이후 매년 연 평균 10% 가량의 경제성장을 거듭하여 물질적 수준

---

[2] 중국공산당의 '제2차 혁명'이라는 개념이 처음으로 제기된 시기는 1985년 3월 28일, 덩샤오핑이 일본 자민당(自民黨) 부총재인 니가이도 스스무(二階堂進)를 회견했을 때이다. 덩샤오핑은 '개혁은 중국의 제2차 혁명'이라고 제시하였다. 중국 개혁개방 40주년인 2018년 4월 8일에 중국 국가 총서기인 시진핑은 중국 하이난(海南)성 보아오(博鰲)진에서 열린 보아오 포럼 개막 연설에서 "개혁개방이라는 중국의 제2차 혁명은 중국을 크게 바꿀 뿐만 아니라 전 세계에 막대한 영향을 줄 것"이라면서 "중국의 개혁개방은 반드시 성공할 것"이라고 강조한 바 있다. 중국공산당이 1978년 후의 개혁개방을 '제2차 혁명'이라고 하는 이유는 두 세력 간의 생사를 건 투쟁이 아니라 개혁이 생산력 해방이나 발전 방면에서 큰 역할을 일으킨 관점에서 보거나 중국 사회 관계 및 사회 생활 변혁에서 일으킨 심도와 광범위한 폭에서 볼 경우, 모두 한 차례 새로운 '혁명'이라고 말할 수 있다. 바꿔 말하면, 개혁개방이 중국의 '제2차 혁명'이라 함은 그 목적이 생산력 발전과 사회 발전에 적응하지 못하는 구체적인 제도와 거버넌스 방식 및 생각 관념을 근본적으로 변화시키는 것이며, 또한, 경제 문화가 낙후한 중국을 강하고 민주적이고 문명의 사회주의 현대화 국가로 변화시키는 것이다. 이와 같은 목적은 지난 과거의 혁명과 거의 다를 바 없다. 이는 모두 사회 생산력을 발전하는데 장애물을 제거하고 중국이 빈곤하고 낙후한 현황에서 벗어나기 위하여 혁명한 것이며 한차례 '혁명적인 변혁'이라 할 수 있다. 결론적으로 보면, 필자는 '제2차 혁명'이라는 개념을 고안하는 이유가 주로 아래와 같은 3가지 방면의 고려가 필요하다. 첫째, 이는 '제1차 혁명', 즉 신민주주의혁명에 관하여 말하는 것이다. 개혁의 특성은 지난 과거의 혁명과 다를 바 없다. 둘째, 이는 생산력을 해방하고 생산력을 발전하는데 발생하는 장애물을 제거하는데 의미가 있다. 혁명은 생산력을 해방하고 개혁 또한 생산력을 해방하는 것이다. 셋째, 개혁의 심각성과 광범위성을 말하는 것이다. 경제 체제 및 관련 체제의 개혁은 사회 각 방면의 적극성을 불러일으켰고 사회 생산력의 발전을 촉진하였으며 사회 전체 관계와 사회 생활의 심각한 변화를 일으켰다. 이와 같은 관점의 문헌은 아주 많으며 대표적인 관련 연구 결과를 아래와 같이 나열해 보겠다. 장뤼이셩(張瑞生), 「개혁은 중국의 제2차 혁명이다」, 『이론일간지(理論導刊)』, 1992년; 장스구(張式谷),「당대 중국의 제2차 혁명을 논하다」, 『교육과 연구(教學与研究)』, 1993년; 웬리후이(袁礼輝),「중국 제1차 및 제2차 혁명의 관계를 시험 삼아 논하다」, 『통런사범대학학보(銅仁師專學報)』, 2001년; 린젠궁(林建公),「덩샤오핑의 개혁은 중국의 제2차 혁명의 철학이 담긴 사고이다」, 『이론학술지(理論學刊)』, 2009년; 펑수촨(馮書泉),「정확한 개혁은 중국의 제2차 혁명의 재인식이다」, 『과학적 사회주의(科學社會主義)』, 2013년; 린팅팡(林庭芳),「철학적 인식 논의 시각에서 개혁이 중국의 제2차 혁명인 것을 평론하고 분석하다」, 『마오쩌둥사상연구(毛澤東思想研究)』, 2009년 등이다.

에서의 급속한 향상은 물론 정치, 문화 등 여러 측면에서 많은 발전을
가져왔다.

'제2차 혁명' 이래, 중국공산당은 1인자 핵심 지위와 집단 지도 체
제를 결합하는 중국 특색 리더십을 모색하였으며, 중국공산당 중앙 지
도층이 집단적으로 근무를 교대하는 제도3)를 수립하였는데 이는 중국
의 기본 국정과 문화 배경에 부합되고 '제2차 혁명' 과정에서 중국공
산당의 건설과 경제사회의 발전에 대해 유리하다고 해도 과언이 아니
다.4) 그리고 '제2차 혁명' 과정에서, 1982년 『헌법』을 통해 중국공산
당 지도체제를 개혁·보완하여 지도자 직무 종신제(終身制)를 폐지하였
고 임기제를 실행하게 되었다.5) 이는 중화인민공화국 역사상 처음으
로 헌법의 형식으로 국가지도자 직무의 임기제를 명확히 규정하였던
것이다. 그리하여 중국공산당의 민주제도가 어느 정도 보완되었고 헌
법이 국가와 정당에 대한 조정 기능을 강화했을 뿐 아니라, 중국공산

---

3) 이는 시진핑이 2014년 『중국인민대표대회 성립 60주년 기념 대회에서의 연설」 중에서
"우리는 실제적으로 존재했던 지도간부 직무 종신제(終身制)를 폐지하였고, 지도간부 임
기 제도를 보편적으로 실행하였으며, 국가기관 및 지도층의 순서적인 교체를 실현하였
다."고 언급한 바와 같이, 중국특색 권력 교대 모델을 형성하였다. (중국 『인민일보』,
2014년 9월 6일)

4) 중국공산당 중앙정치국 상무위원회 집단 지도 체제는 위원회 집단 성원들이 분업 협조
와 협업 협력을 결합하는 메커니즘이며, 각자의 기구를 대표하여 다른 업무를 분담 관리
하는 동시에, 협업 협력해서 중대한 의사결정을 내리자는 메커니즘이다. (후안강(胡鞍鋼),
『중국 집단 지도 체제(中國集體領導體制)』, 중국인민대학출판사, 2013년, 16쪽) 1982년
중국공산당 12대에서 다년간 존재해온 주석제(主席制)를 폐지하였는데 중앙 위원회에서
총서기만 설치하게 되었다. 그리하여 최고지도자 역할을 하는 중앙 위원회 총서기는 중
앙정치국과 중앙정치국 상무위원회 회의의 소집을 책임지며 중앙서기처의 업무를 주관
한다. 중앙서기처는 중앙정치국과 그의 상무위원회의 사무기구로서 마찬가지로 집단 지
도 제도를 실행한다. (왕춘시(王春璽), 「덩샤오핑이 중국공산당 중앙총서기 및 집단 지도
체제를 건립하는 공헌(鄧小平對建立中共中央總書記制与集体領導体制的貢獻)」, 『정치학 연
구』, 2008년 제6기, 33쪽)

5) 제5기 중국인민대표대회 5차회의에서 중국의 제3차 전면적 헌법 수정을 완성하였고 『중
화인민공화국 헌법』을 통과시켰으며 이 헌법은 '1982년 『헌법』'이라고 약칭한다.

당 '제2차 혁명'의 개혁과 발전을 추진하였다.

1인자 핵심 지위와 집단 지도 체제를 결합하는 방식대로 중국공산당 '제2차 혁명'은 과거의 경험을 바탕으로 사회주의 제도의 자체적 혁신을 통해, 사회 생산력 발전에 적응하지 못하는 구시대의 경제체제를 근본적으로 변화시키고 사회 경제의 전면적인 발전에 어울리는 새로운 경제체제를 창립하며 나아가 생산력을 자유롭게 발휘하도록 도모하는 것이다. 그리고 중국공산당의 '제2차 혁명'의 특징은 엘리트 정치 역량이 위에서 아래로 지도하고 진행하는 행동이며, 폭발적이고 돌변적인 것이 아닌 점차적으로 축적하는 점진적인 과정이다. 그리고 이러한 과정을 통해서 사회주의 기본 제도를 보다 더욱 강화시키고 보완시키며 발전시킴으로써 궁극적으로 중국특색 사회주의를 완성하는 것이다.

이렇게 보면 중국공산당 '제2차 혁명'의 과정은 '자아진화(自我進化, Self-evolution)'라는 뚜렷한 특징을 가지고 있다고 판단된다. '진화(Evolution)'의 관점에서 보면 완벽함이라는 것은 존재하지 않는다는 것을 알 수 있다. 완벽함은 지속되는 적용의 과정을 촉진시키는 것이 목표이다. 자연이든 또는 다른 어떤 것이든 완벽하다면 진화할 필요가 없다. 유기체, 조직, 개인들은 언제나 불완전했지만 진화할 능력이 있었다. 그래서 우리가 실수를 숨기고 완벽한 척하는 것보다 불완전함을 발견하고 대응하는 것이 더 합리적이다.[6]

'자아진화'라는 용어는 중국공산당 '제2차 혁명'의 리더십 혁신 과정은 첫째, 체계 변혁 혹은 정치 사회적 혁명이 없이 진행되었다는 점, 둘째, 변화하는 중국의 대내외 상황에 대하여 중국공산당의 지도자들

---

6) 레이 달리오 저, 고영태 역, 『원칙(PRINCIPLES)』, 서울: 한빛비즈, 2018, 200-203쪽.

이 적절하게 대응하여 체계정당화 및 국가운영의 효율성을 견지해 왔다는 점, 셋째, '제2차 혁명' 과정에서 중국공산당의 정통적 권위가 여전히 인민들 사이에서 승인되고 있다는 사실 등에 유의하여 필자가 고안한 개념이다. 이를테면 중국공산당 '제2차 혁명'의 리더십 혁신 과정은 점진적으로 변해 가는 '진화'의 특징이 있을 뿐만 아니라, 내재적인 역량(Inherent Power)과 능동적인 재능(Active Quality)으로 발전시키는 '자아(Self)'의 특징도 있다.[7] 따라서 '자아진화'라는 개념은 실천 과정에서 실수로부터 매우 귀중한 교훈과 경험을 배우고, 이를 근거하여 지속적으로 발전하고 자체적으로 보완하며 성공을 위한 만반의 준비를 갖추게 되는 능력이라고 할 수 있다.

이러한 '자아진화' 과정은 중국공산당이 근대 중국의 장기적인 쇄국정책과 현실적인 국정에 대한 정확한 분석의 결실이고, 건국 이후 약 20년 동안 '좌'경[8]적인 과오에 대한 심각한 반성의 결과이며, 세계 정치·경제·과학기술 발전의 새로운 상황에 대한 종합적인 연구의 소산이라고 생각한다. 따라서 중국 최고지도자들의 자체적인 리더십 혁신을 통해서야만 이러한 '자아진화' 과정을 이끌어낼 수 있다고 할 수

---

7) 이를 뒷받침하는 문헌론은 많지 않지만, 「중국 발전모델의 진화와 변동」(윤상우, 서울대학교, 2018), 『공산당의 진화와 중국의 향배 : 제18차 당대회 종합적 분석』(전성흥, 서강대학교 출판부, 2013), 「'개혁형 정당' 건설: 정당 진화 및 건설 규율의 새로운 모색("改進型政党"建設:政党轉型与建設規律的新探索)」(馬光選, 중국 『党建研究』, 2014 제6기), 「'사자'능력의 강화: 당의 이론적 자각 및 정치적 자신(增强"四自"能力:党高度的理論自覺和政治自信)」(劉曉玲 외, 중국 『党史党建』, 2015 제1기) 등을 예로 들 수 있다.
8) 중국 공산주의 운동 과정에는, 무산계급 정당 내부에서 마르크스주의 기본원칙을 이탈하는 사조나 노선이 나타났는데, 이를 두 가지로 나눌 수 있다. 하나는 '좌'경 기회주의라고 하는데 그 특징은 객관적인 과정을 초월하여 맹동(盲動)주의나 폐쇄주의를 택하는 것이며, 다른 하나는 우경 기회주의라고 하는데 그 특징은 눈앞의 잠시적인 이익을 위해 근본적인 대계(大計)를 잊고 무산계급에게 부르주아계급을 적응시키도록 유도하는 것이다. '좌'경 기회주의라고 쓰여 있는 경우 항상 '좌' 자에다 인용부호를 넣어야 한다는 이유는 이러한 사조나 노선의 형식은 '좌'로 보이지만 실제로는 '우'에 속하기 때문이다.

있다.

그러므로 중국공산당 최고지도자가 이끌어가는 '자체적'이라는 뚜렷한 특징을 가지고 있는 '제2차 혁명'의 '자아진화' 과정에 방점을 두고 연구하는 작업은 자못 중요하다. 대중의 정치 참여를 통한 한국과 서구의 정치 발전과 달리, 중국은 공산당을 이끌어가는 최고지도자들의 리더십 혁신을 매우 중요시하였기 때문에 많은 혁신을 통하여 변화되는 국내외의 상황에 적극적으로 대응할 수 있었다. 지금까지 거의 100년 발전 역사를 가지고 있는 중국공산당이 그대로 존속하고 지속적으로 발전하는 과정 중에서 자체적인 '자아진화'와 능동적인 '리더십 혁신'은 뗄래야 뗄 수 없는 관계이며 이러한 노선변경과 정책도입을 위주로 한 리더십 혁신을 순서에 따라 체계적으로 살펴보아야 공산당의 '자아진화' 과정의 전모를 그릴 수 있다고 사료된다.

2007년 글로벌 금융 위기를 예측한 것으로 유명하던 미국 학자인 레이 달리오에 따르면, 개인의 진화(Personal Evolution) 과정은 확실하게 구분되는 5단계의 과정을 거쳐 진행된다. ① 분명한 목표를 설정해야 한다. ② 목표를 달성하는 데 방해가 되는 문제를 찾아내고 용인하지 말아야 한다. ③ 근본적 원인을 찾아내기 위해 문제들을 정확하게 진단해야 한다. ④ 문제를 해결할 계획을 세워야 한다. ⑤ 계획을 완수하고 성과를 이루기 위해 필요한 것을 실천해야 한다.9) 이 5단계는 <그림 1>처럼 순환 과정으로 '자아진화'를 지속적으로 추진한다고 할 수 있다.

---

9) 레이 달리오 저, 고영태 역, 앞의 책, 231쪽.

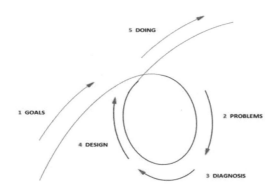

〈그림 1〉 '자아진화(自我進化)'의 5단계 순환 과정10)

 그리하여 이 책은 '자아진화' 순환 과정에서의 5단계 요소를 참고항
으로 삼아 정치리더십 접근을 통해 '제2차 혁명'의 최고지도자들의 리
더십 형성 배경을 살펴보았다. 또한 '제2차 혁명' 과정 중 그들의 비전
들을 분석하고 비전에 따른 노선 및 정책 혁신을 검토하고 평가하였
다. 이 책은 이러한 중국공산당의 리더십 혁신 과정에서 시기별로 최
고지도자들의 자서전이나 평전, 중국공산당의 주요 문서들, 그리고 중
국 현대 정치에 대한 주요 연구 결과들에 대한 문헌 분석(Literature
Analysis)을 시도하였으며, 중국공산당 및 중앙당교11)의 전문가들과의
면담 조사도 시도하였다. 또한 필자는 중국 현대 정치에 대해 '내재적
접근법(Immanent Approach)'12)을 통하여, 중국의 체제를 있는 그대로 보

---

10) 레이 달리오 저, 고영태 역, 위의 책, 232쪽.
11) 중국공산당 중앙당교는 중국공산당의 고급 간부를 양성하는 국립 교육기관이다. 마오쩌
   둥을 비롯해 후진타오 등 중국의 최고지도자들이나 정치엘리트들이 교장을 맡았을 정
   도로 중국에서는 권위 있는 교육기관이다.
12) 이 연구방법은 '내재적 이해에 기초한 내재적 비판'의 방식으로 서구 사회나 한국의 잣
   대로 중국을 재지 않고 중국의 체제를 있는 그대로 보고 이해하자는 것이다. 이 연구방
   법과 같이, 이종석은 '있는 그대로의 북한을 보기 위해' '내재적비판적 접근법'을 주장
   했다. 이것은 내재적 접근법의 유용성을 인정하면서도 사회주의나 자본주의의 작동원

고 이해하고 평가하였다.

한편, 같은 사회주의 국가인 북한은 지난 2002년 7월 1일 '경제관리 개선조치'(7·1 조치)라는 이름으로 개혁정책을 본격적으로 전개하기 시작하였다. 이어, 신의주, 개성 그리고 금강산 등을 지난 1991년 개방한 나진-선봉 지구에 추가하여 외부세계에 개방하였다.[13] 하지만 주지하는 바와 같이, 지금까지 북한 개혁개방의 성과는 아직 불투명하고 경제적으로도 굶주림의 그늘에서 겨우 빠져 나온 상태에 불과하다. 북한에 있어 중국은 인접 국가이자 구소련이 붕괴되면서 마지막 남은 후견국가이기 때문에 중국의 변화모형에 관심을 가지지 않을 수 없다.[14] 북한을 둘러싼 국가들의 이해관계는 다르나 만약 북한이 개혁개방을 통해서 변화한다면 이들 국가들간에 상당한 이해관계의 최대공약수를 이끌어 낼 수 있을 것이다. 이는 궁극적으로 동북아에서의 평화와 번영에 기여하게 된다.[15] 따라서 중국공산당 개혁개방기의 리더십 혁신 과정은 북한의 개혁개방에 대해 참고할 지점을 제공할 수 있으며, 그리고 기타 개발도상국들의 정치 과정에 의미가 있는 시사점을 제공할 것으로 생각된다.

따라서 필자는 이 책을 통하여 중국공산당의 '제2차 혁명'의 '자아

리를 초월한 수준의 준거 틀에서 그 내적 논리나 작동원리 자체를 비판하고 현실 정합성과 한계를 규명하는 접근법이다(『새로 쓴 현대 북한의 이해』, 역사비평사, 2000). 이 홍규에 의하면, 이 연구방법의 장점은 사회주의를 극단적으로 추상화하여 단 하나의 모델만을 가진다고 보는 태도나 이와는 반대로 사회주의 각국의 특수성만 강조하고 사회주의사회가 가지는 이념과 정책의 공통성을 부정하는 이른바 신(新)역사주의적 약점도 극복하여 사회주의 국가사이에 존재하는 일반성과 특수성 양면을 종합적으로 분석할 수 있다는 점이다(「현 단계 중국의 '사회주의민주'의 새로운 모색과 운용에 대한 내재적 연구」, 서강대학교, 1993)

13) 정영철, 『북한의 개혁·개방 : 이중전략과 실리사회주의』, 선인 도서출판, 2004, 17쪽.
14) 이교덕 외, 『북한체제의 분야별 실태평가와 변화전망』, 통일연구원, 2005, 8쪽.
15) 양운철, 「나진·선봉 경제무역지대: 개방과 국제협력의 시험장」, 『"북한문제"의 국제적 쟁점』, 세종연구소, 1999, 169쪽.

진화' 과정에 초점을 두고 리더십 혁신의 발전 순서에 따라, 1978년부터 2018년까지 40년 동안에 덩샤오핑, 장쩌민, 후진타오, 시진핑 총 4명의 중국공산당 최고지도자들이 제시하고 추구했던 비전, 노선, 정책들의 변화를 집중적으로 분석하고 평가하였으며, 그리고 리더십 혁신을 통해 정치 발전을 촉진하는 중국공산당 '자아진화' 과정이 북한과 같은 개발도상국, 그리고 세계 다른 국가들에게도 의미가 있는 시사점이 될지 알 수 없지만 참고사항이 될 수 있다는 기대를 하면서 이런 시사점들을 최선을 다하여 정리해 보았다.

제2부

중국공산당 현대 정치의
사상적 배경

중국공산당은 1921년 7월에 성립되었는데 1949년 10월부터 중국 대륙에서 '인민민주전정(專政)'*을 시행하는 중화인민공화국의 유일한 정당이다. 시대와 더불어 발전하면서 특히 1978년부터 개혁개방을 시작한 중국공산당 '제2차 혁명'의 리더십 혁신 과정을 지속적으로 실천하였기 때문에 백년 동안 시련을 겪었지만 그 정치적 생명력을 그대로 유지할 수 있었다. 제2부는 '신해혁명(辛亥革命)'과 삼민주의(三民主義), '제1차 혁명'과 마오쩌둥 사상, '제2차 혁명'과 사자능력(四自能力) 이론 등 3가지 측면에서 중국공산당의 '자아진화'에 대한 사상적 배경, 즉 중국공산당 현대 정치 진화 과정에 대해 중요한 추진 역할을 한 3대 역사 사건과 그 지도 사상을 분석하는데 치중할 것이다.

---

* 인민민주전정은 중화인민공화국 헌법에 나오는 용어이다. 1949년 7월, 당시 공산당 중앙위원회 주석인 마오쩌둥은 「인민민주전정을 논(論)한다」라는 글을 발표하였는데, 여기에서 "인민민주전정이란 노동자계급이 지도하는 노농동맹(勞農同盟)을 기초로 하는 통일전선의 정권이며 인민 내부에서는 민주제도를 실행하는 정권"이라고 해석한 바 있다.

제 1 장

'신해혁명'과 손문의 '삼민주의'

신해혁명은 1911년, 즉 중국 음력 신해년에 발생하였으며, 청나라를 무너뜨리고 중화민국을 성립시킨 중국의 획기적인 혁명이다. 중국 근현대사에서 처음으로 공화국을 수립한 혁명이라서 '공화혁명'이라고도 불린다. 마오쩌둥은 「중국공산당 당사(黨史)를 어떻게 연구할 것인가?」[1]라는 연설 중에서 "혁명의 준비를 말하면, 1921년부터 시작한 첫 단계 혁명은 실제로는 신해혁명과 오사운동(五四運動)[2]에서 유래된 것"이라고 지적하고 "엄격히 말해서 우리가 당사를 연구할 때 그 시작 시점을 1921년으로 보면, 중국공산당의 전신(前身)을 잘 볼 수 없기 때문에 더 앞선 시기부터 연구해야 한다."라고 강조한 바 있다.[3] 이렇게

---

1) 1942년 3월 30일, 마오쩌둥은 중공중앙서기처 업무회의에서 중국공산당의 노선정책에 관련된 발전역사를 규명하기 위하여 「중국공산당 당사(黨史)를 어떻게 연구할 것인가?」라는 보고 문서를 발표하였다.
2) 1919년 5월 4일, 중국 북경의 학생 약 5,000명이 파리 평화 회의 조약 조인반대와 일본의 특수권 이익을 포함한 산동문제(山東問題)에 대한 일본의 21개조 요구의 취소를 부르짖으면서 군경과 충돌, 이를 계기로 하여 일어난 중국민중의 반봉건・반제국주의 운동이다.
3) 류이타오(劉益濤), 「중국공산당 당사(黨史)를 어떻게 연구할 것인가?(如何研究中共党史)」 (http://cpc.people.com.cn/GB/64162/82819/83774/84792/5906385.html, 2018. 8. 2.)

보면 마오쩌둥은 신해혁명과 오사운동을 '공산당의 전신'으로 확실히 간주하였음을 알 수 있다. 이 글은 신해혁명과 중국공산당 탄생의 역사적 연원을 제시하였고 나아가 신해혁명이 중국 현대 정치를 촉진하는 원동력이라고 해석하고 있다.

신해혁명을 논하려면 손문과 그의 '삼민주의'를 빼놓을 수 없다. 여기에서 삼민주의는 손문이 발표한 초기 중화민국 정치 강령으로, 민족주의(民族主義), 민권주의(民權主義), 민생주의(民生主義)를 뜻한다. 삼민주의는 건국 초기부터 현대에 이르기까지 중화민국의 정치사상이며 중화인민공화국에게도 영향을 주었는데 그 전개 과정은 두 단계로 나눌 수 있다. 즉 구(舊)삼민주의와 신(新)삼민주의이다.[4] 구삼민주의는 1911년의 신해혁명, 1919년의 오사운동 등을 거치면서 그 내용과 함의를 보완하며 발전한 후 신삼민주의로 진화되었다.

손문에게는 민족, 민권, 민생 이 3가지가 서로 통합되는 것이 목표였지만, 실제로 처음의 동맹회 시기에는 민족주의에만 중점을 두었고, 민권주의나 민생주의에 대한 관심과 활동은 그리 두드러지지 않았다. 따라서 신해혁명 이전, 손문의 삼민주의 사상 형성 과정은 민족에서 민권으로, 민권에서 민생까지 발전되는 과정이고, 신해혁명 이후에는

---

4) 손문의 이상과 혁명사상이 집약되어 있는 '삼민주의'는 손문이 혁명을 시작할 때와 거의 같은 시기에 형성되기 시작하여 시대에 따라 부연되고, 변화되었으며, 손문을 혁명운동으로 몰고 가는 동력이었다. 손문은 말년에 러시아 10월 혁명과 중국내의 오사운동의 고무적인 결과를 접수하고, 자신이 겪은 혁명의 좌절을 교훈으로 하여 정치사상에 새로운 발전을 보였는데, 손문은 그가 초기에 주장한 삼민주의 이론을 새롭게 해석하여, 반제·반봉건의 혁명적 내용과 국가의 형성, 발전과 인민 생활의 개선을 포함하는 '신삼민주의'를 제시하였다. (李世平, 『중국현대정치사상사』, 중국사천인민출판사, 1985, 116-117쪽 참조) 따라서 손문의 '신삼민주의'사상은 그의 전 생애에 걸친 혁명과정 속에서 내재적인 발전과 거듭되는 혁명좌절에서 오는 교훈, 대내외적인 시대적 상황의 고무 등의 제반 여건이 손문의 혁명사상이 변화·발전하여 '신민주의'로 나아가는데 중요한 배경이 되었던 것이다. (문현정, 「손문의 신삼민주의사상 형성에 대한 고찰」, 숙명여자대학교, 1990, 49쪽 참조)

민생에서 민권으로, 민권에서 다시 민족으로 가는 과정이라고 볼 수 있다. 이러한 변화는 구삼민주의에서 신삼민주의로 발전하는 과정에서 '자아진화'의 과정을 거쳤기 때문이라고 사료된다. 이러한 '자아진화'의 특징을 살펴보기 위하여 사상적 배경을 동태 분석 방식으로 살펴보면 다음과 같다.

1. 구(舊)민족주의에서 신(新)민족주의까지

민족주의는 손문의 삼민주의의 토대이자 갈수록 심해진 근대 중국 내외 갈등의 산물이며 민권주의와 민생주의보다 조금 일찍 출현했다. 손문의 민족주의 사상은 삼민주의 주요 내용의 하나로서, 반만(反滿)의 내용도 있고 반제(反帝)의 의미도 있다.[5] 처음에는 반만흥한(反滿興漢)[6]에서 만주 귀족이 건립한 부르주아 공화국에 대한 반대로, 그 다음에는 제국주의에 대한 확실한 반대까지의 과정을 거쳤다. 국내외 지속적인 환경 변화와 함께 손문의 민족주의 함의도 시대와 더불어 계속 변화하였다. 구체적으로 살펴보면 다음 <표 1>과 같은 3가지 변화 과정을 거쳤다.

---

5) 반만(反滿)이란 청나라의 만족(滿族) 통치를 반대한다는 뜻이고, 반제(反帝)란 제국주의를 반대한다는 뜻이다.
6) 반만흥한(反滿興漢)이란 만족(滿族) 통치를 반대하고 한족(漢族)을 부흥시키자는 구호이다.

〈표 1〉 손문 '민족주의' 사상의 진화 과정

시간	단계	배경	내용	평가
1894년 이후	발아 단계 (구 민족주의)	흥중회 (興中會)설립	"취제다려, 회복중화, 합중정부를 창립하자" 라는 구호를 제기	만주 귀족 통치를 반대하고 한족 정권을 건립하자는 것인데 여기에서 확고한 민족주의 사상을 엿볼 수 있음.
1912년 이후	진화 단계	중화민국 건립 후	'오족공화(五族共和)' 및 '오족평등'을 주장	· 명확한 반제 혁명 강령을 제시하지 못함. · 대한족(大漢族)주의와 인종주의 경향을 지니고 있다는 제한성을 내재하고 있음.
1919년 이후	성숙 단계 (신 민족주의)	· 10월 혁명 · 오사운동 · 중국국민당 제1차 전국 대표 대회	· 대외적으로 반제국주의와 민족자결을 주장 · 대내적으로 오족공화국을 버리고 민족융합을 위한 민족동화를 주장	민족건국을 목표로 한 손문의 근대 민족주의는 비교적 성숙한 단계로 이행되었음.

19세기 말부터는 손문 민족주의의 발아단계이자 구민족주의시기였다. 1893년부터 중국 광주(廣州)에서 봉기를 상의할 때, 손문은 '취제다려(驅除韃虜)[7])·회복중화(恢復中華)'를 목표로 혁명 단체를 건립하자고 제의하였는데 1894년에도 "취제다려, 회복중화, 합중정부를 창립하자" 라는 구호로 흥중회(興中會)[8])를 설립하였다. 이는 중국 근대 민족 투쟁

----

7) 중국 북쪽 소수 민족들(만족, 몽골족 등)을 내쫓자는 뜻이다.
8) 흥중회(興中會)는 청조(淸朝)의 손문이 중국 민족의 위기를 타개하기 위해, 청일전쟁 초기에 미국 하와이에서 설립한 정치 단체이다.

의 깃발로, 이론과 실천에 적극적인 영향을 미쳤었는데, 신해혁명을 지도해서 봉건 군주 전제 제도를 전복시켰고 부르주아 민주공화국을 건립하였으며, 중국 국민들에게 민족 부흥과 소생의 희망을 심어주었다. '취제다려, 회복중화'는 만주 귀족 통치를 반대하고 한족 정권을 건립하자는 것인데 여기에서 확고한 민족주의 사상을 엿볼 수 있다.

1903년 손문은 일본에서 '청산군교(靑山軍校)'9)를 창립하였는데 군사학교 학생들의 선사에 "취제다려, 회복중화, 건립민국(建立民國), 평균지권(平均地權)"의 내용을 제시하였다. 1905년 7월에 동맹회(同盟會)10)를 설립하였는데 바로 위의 선사 내용을 부르주아 혁명 정당의 정치 강령으로 삼았다. 10월에 손문은 동맹회 기관지인『민보(民報)』의 발간사에서 처음으로 '삼민주의'를 제시하였다. 그때 손문은 민족주의를 '취제다려, 회복중화'로 해석했다.

그렇지만 역사적인 한계로 인해 그의 민족주의는 불가피하게 두 가지 심각한 결함을 내재하게 된다. 우선 이러한 민족주의는 명확한 반제 혁명 강령을 제시하지 못하였다. 실제로 1924년 중국 국민당 제1차 전국대표대회11)가 열리면서, 비로소 반제 구호를 확실히 제시하게 되었다. 또한 이러한 민족주의는 대한족(大漢族)주의와 인종주의 경향을 지니고 있다는 제한성을 내재하고 있다. 대한족주의의 특징은 한족,

---

9) 청산 군사 학교, 또는 도쿄 혁명 군사 학교라고 하며, 청나라 말기에 혁명파가 창립한 학교이다. 재일 중국 유학생 14명을 모집해서 군사에 관한 지식을 가르쳤다.

10) 중국동맹회는 1905년 8월 20일, 손문이 일본 도쿄에서 조직한 저항운동 비밀결사의 이름이다. 동맹회는 한족(漢族)의 애국지사, 공화주의자, 사회주의 활동가들이 공동의 목표로 함께 뭉쳐, 이제까지 있던 비슷한 반청(反淸), 반외세 단체들인 홍중회(興中會), 화흥회(華興會) 등의 단체를 동맹회로 합쳐 조직했다.

11) 중국국민당은 1924년 1월 광주(廣州)에서 열린 제1차 전국대표대회에서 삼민주의를 포함한 정치 이념을 당의 강령으로 채택하는 한편, 연소(聯蘇)·용공(容共)·농공부조(農工扶助)의 3대 정책을 결정했다. 이에 따라 공산당 대표인 이대조(李大釗)와 마오쩌둥 등이 참여하는 중앙통치기구를 구성해 제1차 국공합작(國共合作)이 전개됐다.

만족, 몽골족, 회족(回族), 티벳족 등 민족들로만 구성된 '다민족 국가'를 인정하되 중국 역사의 발전은 한족이 주도한 결과로 보고 있어 기타 소수 민족들의 공헌을 소홀히 하거나 무시하였던 것이다. 소위 '오족공화(五族共和)'도 '일반적'인 의미의 민족 평등으로, 소수민족 사회생활의 독특성과 경제, 정치, 문화 분야에서의 공헌들을 인정하지 않았기에 진정한 민족정신의 정책을 제정하고 실시할 수도 없었다.

따라서 이러한 민족주의의 한계성으로 인해 혁명 실천 또한 미완의 과제를 안고 있었다. 신해혁명은 중국 반식민지, 반봉건의 사회질서를 변화시키지 못하였고, 민족 문제도 해결하지 못하였다. 그리하여 손문은 2차 혁명,[12) 호국운동(護國運動),[13) 호법운동(護法運動)[14) 등 혁명 실천을 통해, 지속적으로 투쟁해왔지만 결론적으로 실패하고 말았다. 이러한 혁명적 실천 속에서 손문은 제국주의 시대, 반식민지와 반봉건의 중국 사회에서 자신의 민족주의를 반드시 재인식해야 한다는 교훈을 얻었다.

세계 최초 사회주의 혁명인 러시아 10월 혁명은 중국 사회에도 큰 영향을 미쳤다. 1919년 중국에서 '오사운동'이 일어났는데, 이는 중국 국민들이 제국주의와 봉건 군벌 정부[15)에 대한 거센 비판 운동이다.

---

12) 여기의 '2차 혁명'은 '신해혁명'에 연이어 1913년 7월 중국국민당에서 '원세개를 타도'하려는 운동이며 이 책의 주제이자 키워드인 중국공산당의 '제2차 혁명'과 다른 것이다. 중국공산당의 '제2차 혁명'은 1978년부터 시작된 중국공산당 최고지도자들의 리더십 혁신을 통해 추진해 온 개혁개방 운동이다.

13) 1911년의 신해혁명은 '1차 혁명'으로 공화정이 수립되었는데, 원세개(袁世凱)가 대총통이 되면서 독재정치가 시작되었다. 1913년 7월 국민당에서 '원세개를 타도'하려는 운동이 전개되면서 혁명을 호소하여 봉기했는데 이를 '2차 혁명'이라고 한다. 그 이후, 원세개는 1915년 일본의 '21개 조 요구' 수락을 위시해 매판성을 드러내어 이런 원세개의 독재정치에 민중은 극심하게 반발했는데 이를 '3차 혁명', 또는 '호국운동'이라고 부른다.

14) 1917년 7월부터 1918년 5월까지, 손문과 그를 지지하는 의원들은 중국 광주(廣州)에서 새로운 정부를 구성하고 호법군(護法軍)을 결성하였는데,『중화민국 임시약법(臨時約法)』을 지키고 북양군벌(北洋軍閥)의 독재통치를 반대하는 운동이다.

이것은 중국 국민들이 10월 혁명의 격려 하에 구민족주의의 틀을 깨
뜨렸으며, 반제애국(反帝愛國)의 신민족주의 운동 단계로 이행했다고 볼
수 있다. 이러한 국내외 정세 변화에 따라 손문은 민족주의의 함의가
매우 부족하고 진정한 민족주의 목표의 실현이 아직 멀었다고 철저히
인식하게 되었다. 이러한 상황에서 손문은 중국국민당 제1차 전국대
표대회『선언』중에서 민족주의에 대하여 다시 해석한 바 있는데16)
이는 제국주의의 정치적・군사적 침략이나 경제적 압박(壓迫)에 대응
하려는 것으로 강권에 대항하려는 공리(公理)로써 파악된다. 따라서 민
족주의는 민족정신을 회복하고 민족지위를 회복하며 대아시아주의17)
를 제창하고 대동주의(大同主義)를 주장하였으며 조약, 외채문제, 자결
동화(自決同化)문제, 인구정책 문제에 초점을 두고 있었다. 이렇게 보면
오사운동이 손문 민족주의의 전환점이다. 처음에는 반만만 언급하고
반제국주의에 대한 언급이 전혀 없었는데, 그 이후에는 대외적으로는
반제국주의와 민족자결을 주장하고 대내적으로는 오족공화국을 버리
고 민족융합을 위한 민족동화를 주장하게 되었다. 따라서 민족건국을
목표로 한 손문의 근대 민족주의는 비교적 성숙한 단계로 이행하였다

---

15) 여기는 봉건사상이 아직 남아 있는 북양군벌 정부라는 뜻인데, 1912년부터 1928년까지
   베이징에 존재한 중화민국 정부를 말한다. 이 정부는 군벌세력들을 중심으로 정권을 장
   악했는데 북양정부(北洋政府)라고도 불린다.
16) 예를 들어, "一切不平等條約, 如外人租借地, 領事裁判權, 外人管理關稅權, 以及外人在中
   國境內行使一切政治的權力侵害中國主權者, 皆当取消, 重訂双方平等, 互尊主權之條約"라
   고 불평등한 조약에 대해 비판하는 바 있으며, 또는 "中國与列强所訂其他條約有損中國
   之利益者, 須重新審定, 務以不害双方主權爲原則"라는 새로운 조약 체결과 주권에 대한
   강조를 해석하였다.
17) 대아시아주의(Pan-Asianism)란 아시아 여러 민족은 아시아인으로서 공통된 특성을 가졌
   으므로, 자각과 단결로써 서구의 제국주의적 식민지지배로부터 벗어나서 아시아인을
   위한 아시아를 건설하여야 한다는 사상과 운동이다. 손문의 대아시아주의는 서구의 패
   도주의(覇道主義)에 대하여 동양은 인의도덕(仁義道德)에 의거한 왕도주의(王道主義)이
   므로 아시아 민족들은 왕도주의 아래에서 일치단결하여야 하며 무력을 사용해서라도
   서구 세력을 몰아내야 한다는 주의로 요약할 수 있다.

고 판단할 수 있으며 이 과정에서 구민족주의를 신민족주의로 발전시켰다고 할 수 있다.

2. 구(舊)민권주의에서 신(新)민권주의까지

손문의 민주혁명 강령 중 민권주의 부분은 삼민주의 체계 중에서 핵심적 위치에 처해있다. 민권주의는 국가 정권의 과제를 포함하고 있는데, 주로 정권의 성격과 그 성격에 따른 정권의 형식, 즉 국체(國體)와 정체(政體)라는 두 가지 과제를 내포하고 있다. 이러한 문제들을 잘 해명해야 혁명 운동에 도움이 된다. 레닌이 『두 가지 정권』중에서 언급하였듯이, "모든 혁명의 근본적 문제는 국가 정권의 문제며, 이 문제가 잘 가려지지 못하면 혁명 참여는 말할 나위가 못되고, 혁명 지도 또한 더 말할 나위도 없다."[18]

손문의 민권주의는 초보적인 형성 단계, 심화 단계, 성숙 단계 등 3단계를 거쳐 진일보 발전하였다. 이러한 과정을 거쳤기에 손문의 민권주의는 지속적인 발전과 '자아진화'의 특징이라고 할 수 있다.

〈표 2〉 손문 '민권주의' 사상의 진화 과정

시간	단계	배경	내용	평가
1894년 11월- 1916년 7월	발아 단계	신해혁명 이전 동맹회	효법구미 (效法歐美) 민주공화국 초보 구상	· 민권 혁명의 화살을 제국주의의 침략이 아닌 청나라의 봉건 통치로 돌렸기 때문에 서구 부르주아지 민주를 많이 수렴한 기초 위에 부르주아

---

18) 레닌, 『레닌 전집(제24권)』, 중국인민출판사, 2014, 18쪽.

	(구민권 주의)	설립	오권헌법 (五權憲法)	지 민주공화국을 건립하려고 함. · '오권헌법'의 제시는 손문이 서구 부르주아지 민주를 본받아서 공부하는 방식에서 서구 부르주아지 민주를 비판적으로 계승하는 방식으로의 전환을 의미함.
		신해혁명 이후 2차 혁명 호국운동	구체적 민주공화국 방안 군정(軍政)· 훈정(訓政)· 헌정(憲政) 3단계	· 서구공화정을 중국에서 구체화시킨 결과 · 전형적인 부르주아지 민주공화국의 방안 · 민권의 주체에 대한 분석이 부족하였기에 그가 실현하려는 민권은 추상적인 제한된 민권
1916년 7월- 1923년 말	진화 단계	러시아 10월혁명 오사운동	사대직접 민권 (四大直接 民權) 전민정치 (全民政治)	· 관료, 군벌, 정객이라는 '진토(陳土)'를 먼저 제거해야 진정한 민권주의를 실현할 수 있음. · '대의제(代議制)'가 진정한 민권이 아니라 '직접 민권'이야말로 진정한 민권임. · 민권 혁명의 대상과 민권의 주체, 서구 부르주아 민주와 소련 사회주의 민주에 대해 깊은 이해를 가지게 되었으며, 민권주의를 어떻게 중국 실제 상황과 결합하여 발전할 것인지에 대해 새로운 인식을 가지게 됨.
1924년 1월	성숙 단계 (신민권 주의)	중국국민 당 제1차 전국대표 대회	민권의 주체와 민주공화국 의 성격에 대한 명확한 규정	· 서구 부르주아 민주에 대하여 참고적 공부부터 비판적 계승까지, 그 다음에 소련의 사회주의 민주에 대하여 참고적 공부까지 이르는 과정 · 서구 부르주아 민주를 그대로 답습하여 중국 실제 국정을 고려하지 않던 데로부터 중국 실제 국정을 많이 결합하는 과정

			부조농공 (扶助農工) 정책	· 국민들에게 추상적이고 한계가 있으 며 시행하기가 어려운 민권으로부터 구체적이고 전면적이며 시행이 가능 한 민권까지의 과정 · 부르주아 민주공화국 방안에서 신민 주주의 성격을 띤 민주공화국 방안 까지의 과정

우선, 손문이 처음으로 합중정부(合衆政府)를 건립하자고 제시하였던 1894년 11월부터 호국운동이 끝난 1916년 7월까지는 손문 민권주의가 초보적으로 형성된 단계로 볼 수 있다.

이 단계는 신해혁명 전후의 구(舊)민주주의 혁명시기[19]로, 신해혁명 전에는 손문이 동맹회를 설립하고 삼민주의를 혁명 강령으로 채택하여 신해혁명을 일으켜 청나라의 통치를 무너뜨리고 중화민국을 건립하였는데, 신해혁명 후에는 손문이 원세개(袁世凱) 독재 정권을 반대하는 '2차 혁명'과 군주제의 부활을 반대하는 '호국운동'을 이끌어 나갔다. 이러한 과정에서 혁명과 운동을 통해, 손문은 자신의 민권주의 사상을 초보적으로 형성하였다.

손문은 구미(歐美)와 일본에 망명을 가는 도중에, 부르주아지 민주주의 사상을 열심히 연구한 끝에 '효법구미(效法歐美)'를 주장하였고 신해혁명 전에 민주공화국 초보 구상을 발의하였으며, 신해혁명 후에는 이러한 구상을 깊이 전개하여 구체적으로 규정함으로써 민주공화국의 방안을 형성하였다. 이 민주공화국의 방안은 서구공화정을 중국에서 구체화시킨 결과이자 전형적인 부르주아지 민주공화국의 방안이라고

---

19) 중국혁명의 역사적 과정은 구민주주의와 신민주주의를 구분했는데, 구민주주의 혁명은 부르주의들이 이끄는 보수적이고 낡은 혁명이며, 신민주주의는 프롤레타리아들이 이끄는 새로운 민주주의 혁명이라고 한다.

할 수 있다.

비록 손문이 이 시기에 서구 부르주아지 민주를 받아들였지만 서구 민주공화정의 폐단들을 점차 발견하기 시작하였다. 손문이 서구의 삼권분립에 대해 분석한 결과를 보면, 선거제는 관리 선발을 제대로 이행하지 못하였고 위임제는 감찰권(監察權)이 국회에 속해 있기 때문에 독립적으로 감독하지 못하는 제한성이 있다. 이러한 폐단들을 극복하기 위하여 손문은 1906년 11월에 처음으로 '오권헌법(五權憲法)'을 제시하였다. 즉, 중국 고대 시험제도를 참고하여 시험을 통해 관리를 선발하고 독립적인 고시권(考試權)을 설립하였으며 또한 중국 고대 탄핵제도를 참고하여 감찰권을 국회에서 분리시켜서 독립적인 감찰권을 설립하려고 하였다. 이리하여 고시권과 감찰권을 입법권, 행정권, 사법권 중에서 독립 및 병립시켜 '오권헌법'을 만들게 되었다.20) '오권헌법'의 완벽한 정부가 수립될 때 민유(民有), 민치(民治), 민향(民享)의 국가가 될 것이라고 강조한 바 있다. '오권헌법'의 제시는 손문이 서구 부르주아지 민주를 본받아서 공부하는 방식에서 서구 부르주아지 민주를 비판적으로 계승하는 방식으로의 전환을 의미한다.

뿐만 아니라, 손문은 중국의 실제 정세와 결합하여 민권주의에 대한 입장을 발표하였다. 중국이 봉건국가라는 실정을 파악한 손문은 "중국의 민권주의를 실현하기 위해서, 반드시 군법(軍法)치국의 군정(軍政)시기에서 약법(約法)치국의 훈정(訓政)시기로, 그 다음에 헌법(憲法)치국의 헌정(憲政)시기까지의 과정을 거쳐야 한다"21)고 강조하였다. 환언하면

---

20) 평윈페이(馮芸菲), 「손중산 헌정 사상 연구(孫中山憲政思想硏究」, 중국북방공업대학 석사학위논문, 2017, 20쪽.
21) 손문의 삼민주의를 건국이념으로 삼고 국민혁명을 군정(軍政)·훈정(訓政)·헌정(憲政)이라는 3단계를 거쳐서 성숙시키려는 방침과 함께 연소연공정책(聯蘇聯共政策)을 취하여 중국공산당과의 합작을 실현하였다. 평윈페이(馮芸菲), 앞의 논문, 29쪽.

국민혁명을 군정·훈정·헌정이라는 3단계를 거쳐 성숙시키는 방침을
제시하였다.

그런데 이 시기 손문은 민권 혁명의 화살을 제국주의의 침략이 아
닌 청나라의 봉건 통치와 원세개의 독재 통치로 돌렸기 때문에 서구
부르주아지 민주를 많이 수렴한 기초 위에 부르주아지 민주공화국을
건립하려고 하였다. 그러나 민권의 주체에 대한 분석이 부족하였기에
그가 실현하려는 민권은 추상적이고 제한된 민권이라고 할 수 있다.
예를 들어, 손문은 부르주아 민주주의 사상에 따라서 민권을 공권(公權)
과 사권(私權)으로 나눴다.22) 사권을 보면, 국민의 평등, 자유 등 기본
적인 인권들이 구체적으로 정해져 있는데 공권에 대하여서는 국민이
참정권과 선거권이 있다고 추상적으로만 정의하였다.23) 어떠한 참정
권과 선거권이 있는지, 그리고 어떻게 이해하고 실현할 수 있는지에
대해 그는 구체적으로 설명하지 못했을 뿐만 아니라, 관련 법률 중에
서도 그에 관한 명확한 규정은 없었다.

다음, 1916년 7월 15일 손문은 '사대직접민권(四大直接民權)'이라는 관
점을 제시하는데, 이는 민권주의가 심화 단계로 접어들었음을 의미한다.

원세개(袁世凱)가 제제(帝制)를 부활시켰고, 단기서(段琪瑞)는 의회를 해
산시켰으며, 남북 군벌들이 서로 결탁하여 호법(護法)운동을 파괴하였
던 일련의 사건들은 그에게 의식의 전환을 가져다주었다. 손문은 비록
신해혁명이 봉건제제(帝制)를 무너뜨리고 중화민국을 건립하였지만 봉
건 독재의 사회 토대와 여독(余毒)을 제대로 제거하지 못하였음을 재삼
인식하게 되었다. 손문은 관료, 군벌, 정객을 봉건 독재가 남긴 세가지

---

22) 손문은 공권(公權)과 사권(私權)에 대하여 "선거, 참정 등 공권과 거주, 언론, 출판, 집회,
　종교 등 사권을 모두 향유한다(對于國家社會之一切權利, 公權若選舉, 參政等, 私權若居住,
　言論, 出版, 集會, 信敎之自由等, 均一体享有)."라고 하였다.
23) 손문, 『손중산 선집』, 중국인민출판사, 1981, 384쪽.

'진토(陳土)'로 비유하면서, 이러한 세가지 '진토(陳土)'를 먼저 제거해야 진정한 민국을 건립할 수 있고 또한 민권주의를 실현할 수 있다고 생각하였다.

이 단계에서 손문의 서구 부르주아 민주에 대한 태도 또한 많이 바뀌었다. 한편으로 그는 서구 삼권분립의 폐단을 철저하게 분석하였고 중국에서 오권헌법을 실시해야 할 필요성을 논증하였으며, 다른 한편으로는 서구 각국에서 국민이 의원을 선거하고 의원으로 의회를 구성하여 입법권을 행사하며 국가를 관리하는 간접 민권, 즉 대의제(代議制)에 대해서도 비판적으로 계승하였다. 손문은 '대의제(代議制)'가 진정한 민권이 아니라 '직접 민권'이야말로 진정한 민권임을 지금부터 성명한다[24]고 강조한 바 있으며, 대의제의 폐단을 극복하기 위하여, '직접 민권'을 반드시 시행해야 한다고 지적하였다. 서구 대의제에 대한 비판적 계승을 통해 손문은 "중국 국민들에게 어떠한 민권을 주어야 할지", 그리고 "민권을 어떻게 실현할 수 있을지"라는 문제들을 사고하고 해결하기 시작하였으며, 나중에는 '사대직접민권'과 '전민정치(全民政治)'를 제시하였다.

동시에 러시아 10월 혁명의 영향을 받은 손문은 10월 혁명과 소비에트 정권에 대한 정확한 인식을 계속 심화시켰고, 서구 부르주아 민주뿐만 아니라 사회주의 민주도 접촉하게 되었다. 그는 "10월 혁명의 성격은 사회주의 혁명이고, 소비에트 정권은 귀족자본가의 정권이 아니라 공인, 농민, 그리고 혁명자의 정권"[25]임을 인식하였으며 10월 혁명과 소비에트 정권이 중국 국민들의 소망이자 중국 민권 혁명의 본보기라고 스스로 깨닫게 되었다. '오사운동'과 그 이후의 혁명 운동의

---

24) 손문, 『손중산 전집』(제5권). 중화서국(中華書局), 1981, 476쪽.
25) 손문, 『손중산 전집』(제6권). 중화서국(中華書局), 1981, 28쪽.

발전 특히 '육삼파업'[26]이 있었기에 '오사운동'이 성공할 수 있었다는 사실을 통해서, 손문은 인민 군중들이 커다란 혁명의 힘을 가지고 있으며 혁명의 주력군이라는 인식을 가지게 되었다. 과거의 혁명들이 계속 실패하고 좌절당한 중요한 원인을 여기에서 찾았는바, 인민 군중이 참여한, 일으킨 혁명이 아니기 때문[27]이라는 것이다. 그는 인민 군중들을 제대로 설득하지 않았기 때문에 대부분의 노동계층 국민들은 정치에 대해 무관심했고, 국가의 주인이란 직책을 포기하고 말았다[28]고 보았다. 공인과 농민 등 군중들의 혁명 역량에 대한 인지와 국민에 대한 새로운 인식은 다음 단계에서 노동자, 농민, 소부르주아, 민족 부르주아를 민권의 주체로 보고 민주공화국의 성격을 확립하는데 중요한 사상적 기초를 마련해주었다.

이 단계에서 손문은 서구 대의제를 비판적으로 계승하는 기초 위에, 스위스나 미국 서북부 10여개 주의 방법을 따라 국민들이 진정한 민권을 얻을 수 있도록, 선거권, 파면권, 창제권, 복결권이란 '사대직접민권'을 부여하였다.[29] 선거권과 파면권은 밀고 당기는 양방향을 조종 가능한 권력이고, '법률'은 '사람을 다스림(정치)'에 있어서 매우 중요한 것이므로 국민에게 어떤 법률이 유리할 경우 그대로 시행되도록 하는 권력은 바로 창제권이다. 옛 법률이 국민에 불리할 경우 폐지 및 개정토록 하는 권력은 바로 복결권이다. 이러한 네 가지 민권이 갖추어져야 완벽한 직접민권이 되고, 진정한 전민정치[30]가 될 수 있다. '사

---

26) 육삼파업(六三罷工)은 1919년 6월 3일에, 북경군벌정부가 애국 학생들을 대규모로 체포하였기 때문에 상해 등 각지에서 일어난 애국 대파업이다.

27) 손문, 위의 책(제5권), 476쪽.

28) 손문, 위의 책(제5권), 544-560쪽.

29) 리츠오(李超), 「손문 헌정 개혁 중의 '직접 민권' 사상에 대한 소고(淺談孫中山憲政改革中的"直接民權"思想)」, 『세기교(世紀橋)』, 2013, 제3기, 74쪽.

30) 전민정치(全民政治)란 일부 특권계층이 아닌 모든 국민들이 직접 정치하는 체제를 말하

대직접민권'의 제시는 손문이 민권주의를 간접민권에서 직접민권으로
까지 발전시켰음을 의미한다.

손문은 민권주의의 심화 단계를 통해, 민권주의에 '사대직접민권'의
내용을 추가했을 뿐만 아니라 민권 혁명의 대상과 민권의 주체, 서구
부르주아 민주와 소련 사회주의 민주에 대해 보다 깊은 이해를 가지
게 되었으며, 국민들에게 어떠한 민권을 줄 것인지, 어떻게 실현할 것
인지, 그리고 민권주의를 어떻게 중국 실제 상황과 결합하여 발전할
것인지 등 많은 문제들에 대해 새로운 인식을 가지게 되었다. 이러한
인식들은 손문 민권주의의 본질적인 변화를 가져왔는바 이는 첫 번째
단계의 민권주의를 진화시켰다고 말할 수 있다.

마지막으로, 1924년 1월 중국국민당 제1차 대표대회의 개최부터 손
문이 운명한 1925년 3월까지는 민권주의의 세 번째 단계이자 민권주
의의 성숙과 신민권주의의 탄생 단계이다.

1924년 1월 코민테른과 중국공산당의 도움 하에, 중국 광저우(廣州)
시에서 열린 중국국민당 제1차 전국대표대회에서 그는 삼민주의를 재
해석하여 구삼민주의를 신삼민주의로 변신시켰다. 신삼민주의를 포함
한 정치 이념을 당의 강령으로 채택하는 한편, 소련과 연합전선을 취
하여 공산당원을 받아들이며 농업과 공업을 중요시한다는 3대 정책을
결정했다. 이에 따라 공산당 대표인 이대조(李大釗)와 마오쩌둥 등이 참
여하여 중앙통치기구를 구성하기에 이르는데 이것이 제1차 국공합작
(國共合作)이다.

1924년 3월 9일부터 4월 26일까지 손문은 광주 국립고등사범학교에
서 '민권주의'를 주제로 연설을 하였다. 이 연설에서 그는 민권주의에

며 손문이 주장한 것으로 특정 계급이 아닌 모든 국민을 강조하기 위하여 주장한 것이다.

관한 여러 문제들을 폭넓게 논술하였으며 중요한 관점들을 재차 제시하였다. 손문은 세계 민권 발전의 역사를 살펴본 후에 "민권은 천부(天賦)의 권리가 아니라 국민이 민권 혁명을 통해 쟁취한 것이기 때문에 '천부인권'이라는 관점이 틀렸다"[31]고 강조하였으며, 서구가 개인 자유의 쟁취를 1순위로 놓아야 한다는 자유사상은 중국에 어울리지 않는다고 보았다. 개인 자유를 지나치게 강조하면 중국은 오합지중(烏合之衆)이 되고 말 것이라는 것이 그의 주장이다. 제국주의의 침략을 받고 그 어떤 저항도 없이 제국주의의 식민지로 전락하였음을 예로 들면서, 중국에서는 너무 지나치게 개인의 자유에 신경을 써서는 안 되고 그 대신에 개인 자유를 어느 정도로 희생해야 한다고 천명한다. 그래야만 국민들을 단결시켜 제국주의의 침략을 반대하고 민족과 국가의 진정한 자유를 쟁취할 수 있다고 지적하였다.

손문은 중국과 서구의 상황, 국정이 다르기에 서구의 부르주아 민주주의 사상과 민주공화정체가 서구에 어울릴 수가 있긴 하지만 반드시 중국에 부합되는 것은 아니라고 하였다. 그리하여 중국 정세와 결합하여 혁신시키고 서구 민권의 폐단을 탈피해야 진정한 중국식 민권주의를 제시할 수 있으며 이 또한 중국을 위해 사용될 수도 있다고 강조하였다.[32] 서구 부르주아 민주를 비판적으로 계승하는 동시에, 손문은 소비에트 정권에 대해 더욱 깊이 연구하였다. 그는 소비에트 정권은 노동자·농민·군인의 정권이며 그 성격으로 보면 프롤레타리아 전정(專政)이라고 하였다. 따라서 "중국은 반드시 소련을 따라 배워야 하고 모델로 삼아야 한다"[33]고 명확히 제시한 바 있다.

---

31) 손문, 『손중산 전집』(제9권). 중화서국(中華書局), 1981, 120쪽.
32) 손문, 위의 책(제9권), 120쪽, 504쪽.
33) '盖今日革命, 非學俄國不可', 손문, 『손중산 전집』(제11권). 중화서국(中華書局), 1981, 145쪽.

신민권주의에 관해서 무엇보다도 민권의 주체와 민주공화국의 성격에 대해 명확한 규정을 내렸다는 것은 가장 중요한 지점이다. 손문은 노동자, 농민, 도시 소부르주아, 그리고 상인을 대표로 하는 민족 부르주아가 혁명 과정에서의 역할과 지위에 대해 긍정적인 평가를 하면서 부조농공(扶助農工)이라는 정책을 결정하였다. 그리하여 신민권주의의 민권 주체는 노동자, 농민, 도시 소부르주아, 민족 부르주아라고 확립하였고, 그들은 국가의 주인이며 국가 정권은 그들의 정권이라고 다시 한 번 강조하였다. 이러한 민주공화국은 봉건 군주제, 군벌관료전정(軍閥官僚專政)의 국가제도와 다를 뿐만 아니라 서구 부르주아 공화국과도 다르다고 할 수 있다. 이것은 노동자계급, 농민계급, 도시소부르주아계급, 민족부르주아계급이 공동으로 결합하여 제국주의를 반대하고 봉건주의를 반대하는 혁명 민주 전정의 민주공화국이다. 이러한 민주공화국은 중국공산당의 민주혁명시기의 정치 강령, 즉 무산계급 지도 하의 반제(反帝) 반봉건(反封建)의 모든 계급 연합 전정의 민주공화국[34]과 일치하다고 할 수 있다.

이상의 3단계를 살펴보면, 신민주주의혁명시기 손문의 민권주의는 서구 부르주아 민주에 대한 참고부터 비판적 계승까지, 계속해서 소련의 사회주의 민주에 대한 참고까지에 이르는 과정을 거쳤고, 서구 부르주아 민주를 그대로 베껴 중국 실제 국정을 고려하지 않았던 초창기부터 중국 실제 국정을 많이 결합하는 과정까지, 국민들에게 추상적이고 제한적이며 시행하기가 어려웠던 민권에서 구체적이고 전면적이며 시행이 가능한 민권까지, 부르주아 민주공화국 방안에서 신민주주

---

34) 중국공산당의 민주혁명시기의 정치 강령은 "무산계급 지도 하에 모든 반제·반봉건 계급들을 통합하여 집정하는 민주공화국(在无産階級領導下一切反帝反封建的階級聯合專政的民主共和國)"라고 하였다.

의 성격을 띤 민주공화국 방안까지의 과정 등을 거쳤다. 이러한 과정
들은 손문의 민권주의 사상이 지속적으로 실천하는 과정에서 쌓였던
경험과 교훈의 성과이자 능동적인 '자아진화'의 과정으로 보인다.

3. 구(舊)민생주의에서 신(新)민생주의까지

손문의 민생주의는 민족주의와 민권주의에 이어 제시한 사회 혁명
강령으로, 삼민주의 중에서 가장 특색이 있고 시대적 특징을 잘 보여
주는 강령이다. 19세기 말과 20세기 초, 손문을 대표로 하는 중국 부르
주아 민주혁명파가 정치적 무대에 올랐고, 그들은 서구 국가들을 모델
로 중국 사회를 개조하려고 하였다. 하지만 서구 자본주의가 독점 제
국주의 단계로 이행하면서 사회 양극화로 인한 빈부 격차가 심해져
프롤레타리아 혁명 운동이 바야흐로 크게 일어나고 있었다. 이런 서구
자본주의 사회의 전철(前轍)을 밟지 않기 위해 손문은 '민생주의'를 제
시하였다. 민생주의는 '국민의 생활권'을 옹호하기 위하여 경제적 불
평등의 시정을 목표로 하였다. 시대의 발전, 혁명 목표의 변화, 그리고
손문의 인식 변화에 따라 민생주의는 발아 단계, 진화 단계, 그리고 성
숙 단계의 발전과정을 거치게 된다.

〈표 3〉 손문 '민생주의' 사상의 진화 과정

시간	단계	배경	내용	평가
1894년 - 1911년	발아 단계 (구민생주의)	『상이홍장서 (上李鴻章書)』	'국계민생(國計民生)' 의 문제를 제시	민생주의가 싹트는 시 기이며 이 시기의 '평균 지권(平均地權)'이라는

		흥중회 (興中會) 설립	'후민생(厚民生)' 등 일련의 조치를 제기	주장의 내용은 그리 명 확하지 않음.
		청산군교(靑山 軍校) 창립	'평균지권(平均地權)' 이라는 주장을 제기	
1911년 - 1924년	진화 단계	신해혁명 이후	토지문제의 해결에 방점을 두고 있음.	'평균지권'이라는 사상은 아직 미흡하고 공상(空想) 적인 면이 있음.
		중화민국 건국 초기	'진흥실업(振興實業)'	'원세개 복벽(袁世凱復辟)' 사건으로 인해 모두 허사 가 됨.
		제1차 세계대전 종전	'6대 계획'과 '10대 건설'을 포함하고 있 는『실업계획(實業計 劃)』	당시의 역사 조건 하에 서 는 실현할 수 없었지 만, 민생 문제의 해결, 외자를 이용한 실업진흥 등 관점은 미래에 큰 영 향을 미쳤음.
1924년 이후	성숙 단계 (신민생주의)	국공합작 (國共合作)	자본절제(資本節制) 경자유전(耕者有田) '인민의 생활권'	중국 근현대 부르주아 혁명파의 경제 학설이지 만 소부르주아 포퓰리즘 의 낭만적인 공상(空想) 이 그 속에 스며있음.

우선, 1894년부터 1911년까지 손문 민생주의의 발아단계이자 구민생주의의 시기였다.

1894년 갑오전쟁 무렵, 손문은「상이홍장서(上李鴻章書)」[35] 중에서

---

35) 이홍장은 중국 청말의 정치가이며 청말의 주요 외교문제를 장악, 이이제이(以夷制夷)로
열강들을 서로 견제시키면서, 양보·타협정책을 취했다. 손문은 1894년 1월, 이홍장에
게 8000여자의「상이홍장서(上李鴻章書)」를 작성하여 보냈는데, 청나라가 서구 자본주
의 제도를 그대로 모방해 달라고 건의하였다.

"사람은 재능을 다 발휘하고 토지는 그 작용을 다 발휘해야 하며 물건은 그 가치가 충분히 이용되어야 하며 상품의 유통은 막힘없이 이어져야 한다"[36]라는 '국계민생(國計民生)'의 문제를 제시하였다. 1895년 손문은 '흥중회(興中會)'의 성립 장정(章程)에서 '후민생(厚民生)' 등 일련의 조치를 제기하였다. 1903년 손문이 일본에서 '청산군교(青山軍校)'를 창립할 때 군사 학교 학생들의 선사 중에서 '평균지권(平均地權)'이라는 내용을 혁명 강령의 주요 내용으로 삼았지만 이 시기의 '평균지권(平均地權)'이라는 주장의 내용은 그리 명확하지 않았다.

신해혁명 이후, 손문의 민생주의에 대한 논술은 토지문제의 해결에 방점을 두고 있었다. 그는 서구 각국이 사회문제를 해결할 수 없었던 것은 토지문제를 제대로 해결하지 못했기 때문이라고 추론하였다.[37] 그리하여 손문은 미국 학자인 헨리 조지(Henry George)[38]가 『진보와 빈곤(Progress and Poverty)』에서 주장한 단일토지세란 논의에 근거하여 중국의 민생문제를 해결하려고 시도하였다. 이는 서구 각국의 사회문제를 해결했던 경험과 교훈을 그대로 가져오는 것이 아니라 중국의 실제 국정에서 출발하여 '평균지권'이라는 방법을 창조적으로 제시하였다. 손문은 '핵정지가(核定地價), 조가납세(照價納稅), 조가수매(照價收買), 창가귀공(漲價歸公)'[39]이란 방법을 통해, 중국이 세금만 받게 된다면 세

---

36) 『상이홍장서(上李鴻章書)』 중에서 "歐洲富强之本, 不盡在船堅炮利, 壘固兵强, 而在于人能盡其才, 地能盡其利, 物能盡其用, 貨能暢其流－－此四事者,富强之大經,治國之大本也"라는 네 가지 조치를 제시하였는데, 여기에서 그의 부강관(富强觀)을 엿볼 수 있다.

37) 장순창(張順昌), 우전위(吳振宇),「손중산 민생주의 사상의 역사적 변화(孫中山民生主義思想的歷史演變)」, 『검남민족사범학원학보(黔南民族師范學院學報)』, 2008년 제2기, 46-49쪽, 59쪽 참조.

38) 헨리 조지는 미국의 경제학자로 단일토지세를 주장한 『진보와 빈곤』을 저술하였으며 19세기 말 영국 사회주의 운동에 커다란 영향을 끼쳐 '조지주의 운동'으로 확산되었다.

39) 땅값을 심사하여 결정하며 책정된 땅값에 따라 세금을 내고 매매하며 땅값이 오르면 초과하는 부분은 국가에 소유된다는 뜻이다.

계에서 가장 부유한 국가가 될 것이고 토지가 점점 국유로 변할 것이며 따라서 사회문제도 해결될 것이라고 보았다. 냉정하게 그 이면을 살펴보면, 손문의 '평균지권'이라는 사상은 아직 미흡하고 공상(空想)적인 면이 있다. 그런데 봉건 토지소유제라는 중대한 과제를 접촉하게 되었으며 지주계급이 토지를 독점하는 것을 저지하고 자본주의의 발전을 위해 유리한 조건을 마련하는 데에 적극적인 역할을 하였다고 할 수 있다.

다음, 1911년부터 1924년까지 손문 민생주의의 진화단계였다.

신해혁명을 거친 중화민국은 '민궁재진(民窮財盡)'[40]의 상태에 처했기 때문에 손문의 민생주의 사상은 '진흥실업(振興實業)'이라는 내용을 기치로 걸고 실업을 진흥시키고 민생주의를 시행하는 것을 매우 중요한 사업의 일환으로 여기고 전력을 쏟았다. 그는 임시대총통을 맡았던 3개월 동안에, '진흥실업'에 관련된 일련의 정책과 법령을 반포하였다. 「임시정부공보(臨時政府公報)」의 통계에 따르면 실업부(實業部)와 관련된 조항만 50여개가 있고, 각성(省)에 실업사(實業司)를 설립하여 실업에 관한 모든 사무를 중요시하라고 강조하였다. 손문은 임시대총통을 사임한 후에도 경제 건설 사업을 책임졌다. 1912년부터 1913년 사이에, 중국 각지에서 연설이나 홍보를 통해 모두 한 마음으로 경제 건설 위업을 도모하도록 호소하였는데, 통계에 따르면 총 58번 연설 중에서 민생주의를 주요 내용으로 하였거나 '진흥실업' 문제에 관련된 내용을 호소하였던 연설은 33번에 달하였다.[41] 따라서 이 시기에 손문의 민생주의는 '평균지권' 이론을 제외하고는 '진흥실업'이 중국 민생 발전의 급무이었다. 그리고 '진흥실업'의 과정에서 자본 독점의 폐단을 탈피

---

40) 국민이 궁핍해지고 국가 재정이 파탄에 이르다.
41) 장순창(張順昌), 우전위(吳振宇), 앞의 논문, 59쪽.

하기 위해, 손문은 국가사회주의 정책도 취하고 국가사회주의 방식을 매우 중요시하였지만 '원세개 복벽(袁世凱復辟)' 사건으로 인해 모두 허사가 되고 말았다. 손문이 국가사회주의를 중요시하였던 목적은 단순히 자본가를 반대하는 것이 아니라, 이러한 방식을 통해 '진흥실업'의 과정에서 소수 사람들이 경제 세력을 등에 업고 사회 재부를 독점하는 것을 방지하기 위한 것이다. 손문의 이러한 사상적 모순은 당시의 역사적 조건하에서는 도저히 해결될 수 없었던 것이다.

1918년 호법운동(護法運動)이 실패로 끝난 후, 손문은 상해로 돌아가 칩거하면서 저술에 몰두하였다. 바로 이 시기는 제1차 세계대전의 종전으로, 대량의 잉여 물자가 남아돌고 있을 때였고 그는 이것을 중국이 실업을 발전시킬 수 있는 '하늘이 준 절호의 기회(天賜良機)'라고 생각하였다.[42] 그는 전후 형세의 발전과 세계 선진국가의 경제건설 경험을 참고로 하는 것은 물론 중국의 실제 상황과 결합하여 1918년부터 1919년까지 중국 경제 건설에 관한 저서 『실업계획(實業計劃)』을 편찬하였다. 여기에서 그는 민생주의의 내용을 많이 심화시켰다. 『실업계획』은 '6대 계획'[43]과 '10대 건설'[44]을 포함하고 있는데, 매우 치하할 만한 점은 손문은 당시 중국의 능력과 자본이 부족하므로 외국의 자본과 기술을 이용하여 중국 실업 계획을 공동으로 발전시키기 위해 일련의 원칙을 제시하였다. 첫째는 대외개방 과정에서 국가 주권을 지키자는 원칙이고 둘째는 대외개방 과정에서 평등호혜(平等互惠)의 원칙

---

42) 장순창(張順昌), 우전위(吳振宇), 위의 논문, 47쪽.
43) '6대 계획'은 항구 건설, 철도 건설, 교통운수체계 건설, 광업과 제련 산업, 기계 제조 산업, 근대 공업, 농업기계화 등 주요 내용들이 포함되었다.
44) '10대 건설'은 교통 개방, 상업 항구 개벽, 도시 건설, 수리 발전, 공업 진흥, 광업 발전, 농업 발전, 수리 공사, 삼림 조성, 그리고 이민을 통해 변방을 안정시킨다(開放交通, 開辟商港, 興建都市, 發展水利, 振興工業, 發展礦業, 發展農業, 興修水利, 營造森林, 移民實邊)는 내용들이 포함되었다.

이며, 셋째는 대외개방 과정에서 상생 협력하고 함께 이익을 얻자(互助合作共嬴)는 원칙이다. 비록 이 시기의 그의 주장은 당시의 역사 조건 하에서 실현할 수 없었지만, 민생 문제의 해결, 외자를 이용한 실업진흥, 나아가 중국공산당 현대 정치사상의 토대 마련, 특히 개혁개방을 위주로 한 '제2차 혁명'에 커다란 영향을 미쳤다.

마지막으로, 중국공산당과 합작한 후인 1924년, 서구 자본주의 제도의 폐단을 재인식한 손문은 그의 '민생주의'를 재해석했다. 이 시기부터는 그의 민생주의의 성숙단계이자 신민생주의시기였다.

손문이 처음에 제기한 민생주의는 지주의 불로 소득을 억제하는 것을 과제로 하였는데, 후에 재해석한 민생주의에는 독점자본의 억제와 대기업의 국영화 등을 포함한 자본절제(資本節制)와 경자유전(耕者有田)의 원칙에 입각한 토지 해방의 내용이 덧붙여졌다. 신민생주의는 제국주의의 경제침략을 부각시켜서 비판하였고, '민생이상(民生理想)'과 자본주의 제도를 깨트리는 것과 결합하여 자본주의를 그대로 배우는 것을 포기하며 노동자의 기본생활과 사회보장을 위해 구체적인 자본절제(資本節制)의 강령을 제시하였다. 토지문제에 대해서도 경자유전(耕者有田)의 사상을 제대로 확립하였으며 나아가 이는 신민생주의의 주요 강령이 되었다. 손문은 만년에 "민생주의는 바로 사회주의이며 또는 공산주의이자 대동주의이다"[45]라고 역설한 바 있다.

손문의 민생주의는 '인민의 생활권'을 옹호하기 위하여 경제적 불평등의 시정을 목표로 하였고, 당시 사회 경제 발전의 객관적 추세를 제대로 반영하였다. 대토지 소유의 집중과 지가상승에 의한 지주의 이익

---

45) 손문은 1924년 8월에 '삼민주의'에 관한 보고 연설 중에서, 이러한 평가를 제시하였는데 중국 전통 문화 사상을 매우 중요시하였으며 '천하위공(天下爲公) 세계대동(世界大同)'이라는 사상에 심혈을 기울여 고쳐시켰다.

독점을 막은 '평균지권', 그리고 독점자본의 자행을 막고 국가자본의 발전을 촉진하는 '자본절제'를 골자로 하는 손문의 민생주의는 중국 근현대 부르주아 혁명파의 경제학설이지만 소부르주아 포퓰리즘의 낭망적인 공상(空想)이 그 속에 스며있다. 이것이야말로 손문과 그의 '민생주의'의 특색이라고 할 수 있다. 근대 중국의 자본주의는 늦게 출발했는데 19세기부터 20세기에 접어들면서 맹아와 발전의 단계를 겪었다. 민생주의는 당시 중국 사회경제발전의 동향과 수많은 하층 민중의 소망을 반영하였는바, 당시 민주주의 사조(思潮)의 시대적 특징을 함축적으로 보여주고 있다. 비록 어느 정도의 공상적 결함이 있지만 시대와 더불어 발전한 어쩌면 중국 실제 국정에 어울리는 '자아진화'의 사상체계로 볼 수 있다.

손문의 삼민주의와 관련된 중국공산당의 태도는 1940년에 발표된 마오쩌둥의 『신민주주의론』에서 잘 드러나는데, 이 글에서 마오쩌둥은 삼민주의를 손문이 남긴 위대한 공적일 뿐만 아니라, 중국공산당의 민주주의 혁명 단계에서의 목표와 일치하는 것이라고 밝혔다. 그리고 중국공산당 '제2차 혁명' 시기에도 후진타오 정부는 "권력은 국민을 위해 사용하고, 정은 국민과 연대하기 위함이며, 이익은 국민을 위해 추구한다"[46]는 새로운 삼민주의를 제창하며 손문의 삼민주의를 계승하려는 모습을 보였다. 이것은 중국공산당 현대 정치의 사상적 배경에 있어서 계승, 나아가 보완하는 '자아진화'의 과정이라고 할 수 있다.

---

46) 중국공산당 제16차 전국대표대회 이래, 후진타오는 "각 급 간부들은 권력은 국민을 위해 사용하고(權爲民所用), 정은 국민과 연대하기 위함이며(情爲民所系), 이익은 국민을 위해 추구한다(利爲民所謀)."라고 하는 새로운 '삼민주의'를 반복하여 강조하였다.

제 2 장

'제1차 혁명'과 마오쩌둥 사상

마오쩌둥 사상은 20세기 중국공산당의 지도자인 마오쩌둥이 중국의 혁명 과정에서 마르크스-레닌주의를 중국의 현실에 맞게 창조적으로 계승·실천·발전시킨 독자적인 혁명사상이며 정치, 군사, 철학에 관련된 이론들이다. 마오쩌둥 사상이 중국 신민주주의 혁명, 항일전쟁, 해방전쟁, 그리고 중화인민공화국 건국에 필요한 중요한 이론적 근거를 마련하였다고 중국공산당은 인정하면서도, 1955년 이후 마오쩌둥의 일련의 정책들[1]과 1966년 이후 문화대혁명만을 비판의 대상으로 삼았다. 따라서 지금 중국에서 공산당이 계승하고 강조하는 마오쩌둥 사상은 그가 지도한 신민주주의 혁명과 사회주의 혁명, 이를테면 중국공산당의 '제1차 혁명' 시기에 제기한 사상을 가리킨다.

중국공산당의 '제1차 혁명'은 제국주의·봉건주의·관료자본주의를 무너뜨리고 새로운 중국을 세워 사회주의 제도를 확립하는 과정인데,

---

1) 당내의 실용주의 노선을 반대하고 대중노선을 강화하였던 정책 이후 마오쩌둥은 지속적인 계급투쟁을 내세우며 대약진운동과 같은 농업집단화 정책들을 추진한다. 이는 중국의 공업화 성장을 오랜 기간 정체하게 만들었다.

이 과정에서 마오쩌둥이 제기한 지도사상이 바로 마오쩌둥 사상이다. 마오쩌둥 사상은 신민주주의 혁명이론, 사회주의 혁명과 사회주의 건설 이론, 유격전술 등 군사전략 이론, 토지개혁 정책, 민족통일 전선의 형성, 논촌혁명론, '성성지화(星星之火), 가이요원(可以燎原)'2) 등 풍부한 내용들을 포함하고 있다. 본 장에서 검토하고자 하는 마오쩌둥 사상은 중국공산당이 '자아진화' 의식을 갖추게 한 대표적인 3가지 이론이다. 즉 '실천론'과 '모순론', '실사구시' 사상, 그리고 '군중노선' 사상이다. 이러한 사상들은 우여곡절의 발전과정 속에서 지속적으로 보완 및 진화한 결과이고, 중국공산당의 '자아진화' 리더십에 대한 생생한 해석이며, '제2차 혁명' 시기 중국공산당의 '자아진화' 과정에 중요하고 적극적인 영향을 미쳤다.

1. '실천론'과 '모순론'

마오쩌둥은 전 생애를 중국 혁명에 바친 마르크스주의자였지만 마르크스를 맹목적으로 추종한 공산주의자는 아니었다. 중국 항일전쟁 발발 전후, 마오쩌둥은 중국인민항일군사정치대학3)에서 철학을 강의하면서 편찬하였던 『변증법적 유물론(辨證法唯物論)』 중에서 '실천론'과 '모순론'을 제시하였다. 보통 '실천론'과 '모순론'을 묶어서 '양론(兩論)'

---

2) 본래는 작디작은 불티가 들판을 태울 수 있다는 뜻이지만, 여기에서는 새로운 사물이 비록 현재 세력이 미약하더라도 강한 생명력을 가지고 있어 추후에 커다란 발전을 이룰 수 있음을 비유적으로 보여주고 있다.

3) 중국인민항일군사정치대학은 중국 항대(抗大)로 약칭되는데 1936년 중국연안에서 설립되었으며 그의 전신은 중국홍군(紅軍)대학이었다. 항대는 항일전쟁 시기에 중국공산당이 창립하였던 군사와 정치 간부를 양성하기 위한 학교로, 1945년 8월, 중국이 항일전쟁의 승리를 거두면서 항대도 그 위대하고 영광스러운 사명을 완수하였다고 볼 수 있다.

으로 약칭하는데 그의 목적은 철학적 각도에서 두 차례의 중국 국내 혁명전쟁[4]의 경험과 교훈을 총괄하며 당의 잘못된 사상노선을 바로잡기 위한 것이었다. 그리고 마르크스주의의 세계관과 방법론을 중국의 실정에 적용시키고, 사상 상의 고투와 혁명의 실천 및 코민테른의 지령과 러시아 혁명의 경험을 금과옥조로 해서 중국 혁명과 항일전쟁을 지도하기 위한 것이다.

마오쩌둥 사상을 이해하려면 우선 마르크스주의의 체제를 이해해야 하는데 그러기 위해서는 마르크스주의 철학을 창조적으로 계승하고 발전시켰던 '양론'을 먼저 이해해야 할 것이다. '양론'은 마오쩌둥 사상의 가장 핵심적인 내용으로서 마르크스주의의 '변증법적 유물론'을 근거로 거기에 중국 고대 철학사상도 합리적으로 결합한 것이다. 한마디로 중국 현대 사회혁명의 경험 · 반성 · 발전에 관한 철학적 총괄이다. 그리고 금후 중국공산당의 '자아진화' 과정에 이론적 지도 및 과학적 근거를 제공하였다.

실천론은 중국 혁명 실천과 중국공산당 사상노선에 대한 인식론(認識論)이며 마오쩌둥이 쓴『변증법적 유물론(辨證法唯物論)』중 제2장 제11절에 해당하는 부분이다. 내용이 상당히 충실하고 상세하여 거의 완성된 이론이라고 볼 수 있다. 마오쩌둥은 반식민지 · 반봉건의 중국사회 발전이 불균형하며 신민주주의혁명의 적은 아직 강하기 때문에 중

---

4) 중국은 총 세 차례의 국내 혁명전쟁을 거쳤다. 제1차 국내 혁명전쟁은 1924년부터 1927년까지의 북벌(北伐)전쟁인데 제1차 국공합작을 통해서 전개된 반제 · 반봉건의 혁명전쟁이다. 제2차 국내 혁명전쟁은 1927년부터 1937년까지의 10년내전 또는 토지혁명전쟁이라고 하는데 중국국민당 정부는 손문의 '연소 · 연공 · 부조농공(聯蘇 · 聯共 · 扶助農工)' 정책을 배신하였고 중국공산당을 탄압하였기 때문에 중국공산당은 무장투쟁을 통해 계속 반제반봉건의 임무를 완수하기 위해 전개된 토지혁명전쟁이다. 제3차 국내 혁명전쟁은 항일전쟁 이후인 1945년부터 1949년까지의 해방전쟁이며 중국공산당은 성공적으로 국민당정부를 타도하였고 중화인민공화국을 건립하였다. 여기서 마오쩌둥은 '양론'을 쓴 초념은 제1차 및 제2차 국내 혁명전쟁의 경험과 교훈을 총괄하기 위한 것이다.

국혁명의 연속성과 험난함을 미리 예견하였다. 따라서 중국공산당은 중국 국정과 중국 혁명의 법칙을 규명하기 위해서 반드시 실천으로 인식까지, 또 인식으로 실천까지의 거듭 및 반복의 과정을 거쳐야 한다고 강조한 바 있다. 그리고 마오쩌둥은 당내의 교조주의자들이 '이론'과 '인식' 간의 변증법적 관계를 분리하여 보고, 중국의 실제 국정을 무시하였으며 마르크스주의를 교조로 삼아 곳곳에서 그대로 사용하였기 때문에 혁명 사업의 실패를 초래하였다고 분석한 바 있다.

이러한 주관주의와 실천을 멸시하는 교조주의를 비판하기 위해서 마오쩌둥은 '인식론'을 '실천론'으로 정하여 놓았으며, 유물변증법적 입장에서 생각하는 바를 해명한 것으로, 이를 '지(知)'와 '행(行)'이라고 하는 중국 철학사의 전통적인 주제를 가지고 마르크스주의적 입장에서 해답을 한 것이다.[5] 여기서의 '지(知)'는 바로 '인식'을, '행(行)'은 바로 '실천'을 가리킨다. 이처럼 실천론은 중국 혁명의 역사적 경험을 마르크스·레닌의 사상에 결합시켜 그 역량을 발휘하게 함으로써, 인식이 발전해 나갈 수 있다는 이론을 창조적으로 제시한 것이다. 즉 실천의 기초 위에서만 인식 발전이 끊임없이 심화되어 간다는 과정을 개척해 낸 것으로, 『실천론』은 마르크스주의 인식론의 기본 이론을 심화시켰을 뿐만 아니라, 실천이 행해지는 작용을 계통적으로 논술한 것이다.

마오쩌둥의 실천론은 '인식'과 '실천'의 변증법적 관계를 제시하였는데 첫째 '지'와 '행'의 결합은 그의 기초가 사회 '실천'이고, 둘째 '지'와 '행'의 결합은 '인식'에 대한 논증으로 '실천'을 발전시키며, 셋째 '지'와 '행'의 결합은 진리를 취득하고 발전시키는 과정이고 진리

---

5) 모택동 지음, 김승일 옮김, 『실천론과 모순론─마르크스 이론의 중국적 변용』, 범우사, 2015(https://terms.naver.com/entry.nhn?docId=892375&cid=60611&categoryId=60611, 2018.10.7.)

가 착오와 투쟁하고 착오를 이겨내는 과정이며 진리의 상대성(相對性)
과 절대성(絶對性)이 서로 작용하고 서로 전환하는 과정이라고 분석한
바 있다. 중국공산당의 혁명적 승리는 주관과 객관, 인식과 실천, '지'
와 '행'이 구체적이고 역사적으로 결합된 결과이며 이러한 과정은 중
국공산당의 '자아진화' 과정과 밀접한 관계를 가지고 있다고 볼 수 있다.

'모순론'은 '실천론'의 속편(續篇)이며 마오쩌둥이 쓴 『변증법적 유물
론(辨證法唯物論)』 중 제3장 제1절의 '대립통일규율(對立統一規律)'을 수정
하여 완성한 것이다. '모순'이란 두 개의 개념이나 명제 사이에 의미
내용이 서로 상반되고 대립되는 관계를 말하며[6] '모순론'이란 레닌이
주장한 '대립물 통일의 법칙'이라는 변증법관을 마오쩌둥이 받아들여
이를 '모순'이라는 이론으로 체계화시킨 것을 말한다.[7] '실천론'이 '인
식론'을 해석한다면 '모순론'은 '인식론'과 관련된 '방법론'을 해석한
다. '모순론'의 핵심 내용은 '대립통일규율'이며 그 기본 내용은 다음
과 같다.

첫째, 모순의 통일성과 투쟁성이다. 어떠한 사물의 내부나 사물 간
에 대립이 있게 마련인데, 대립 쌍방이 통일과 투쟁을 거쳐야만 사물
의 운동·변화·발전을 추진할 수 있는 것으로, 이는 유물변증법의 핵
심이며 중심 사상이다. 둘째, 모순의 보편성과 특수성이다. 이 관계는
기존의 객관적 사물이 운동하며 발전하는 과정에서 존재하고, 또한 인
간의 주관적 사유에 의한 운동의 모순 중에도 존재한다는 것으로, 우

---

6) '모순'의 유래는 중국 전국시대의 초(楚)나라에서, '모(세모진창)'와 '순(방패)'을 파는 상
　인이 "이창은 예리하기로 어떤 방패라도 꿰뚫을 수가 있다. 그리고 이 방패의 견고함은
　어떤 창으로도 꿰뚫지 못한다."고 자랑하였다. 어떤 사람이 "자네의 창으로써 자네의 방
　패를 찌르면 어떻게 되는가?" 하고 물었더니 상인은 대답하지 못하였다고 한다.
7) 모택동 지음, 김승일 옮김, 앞의 책.
　(https://terms.naver.com/entry.nhn?docId=892375&cid=60611&categoryId=60611,
　2018.10.7.)

리들이 가지고 있는 모순을 인식하고 그 모순을 해결하는데 있어서, 이 보편성과 특수성이 모두 다 중요한 지위를 가진다는 점이다. 셋째, 주요적인 모순과 부차적인 모순이다. 모순을 연구하는 중요한 임무는, 주요 모순과 다음에 필요로 하는 모순, 그리고 모순의 주요 방향과 다음에 원하는 방향을 구별하는 데 있다고 하였다.

마오쩌둥은 "인류가 운동을 인식하는 순서를 말하자면, 개별적이고 특별한 사물로부터 인식하여 일반적이고 보편적인 사물로까지 넓혀야 한다"고 하면서 "모순을 인식하고 해결할 때, 사고 패턴에서 나와야 하며 구체적인 문제는 구체적으로 분석해야지 멋대로 교조적인 잣대를 들이대서는 안 된다"고 지적한 바 있다.[8] 따라서 '모순론'은 중국 사회, 중국 혁명과 혁명전쟁 중에서 나타났던 매 단계에서의 모순, 즉 하층 계급과 상층 계급 사이의 모순, 생산과 생산력의 모순, 그리고 이들 모순을 극복한 뒤에 다시 발생되는 모순에 대해서, 또 다시 그 당시의 현실 속에서 해결점을 찾아가야 하는데, 이러한 모순을 해결해 나가는 과정에서 사회가 발전해 간다고 하는 것이 유물변증법의 중국적 이론이라고 할 수 있다.[9]

'실천론'과 '모순론'은 중국 근현대 철학사나 중국공산당의 발전과정에서 매우 중요한 사상적 지위와 이론적 가치, 그리고 현실적 의미가 있다. 우선 '양론'은 중국특색 마르크스주의 철학의 주요 표지이다. '양론'은 마르크스주의 철학의 심오한 도리를 중국을 통해 실험하였고 이에 생생한 중국적 특색을 부여하였다. 이는 마르크스주의 중국화의

---

8) 마오쩌둥, 『마오쩌둥 선집』(제1권), 중국인민출판사, 1991, 309-310쪽.
9) 모택동 지음, 김승일 옮김, 앞의 책.
  (https://terms.naver.com/entry.nhn?docId=892375&cid=60611&categoryId=60611, 2018.10.7.)

과정에서 지속적으로 '자아진화' 과정을 거쳤음을 의미한다. 그리고 '양론'은 마오쩌둥 사상의 세계관과 방법론의 기초이다. '양론'은 중국 공산당 혁명과정에서의 경험과 교훈의 정수이며 마오쩌둥 철학사상이 역사적인 발전을 거둘 수 있을 뿐만 아니라 중국공산당 '제1차 혁명' 의 성과를 거둘 수 있었던 주요 모체(母體)이다. 위의 두 가지 가치를 제외하고도 무엇보다 가장 큰 의미가 있는 것은, '양론'이 '실사구시(實事求是)' 사상의 확립을 위해 튼튼한 토대를 닦았다[10]는 것이다.

'실천론'은 중국공산당의 '실사구시' 사상 노선에 인식론을 결합하기 위해 기술적 측면을 제공하는가 하면, '모순론'은 실사구시를 확실히 실시하기 위하여 마르크스주의 사상 노선을 철학적 기초 위에서 정립시켜야 한다는 방법론을 제공하였다. 이를테면 '실천론'은 중국 혁명 경험의 교훈을 종합하여, 이론과 실천의 결합이 필수적임을 천명함으로써, 주관과 객관이 동시에 일어나지 않고 오히려 분열만을 일으키는 교조주의와 경험주의의 착오를 반대하였던 것이다. 따라서 '실사구시'의 실현을 위해서는 신속히 '실천론'을 시행하여, 이를 시행해 가는 가운데 겪게 되는 많은 변화를 통해 인식도 점차 심화시킬 수 있다는 논리이다. 다시 말해서 '실천론'은 중국공산당의 실사구시 사상 노선의 인식론적 기초였던 것이다.[11] 동시에 '모순론'의 기본 사상은 실사구시를 확실히 실시하기 위하여 유물주의 변증법 방면에서 출발하되 고립되고 변화가 없는, 단편적 관점을 쓰지 말아야 한다는 것이다.

---

10) 샤오페이(肖飛), 「마오쩌둥사상의 이론 창신을 논하여(論毛澤東思想的理論創新)」, 『구색(求索)』, 2010, 제7기. 궈웨이(郭祎), 「10년 이래 '실천론' '모순론' 연구 개요(十年來≪實踐論≫≪矛盾論≫研究述要)」, 『당의 문헌(党的文獻)』, 2017, 제5기, 111쪽, 재인용.

11) 모택동 지음, 김승일 옮김, 앞의 책.
(https://terms.naver.com/entry.nhn?docId=892375&cid=60611&categoryId=60611, 2018.10.7.)

이는 마르크스주의의 보편적 진리와 중국 혁명의 구체적 실천을 서로 결합할 수 있음을 보여준 시사점이자, 중국공산당의 실사구시 사상 노선의 방법론적 기초였던 것이다.

2. '실사구시(實事求是)' 사상

'실사구시(實事求是)'는 중국 한자 사자성어이며 청(淸)나라 초기에 고증학(考證學)을 표방하는 학자들이 내세운 표어[12]인데 "있는 그대로의 사실에 입각하여 진리를 탐구하다"는 뜻이다. 마오쩌둥은 '실사구시'에 대해서 "實事란 객관적으로 존재하는 모든 사물이며 是란 개관적인 사물의 내부 관계인데, 즉 규율성(規律性)을 말하며, 求란 이것을 연구하라는 뜻이다."라고 정의하였다.[13] 이를테면 마오쩌둥의 실사구시 사상은 실제적인 대상에서 출발하여 사물들의 내부적인 관계와 발전적인 규율성을 탐구해서 사물의 본질을 인식하는 것이고, 그의 철학적 함의는 "모든 것은 사실로부터 출발하고 이론과 현실을 결합시키며 실천 과정에서 진리를 검증하고 발전시키다"는 것이다.

시진핑은 2013년 마오쩌둥 탄신 120주년 기념 좌담회에서 "실사구시는 중국공산당이 세계를 인식하고 개조하는 근본 요구이며 우리당의 기본 사상방법, 업무방법, 지도방법이다. 예전이나 지금이나 미래나 우리는 모든 것이 사실로부터 출발해야 하며 이론과 실천을 결합하여 실천 과정에서 진리를 검증하고 발전시키는 것을 견지해야 하

---

12) 중국 『한서(漢書)·하간헌왕유덕전(河間獻王劉德傳)』 중에 나오는 "수학호고(修學好古) 실사구시(實事求是)"에서 비롯된 말이며, 청나라 초기에 고증학 학자들이 공리공론(空理空論)만을 일삼는 송명이학(宋明理學)을 배격하기 위하여 다시 이 말을 내세웠다.
13) 모택동, 『마오쩌둥선집』(제3권), 중국인민출판사, 1991. 801쪽.

다"고 지적한 바 있다.[14] 실사구시 사상은 마오쩌둥이 장기적인 혁명 실천과정에서 마르크스주의의 보편적인 원리와 중국의 실제 상황을 결합시킨 결과로, 자발적으로 형성된 이론 체계가 아니라, 마르크스・엥겔스의 철학 사상과 같이 유심(唯心)주의로부터 유물(唯物)주의까지, 급진적인 민주주의로부터 공산주의까지 발전하는 과정을 거쳤다. 실사구시의 사상 발전을 연구하는 과정에서 형성된 이러한 이론 체계는 지속적인 보완 및 성숙의 '자아진화' 과정을 거쳤다.

〈표 4〉 마오쩌둥 '실사구시(實事求是)' 사상의 진화 과정

시간	배경	단계	주요 저서 및 이론	특징
1921년 - 1927년	중국공산당 창당 초기	발아 단계	『중국 사회 각 계급에 대한 분석』 『호남(湖南) 농민운동 고찰 보고』	실제에 근거하고 이론과 실천을 제대로 결합해야 함을 흐리게나마 보여주고 있음.
1927년 - 1930년	정강산(井岡山) 시기 9월내신 (九月來信) 고전 (古田)회의	형성 단계	『본본(本本)주의를 반대하다』 ・마르크스주의 보편적인 원리와 중국혁명의 구체적인 실천을 결합시킨 사상 ・조사를 하지 않으면 발언권이 없음 ・마르크스주의의 '본본'을 공부하는 것은 맞지만 중국의 실제 상황과 잘 결합해야 함	처음으로 명확히 '실사구시'라는 사상노선을 제시

14) 시진핑, 「마오쩌둥 동지 탄신 120주년 기념 좌담회에서의 연설(在紀念毛澤東同志誕辰120周年座談會上的講話)」, 중국인민출판사, 2013. 15쪽.

1931년 - 1945년	홍군대장정 (紅軍大長征) 준의회의 (遵義會議) 연안정풍 (延安整風)	성숙 및 확립 단계	『중국혁명전쟁의 전략문제』 『실천론』과 『모순론』 『중국공산당 민족전쟁 과정 에서의 위치』 『우리의 학습을 개조하자』	주관과 객관, 역사 와 현실, 지와 행 의 통일을 제시. 향후의 '제2차 혁 명' 시기의 리더십 혁신 과정에 깊은 영향을 미쳤음.

마오쩌둥 실사구의 사상의 발아 단계는 중국공산당이 성립된 1921
년이다. 그 성립된 시기부터 제1차 국공합작인 북벌전쟁까지, 중국공
산당의 마르크스·레닌주의에 대한 인식은 비교적 부정적이었고 투쟁
경험도 매우 부족한데다가 중국 혁명의 실제적이고 객관적인 이해와
판단도 깊지 않았다. 하지만 마오쩌둥을 비롯한 중국공산당의 지도자
들은 혁명에 대한 열정이 높았기 때문에 공농혁명 군중운동과 국공합
작의 북벌전쟁을 성공적으로 이끌어 나갔다.[15] 이 시기에 마오쩌둥은
비록 '실사구시'라는 사상을 명확히 제시하지 못하였지만, 『중국 사회
각 계급에 대한 분석』, 『호남(湖南) 농민운동 고찰 보고』 등 일련의 저
서를 통해, 실제에 근거하고 이론과 실천을 제대로 결합해야 함을 흐
릿하게나마 보여주고 있다. 일련의 저서들을 통해 마오쩌둥의 분명한
논리와 깊이 있는 사고, 나아가 실사구시의 기본적인 요소를 엿볼 수
있다. 그리하여 이 시기를 마오쩌둥 실사구시 사상의 발아 단계라고
할 수 있다. 특히 1925년 말, 마오쩌둥이 『중국 사회 각 계급에 대한
분석』에서 "농민은 중국 혁명의 주력군(主力軍)"이라는 결론을 내렸다
는 사실은 마오쩌둥의 실사구시 사상이 발아 단계로 진입했음을 보여

---

15) 루귀잉(盧國英), 『마오쩌둥사상 원리(毛澤東思想原理)』, 중국청년출판사, 1983년. 시에쥔
(謝俊), 「마오쩌둥 실사구시 사상의 형성, 발전 및 시사점」, 『화중농업대학학보(華中農業
大學學報)』, 2008, 2쪽.

주는 대표적인 사례이다.

1927년 9월 정강산(井岡山)16)을 향해 진군할 때부터, 1930년 5월『본본(本本)주의를 반대하다』17)라는 서적을 발표할 때까지는 마오쩌둥 실사구시 사상의 형성 단계이다. 제1차 국공합작으로 전개된 북벌전쟁은 북양군벌 정부를 성공적으로 무너뜨렸지만 그 이후에는 장개석(蔣介石)과 왕정위(汪精衛)가 손문의 '연소·연공·부조농공(聯蘇·聯共·扶助農工)' 정책을 배신하고 중국공산당을 탄압하였기 때문에 제1차 국공합작은 실패로 끝나버렸다. 이러한 과정은 중국공산당에게 실사구시적인 태도로 실제 상황대로 겪었던 경험과 교훈을 총괄하여 중국 혁명의 새롭고 구체적 살길을 찾도록 하였다. 1929년 12월 마오쩌둥은 중공중앙 '9월내신(來信)'18)의 정신에 따라 '고전(古田)회의' 결의안을 기초하였으며 조사 작업의 의미와 중요성을 강조하였다. 이는 중국공산당의 사상노선을 제시하였음을 의미하는데 즉 마르크스주의 보편적인 원리와 중국혁명의 구체적인 실천을 결합시킨 사상을 제시하였다

---

16) 정강산은 중국 장시성(江西省) 서남부에 위치하며 천연의 요새를 이루며, 마오쩌둥이 군사거점으로 삼은 곳으로 알려져 있으며, 특히 1927년에 마오쩌둥이 이곳에다 중국 제1 농촌혁명근거지를 창건하고, 1928년 4월에 사령관 주덕(朱德)과 마오쩌둥이 각자로 거느렸던 두 무장 혁명군이 이곳에서 성공적으로 회합한 것으로 유명하다. 이번 회합은 '정강산회사(井岡山會師)'라고 하는데 전국적인 혁명 고조를 앞당기는 데 아주 큰 의미가 있는 사건이었다.

17) 『본본주의를 반대하다』는 마오쩌둥이 1930년 5월에 당시 중국 공농 홍군 중의 교조주의 사상을 반대하기 위해 썼던 조사연구문제에 대한 중요한 저서이며 원래의 책이름은 『조사 업무(調査工作)』이다. 이 책은 마르크스주의에 관련된 마오쩌둥의 최초의 철학 저서이다. 여기서 '본본'의 뜻은 마르크스주의에 관한 책들이란 뜻인데, '본본주의'의 뜻은 마르크스주의의 서적이나 관점을 그대로 옮기는 것 즉 실제상황에서 출발하지 않는 것을 말하는데 '교주주의'와 같은 뜻이다.

18) 1929년 9월 28일에 중공중앙이 홍사군(紅四軍)에 보낸 지시적인 편지이다. 편지의 주요 내용은 마오쩌둥의 '공농무장할거(工農武裝割据)' 사상을 인정하였으며, 중국혁명은 농촌 홍군이 먼저 있어야 도시 정권이 생길 것이며 홍군의 기본 임무는 토지혁명을 실시하고 유격전을 전개한다는 것이다.

고 볼 수 있다.[19] 이 과정에서 마오쩌둥의 실사구시 사상은 초보적으로 형성되었다.

중국공산당 역사상 처음으로 명확히 '실사구시'라는 사상노선을 제시한 것은 1930년 5월에 마오쩌둥이 발표한 「본본주의를 반대하다」라는 글에서이다. 이때 거론한 실사구시 사상은 '고전회의'의 결의안보다 더 앞섰다. 이 글에서 "조사를 하지 않으면 발언권이 없다"는 구호를 제시하였을 뿐만 아니라, 입만 열었다 하면 "'본본'을 가져와라"하는 사람들과 중국 실제 상황을 이탈하여 교조주의 잘못을 범하는 사람들을 비판하였으며, "마르크스주의의 '본본'을 공부하는 것은 맞는데 우리나라의 실제 상황과 잘 결합해야 된다"라고 지적한 바 있다.[20] 이것은 마오쩌둥의 '실사구시' 사상이자 '이론과 현실의 결합'이라는 원칙을 보여주는 자료이다.

1931년부터 1935년까지는 마오쩌둥 실사구시 사상이 성숙되는 단계이다. 1931년부터 1934년까지의 4년 동안 왕명(王明)을 대표로 하는 '좌'경교조주의는 코민테른의 지지 하에 중앙지도권을 장악하게 되자 마오쩌둥의 실사구시 사상 노선의 지도자적 위치를 빼앗는다. 그들이 모험주의 노선을 취하여 혁명 역량은 큰 손실을 입게 되었고, 하는 수 없이 1934년 10월부터 1만 5,000킬로미터에 달하는 홍군대장정(紅軍大長征)을 시작하게 된다. 중국공산당은 실사구시의 사상적 지도를 이탈하였기 때문에 가혹한 현실 앞에서 막대한 대가를 지불하였다. 그리하여 1935년 1월에 준의회의(遵義會議)에서는 마오쩌둥의 실사구시 사상

19) 펑샨청(馮顯誠), 『마오쩌둥사상 연구 및 탐구(毛澤東思想研究与探討)』, 상해사회과학원 출판사, 1989. 시에쥔(謝俊), 「마오쩌둥 실사구시 사상의 형성 발전 및 시사점(毛澤東實事求是思想的形成, 發展及啓示)」, 『화중농업대학학보(華中農業大學學報)』, 2008, 2쪽, 재인용.
20) 마오쩌둥, 『마오쩌둥 저작 선독(毛澤東著作選讀)』, 중국인민출판사, 1986. 시에쥔(謝俊), 앞의 논문, 3쪽, 재인용.

을 다시 중국공산당의 지도노선으로 바로잡았다.

1935년부터 1945년까지는 마오쩌둥 실사구시 사상이 확립된 단계이다. 이 시기에 마오쩌둥은『중국혁명전쟁의 전략문제』,『실천론』과『모순론』등 그의 실사구시 사상을 잘 드러내는 글을 발표하였다. 그리하여 중국공산당은 이론 측면에서는 경험주의의 잘못을 바로잡았고 실천 측면에서는 교조주의의 문제를 극복하였기 때문에 전당의 단결력과 전투력을 강화시킬 수 있었고 나아가 이는 항일전쟁의 최후 승리에 강력한 보장을 제공하였다.

1938년 마오쩌둥은 그가 발표한『중국공산당 민족전쟁 과정에서의 위치』[21] 중에서 "공산당원은 실사구시의 모범이 되어야 하고 원견탁식(遠見卓識)[22]의 모범이 되어야 하며, 실사구시를 해야 확정된 임무를 완수할 수 있고 원견탁식을 해야 전진의 방향을 잃지 않을 것이다"고 명확히 제시하였다. 이는 유심주의 사상 의식을 제거하기 위한 결정적인 역할을 하였으며 공산당의 실사구시 사상을 위하여 이론적 토대를 닦았다. 따라서 이 글은 마오쩌둥 실사구시 사상이 점차적으로 확립되는 단계로 이행하였음을 상징적으로 보여준다.

1941년에 마오쩌둥은 그가 발표한『우리의 학습을 개조하자』[23]중에서 처음으로 '실사구시'의 함의를 해석하였으며 "우리는 국내외, 성

---

21) 이 글은 마오쩌둥이 1938년 10월 14일에 중국공산당 제6차 6중전회에서 발표하였던『새 단계를 논하여(論新階段)』중의 제7부분이며 이후에는『마오쩌둥선집』제2권 주에 단독으로 편집하였다.

22) 원견탁식이란 멀리 내다보는 탁월한 식견. 또는 뛰어난 예견성이라는 재능, 즉 선견지명(先見之明)의 뜻이다.

23) 이 글은 1941년에 마오쩌둥이 쓴 논설문이며 주로 중국공산당의 학습방법과 학습제도 개조를 둘러싸고 창작하였다. 이 글을 쓴 배경은 중국공산당이 몇 번이나 잘못을 범한 데 있다. 그 이유는 실제적인 국정을 결합하지 않았기 때문이며 이러한 잘못들을 잘 인식하고 바로잡으며 주관주의를 반대해야 하고 실제 상황을 결합하여 발전시키기 위한 것이다.

(省)내외, 현(縣)내외, 구(區)내외의 실제 상황에서 출발하여, 그들 중에서 억측으로 지어 내는 것이 아니라 고유적으로 존재하는 규율성(規律性)을 찾아내고 앞으로의 행동을 지도해야 한다"라고 강조한 바 있다.[24] 이 글은 실사구시 사상의 목적, 방법, 의미를 정확하게 논술하였으며 사물 존재의 객관성과 사물 발전의 규율성을 강조하였다. 따라서 이 글은 마오쩌둥 실사구시 사상이 이미 확립 단계로 진입하였음을 선명하게 보여주고 있다.

1941년 연안정풍(延安整風) 운동 시기에는 마오쩌둥은 실사구시의 업무 태도를 대대적으로 제창하였고, 실제에서 출발하여 이론과 실제를 결합하며 주관주의를 반대해야 한다고 요구한 바 있다. 동시에 마오쩌둥은 주관주의의 근본적 특징은 이론이 실제와 분리되는 것으로 보면서, 주관이 객관의 불일치, 당내의 우경기회주의와 '좌'경기회주의가 생기는 근원 또한 여기에서 연유한다고 지적한 바 있다. 뿐만 아니라 마오쩌둥은 '실사구시'의 태도로 마르크스주의를 공부하거나 활용해야 한다고 호소하였으며, 중국인민항일군사정치대학을 위한 제사(題詞)도 '실사구시'라는 네 글자를 썼다.

1945년부터 시작된 중국 해방전쟁 시기에 마오쩌둥의 실사구시 사상은 최고의 경지에 이르렀다고 할 수 있으며, '구시(求是)'를 사물 발전의 기본적 규율(規律)로 삼고 중국공산당의 행동을 지도하였는데 해방전쟁의 승리를 위해 견고한 토대를 닦았다. 해방전쟁 최후 시기에 요심(遼沈), 회해(淮海), 평진(平津) 삼대전역(三大戰役)에서 승리를 거둘 수 있었던 것은 마오쩌둥의 실사구시의 사상이 있었기에 가능했다고 해도 과언이 아니다. "다른 각도, 다른 시간, 지방에 따라 다른 싸움을

---

24) 시에쥔(謝俊), 앞의 논문, 3쪽.

전개해야 하다"는 사고방식이 있었기에 가능하였다.

무수한 사실들은 하나의 사상체계의 발전과정이 결코 쉽고 순조로운 것이 아님을 증명하고 있다. 해방전쟁이 끝나서부터 중화인민공화국이 건립한 이후인 1956년에 썼던 『십대관계(十大關係)를 논하다』와 1957년에 썼던 『인민내부의 모순을 정확히 처리하다는 문제』 등 글은 마오쩌둥이 실사구시를 견지하려는 대표작이라고 볼 수 있지만, '대약진(大躍進)운동'과 '문화대혁명' 등 잘못된 판단과 실책으로 인하여 그의 실사구시 사상도 우여곡절을 겪게 된다. 마오쩌둥 실사구시 사상의 발전과정을 통해서 본 정(正, 성공)·반(反, 실패) 양쪽 방면의 경험과 교훈들은 오로지 마르크스주의 보편적인 원리와 중국혁명의 실제를 결합하고 모든 것은 현실에서 출발하는 실사구시의 사상노선을 견지하며 실천을 통해 문제를 발견하고 해결하며 지속적으로 보완하고 혁신해야 중국의 혁명사업과 건설 사업을 지속적으로 추진시킬 수 있음을 증명한 셈이다. 따라서 본 장에서는 마오쩌둥의 실사구시 사상노선의 형성과 발전 등 사상적 배경에 대한 논의를 진행한 것이다. 이는 앞으로의 '제2차 혁명' 시기 중국공산당의 '개혁개방' 등 리더십 혁신 과정 연구에 참고할 만한 가치가 있다고 사료된다.

3. '군중노선(群衆路線)' 사상

'군중노선(群衆路線)'은 중국공산당이 일찍이 경험한 혁명운동에서 얻은 철학에 기초하여 만든 정치동원의 행태를 말한다. 여기에서 '군중'이라는 표현은 '거주민의 대다수'란 뜻인데, 민중, 대중, 인민, 국민,

백성 등 단어들과 비슷하며, 보통 '군중'은 정치적 면모 중에서 "비공산당원이나 비공청단원인 일반 대중"이라는 의미를 가지고 있다. 중국공산당은 바로 이 '군중'들을 중심으로의 노선을 통해서 국민당정부를 타도하여 오늘날까지 중화인민공화국을 발전시켜 왔다. 중국공산당 중앙당교 신문사의 시에춘타오(謝春濤) 사장 겸 총편집장은 중국공산당이 처음에 집권할 수 있었던 것은 자신의 규범 행동과 인성화된 정책에 의지해 광범위한 군중의 지지를 얻어냈기 때문이라고 밝혔다.[25] 지금까지 거의 백년 동안 중국공산당이 장기적으로 집권할 수 있었던 것은, 군중의 지지에 의지해 부단히 스스로의 위치를 공고히 했기 때문이라고 할 수 있다.

마오쩌둥은 '군중노선' 사상의 창시자이다. "모든 것은 군중을 위하고, 모든 것은 군중을 의하며, 군중 속에서 나오고 군중 속으로 들어가다"라는 것은 마오쩌둥 '군중노선' 사상의 주요내용이다. 그는 장기적인 중국혁명과 건설실천의 과정에서 '군중과 군중 사업', '군중과 밀접하게 연결하자', '성심성의로 국민을 위해 봉사하자' 등 여러 관점을 제시하였으며, 중국공산당의 군중노선에 관련된 체계적인 사상을 형성하였다.

주지하는 바와 같이 하나의 정확한 사상노선이나 혁명이론은 단번에 형성되는 것이 아니라, 장시간의 반복, 모색의 과정을 거쳐야 하고 사회실천으로 검증을 받아야 한다. 마오쩌둥의 '군중노선' 사상도 그렇다. 중국공산당의 역사를 전면적으로 관찰하면 마오쩌둥의 군중노선 사상은 대혁명시기, 토지혁명시기, 항일전쟁시기와 해방전쟁시기 등의 과정을 거쳤다. 마오쩌둥은 실천 속에서 지속적인 모색을 통해 군중노선을 최종적으로 중국공산당의 정치적 노선으로 되게끔 하였다. 이러한 군중노선 사상은 우여곡절의 성장과정과 진화과정을 거쳤다.

---

25) 시에춘타오(謝春濤), 「중국공산당 군중논선의 견지에 대한 회고 및 사고(中國共產黨堅持群衆路線的回顧与思考)」(http://www.yidianzixun.com/article/0KGjI6NV, 2019.1.30.)

〈표 5〉 마오쩌둥 '군중노선(群衆路線)' 사상의 진화 과정

시간	배경	단계	주요 내용	평가
1919년	10월 혁명 중국신민학회 (新民學會) 창립 『상강평론(湘江評論)』 창간 「민중대연합」 분재 「호남농민고찰보고」 발표	발아 단계	· 혁명사상을 선전하면서 인민군중을 교육하고 군중운동을 조직하였음. · 사회 각 계급 민중들을 단결시키자고 호소하였음. · 농민계급도 굉장한 역량이 담겨 있다는 인식	이 시기에 마오쩌둥 사상 중에서 민중을 신뢰하고 민중을 의지하는 내용이 이미 포함되어 있음.
1927년	국민대혁명 실패 추수기의 (秋收起義) 토지 혁명 「당내 과오 사상의 시정에 관하여」	형성 단계	· 혁명 부대는 정치적 승리를 위한 도구뿐 아니라, 더 중요한 임무는 군중과의 연결, 군중의 교육, 군중의 조직임. · 당과 군중의 관계 문제에 높은 가치를 두었고 당내의 잘못된 사상을 제때에 바로잡았음.	이 시기에 마오쩌둥이 중국공산당의 사상노선과 인민군중의 역할을 긴밀하게 연결하였으며 인민군중의 전폭적인 지지를 받았음.
1931년 – 1948년	항일전쟁 해방전쟁 「지도 방법에 대한 여러 문제」 「연합정부를 논하다」	성숙 단계	· "군중 속에서 나오고 다시 군중 속으로 들어가다" · "성심성의로 인민을 위해 봉사해야 한다"	인민군중을 통해 하나 하나의 의견 '진화기(進化器)'를 만들었으며, 인민군중의 이익 최대화를 위해 지속적으로 노력해야한다고 가르쳤음.

우선 '군중노선' 사상의 발아 단계를 살펴보면, 청년시대의 마오쩌둥은 적극적으로 진보를 추구하였고, 사회 현상은 물론 민생과 민심을 고찰하는 과정에서 중국 사회 최하층계급의 고충을 알게 되었다. 그리하여 착취당하고 있던 농민계급과 밀접한 관계를 가지게 되었다. 마오쩌둥은 중국 일반 백성들의 궁핍한 생활을 동정하고 공농(工農) 군중들의 생활 현황을 이해하면서, 억압이 심할수록 반항이 더 심하다는 도리를 깊이 인식하게 되었다.

마오쩌둥은 중국의 진보적인 지식인으로서 마르크스·엥겔스·레닌 등 혁명사상의 영향을 받아 혁명을 성공적으로 이끌어 나가려면 공농(工農) 군중들과 밀접한 관계를 유지해야 하며 공농 군중의 혁명 역량을 제대로 발휘해야 한다고 생각하였다. 그리하여 중국신민학회(新民學會)를 창립한 후, 혁명사상을 선전하면서 인민군중을 교육시키고 군중운동을 조직하였다. 이어서 혁명사상을 더욱 잘 홍보하기 위해 마오쩌둥은『상강평론(湘江評論)』이라는 간행물을 창간하였으며「민중대연합(民衆大聯合)」을 주제로 하는 글을 3회에 걸쳐 연재하였다. 민중대연합의 주요사상은 공인, 농민, 사회 각 계급 민중들을 단결시키자고 호소하고, 인민군중들을 참으로 연합시켜야 혁명의 최후의 승리를 거둘 수 있다는 내용이다.

1921년 중국공산당이 성립된 이후, 마오쩌둥은 군중운동을 사업의 중심으로 삼았고, 공인계급의 생활, 노동, 사상 상황을 이해하며 그들과의 밀접한 접촉을 통해 공인계급이 굉장한 역량을 가지고 있음을 인식하게 되었다. 1923년 제1차 국공합작이 시작된 이후, 보다 더 풍부한 혁명 투쟁 경험을 얻기 위하여, 마오쩌둥은 호남성(湖南省) 농촌에서 여러 농민들과 접촉하였고, 그들을 이끌어 농민대혁명을 전개하였다. 이 과정을 통해, 농민계급도 굉장한 역량을 가지고 있다는 인식을

가지게 되었다. 「호남농민고찰보고」 중에서, 마오쩌둥은 농민계급의
혁명 적극성을 찬양하였는데 중국 혁명의 주력군은 절대 다수의 인구
를 차지하고 있는 농민계급이며 중국 혁명의 승리는 농민계급이 없이
있을 수 없다고 생각하였다.[26] 이 시기 마오쩌둥 사상에는 민중을 신
뢰하고 민중을 의지하는 내용을 이미 포함하고 있었으며, 이것은 마오
쩌둥 '군중노선' 사상의 발아 단계라고 할 수 있다.

둘째, '군중노선' 사상의 초보적인 형성 단계를 살펴보면, 국민대혁
명의 실패로 심한 타격을 받은 중국공산당은 군중 봉기를 다음 단계
의 주요 사업 목표로 삼았다. 적의 통치 기반이 튼튼한 도시에서 마오
쩌둥이 지도한 추수기의(秋收起義)[27] 부대는 좌절을 당한다. 그리하여
그는 그 잔류 부대를 이끌고 적의 통치 기반이 비교적 취약한 농촌으
로 진격하였는데 오히려 최후의 승리를 거두게 된다. 정강산(井崗山)에
서 마오쩌둥은 군중들을 지도하여 무장투쟁을 전개하였고, 토지혁명
을 진행하면서 양호한 군중적 기반을 닦았다.

그런데 혁명 부대가 지속적으로 강대해지면서 중국공산당 내부에서
전투에만 집착하고 군중들을 밀접하게 연결, 단결하지도 않는 착오를
범하게 된다. 마오쩌둥은 당내의 잘못된 사상들을 바로잡고 정확한 혁
명사상을 다시 수립하기 위해 「당내 과오 사상의 시정에 관하여(關于糾
正黨內的錯誤思想)」라는 글을 썼다. 마오쩌둥은 이 글에서 "혁명 부대는
오로지 정치적 승리를 위한 도구뿐 아니라, 더 중요한 임무는 군중을

---

26) 위에훼운(岳慧文), 「마오쩌둥 군중노선 이론의 역사 발전 과정(論毛澤東群衆路線理論的
歷史發展過程)」, 『당사연구(黨史研究)』, 2015년 6월, 6쪽.

27) 추수기의는 마오쩌둥이 호남(湖南) 동부와 강서(江西) 서부에서 지도하였던 공농혁명군
의 무장봉기이다. 이번 봉기를 통해 마오쩌둥은 '농촌포위도시(農村包圍城市)'의 전략사
상을 형성하였다. 추수기의는 중국공산당 역사상의 '3대 기의' 중의 하나이며 다른 두
개는 남창(南昌)기의와 광주(廣州)기의이다.

연결시키고 군중을 교육시키며 군중을 조직하는 것"이라고 강조한 바있다.[28] 마오쩌둥은 혁명 부대와 인민군중의 관계, 즉 당과 인민군중의 관계 문제에 높은 가치를 두었고 당내의 잘못된 사상을 제때에 바로잡았으며 군중의 이익을 제1위에 놓았기 때문에 인민군중의 전폭적인 지지를 받았다.

이러한 정확한 사상방침들은 중국공산당 '제1차 혁명'의 승리를 위해 적극적인 추진 역할을 하였다. 이 시기에 마오쩌둥이 중국공산당의 사상노선과 인민군중의 역할을 밀접하게 연결시켜 보았다는 지점에서, 그의 '군중노선' 사상이 이미 초보적으로 형성되었음을 유추할 수 있다.

셋째, '군중노선' 사상의 성숙 단계를 살펴보면, 항일전쟁과 해방전쟁 시기 마오쩌둥의 군중노선 사상은 체계적인 총괄과 승화의 과정을 통해 최종적으로 완비된 이론 체계가 형성되었다고 할 수 있다. 물론 마오쩌둥의 군중노선 사상은 이 시기에 성숙 단계로 이행할 수 있는 역사적 조건도 갖추었다. 국민대혁명 시기에는 진독수(陳獨秀)의 우경 과오 사상으로 인해 중국공산당이 혁명에 대한 지도권을 상실하였으며 토지혁명 전쟁시기에는 왕명(王明)의 '좌'경 과오 사상으로 인해 중국공산당은 역포위(逆包圍) 토벌의 피동적인 곤경에 빠지게 되어 중국공산당은 결국 대장정을 시작하였다. 마오쩌둥의 군중노선 사상은 바로 이러한 혁명 실패의 비참한 경험을 토대로, 인민군중이 커다란 혁명 역량을 가지고 있고 오직 군중의 힘만이 혁명 승리의 보장이라는 경험담을 깊이 있게 총괄하였다.

---

28) '당내 과오 사상의 시정에 관하여(關于糾正黨內的錯誤思想)', 중국바이두바이커(百度百科) (https://baike.baidu.com/item/%E5%85%B3%E4%BA%8E%E7%BA%A0%E6%AD%A3 %E5%85%9A%E5%86%85%E7%9A%84%E9%94%99%E8%AF%AF%E6%80%9D%E6 %83%B3/6258380?fr=aladdin, 2018.9.10.)

준의회의(遵義會議) 이후, 중국공산당은 군대에 대한 절대적인 지도권을 확립하였을 뿐 아니라, 중공중앙은 마오쩌둥 사상의 정확성을 긍정적으로 보았다. 그리하여 이 시기에 마오쩌둥은 전당에서의 최고지도자 역할을 확립할 수 있었다. 환언하면 마오쩌둥이 당권을 확실하게 장악하게 되면서, 마오쩌둥의 군중노선 사상이 성숙 단계에 진입할 수 있었다.

마오쩌둥이 1943년에 출판된 「지도 방법에 대한 여러 문제(關於領導方法的若干問題)」 중에서 지적하였듯이, "군중들의 의견들(체계적이지 않고 흩어져 있는 의견들)을 집중적으로 총괄하고(연구 분석을 통해 체계적이고 집중적인 의견으로), 다시 군중들 속에서 홍보하고 해석하다 보면 진정한 군중들의 의견이 된다. 이러한 진정한 군중들의 의견들은 군중들 중에서 견지시키고 실천을 통해 이러한 의견들이 맞는지 검증한다. 그리고 또 다시 군중들에서 의견들을 집중하고 또 다시 군중들에게 견지시키는 방식으로 이렇게 반복하다 보면 횟수가 거듭 될수록 그 의견들은 더 정확하고 더 생생하며 더 풍부해진다. 이것이 바로 마르크스주의의 인식론이다."라고 하였다.[29] 마오쩌둥은 이러한 직관적인 표현을 통해 '의견'이 어떻게 "군중 속에서 나오고 다시 군중 속으로 들어가는지"를 알려 주었다. '의견'은 수집으로부터 확실하게 실행되기까지 인민군중은 가장 발언권이 있는 목격자이자 증인이다. 따라서 중국공산당은 인민군중을 통해 하나 하나의 의견 '진화기(進化器)'를 만들었으며, 인민군중의 이익 최대화를 위해 지속적으로 노력해야 한다고 가르쳤다. 마오쩌둥의 『지도 방법에 대한 여러 문제』라는 글의 출판은 마오쩌둥의 군중노선 사상이 성숙 단계에 이행하였음을 직관적으로 보여

---

29) 마오쩌둥, 「지도 방법에 대한 여러 문제(關於領導方法的若干問題)」(1943년 6월 1일), 『마오쩌둥 선집(毛澤東選集)』(제3권), 중국인민출판사, 1991년, 89쪽.

준다.

1945년 연안에서 개최한 중국공산당 제7차 전국대표대회에서 마오쩌둥은 「연합정부를 논하다(論聯合政府)」라는 업무 보고를 발표하였는데 "중국공산당은 기타 정당과 다른 뚜렷한 특징은 중국공산당이 광범위한 인민군중들의 근본적 이익을 시종일관 대표하며 인민들과 일치하도록 해야 한다는 것"이라고 강조한 바 있다.[30] 이번 회의를 통해서, 마오쩌둥은 "성심성의로 인민을 위해 봉사해야 한다"는 사상을 공산당의 집권 취지로 삼았으며 이로써 그의 군중노선 사상이 곧 공산당의 기본 노선으로 되었다.

정치적으로 선진국이든 후진국이든 또는 민주국가든 아니든 모든 국가의 정부는 국민의 전폭적인 지지를 필요로 한다. 한 정부가 국민들로부터 받는 지지의 정도와 정치 및 정부의 안정은 정비례하기 때문에 모든 정부는 국민의 지지를 얻기 위해 여러 가지 방법을 강구하기 마련이다. 그 중에서 중국공산당이 가장 많이 이용한 방법은 바로 마오쩌둥의 군중노선 사상이라고 할 수 있다. 1921년 창당 시 수 십 명에서 2017년 12월까지 약 8,956.4만 명[31]으로 늘어난 세계 최대 규모의 정당인 중국공산당은 내전을 이겨내고 새 중국 건립을 위한 '제1차 혁명'의 과정을 거쳤으며, 1978년부터 개혁개방 노선을 유지하고 중국 경제성장을 적극적으로 추진하여 절대 다수 민중의 생활을 확실히 개선시켰던 '제2차 혁명'의 과정도 거쳤다. 하지만 이와 함께, 공무원의 부패, 사회 불공평 등 각종 문제들이 끊임없이 돌출되고 심각해

지고 있어 중국공산당은 현재 사상 유례없는 도전에 직면해 있다.

따라서 과거에 사회 최하층의 생활을 겪은 적이 있고 당원이 많으나 자질이 낮은 문제를 인식하였던 시진핑은 그가 집권 후 가장 먼저 한 일은 바로 당을 쇄신하는 것이다. 2012년 11월 집권을 시작한 시진핑 중국공산당 총서기는 중국공산당의 문제점을 형식주의, 관료주의, 향락주의, 사치낭비(奢靡之風) 네 가지로 개괄하였다.[32] 이 4가지 풍조를 척결하기 위해, 중국공산당은 1년 간의 '군중노선교육 실천활동'을 진행하기로 하였다. '군중노선교육 실천활동'은 새 시대의 중국공산당이 "누구를 위해, 누구에 의지해, 나는 누구인가"라는 집권당의 중요 명제에 대한 답안이다. '군중노선교육 실천활동'은 당의 중요한 조치를 철저하게 관리하고 '군중노선교육 실천활동'이 제대로 이루어지도록 감독 관리하여 민중들이 만족할 수 있는 효과를 거두도록 해야 한다고 강조한 바 있다.

'군중노선교육 실천활동'에 대해서, 감독업무를 잘 이행해 요구사항을 철저히 지켜나가며 엄격한 기준, 조치, 규율을 갖추어 모든 분야별로 '군중노선교육 실천활동'이 제대로 이루어지도록 해야 한다고 요구하였다. 또한 학습교육과 의견 수렴에 있어서 감독기관은 학습교육을 중요한 위치에 두어야 하고, 진지하게 각 분야의 의견을 들어야 하며, 문제를 놓고 비판을 하는 부분에 있어서는 감독기관을 통해 문제를 직시하고, 특별 민주생활회(民主生活會)를 통해 건전한 자아비판(自我批判) 분위기를 형성하도록 해야 한다. 개혁과 제도 마련에 있어서는 심각한 문제들을 우선 집중적으로 해결해 건전한 풍토를 조성키 위한

---

32) 중국공산당 「새로운 상황에 당내 정치 생활에 대한 준칙(關于新形勢下党內政治生活的若干准則)」 참조. 이 '준칙'은 중국공산당 18차 중앙위원회 6기 전체회의에서 통과시켰으며, 2016년 11월 2일에 공포 시행되었다.

장기적이고 효율적인 기제를 마련하고, 감독방식에 있어서 신중을 기하고 피감독기관의 당위원회를 통해 업무를 전개하며, 솔선수범적 태도로 '군중노선교육 실천활동'을 추동해야 한다. 그리고 강도 높고 효과적인 감독업무를 통해 각지의 부처는 '군중노선교육 실천활동'과 경제·사회 발전, 민생 개선을 결합시켜 간부들의 열정이 실질적인 업무 선상에서 발휘되도록 해야 한다. 이러한 '군중노선' 사상에 대한 '자아진화'를 통해 각종 사회문제를 점차적으로 해결하고 '제2차 혁명'을 보다 정확한 방향으로 인도하여야 한다.

제 3 장

'제2차 혁명'과 '사자능력(四自能力)' 이론

중국공산당의 '사자능력(四自能力, Four-self Ability)'이란 '자아정화(自我淨化, Self-purification) 능력, 자아보완(自我完善, Self-completion) 능력, 자아혁신(自我革新, Self-revolution) 능력, 자아제고(自我提高, Self-improvement) 능력'을 가리킨다. 이 이론은 2012년 1월 9일, 전 국가 총서기인 후진타오가 중국공산당 제17차 중앙 기율 검사 위원회 제7기 전체회의에서 처음으로 제기한 것이다. 2016년 7월 1일 중국공산당 창당 95주년 기념 대회에서 중국 국가 총서기인 시진핑은 "우리 당은 혁명투쟁에서 얻은 용기를 통해 자체적으로 당 자체가 존재하는 뚜렷한 문제들을 힘써서 해야한다"면서 "우리 당의 자아정화, 자아보완, 자아혁신, 자아제고의 능력을 끊임없이 강화하고 '사대고험(四大考驗)'[1]을 이겨내며 '사종위험(四種危險)'[2]을 극복하다보면 우리 당은 한결같이 중국특색 사회주의 사업의 지도 핵심이 될 것"이라고 강조하였다.[3] 이어서 중

---

1) 사대고험(四大考驗)이란 집권 시련, 개혁개방 시련, 시장경제 시련, 외부 환경 시련을 뜻한다.
2) 사종위험(四種危險)이란 정신이 해이해질 위험, 능력이 부족할 위험, 대중과 동떨어질 위험, 부정부패의 위험을 가리킨다.
3) 시진핑, 「중국공산당 창당 95주년 대회에서의 기념 연설(在慶祝中國共産党成立95周年大

국공산당 제19차 전국대표대회 『중국공산당 당장』 수정안 요강(要綱) 부분에서는 "자아정화, 자아보완, 자아혁신, 자아제고의 능력을 끊임없이 강화해야 한다"라는 내용을 추가하였다.

'사자능력'이라는 전문용어는 비록 비교적 늦게 제시되었지만, 마르크스주의 전형적인 이론가들의 당건(黨建) 학설, 중국 신해혁명을 이끌었던 손문의 '삼민주의' 사상, '제1차 혁명'을 이끌었던 마오쩌둥의 사상, 그리고 '제2차 혁명'을 이끌었던 중국공산당 역대 지도부의 리더십은 '사자능력'의 출현에 충분한 이론적 근거와 튼튼한 실천적 기초를 마련해 주었다. 따라서 '사자능력' 이론은 이러한 사상적 옥토(沃土)에서 중국특색 사회주의 건설인 '제2차 혁명' 시기에 성장하였으며 '자아진화'의 발전과정을 거쳐서 최종적으로 형성되었다고 볼 수 있다. 그리고 지금 한창 진행 중인 중국의 '제2차 혁명'을 위해 지속적인 정화·보완·혁신·제고의 역할을 하고 있다.

1. '사자능력' 이론의 사상적 배경 및 그 진화과정

우선, 마르크스주의 학설을 통해서 '사자능력'의 사상적 배경을 살펴보겠다. 세계에서 첫 번째 무산 계급 정당이 생긴 이후, 마르크스·엥겔스·레닌 등을 비롯한 마르크스주의 전형적인 이론가들은 당의 자체적인 건설을 강화하는 것을 매우 중요시하였다. 비록 당시의 혁명 환경 및 주관적 요소의 영향과 한계로 '사자능력'에 관련된 개념을 명확히 제시하지 못하였지만 우리는 관련 문헌에 대한 깊이 있는 연구

會上的講話)」, 중국신화망(新華網), 2016.7.1.
(http://www.xinhuanet.com//politics/2016-07/01/c_1119150660.htm, 2019.3.27.)

를 통해, 마르크스주의 전형적인 이론가들이 제기한 당건 사상 중에 이미 '사자능력'의 기본 요소가 다수 포함되어 있었음을 쉽게 찾아낼 수 있다.

마르크스와 엥겔스는 국제 공산주의 운동 역사상 첫 번째로 되는 강령적 문헌인 『공산당선언』에서, 무산계급 정당에게 사상을 정화하고 선진성과 순결성을 보유하기 위한 요구를 명확히 제시하였다. 그들은 공산당과 비무산계급 정당의 차이점은 주로 두 가지가 있다고 지적하였다. 첫째, 공산당은 모든 무산계급의 이익, 특히 민족을 가리지 않는 이익을 강조하고 견지하는 것이다. 둘째, 무산계급과 부르주아계급의 투쟁 과정에서 전체의 국면을 파악하는 의식을 수립하며 광범위한 국민들의 이익을 도모하는 취지를 공고히 해야 하는 것이다. 뿐만 아니라 공산당원들은 시대를 앞서 가야 하며 선봉대(先鋒隊)의 역할을 자처해야 한다. "실천 측면에서 공산당원들은 각국 공인정당들 중에서 언제나 촉진역할을 담당하는 부분이며 이론 측면에서는 그들은 무산계급 운동의 조건, 과정과 일반적인 결과를 제대로 이해해야 하다"고 지적한 바 있다.[4]

레닌은 러시아 노동자 계급 정당을 창립하고 지도하는 과정에서도 당의 자아정화, 자아보완, 자아혁신, 자아제고를 매우 중요시하였다. '좌파 공산주의자'의 잘못된 사상이 당 내에 미친 영향에서 벗어나기 위하여 또한 당의 사상 노선을 바로잡기 위하여, 레닌은 『혁명 공론에 대한 비판』, 『기이한 견해와 괴상한 이론』 등 글을 발표하였다. '혁명 공론' 사상에 대한 호된 비판을 통해, 대부분의 당원들이 시비를 분명히 가리는 능력을 제고하여 정확한 정치적 입장을 확립하도록 하였다.

---

4) 마르크스, 엥겔스, 『마르크스 · 엥겔스 선집』(제1권), 중국인민출판사, 1995년, 285쪽.

그리하여 당의 사상을 통일시키고 당의 사상 노선을 공고화시켰다. 동시에 레닌은 "무산계급 정당의 중요 임무중의 하나는 자신의 혁명성, 선진성, 그리고 순결성을 유지하는 것"이라고 강조한 바 있다.[5] 소련공산당을 혁명당으로부터 다시 집권당으로 전환시키는 과정에서 자신이 국가의 각종 사업을 관리하는 능력을 제고시켜야 하기 때문에 레닌은 당원들에게, 특히 당의 지도자들에게 공부를 통해서 자신의 능력과 소질을 스스로 강화하는 경로를 제시하였다. 그는 당원들이 국가경제, 정치, 문화 등 각 사업에 관련된 지식들을 열심히 공부하고 국가를 다스리는 능력, 즉 정치적 리더십을 제고하여야만 소련공산당의 선진성과 순결성을 영원히 보유할 수 있다고 지적하였다.[6]

이상의 논술을 통해서 마르크스·엥겔스·레닌 등을 비롯한 마르크스주의 전형적인 이론가들이 비록 '자아정화·자아보완·자아혁신·자아제고'라는 '사자능력'의 개념을 명확히 제시하지 못하였지만, 그들의 당 건설에 관한 이론 중에는 중국공산당의 '사자능력' 이론의 기본 요소들이 이미 대거 포함되어 있었다. "공산당은 모든 무산계급의 모든 이익을 위해야 하고, 민족을 가리지 말아야 한다", "공부를 통해서 자신의 능력과 소질을 스스로 강화시켜야 한다" 등 표현들은 중국공산당 '사자능력' 건설 사상의 가장 원시적인 사상적 배경이다.[7]

다음으로, 중국 공산당 역대 지도부의 리더십을 통해서 '사자능력'의 진화과정을 보기로 한다. 중국공산당 역대 지도부의 리더십도 '사자능력'이라는 이론 성과 형성에 충분한 이론적 근거와 튼튼한 실천적 기초를 제공하였다. 중국공산당의 역대 중앙 지도부는 "당의 자체적

---

5) 레닌, 『레닌 전집』(제7권), 중국인민출판사, 1987년, 272쪽.
6) 레닌, 『레닌 전집』(제4권), 중국인민출판사, 1995년, 786쪽.
7) 류샤오촨(劉曉川), 「당의 사자능력 건설 사상 연구(党的四自能力建設思想研究)」, 중국호남대학(湖南大學), 2015년, 12쪽.

지도를 어떻게 강화해야 하는가"에 대해서 자기 나름대로의 주안점을
두었다. 예를 들어 마오쩌둥은 사상으로는 당의 지도를 강화해야 한다
고 강조하였고, 덩샤오핑은 제도로는 당의 지도를 강화해야 한다고 강
조하였으며, 장쩌민은 '3개대표' 사상을 당의 건설을 강화하고 개선하
는 주요 내용과 실천 근거로 간주하였고, 후진타오는 '과학발전관'의
확립과 실천, 그리고 당의 집권 능력의 강화를 당의 자체적 지도를 강
화하는 주요 임무로 간주하였다. 또한 이러한 중국공산당 역대 최고지
도부의 리더십들은 각기 다른 각도에서 '사자능력' 사상의 기본 내용
을 천명하였다. 한마디로 당의 '사자능력' 사상은 이러한 공산당 역대
최고지도부의 리더십들에서 싹트고 현재의 모습을 갖추어 간 것이다.

마오쩌둥 시기에는 과거의 정치리더십 경험과 다른 나라의 당 건설
에 관한 이론을 참고로 "사상으로는 당의 지도를 강화해야 한다"는 리
더십을 창조적으로 제시하였다. 그 주요 내용과 원칙은 다음과 같다.
첫째, 중국공산당은 마르크스주의 지도를 받고 사상으로는 당의 지도
를 강화해야 한다. "사상적으로 당에 가입하지 않는 사람들은 그 머리
에는 착취계급에 대한 더러운 것들이 많아서 무산계급 사상이 무엇인
지, 공산주의가 무엇인지, 당이 무엇인지를 전혀 모른다"고 강조한 바
있다.8) 이것은 사상의 순결성을 유지해야 한다는 의미로 읽을 수 있는
데, 중국공산당 '자아정화' 사상에 대한 구체적인 요구이다. 둘째, 중
국공산당은 조직제도를 지속적으로 보완해야 하며 '민주집중제'를 실
행해야 한다. 마오쩌둥은 마르크스주의 당 건설 원칙과 중국의 구체적
인 실천을 결합하여 '민주집중제'라는 조직원칙을 제시하였는데, "민
주 기초 위의 집중"과 "집중 지도하의 민주"를 동시에 결합할 수 있도

---

8) 마오쩌둥, 『마오쩌둥 선집』(제3권), 중국인민출판사, 1991년, 875쪽.

록 해야 하며, 그래야만 공산당의 단결 및 통일을 유지할 수 있다. 셋째, 중국공산당은 훌륭한 기풍을 계승하고 발양하는 과정에서 자신의 능력을 지속적으로 제고시켜야 한다. 마오쩌둥은 "이론과 실천을 서로 결합하는 기풍", "인민군중들과 긴밀히 연결하는 기풍", "자아비판의 기풍", "겸손하고 신중하며 교만하지도 않고 조급해 하지도 않는 기풍", "곤란을 이겨내고 분투하는 기풍" 등을 충분히 발양해야 한다고 강조하였다. 중국공산당은 훌륭한 기풍을 계승하고 발양하는 과정에서 이론과 실천을 결합시키는 능력, 인민을 위해 봉사하는 능력, 비판과 자아비판의 능력을 지속적으로 제고해야 한다고 역설한다. 여기에서 보면 마오쩌둥의 리더십 중에 '사자능력'과 관련된 건설 사상의 기본 내용이 이미 내포되어 있음을 알 수 있다.

개혁개방 이후 덩샤오핑은 건당 이래의 역사적 경험과 '문화대혁명'의 비통한 교훈에 대해 총괄적으로 정리하였으며 당의 제도적 건설을 중요한 위치에 두었다. 덩샤오핑은 "기존 제도의 폐단들을 단호하게 개혁하지 않으면 과거에 나타났던 심각한 문제들이 앞으로 다시 나타나게 마련이다"⁹⁾라고 지적하면서, 중국공산당의 민중집중제를 지속적으로 견지하고 강화하며, "중국공산당 지도하의 다당합작(多黨合作)과 정치협상제도", "단체적으로 지도하며 개인적으로 분담하고 책임지는 제도",¹⁰⁾ "중국공산당의 조직생활제도"¹¹⁾ 등을 지속적으로 보완해야

---

9) 덩샤오핑, 『덩샤오핑 문선』(제2권). 중국인민출판사, 1994년, 333쪽.
10) 단체로 지도하고(集體領導) 개인적으로 분담하여 책임지는(個人分工) 제도는 중대한 문제를 단체적으로 토론하고 결정하며 개인의 생각대로 정할 권력이 절대 없다는 제도와, 업무나 사건마다 관리하는 사람이 있고 사람마다 전문적인 책임이 있다는 제도를 결합하는 종합적인 제도이다. 이것은 "민주집중제"가 중국공산당의 리더십을 발휘할 때의 구체적인 방식인데, 독단과 전횡의 경향을 방지하며 산만하고 흩어지는 경향도 극복하기 위한 제도이다.
11) 중국공산당의 '조직생활제도'는 '삼회일과(三會一課)' 제도, 민주생활회와 조직생활회 제도, 담심담화(談心談話) 제도, 당원의 민주적 의결 제도, 청시보고(請示報告) 제도 등

한다고 강조하였다. 이것은 제도적 건설의 측면에서 '자아보완'의 리더십을 전면적으로 보여준 대목이다. 덩샤오핑은 제도 또한 약속의 한 가지 방식으로, 중국공산당의 실제적인 행동과 그 제도의 내용이 부합해야만 그 역할을 제대로 발휘할 수 있다고 보았다. 따라서 중국공산당은 자각적으로 사상 정치 교육의 방식을 혁신시키고 자신의 소질을 제고시키며 간부들의 혁명화(革命化)·연소화(年少化)·지식화(知識化)·전업화(專業化)를 실현해야 한다고 강조하였다. 덩샤오핑의 리더십 중에서 우리는 '사자능력'에 관련된 건설 사상의 기본 이론적 골격을 찾아볼 수 있다.

중국공산당 제13기 중앙위원회 4중전회 이후, 장쩌민은 '3개대표' 사상을 당 건설의 강화 및 개선의 주요 내용과 실천적 근거로 간주하였다. 장쩌민의 '3개대표' 사상은 중국공산당이 공인계급의 선봉대이며 그의 계급성(階級性)과 선진성(先進性)을 견지해야 한다는 것이다. 이를테면 공산당의 자체적 기풍 건설을 통해서 지속적으로 자신을 심사하고, 혁신의 정신으로 자신을 보완해야 한다는 것이다. 그리고 "집권의식을 강화하고 집권 능력을 제고해야 한다"는 요구 하에 자체적 반성, 자체적 경계, 자체적 검사를 통해서 그 선진성을 계속 유지해야 한다는 것이다. 장쩌민의 리더십 중에서 '사자능력'에 관련된 건설 사상의 초보적 형식을 엿볼 수 있다.

중국공산당 제16기 전국대표대회 이후, 후진타오는 '과학발전관'의 확립과 실천, 그리고 당의 집권 능력의 강화를 당의 자체적 지도를 강화하는 주요 임무로 간주하였다. 후진타오는 중국공산당의 건설규율과 집권규율을 깊이 있게 파악하였으며 중국공산당 역대 지도부의 리

을 포함한다.

더십들을 과학적으로 종합한 토대 위에, 세계의 정세, 국가의 정세, 공산당의 정세의 심각한 변화를 결합하여, 지속적으로 리더십의 혁신을 촉진하였다. 따라서 중국공산당은 집권 능력의 강화, 중국공산당 선진성과 순결성의 보유에 중점을 두고, 자아정화, 자아보완, 자아혁신, 자아제고의 능력을 강화해야만 중국특색 사회주의 사업의 지도 핵심이 될 수 있다고 강조하였다. 그리하여 중국공산당의 '사자능력' 이론은 이러한 시대의 요구에 의해 자연스럽게 나타난 것으로 보인다.

따라서 중국공산당 역대 지도부의 리더십을 통해서 보면 '사자능력' 이론도 지속적으로 진화하는 과정을 거쳤다. 후진타오 집권 시기에 처음으로 명확하게 제시되었고, 시진핑 집권 시기에 반복하여 강조하는 과정을 거쳐 중국공산당 제19차 전국대표대회 때에 이르러야『중국공산당 당장』에 '사자능력' 이론이 추가되었다. '사자능력' 이론은 어느 지도부에 속하는 이론 사상이 아닌 중국공산당의 '자아진화'를 실현하는 과정에서 형성된 것으로, 중국공산당 지도자들의 리더십의 지혜와 단체적인 경험의 산물인 것이다.

<표 6> 중국공산당 '사자능력(四自能力)' 이론의 발전 연혁

이론가 및 지도자	이론 학설 및 정책 사상	주요 내용 및 평가
마르크스 엥겔스 레닌	『공산당선언』 『혁명 공론에 대한 비판』 『기이한 견해와 괴상한 이론』	당의 자체적인 건설을 강화하는 것을 매우 중요시하며 '사자능력'의 기본 요소가 다수 포함되어 있음. "공산당은 모든 무산계급의 모든 이익을 위해야 하고, 민족을 가리지 말아야 한다", "공부를 통해서 자신의 능력과 소질을 스스로 강화시켜야 한다" 등 표현들은 중국공산당 '사자능력' 건설 사상의 가장 원시적인 사상적 배경임.

마오쩌둥	'마오쩌둥 사상'	· 사상의 순결성을 유지해야 한다는 것은 '자아정화' 사상에 대한 구체적인 요구임. · 중국공산당은 조직제도를 지속적으로 보완해야 하며 '민주집중제'를 실행해야 함. · 비판과 자아비판 등 자신의 능력을 지속적으로 제고 해야 함.
덩샤오핑	'덩샤오핑 이론'	· 제도적 건설의 측면에서 '자아보완'의 리더십을 전면적으로 보여줌. · 자각적으로 사상 정치 교육의 방식을 혁신시키고 자신의 소질을 제고시키며 간부들의 혁명화 · 연소화 · 지식화 · 전업화를 실현해야 한다고 강조함.
장쩌민	'3개 대표론'	· 공산당의 자체적 기풍 건설을 통해서 지속적으로 자신을 심사하고 혁신의 정신으로 자신을 보완해야 함. · 자체적 반성, 자체적 경계, 자체적 검사를 통해서 그 선진성을 계속 유지해야 함.
후진타오	'과학발전관'	집권 능력의 강화, 중국공산당 선진성과 순결성의 보유에 중점을 두고, 자아정화, 자아보완, 자아혁신, 자아제고의 능력을 강화해야만 중국특색 사회주의 사업의 지도 핵심이 될 수 있음. '사자능력' 이론은 이러한 시대의 요구에 의해 나타남.
시진핑	'신시대 중국특색 사회주의 사상'	반복하여 강조하는 과정을 거쳐 중국공산당 제19차 전국대표대회 때에 이르러서야 『중국공산당 당장』에 '사자능력' 이론이 추가됨. '사자능력' 이론은 어느 지도부에 속하는 이론 사상이 아니라 중국공산당의 '자아진화'를 실현하는 과정에서 형성됨.

2. '사자능력' 이론의 주요내용

'사자능력' 이론은 중국공산당의 '자아진화'의 과정을 거치면서 유기적인 통일체를 형성하였다. 이러한 유기적 통일체 안에서 '자아정화, 자아보완, 자아혁신, 자아제고'는 각자의 역할을 담당하면서 중국공산당의 '자아진화'를 위해 추진 역할도 하였다. 그중에서 '자아정화'는 기초이고 '자아보완'은 관건이며 '자아혁신'은 동력이고 '자아제고'는 보장이라고 할 수 있다.

'자아정화(自我淨化, Self-purification)'는 '자아진화'의 기초이다. '자아정화'란 주로 강한 위기의식 하에 조직 제도, 기율(紀律) 규정을 우수한 전통을 본받아 자체적으로 잘못을 바로잡는 것을 말한다. 그리하여 당의 조직을 침해하는 것을 미리 방지하는 것이다. 결과적으로 말하자면 중국공산당의 순결성 문제와 직결된다. 사상의 순결, 조직의 순결, 기풍의 순결 등 여러 방면의 순결은 중국공산당의 '자아진화'의 기초이다. 오로지 사상을 순결시켜야 '자아진화'를 위해 강한 정신적 원동력을 제공할 수 있고, 조직을 순결시켜야 '자아진화'를 위해 견고하면서도 실천적인 모체를 제공할 수 있으며, 기풍을 순결시켜야 '자아진화'를 위해 훌륭한 정치적 환경을 제공할 수 있다.

'자아보완(自我完善, Self-completion)'은 '자아진화'의 관건이다. '자아보완'이란 주로 사상 건설, 조직 건설, 기풍 건설, 부패를 반대하고 청렴을 제창하는 건설, 그리고 제도 건설 등을 통하여, 남의 장점을 본받아 자신의 단점을 보충하고 자체적인 보완을 지속적으로 촉진하는 것이다. 이런 과정을 거쳐야만 중국공산당은 더욱 성숙해질 것이고 강해질 것이라는 것이 그의 관점이다. '물통효과(Buckets Effect)'에 따르면 물통에 얼마만큼의 물을 채울 수 있느냐는 가장 긴 나무판에 달린 것이 아

니라 가장 짧은 나무판에 달려 있다고 한다.[12] 따라서 하나의 정당이
잘 진화할 수 있느냐는 그의 우월성과 관계가 있긴 하지만 결정적인
요소는 적기에 자신의 부족한 점을 보완할 수 있느냐에 달려 있다. 따
라서 '자아진화'로 도약하는 과정에서 급무는 취약점을 보완하고 약점
을 강화하며 진화의 불균형과 문제점을 해결하는 것이다.

'자아혁신(自我革新, Self-revolution)'은 '자아진화'의 동력이다. '자아혁
신'이란 주로 시대적 조건, 구체적인 환경, 그리고 역사적 임무의 변화
에 의하여 자신의 이론과 노선·방침·정책 등을 제때에 조정하고 시
대에 부합되지 않는 사상·관념·체제·메커니즘을 배제하는 것을 말
한다. 사상을 해방하고 실사구시하며 진리를 추구하고 실효를 강조하
며 시대와 더불어 발전하도록 한다. 지속적인 혁신은 한 나라와 한 민
족의 발전여부를 결정하는 중요한 요소일 뿐만 아니라, 하나의 정당,
특히 집권당을 지속적으로 발전시키고 전진시킬 수 있는 동력이자 원
천이다. 중국공산당은 백년간 여러 가지 시련과 고난을 겪었음에도 지
속적으로 진화할 수 있었던 이유는 개척 및 혁신의 정신으로 자신의
건설을 전면적으로 추진하였기 때문이다.

'자아제고(自我提高, Self-improvement)'는 '자아진화'의 보장이다. '자아
제고'란 아래로부터 위로 스스로 당의 건설을 향상하는 과정이다. 이
는 당의 이론적 수준, 집권 능력, 기풍 이미지 등 여러 측면에서 구현
된다고 할 수 있다. 지속적으로 자신의 능력을 제고시키는 것은 중국
공산당의 자체적 건설을 강화하고 중국공산당의 리더십 수준을 제고
하는 기본적 보장이다. 경제를 지속적으로 발전시키는 능력, 중국특색

---

12) 저우진탕(周金堂), 「'사자능력'의 강화를 엄격히 당을 관리하는 수단으로 삼는다(把增强
"四自能力"作爲從嚴治党的重要抓手)」, 2014년 12월 5일, 중국조직인사보(中國組織人事
報)(http://theory.people.com.cn/n/2014/1205/c40531-26157380.html, 2018.10.9.)

사회주의 민주와 법제를 계속 발전시키는 능력, 문화 소프트파워를 계속 강화시키는 능력, 화목한 사회와 생태 문명을 계속 발전시키는 능력 등은 '자아제고'를 통해서야만 실현할 수 있다. 이 또한 중국공산당의 '자아진화'를 위해 훌륭한 경제·정치·문화·사회 환경을 제공하기도 한다.

그리하여 '자아정화, 자아보완, 자아혁신, 자아제고'라는 '사자능력' 이론은 서로 밀접한 관계를 가지고 있으면서도 구체적인 역할을 각자 가지고 있다. 이 네 가지 능력은 하나의 유기적 통일체로서 중국공산당의 리더십 혁신을 위해 이론적 토대를 제공해주었을 뿐만 아니라, 중국공산당의 '자아진화'를 위해 통일적인 추동 역할을 담당했다고 할 수 있다.

3. '사자능력' 이론의 리더십 성격 및 현실적 함의

'사자능력' 이론은 중국공산당 자체적 건설에 있어서의 자각적인 사상과 행동을 뚜렷하게 강조하는 동시에, 중국공산당의 리더십에 있어서의 높은 자각성(自覺性)과 자신성(自信性)을 강조한다. '사자능력'의 지향적 목표는 자신의 노력을 통해서 '자아진화'를 실현하고 튼튼한 리더십을 발휘하도록 하는 것이다. 따라서 '사자능력' 이론은 중국공산당이 '제2차 혁명'을 전개하는 과정에서 지속적으로 '자아진화'를 할 수 있는 원동력이다. 위에서 아래로 자각적으로 문제를 발견하고, 그 다음에 자각적으로 문제를 해결하는 방법을 찾으며, 마지막에 자신이 있게 문제를 해결하는 것을 통해 중국공산당 리더십의 지혜를 엿볼 수 있다. 그 구체적인 내용은 다음과 같다.

첫째, 중국공산당 리더십의 자각성(自覺性)이다. '자각성'이란 자체가 현실을 판단하고 인식하며 발각하고 의식하여 자기의 입장이나 능력 따위를 스스로 깨닫는 것을 말한다. '이론 자각'이란 이론의 중요성을 자각적으로 인식하고 실천 활동에서 이론을 지도로 삼으며, 자신의 행동이 선명한 목적을 지니게 한다. 마르크스주의 인식론은 '실천 제일'의 관점을 견지하고 "인식보다 실천이 더 중요하다"고 생각하지만 이론의 역할을 경시하거나 부인한 경우는 없다.[13] 실천은 과학적인 이론의 지도가 없으면 맹목적인 실천이 되어버린다. 중국공산당은 무산계급정당으로서 그의 독특한 특징 중의 하나는 바로 집권 실천의 과정에 따라 자신의 리더십에 관련된 이론과 사상들을 지속적으로 혁신시키며 새로우면서도 과학적인 리더십을 통해 새로운 실천을 지도하는 것이다.

세계의 정세, 중국의 정세, 공산당의 정세가 심각하고 무쌍한 변화를 겪고 있는 이 시기에 중국의 '제2차 혁명'은 결정적인 단계로 들어섰으며 역사상 유례가 없는 기회와 함께 도전에 직면하게 되었다. 중국공산당이 직면하고 있는 것은 장기적이고 복잡하며 엄격한 시련들이기 때문에 당의 선진성과 순결성을 보유하도록 해야 하며 시대와 더불어 이론과 사상을 진화시켜야 한다. 이러한 인식하에 제시한 중국공산당의 '사자능력' 이론을 통해 중국공산당의 리더십이 자각성을 지니고 있음을 판단할 수 있다.

둘째, 중국공산당 리더십의 자신성(自信性)이다. '자신성'이란 간단하게 말하면 자기 자신을 믿는 것이다. 집권당의 자신성은 그 자신이 성공적으로 사명을 완수할 수 있는 능력이 있다고 믿는 자신감이다. '제

---

13) 류샤오촨(劉曉川), 앞의 논문, 18쪽.

2차 혁명'에 처하고 있는 현재 시기에 집권당으로서의 중국공산당이 직면하고 있는 위험과 시련은 역사상 유례가 없는 경우이지만, 그는 도피를 택하지 않고 집권 경험과 규율을 총괄적으로 정리한 토대 위에 '사자능력' 이론을 제시하였다. 이는 중국공산당의 정치적 자신감을 충분히 보여주는 것으로, 중국공산당의 리더십이 더욱 견고하고 성숙해졌음을 검증할 수 있다.

현재 대부분의 서구 민주주의 국가들은 '양당제'와 '다당제'를 실행하고 있는데, 한 정당의 리더십 혁신을 통해서 정치적 발전을 촉진하는 것이 아니라 주로 국민들의 정치적 참여를 통한 새로운 개혁 프로그램 및 관련 정책들의 도입과 실천을 통해서 정치의 발전을 촉진한다. 따라서 '자아정화, 자아보완, 자아혁신, 자아제고'의 능력을 더욱 중요시하는 중국공산당이 서구 민주주의 국가의 정당들보다 '자신성'이 더욱 강하다고 할 수 있다. '사자능력' 이론을 기초로 형성된 이른바 '자신성'의 리더십 성격은 중국공산당에게 장기적으로 집권할 수 있도록 하였으며 이 또한 '자아진화'의 과정을 지속적으로 촉진시켰다.

마지막으로 '사자능력' 이론의 현실적 함의를 살펴보면, '사자능력'의 강화는 중국공산당의 자체적 건설의 미래와 근본과 연관된다. 이는 중국공산당 집권 능력을 강화하고 당풍(黨風) 및 당성(黨性)을 순수하게 하며, 당심과 민심을 결집시키고 정치적 지위를 확고히 하는 데 필요하다. 동시에 '사자능력'의 강화는 중국공산당이 자신에게 존재하는 문제와 이러한 문제의 해결에 대한 높은 '자성(自醒)', '자각(自覺)', '자신(自信)'의 구현일 뿐만 아니라, 중국공산당이 자신의 역량을 통해 내부에서 시작하고 중시하며, '자체적 심사(審視自我)', '자체적 개조(改造自我)', '자체적 수련(修煉自我)', '자체적 승화(升華自我)'의 결심과 신념의 구현이다.[14]

중국공산당은 2018년까지 97년의 발전 과정을 거쳤는데, 당의 자체
적 건설을 끊임없이 보완하고 당의 진보성과 순수성을 한결같이 유지
하면서, 중화민족의 위대한 부흥이란 중국의 꿈을 실현하는 지도 핵심
이 되었다. 이러한 과정에서 형성된 '사자능력' 이론은 그 중요한 이론
적 성과로, 중국공산당이 지속적으로 '자아진화'의 과정을 이행하고
있음을 보여주는 가장 좋은 증거라고 할 수 있다. 비록 '사자능력' 이
론은 중국공산당의 지속적인 리더십 혁신을 위한 필수적인 내재적 조
건들을 제공해 줄 수 있지만 더욱 건강한 '자아진화'의 과정을 위해
중국공산당과 정부를 협조하여 정치를 보완할 수 있는 시민사회의 발
전, 즉 외부적 조건들도 진일보 보장할 필요가 있을 것이다.

---

14) 저우진탕(周金堂), 앞의 글, 2018.10.9.

제3부

덩샤오핑의 리더십 혁신: '개혁개방'의 시작

제 1 장

덩샤오핑 정치리더십의 형성

1. 덩샤오핑의 소년 및 유학 시절

1) 덩샤오핑의 소년시기

덩샤오핑은 본명은 등선성(鄧先聖)이고, 1904년 8월 2일 중국 사천성 광안현(廣安縣)에서 태어났다. 비록 농민 가족에서 태어났지만 아버지 등소창(鄧紹昌)의 대세를 파악하는 능력은 덩샤오핑에게 매우 큰 영향을 주었다. 1909년 5살인 덩샤오핑은 광안현에 있는 사숙(私塾)에서 공부하면서 계몽 교육을 받기 시작하였다. 1년 후에 북산소학당(北山小學堂)에 가서 새로운 형식의 교육을 받았다. 거기 국문 선생의 봉건 예교(禮敎)에 대한 비판, 급진적인 사상은 덩샤오핑의 사상에 커다란 영향을 미쳤다고 할 수 있다.

광안현은 1911년 중화민국 시기부터 군벌들이 연이어 난투쟁한 지역으로, 여기의 백성들은 안심하고 생활할 수가 없었다. 바로 그때부터 덩샤오핑은 중국 청년들이 각자의 능력을 갖춰야만 중국을 부강시킬 수 있고 제국주의의 우롱을 당하지 않을 수 있다고 결심하였다.[1] 1918년 여름, 덩샤오핑은 광안 현립 중학당에 진학하는데, 다음해인 1919년에는 오사운동이 북경에서 일어났다. 북경 학생들의 애국운동을 지원하기 위해서 덩샤오핑은 중학당에 설립되었던 학생 애국 분회에 가입하였고 수업 거부, 선전, 시위, 집회에 모두 앞장섰다.

학교에서 공부하는 동안 덩샤오핑은 진독수(陳獨秀)[2]가 발행한『신청년(新靑年)』등 진보적인 간행물을 매우 좋아하게 되었는데 공부를 통해서 덩샤오핑은 중국이 실업을 진흥시켜야 국가를 부강시킬 수 있다고 스스로 인식하게 되었다. 이러한 '실업구국(實業救國)' 사상의 영향을 받아, 덩샤오핑은 진작부터 유학을 통해 능력을 향상시키겠다는 포부를 가지고 있었다. 이런 덩샤오핑에게 아버지 등소창은 한 통의 편지를 보냈는데 중경(重慶)에서 프랑스로 유학 갈 수 있는 예비 학교가 곧 설립될 것이란 내용이다. 젊은 남자들이 프랑스에서 일하면서 공부할 수 있는 기회가 생긴 것이다. 시대의 흐름을 잘 읽는 그의 아버지는 아들이 더 넓은 세상으로 가서 더 많이 공부하여 식견이 넓혀야 한다고 생각하였고, 아들이 프랑스에 유학 가는 것을 매우 지지하였다. 열린 아버지의 교육 사상 덕분에 덩샤오핑은 중경 예비학교에 입학할 수 있었고 열심히 공부한 결과 졸업할 때는 프랑스어 시험도

---

1) 허징(何菁), 황리(皇黎), 『덩샤오핑의 소년시대(鄧小平的少年時代)』, 당사박채(党史博采)출판사, 1997, 6쪽.
2) 중국의 정치가이자 평론가이다. 일본으로 유학갔으나 동맹회에는 들지 않았고, 귀국 후 1915년 상해에서 잡지 『신청년』을 발행했다. 1916년 채원배(蔡元培)의 초청으로 북경대학 문과 과장이 되었고, 5·4문화혁명의 선두에 섰다. 1917년 2월 『신청년』(新靑年)에 발표했던「문화혁명론」은 귀족, 고전, 산림(山林)문학의 윤리, 도덕, 예술을 무너뜨리고, 국민적·사실적·사회적 문학에 의한 근대 합리주의를 주장하였으며, 진화론과 자연과학을 고취시켰다. '진독수(陳獨秀)' (https://terms.naver.com/entry.nhn?docId=389569&cid=41978&categoryId=41985, 2018.10.8.)

합격하였다. 1920년 9월, 프랑스에 건너간 덩샤오핑의 혁명 생애가 서막을 연 것이다.[3]

2) 덩샤오핑의 유학 시절

16살의 덩샤오핑은 1920년에 '실업구국'이라는 꿈을 품고 조국을 떠나 프랑스에 가서 독학을 시작하였고, 1926년에는 소련의 모스크바 중산대학교[4]에 가서 유학하다가 1927년에 귀국하게 된다. 7년의 유학 시절은 덩샤오핑의 리더십과 미래 발전에 자못 큰 영향을 미쳤다.

프랑스 유학 시절, 덩샤오핑은 온갖 고생을 다 경험해 봤다. 경비가 부족한 바람에 덩샤오핑은 프랑스 남부에 있는 철강 공장에서 일하면서 학교에서 공부하였다. 비록 빠듯한 수입 때문에 힘든 생활의 나날을 보냈지만 덩샤오핑은 공부의 꿈을 포기하지 않았다. 하지만 프랑스 노르망디 교외에 있는 바예르 중학교에서 5개월만 공부하다가 학비를 제대로 대지 못하여 어쩔 수 없이 학업을 중단하게 된다. 그 이후로 다시는 프랑스 학교의 대문에 들어서지 못하게 된다. 학교를 그만둔 덩샤오핑은 프랑스 공장이나 기업에서 일하는 사이에 저우언라이(周恩來) 등 중요한 사람들을 만나게 되었다. 그 사람들의 영향을 받아, 젊은 덩샤오핑은 점점 마르크스주의에 관련된 서적들을 접촉하게 되었고, 공산주의를 선전하는 집회에 참가하게 된다. 1922년에 덩샤오핑은 중국 사회주의 청년단에 가입하여 혁명의 길을 걷게 되었는데, 1924년

---

3) 허징(何菁), 황리(皇黎), 앞의 책, 1997, 6쪽.
4) 손문이 돌아간 후인 1925년에, 그의 호(號)는 중산(中山)이라고 하였기 때문에 소련 공산당이 그를 기념하기 위하여 모스크바 중산대학교(Sun Yat-sen University in Moscow)를 설립하였다. 그 목적은 중국을 위해 혁명 인재를 양성하기 위한 것이다.

7월에 덩샤오핑은 중국공산당의 정식 당원이 되었다. 저우언라이가 프랑스를 떠나 중국에 돌아가게 되자 계속 프랑스에 남아 있던 덩샤오핑은 더 많은 혁명 사업을 담당하게 되었다. 1925년 5월에 중국에서 '오·삼십 운동(五卅運動)'5)이 일어나는데 덩샤오핑은 파리에 있는 화인화교들을 조직하여 제국주의의 폭행을 비난하였고, '오·삼십 운동'을 적극적으로 지원하였다. 그 일환으로 제국주의를 반대하는 대회와 공산주의자 집회에서 연설하기에 이른다. 하지만 프랑스 경찰이 자국 내 공산주의자들의 사회적 혼란을 반대하기 위하여 대대적인 조사를 벌이는 바람에 덩샤오핑은 하루 일찍 프랑스를 떠나서 모스크바로 전전한다. 5년여 간의 프랑스 유학 시절도 막을 내린다.

조기 프랑스 유학 시절을 통해 덩샤오핑은 서구 자본주의 문명을 쉽게 접할 수 있었고, 하층 공인으로 지내면서 자본주의의 어두운 면을 피부로 느낄 수 있었다. 발달한 자본주의 사회에서 공인계급이 압박을 겪고 있다는 사실을 알게 되었고 자본주의 제도의 비합리적인 면을 지켜보는 과정에서 마르크스주의 사상이 싹트기 시작했다.

소련 유학 시절은 덩샤오핑에게 프랑스 유학 시절과는 완전히 다른 체험이었고 나중에 펼쳐나갈 정치적 생애에 매우 중요한 토대를 닦도록 한 시기라고 할 수 있다. 덩샤오핑이 모스크바에 도착한 후, 먼저 동방노동자 공산주의대학교에 편입하였고 머지않아 모스크바 중산대학교로 옮겨서 공부하기 시작했다. 바로 이곳에서 변증법적 유물론과 역사적 유물론에 대한 철학, 세계통사와 사회발전사, 소련공산당사, 중국혁명운동사 등에 관한 세계혁명운동사, 그리고 자본론에 대한 정

---

5) 1925년 5월 30일 상하이(上海)에서 일어난 반제(反帝) 운동이다. 상하이(上海)에 있는 일본계(日本系) 방적 공장의 파업에 합류한 노동자와 학생의 데모대에 대해서 영국 관헌이 발포하여 사상자를 내었다. 이를 계기로 외국 상품의 보이콧과 반제 투쟁이 전국에 파급된다.

치경제학, 경제지리학 등 여러 가지 이론 지식을 배웠다. 뿐만 아니라 학교에서 군사 이론도 배웠고 군사 훈련까지 받으면서 혁명가로 변신해갔다. 덩샤오핑에게 모스크바 중산대학교에서의 공부 시절은 매우 귀한 기회이자 인생에서 옳은 선택이었다. 먹고 입고 쓰고 사는 걱정이 전혀 없었고 학생들에게 생활비까지 주는 소련 유학 시절에 대해, 덩샤오핑은 "평생 처음으로 압박이 없고 어두움이 없는 유망한 삶을 지내게 되었다"고 평가하였다.[6] 그리하여 덩샤오핑은 공산당의 지도에 따라 무산계급의 이익을 위해 노력하겠다는 신념을 굳히기에 이른다.

1926년 중국의 혁명 형세가 급격히 발전하면서 혁명 인재가 대거 필요하게 되었기 때문에 덩샤오핑은 1927년에 모스크바 중산대학교를 퇴학하고 귀국길에 오른다. 1927년 10월부터 중국 상해에서 지하당(地下黨) 활동에 참가하고 광서성(廣西省) 봉기에 참가하는 등 공산당 활동을 진행하다가 마오쩌둥과 대장정에 동참하면서 중국공산당의 정치적 지도자로 성장해 나갔다.[7]

2. 항일전쟁 및 해방전쟁 시기 덩샤오핑의 군사적 재능

1) 항일전쟁 시기 덩샤오핑의 군사적 재능

항일전쟁 시기부터 덩샤오핑을 추종해온 그의 오래된 부하인 장진(張震)은 "덩샤오핑 동지는 매우 총명하여 군사 학교에 다닌 적이 전혀 없지만 천군만마(千軍萬馬)를 잘 지휘하였다"고 평가한 바 있다. 사실

---

6) 정샤오린(曾小林), 딩링즈(丁灵芝), 「덩샤오핑의 유학 세월 및 그의 영향(鄧小平的留學歲月及其影響)」, 『모택동사상연구(毛澤東思想研究)』, 제32권 제5기, 2015.9.25, 48쪽.
7) 정샤오린(曾小林), 딩링즈(丁灵芝), 위의 논문, 46-49쪽.

덩샤오핑의 군사적 재능은 그가 읽었던 서적들과 군사와 관련된 수업을 들은 경험과 연관이 있다. 실제로 모스크바 중산대학교에서 유학하는 동안 그는 군사와 관련된 수업을 들은 적이 있었고, 군사류 서적도 많이 읽어봤다.

중국의 항일전쟁은 1931년 9월 18일에, 즉 '9·18 사변'의 발발로부터 1945년 일본이 무조건 항복 때까지 14년 동안 지속되었는데 항일전쟁 내내 덩샤오핑은 공산당의 팔로군(八路軍)에서 정치위원으로 지냈다. 1937년 7월 7일 '노구교(盧溝橋) 사변'이 발발한 이후, 덩샤오핑은 유백승(劉伯承)과 함께 팔로군 129사단을 인솔하여 일련의 투쟁을 거쳐 태행산(太行山)에 터를 잡기에 성공한다. 산시성·허베이성·허난성 등지에 홍군의 주요 항일 근거지인 진기예변구(晉冀豫邊區)를 마련하였고, 연이어 기남(冀南) 항일근거지와 기노예(冀魯豫) 항일근거지를 개척하였다. 1940~1941년 사이에 펭덕회(彭德懷) 등과 함께 백단대전(百團大戰)에도 참가하였다. 1941년부터 항일전쟁은 가장 어려운 단계에 접어드는데, 1943년 10월부터 덩샤오핑은 힘든 여건 속에서도 화북(華北) 항일 근거지 당·정·군 사업의 지휘권을 맡았다. 항일전쟁이 끝난 후, 덩샤오핑이 유백승과 함께 개척했던 태행(太行), 태악(太岳), 기남(冀南), 기노예(冀魯豫) 등 4개 근거지는 전 중국에서 가장 큰 해방 지역이 되었다.[8]

덩샤오핑은 유백승과의 군사 합작을 통해 군사 지도의 기회는 물론 실용주의적 군사 전략을 수립하기에 이른다. 이는 덩샤오핑 향후의 정치적 리더십에 중요한 영향을 미친다.[9] 항일 전쟁 시기 덩샤오핑의 독

---

8) 장샤오강(張曉剛), 「덩샤오핑군사사상탐구(鄧小平軍事思想探頤)」, 서남사범대학(西南師范大學), 2004.11.1, 7쪽.
9) 김영화, 『덩샤오핑 리더십과 중국의 미래』, 문원, 1997, 77쪽.

특한 군사적 전략은 다음과 같이 요약할 수 있다.

첫째, 적을 능멸하고, 때가 되면 '돌연약진(突然躍進)'을 해야 한다는 전략이다. 과거의 투쟁 과정을 통해 쌓은 덩샤오핑의 가장 중요한 경험은 "적과의 투쟁은 군사 역량의 비교일 뿐만 아니라, 전면적인 능력의 비교라고도 할 수 있는데 투력(鬪力)보다는 더 중요한 것은 투지(鬪智)"라고 강조한 바 있으며, "우리의 원칙은 적들을 약화시키고 자신을 보존하며 은밀히 역량을 축적하여 역습하는 것"이라고 지적했다. 여기에서 이른바 "은밀히 역량을 축적한다"는 것은 "적을 능멸해야 하며 모든 방법을 취하여 적을 마비시켜야 하는" 것이라고 해석한 바 있다. 그리고 덩샤오핑은 적당한 시기를 기다리고 완벽한 기회를 포착해야 하며, '돌연약진(突然躍進)'을 시행해야 한다고 하였다. 이러한 군사적 전략은 향후의 '제2차 혁명' 개혁개방기에 덩샤오핑이 제시했던 '도광양회(韜光養晦)[10]' 사상과 일맥상통(一脉相通)한다고 할 수 있다.

둘째, 상황에 따라 적당한 투쟁방법을 채택하고 임기응변해야 한다는 전략이다. 덩샤오핑은 항일 투쟁 때, 실제로 일어나는 상황에서는 임기응변을 필요로 하는 상황이 많을 것이라고 지적한 바 있다. "적들과 싸울 때 적당한 투쟁방법을 채택해야"하고, "틈을 잘 이용하여 적의 약점들을 노려야"하며, "기본적으로 유격전(游擊戰)으로 투쟁하되 유리한 경우에는 운동전으로도 투쟁할 수 있"다고 강조한 바 있다.[11] 이러한 군사 전략은 나중의 '제2차 혁명' 개혁개방 시기에 덩샤오핑이 제시하였던 '여시구진(與時俱進)'[12] 사상과 일맥상통(一脉相通)한다고 할

---

10) 도광양회(韜光養晦)는 중국의 사자성어인데 재능을 숨기고 은거하여 시기를 기다린다는 뜻이다.

11) 류창룬(劉强倫), 「등소평이 항일전쟁 과정에서의 특수 지혜(鄧小平在抗戰中的特殊智慧)」, 인민망(人民网)(http://cpc.people.com.cn/n1/2016/0126/c69113-28085805.html, 2018.11.2.)

수 있다.

유백승과의 군사적 합작에서 형성된 덩샤오핑의 실용주의적 철학이 나중에 제기한 중국특색 사회주의라는 정치적 사상의 일부분이 되었다고 해도 과언이 아니다. 즉 군사적 전선의 전략을 정치적 전선의 문제를 해결하는 데 유용하게 활용하는 것이다. 따라서 덩샤오핑은 어느 한 분야의 개인적 경험을 다른 분야에도 발전적으로 적용시켜 보다 창조적으로 승화시키는 '자아진화' 능력을 지닌 인물이라고 평가할 수 있다.

2) 해방전쟁 시기 덩샤오핑의 군사적 재능

중국의 해방전쟁이란 항일전쟁이 끝났을 때부터 1950년 6월까지 중국공산당과 국민당이 중국 대륙의 지도권을 쟁탈하기 위해 벌인 전쟁이다. 전쟁 초기에는 국민당 정부가 군대의 수나 장비 면에서 훨씬 앞서 있어 유리하였으나, 사회·경제적 불안은 국민당 정부를 궁지로 밀어 넣어 결국 중국공산당과 중국인민해방군의 승리로 끝났다.

덩샤오핑은 5년의 해방전쟁을 유승백과 함께 겪는데, 태행산에서 출발하여 '롱해로(隴海路)' 작전, '남도황하(南渡黃河)' 작전, '정진대별산(挺進大別山)' 작전 등 많은 전투를 한 후에, 1949년 장강(長江) 도하작전과 남경(南京) 점령을 지도하여 중화인민공화국 수립에 큰 공을 세웠다. 덩샤오핑은 자신의 일생에서 가장 기뻤던 순간은 해방전쟁에서 승리를 거두었을 때라고 회상하였으며, "그 때 우리의 장비가 비록 낙후했음에도 계속 이길 수 있었던 것은, 대부분이 작은 힘으로 강한 것을

---

12) 여시구진(與時俱進)이란 시대와 더불어, 상황의 변화에 따라 끊임없이 발전한다고 의미한다.

물리치고 적은 병력으로 많은 병력을 이겼던 것"이라고 강조한 적이 있다.[13] 해방전쟁 시기에 이러한 승리들을 거둘 수 있는 이유는 덩샤오핑의 군사적 리더십과 밀접한 관계가 있다.

첫째, 덩샤오핑은 중국인민해방군 진기노예야전군(晋冀魯豫野戰軍)의[14] 정치위원으로서 군사 결정을 할 때마다 마오쩌둥의 군사적 사상을 활용하였고, 중국공산당 중앙위원회와 군사위원회의 군사적 정책들을 소속 군대와 지방에 잘 관철시켰으며 시행으로 옮겼다.

둘째, 덩샤오핑은 군사 결정을 할 때마다 유백승과 소통하고 토의하였다. 군사적 정책에 있어 매우 중요한 의견을 제시하였을 뿐만 아니라 몸소 체험하고 힘써 실천하면서 최종 목표를 이루었다. 특히 '정진대별산(挺進大別山)' 작전은 해방전쟁 시기뿐만 아니라 그의 군사적 생애에서 제일 만족스러웠던 작품이라고 할 수 있으며, 이후 중국 남쪽 전쟁터의 군사권을 제대로 지휘하기 위한 토대를 마련하였다.[15]

셋째, 덩샤오핑은 군사적 정책을 결정하고 작전을 지휘하는 동시에, 전쟁터 군수 지원 조달 사업도 매우 중요시하였다. 그리고 군대 내부 지도 간부와 상하급 사이의 단결과 신뢰의 강화를 통해서 부대의 응집력을 강화시켰고 부대의 전투력을 제고시켰다.

넷째, 덩샤오핑은 군사를 경제와 결합시켰고 군사와 경제 간의 내재적 관계를 중요시하였다. 덩샤오핑은 해방전쟁 시기에 비록 경제적 문제는 군사 작전상 부수적이지만 그럼에도 매우 중요한 요소라고 생각하였다. 토지개혁과 생산성 증대를 통해 중국 해방군의 열악한 경제적 상황을 개선할 수 있었을 뿐만 아니라, 중화인민공화국 수립 후 국가

---

13) 송이쥔(宋毅軍), 「등소평 해방전쟁시기 군사사상 및 실천에 대한 연구(鄧小平解放戰爭時期軍事思想和實踐硏究述評)」, 『군사역사연구』, 2003.12.25, 43쪽.
14) 그 이후에는 중원야전군(中原野戰軍), 제2야전군 등 이름으로 변경되었다.
15) 송이쥔(宋毅軍), 앞의 논문, 46-51쪽.

경제 건설에도 매우 중요한 영향을 미칠 수 있었기 때문이다. 덩샤오핑은 군사적 지도자로서 해방구의 경제 건설을 총괄하는 과정에서 얻은 경험과 중국의 경제적 현실에 대한 이해를 바탕으로, 현대화 사회의 경제적 발전을 추동하기 위해 필요한 독창적인 구상을 가지게 되었다.[16]

3. 덩샤오핑의 '삼락삼기(三落三起)'

덩샤오핑의 정치적 생애는 그 누구보다 파란만장했다고 해도 과언이 아니다. '삼락삼기(三落三起)'란 오르막과 내리막의 반복과정을 거쳤는데, 덩샤오핑은 개인의 이해 득실에 연연하지 않고 항상 전반적인 정세에 착안하여 적극적으로 대처하였다. 역사적인 전환점에서 중요한 역할을 담당하였으며, 개성과 열정이 있는 리더십을 발휘하여 13억이라는 중국 국민의 운명은 물론 세계사의 흐름을 바꾸어 놓았다.

〈표 7〉 덩샤오핑 '삼락삼기(三落三起)'의 기인 및 과정

	제1차 '락기(落起)'	제2차 '락기(落起)'	제3차 '락기(落起)'
시기	20세기 30년대 초기 -1935년	1966년-1975년	1976년-1977년
'락(落)'의 기인 및 과정	중앙임시정부는 '좌'경 모험주의를 추진하였는데 덩샤오핑은 그들의 '도시중심론'을 반대하고 마오쩌둥을 대표로 하	중국 '문화대혁명' 시기에 강청(江靑)을 비롯한 사인방(四人邦)이 책동하는 덩샤오핑 비판 운동은 단계적으로 확대되어	1976년에 일어난 "비등운동(批鄧運動)" 또는 '반격 우경 번안 풍조(反擊右傾翻案風)' 운동으로 인해 덩샤오

---

16) 김영화, 『덩샤오핑 리더십과 중국의 미래』, 문원, 1997, 95쪽.

	는 정확한 노선을 지지하였음. 그리하여 덩샤오핑은 중국공산당 당내에서 엄중경고 처분을 받았으며, 모든 당내 직무에서 해임되었음.	갔는데 얼마 후 정치국회의에 참석할 자격마저 박탈되었으며, 그 후에 당적(黨籍)만 보유하고 중국 지방에 하방(下放)되었음.	핑의 당내외 모든 직무는 해제되었고 당적은 보유하되 관찰의 대상이 됨.
'기(起)'의 기인 및 과정	1935년 준의회의(遵義會議)의 개최로 '좌'경기회주의의 지도는 끝내 막을 내렸고, 덩샤오핑은 중앙비서장으로 임명됨.	1971년 '913 사건' 후, 마오쩌둥은 정치적 구도와 인사 배치를 다시 고려하게 되었는데 덩샤오핑은 두 번이나 마오쩌둥에게 복직해 달라는 편지를 보냈음. 1975년에 덩샤오핑은 중앙정치국 상임위원, 중앙 부주석, 중앙군사위원회 부주석으로 취임하게 됨.	1976년 사인방이 무너졌으며 덩샤오핑이 화궈펑(華國峰)에게 두 번 편지를 보냈는데 그의 정치 운명에 반전의 계기가 생겼음. 1977년에 「덩샤오핑 동지의 직무를 회복하는 결의」를 통과시켜서 덩샤오핑은 중국공산당 중앙위원, 중앙정치국 상임위원, 중앙 부주석, 국무원 부총리 등 신분으로 다시 복권되었음.

1) 덩샤오핑의 제1차 실각과 복권

덩샤오핑의 제1차 실각은 20세기 30년대 초반으로, 중국공산당 소비에트 지구(中共蘇區)에서 일어났다. 박고(博古)를 대표로 하는 중앙임시정부는 '좌'경 모험주의를 추진하였는데 덩샤오핑과 모택담(毛澤潭), 사유준(謝唯俊) 등 사람들은 이러한 '좌'경사상과 그들의 '도시중심론'을 반대하고 마오쩌둥을 대표로 하는 정확한 노선을 적극적으로 지지하였다. 그리하여 덩샤오핑은 공개 비판을 받았을 뿐만 아니라 나중에

감옥에 갇히게 된다. 29살밖에 안 되는 덩샤오핑은 중국공산당 당내에서 엄중경고(嚴重警告) 처분을 받았으며, 모든 당내 직무에서 해임되었다.[17]

덩샤오핑은 1931년 8월부터 1934년 10월까지 소비에트 지구에서 3년간 근무하였는데 마오쩌둥의 주장과 정책이 정확하다고 생각한 그는 마오쩌둥의 지시에 따라 일을 처리하면서 극'좌' 노선을 찬성하지 않았다. 그리하여 실제 업무를 실행할 때 스스로 배척하였다. 그러기에 '좌'경 모험주의자들이 마오쩌둥 노선을 반대하는 과정에서 눈에 가시인 덩샤오핑을 지목한 것은 불 보듯 뻔한 일이다. 1932년 2월 23일 소비에트 지구 중앙국 기관지는 덩샤오핑이 '순수방어노선(純粹防御路線)'의 잘못을 범했다고 비판하였다. 3월 말 덩샤오핑은 공개 처분을 받았고 모든 당내 직무에서 해임되었으며 구치소에 갇히게 된다. 5월 5일 덩샤오핑은 '등모사고(鄧毛謝古)'[18]의 핵심 인물로 지목돼 총살을 당할 위기에 처한다.

그럼에도 젊은 덩샤오핑은 '실사구시'의 정신으로 중국공산당의 올바른 발전 방향을 견지하였는데, 여기에서 자신의 나이를 능가하는 성숙함과 인내심을 지녔음을 엿볼 수 있다. 덩샤오핑은 자신이 견지하고 있는 신념이 모두 정확하고 자신은 결코 기회주의자가 아님을 강조하는 동시에, 지금 집행하고 있는 것은 마르크스주의의 바른 노선이고 바른 것이라면 반드시 견지해야 한다고 적극적으로 설득하였다. 그 후 중앙혁명군사위원회 부주석인 왕가상(王稼祥)의 요구 하에, 덩샤오핑을

---

17) 「등소평의 비범한 인생: 삼기삼락의 '쳐도 넘어뜨리지 않은 작은 거인'(鄧小平的傳奇人生：三起三落被称"打不倒的小个子")」, 중국인민망(人民网)(http://jx.people.com.cn/n/2014/0826/c186330-22105568.html, 2018.10.11.)
18) 당시 중국공산당 당내 '좌'경모험주의를 반대하고 마오쩌둥 노선을 지지하는 대표적 인물들은 덩샤오핑, 모택담(毛澤潭), 사유준(謝唯俊), 고백(古柏) 네 사람이다.

총 정치부로 전임시켰다. 1935년 준의회의(遵義會議)의 개최로 '좌'경기회주의의 지도는 끝내 막을 내렸고, 덩샤오핑은 중앙비서장으로 임명된다. 이리하여 덩샤오핑은 정치적 생애에서 제1차 실각을 당했다가 드디어 복권이 된다.

2) 덩샤오핑의 제2차 실각과 복권

덩샤오핑의 제2차 실각은 1966년에 시작된 중국 '문화대혁명' 시기이었다. 중화인민공화국 성립 이후, 덩샤오핑은 중국 당중앙과 마오쩌둥의 신뢰를 받아, 중앙 핵심 지도자들 중의 한 명으로 자리매김했다. 1966년 10월, 북경 홍위병(紅衛兵)은 덩샤오핑을 타도하는 운동을 일으켰고, 이러한 상황에서 중공 중앙은 "덩샤오핑이 군중을 압박하고 혁명적극분자(革命積極分子)를 타격하는 착오 노선을 제시하였다"고 비판하였다. 강청(江靑)을 비롯한 사인방(四人邦)이 책동하는 덩샤오핑 비판운동은 단계적으로 확대되어 갔는데 얼마 후 정치국 회의에 참석할 그의 자격마저 박탈했다.

궁지에 빠진 덩샤오핑은 자신을 잃지 않고, 냉정과 인내심으로 불평, 모욕, 그리고 충격에 대응하여 자신의 '문제'를 해결할 수 있는 기회를 적극적으로 쟁취하고 있었다. 전담반 요구에 따라 썼던 「'역사문제' 자술서」 중에서, 덩샤오핑은 자신의 가장 큰 희망은 보통 당원으로서 당내에 계속 남는 것이고, 가능하면 작은 일이더라도 자신에게 맡겨주기를, 잘못을 뉘우치고 재출발할 기회를 달라고 거듭 요청하였다.[19] 정치적 격변기에도 침착하게 응대하고 끈질긴 정신력으로 버티

---

19) 등룽(鄧榕), 「'덩샤오핑전담반' 설립 기록("鄧小平專案組"成立記)」, 중국인민망(人民網) (http://cpc.people.com.cn/n1/2016/0405/c69113-28251131.html, 2018.11.11.)

는 그의 모습에서 대 정치가로서의 자질을 확인할 수 있다. '문화대혁명'이란 정치적 배경 하에, 1969년 10월 덩샤오핑은 당적(黨籍)만 보유하고 중국 강서성(江西省)에 하방(下放)되었다. 3년 동안 트랙터 수리공장에서 감시를 받으면서 강제노역을 하였지만 결코 비관적이지 않았고 계속 인내하면서 재기할 시기를 기다리고 있었다.

1971년 '913 사건'[20] 후, 마오쩌둥은 정치적 구도와 인사 배치를 다시 고려하게 되었는데 덩샤오핑은 두 번이나 마오쩌둥에게 복직해 달라는 편지를 보냈다. 1972년 1월 10일에 마오쩌둥은 긍정적인 회신을 내리며 덩샤오핑을 "인민 내부의 모순"이라는 성질로 규정하였다.[21] 이러한 평가는 덩샤오핑의 운명을 바꾸는데 중요한 전환점 역할을 하였는데, 1974년 12월 하순에 마오쩌둥은 덩샤오핑이 국무원 업무를 주관하도록 지시했다. 1975년에 덩샤오핑은 중앙정치국 상임위원, 중앙부주석, 중앙군사위원회 부주석으로 취임하게 되어 제2차 실각을 청산하게 된다.

3) 덩샤오핑의 제3차 실각과 복권

덩샤오핑의 제3차 실각은 1976년에 일어난 '비등운동(批鄧運動)' 또는 '반격 우경 번안 풍조(反擊右傾翻案風)' 운동 때문이다. 1977년 7월 중국공산당 제10기 중앙위원회 3중전회에서 재차 복권이 되는데, 이것이

---

20) 중국공산당 부주석 임표(林彪)가 주석 마오쩌둥의 암살계획에 실패하여 1971년 9월 13일에 공군기로 도망치다 몽골에서 추락한 사건이며 임표사건(林彪事件)이라고도 한다.
21) 마오쩌둥은 덩샤오핑에 대하여 "인민 내부의 모순"이라고 평가를 한 것은 '문화대혁명' 과정에서 "당내 자본주의의 길로 들어서는 제2번 실권파"라고 하였던 평가와 비교하면 근본적인 변화가 생긴 것이다. '문화대혁명'중에서 타도된 노간부들은 "인민 내부의 모순"이라는 성질로 규정되기만 하면 당원으로 일할 수도 있었고 지도자 직무를 담당할 수도 있었으며 심지어는 중국공산당 중앙위원회까지 들어갈 수도 있었다.

제3차 복권이다.

1975년 덩샤오핑은 마오쩌둥과 저우언라이(周恩來)의 지지 하에 중앙 사업을 주관하고 있었는데 '사인방'과 결연히 투쟁하였으며 일련의 정돈 사업을 통해서 '문화대혁명' 재앙을 겪고 있는 중국에 희망을 가져다주었다. 그렇지만 이러한 정돈 사업은 '문화대혁명'을 통해 출세한 '사인방'의 이익에 저촉되었기 때문에 '사인방'은 여러 기회를 타 "덩샤오핑이 '문화대혁명'을 거부할 것"이라고 하며 "'우경번안풍(右傾翻案風)'을 일으킬 것"이란 비난을 퍼부었다. 마오쩌둥은 '문화대혁명'을 자신이 평생토록 이룩한 두 가지 대업 중의 하나로 여기기 때문에 덩샤오핑에 의해 '문화대혁명'이 부정당하게 된다면 용서할 수 없었다. 그리하여 1975년 겨울 마오쩌둥은 "반격 우경 번안 풍조"라는 운동을 발발하였다. 1976년 4월 초 천안문광장에서 국민들이 자발적으로 저우언라이 추도 행사를 진행하는 동시에 '사인방'을 반대하고 덩샤오핑을 옹호하는 운동도 일어났다. 강청을 비롯한 여러 사람들의 간섭으로 인해, 4월 7일 덩샤오핑의 당내외 모든 직무는 해제되었고 당적은 보유하되 관찰의 대상이 된다. 단시간에 '비등운동'과 '반격 우경 번안 풍조' 운동의 충격은 거의 모든 영역으로 확산되고 있었다. 마오쩌둥은 비밀리에 덩샤오핑을 북경 동교민항(東交民巷)의 한 곳에 안치하여 보호했다. 정세가 안정되면서 덩샤오핑을 데려와 가족들과 만나게 하였다.

1977년 7월 17일 중국공산당 제10기 중앙위원회 3중전회에서 「덩샤오핑 동지의 직무를 회복하는 결의」를 통과시켜서 덩샤오핑은 중국공산당 중앙위원, 중앙정치국 상임위원, 중앙 부주석, 중앙군사위원회 부주석, 국무원 부총리, 중국인민해방군 총참모장 등 신분으로 다시 복권되었다.22) 이것이 바로 덩샤오핑 일생 중 '삼락삼기'의 제3차 복권인데, 이번 복권을 통해 덩샤오핑은 중국공산당 제2세대 중앙 지도자의 핵심이 되었고 중국공산당은 개혁개방이라는 '제2차 혁명'의 길로 들어설 수 있었다.

덩샤오핑은 "이렇게 많은 타격을 이겨낼 수 있었던 이유는 내가 낙관주의자이기 때문"이라고 강조한 바 있으며, "내가 여태껏 실망하지 않았던 이유는 정치가 바다의 파도와 같아 사람들이 그 위에 있으면 때로는 올라가고 때로는 내려간다는 것을 잘 알고 있기 때문"이라고 해석한 바 있다.[23] 바로 이러한 낙관적 정신으로 덩샤오핑은 세 번이나 억울하게 타도되었더라도 오뚝이처럼 세 번이나 재차 일어설 수 있었다.

지금까지 논의한 것을 보면, 유년시절에는 아버지와 학교 계몽교육의 영향을 받았고, 유학시절에는 프랑스와 소련의 해외정세를 직접 체험하였으며, 항일전쟁과 해방전쟁 시기에는 유백승과 함께 '도광양회'와 '여시구진'의 군사적 재능을 발휘하다가 일생의 '삼락삼기'를 거치게 된다. 이 과정에서 내재해 있던 정치적 자질과 후천적 훈련을 통해 자신의 정치리더십을 발전적으로 승화하여 '자아진화'의 과정을 이루게 되었다. 이러한 '자아진화'의 과정을 거쳐 결국 덩샤오핑은 중국 '개혁개방'의 문을 열 수 있었고 '중국특색 사회주의'를 탄생시켰으며 중국공산당의 '제2차 혁명'을 이끌어 나갈 수 있었다.

---

22) 완안량(完顏亮), 『삼락삼기 덩샤오핑(三落三起鄧小平)』, 중국당사박채(党史博采)출판사, 2014.2.5, 4-10쪽.
23) 「덩샤오핑에 대한 추억: 삼기삼락을 통해 지도 핵심으로」, 중국망(中國网) (http://news.china.com.cn/2014-02/10/content_31424195.htm, 2018.11.11.)

〈표 8〉 덩샤오핑의 주요 활동 경력 ('제2차 혁명' 이전)

시기	주요 활동 경력
조기 유학	1920년 프랑스에 가서 고학을 시작하였고, 1926년에는 소련의 모스크바 중산대학교에 가서 유학하다가 1927년에 귀국하게 됨.
2차 국내 혁명 (토지 혁명)	백색기의(百色起義) 및 용주기의(龍州起義)를 지도하며 좌우강(左右江) 혁명 근거지를 개척하였음.
항일 전쟁 (1931-1945)	1940년, 팔로군(八路軍) 129사단 정위(政委)를 당임하며 백단대전(百團大戰)에 참가하였음.
3차 국내 혁명 (해방 전쟁)	중원(中原)으로 진군하며 회해(淮海) 작전 및 도강(渡江) 작전을 지휘하였음.
건국 초기	중국 서남을 해방시키고 서남 정무를 주관하며 티벳 해방 운동에 참가하였음.
10년 건설 시기 (1956-1966)	중국공산당 8대 이후 중공중앙 총서기를 담당하였음.

제 2 장

덩샤오핑의 비전:
'사회주의란 무엇이며
어떻게 사회주의를 건설할 것인가'

1. 덩샤오핑 비전의 형성 배경 및 형성 과정

1) 덩샤오핑 비전의 형성 배경

덩샤오핑 비전은 평화와 발전이 시대정신인 역사적 배경 아래, 중국 사회주의의 승리와 좌절, 다른 사회주의 국가의 흥망성쇠를 바탕으로 개혁개방과 현대화 건설을 실천하는 과정에서 점차 형성되고 성장해왔다. 구체적인 배경은 아래와 같다.

첫째, 평화와 발전이라는 시대정신은 시대적 배경이다.

1970년대 서구 자본주의는 심각한 경제 위기를 맞게 되었다. 큰 전쟁을 치른 뒤 미국과 구(舊)소련이라는 양대 축을 중심으로 이어지던 냉전이 점차 균형을 잡아가고 있던 차였다. 장기적으로 냉전의 어두움에 가려져 있던 평화에 대한 세계 각국의 갈망이 더욱 강렬해지고, 새롭고 눈부신 기술들이 경제와 사회를 성장시키고 있었다. 각국의 눈은 발전의 기회로 몰리고 이에 따라 발전에 대한 갈증은 더욱 커져갔다. 덩샤오핑은 국제 정세 변화를 예리하게 포착하고 시대적 주제의 전환에 대해 과학적으로 판단하였다. 그는 "현재 세계적으로 가장 중요한 과제는 평화와 경제 혹은 발전이다. 평화가 동서(東西) 문제[1]라고 한다면 발전은 남북(南北) 문제[2]이다. 한마디로 동서남북(東西南北) 문제이다. 그리고 그 중 핵심은 남북 문제이다."라고 말하며 동시에 "발전을 전(全)인류의 고차원적 인식으로 끌어올리기 위해서는 고차원에서 출발하여 관찰하고 해결해야 한다."라고 강조하였다.[3] 시대의 발전은 전례 없는 기회와 동시에 날카로운 도전을 가져다주었다. 덩샤오핑은 '시대'의 위치에 서서 '세계'라는 눈으로 중국을 바라보고 고민하였으며 현재 세계가 개방의 세상이며 중국의 발전 역시 이러한 시대 흐름을 거스를 수 없다고 결론내렸다.

둘째, 사회주의 건설에서의 경험과 교훈 역사적 근거다.

신(新)중국 탄생 후 경제가 순조롭게 회복되면서 중국특색 사회주의 노선을 걷게 되었다. 1956년 구(舊)소련 방식의 폐단이 나타나기 시작하고 중국도 제1차 5개년 계획 실천 중 이를 자각하게 되자 마오쩌둥은 중국의 경험을 살려 자신만의 사회주의 노선을 모색하였다. 이 과정에서 정확한 이론이 형성되었고 정책과 실천 경험을 통해 덩샤오핑

---

1) 동(東), 서(西)는 1950년대부터 1990년대 초까지 국제 관계 중 미국과 서유럽의 서방 자본주의 진영과 구(舊)소련 중심의 동방 사회주의 진영의 대치를 말한다. 동서 문제는 세계 평화와 전쟁에 직결되는 문제였다.
2) 남북(南北) 문제란 지역적인 개념에서 말하면 남반구 개발도상국과 북반구 선진국 혹은 지역 간 문제를 말한다. 경제적인 개념으로 말하면 선진국과 개발도상국 간 경제 불균형, 경제 관계 불공평 문제이다. 이는 경제적인 문제이자 정치적인 문제이다.
3) 친징(秦晶), 러이(樂意), 「발전문제를 전(全)인류적인 고차원적 인식으로 끌어올려야 한다」, 중국인민망(人民网)(http://cpc.people.com.cn/n1/2017/0719/c69113-29415129.html, 2018. 11.13.)

이론에 대해 점차 큰 의미를 부여하게 되었다. 그렇지만 이 시기의 중국 역시 과오를 범하고 시행착오를 겪었다. 이러한 과오는 주로 경제적으로 맹목적으로 성과에만 급급하였고 정치적으로는 계급 투쟁주의만 고집하였다는 것으로 나타났다. 중국 사회주의 건설이 겪어 온 시행착오 특히 '문화대혁명'은 당, 국가, 각 민족 모두에게 엄청난 재난을 가져왔다. 중국공산당과 중국 국민들은 심각한 자기 반성을 하게 되었다. 제11회 3중전회(三中全會) 이후 덩샤오핑을 위시한 중국공산당은 이러한 과오를 과감하게 시정하고 원인을 깊게 파헤치면서 과거 이론과 실천을 통해 거두었던 성과를 유지하면서 계승해나갔다.

셋째, 개혁개방과 현대화 건설의 실천은 현실적 근거다.

개혁개방과 사회주의 현대화 건설 중 덩샤오핑은 시대 흐름에 앞장서서 대중의 생각을 열정적으로 지지하고 보호하며 유도하였다. 그는 성공적인 실천 경험을 종합함과 동시에 오류의 교훈 역시 되짚어가면서 경험을 이론으로 승화하도록 당을 유도하면서 중국 사회주의 현대화 건설의 룰을 만들어갔다. 이로써 덩샤오핑의 비전이 탄생하였고 실천을 위한 더욱 탄탄한 기반을 다졌으며 중국공산당 '제2차 혁명'의 물꼬를 트게 되었다.

즉, 덩샤오핑 비전은 중국을 발판으로 세계로 나아가고 역사를 통해 현실을 직시하면서 앞날을 전망하였으며 마르크스 이론을 중국의 정세와 시대적 특징에 접목하여 새로운 상황을 연구하고 새로운 과제를 해결하면서 발전해 온 것이다. 덩샤오핑은 중국 사회주의 개혁개방과 '제2차 혁명'의 총설계자였다.

2) 덩샤오핑 비전의 형성 과정

문화대혁명이 끝나자 '중국은 이제 어디로 갈 것인가?'라는 시급한 문제가 다가왔다. 덩샤오핑은 '실사구시'가 마오쩌둥 사상의 정수이라고 강조하며 '양개범시(兩個凡是)'[4]의 오류를 적극 반대하고 진리의 기준에 관한 고찰을 지지하고 유도하면서 혼란을 바로잡기 위해서였다. 1978년 12월 당 11회 3중전회(三中全會)에서 해방 사상 및 실사구시 노선이 새롭게 확립되었다. 계급 투쟁을 최선으로 여겼던 오판을 멈추고 전당 사업의 착안점을 사회주의 현대화 건설로 전환하였다. 또한 이는 개혁개방의 중대 결정을 실행하여 역사적인 위대한 전환점을 밟고 중국공산당 '제2차 혁명'의 '자아진화'의 과정을 시작한 것이다. 1982년 덩샤오핑이 당 12대 개막사에서 "마르크스주의의 보편적인 진리를 중국 실정과 접목하여 우리만의 길을 걷고 중국특색 사회주의를 건설하는 것이야 말로 오랜 역사적 경험을 통해 얻은 결론이다"[5]라고 발언하면서 '중국특색 사회주의'가 당의 '제2차 혁명', '자아진화' 과정의 새로운 실천 주제가 되었다.

당 12대부터 13대까지 중국 개혁개방과 현대화 건설이 추진되고 심화됨에 따라 덩샤오핑은 '사회주의란 무엇이며 어떻게 사회주의를 건설해야 하는가'에 대한 이론과 실천에 대해 깊게 생각하고 사회주의에

---

4) 양개범시(兩個凡是)는 1977년 2월 7일 두 신문 사설 「문건을 연구하고 강령을 확보한다」에 실렸던 "마오주석의 결정은 모두가 지켜야 한다. 마오주석의 지시는 반드시 끝까지 따라야 한다"는 내용을 말한다. 이는 당시 마오쩌둥에 대한 중국공산당 내 일부 숭배자들의 믿음이 신앙의 경지까지 이르게 되면서 마오의 말 한 마디를 진리로 섬기던 상황을 보여준다. 덩샤오핑은 집권한 후 1978년 11회 3중전회에서 '양개범시'를 부정하였으며 그의 '실사구시'라는 실무적인 관점이 이를 대체하게 된다.

5) 지밍(季明), 「'중국공산당 12기 전국대표대회 개막사'를 다시 읽기(重讀<中國共産党第十二次全國代表大會開幕詞>)」

(https://www.wxyjs.org.cn/syjszqhylzywxyj/201308/t20130807_143170.htm, 2019.3.11.)

관하여 중요한 과학적 판단을 내렸다. 1984년 당 12회 3중전회(三中全會)는 「경제 체제 개혁에 관한 결정」을 발표하면서 사회주의 경제란 공유제에 기반한 계획적인 상품 경제라고 결론을 내렸다. 그 후 농촌 개혁부터 도시 개혁까지, 경제부터 각 방면 체제 개혁까지 대규모의 역사가 펼쳐지고 새로운 지침과 더불어 이에 대응된 이론적 관점도 형성되었다.

1987년 당 13대에서 그는 중국 사회주의 초급단계론에 대해 처음으로 체계적으로 논하면서 '하나의 중심과 두 개의 기본점(一個中心, 兩個基本点)'6) 기본 노선을 정리하면서 설명하였다. 13대 보고를 통해 해방 사상을 논하면서 실천이 진리를 검증하는 유일한 기준이라는 실사구시를 명확하게 밝혔다. 또한 사회주의 건설은 반드시 국가 정세에 근거해야 하며 자신의 길을 걸어야 한다는 관점을 제시해야 한다고 강조하였다. 또한 중국만의 사회주의 이론의 윤곽을 형성함으로써 중국 사회주의 건설의 단계, 사명과 원동력, 조건, 배경과 국제 환경 등 문제에 대한 기본적인 답을 제시하였다. 또한 중국이 앞으로 나아가야 할 과학적인 궤도도 구상하였다.

1992년 덩샤오핑은 남순강화(南巡講話)에서 인민의 사상 중 보편적으로 존재하는 의심을 겨냥하여 개혁 심화, 발전 가속화의 필요성과 중요성을 재천명하고 십 수 년 동안의 개혁개방의 경험과 교훈을 종합하였다. 그리고 "사회주의 본질이 생산력 해방이고 발전이며, 착취와 양극화를 없애 최종적으로 공동의 부를 창출하는 것"이라고 발언하였다. 또한 "3개 유리론(有利論)7) 기준과 더불어 사회주의로 시장 경제를

6) '하나의 중심'이란 '경제 건설을 중심으로'라는 의미이며, '두 개의 기본점'이란 '4 항목 기본 원칙의 견지와 개혁개방의 견지를 기본점으로'라는 의미이다. 즉, 중국특색 사회주의를 건설하는 3가지 가장 기본적이고 중요한 문제이다.
7) '3개 유리론'은 '사회주의 사회의 생산력 발전에 유리한가? 사회주의 국가의 종합 국력

살린다. 혁명과 개혁은 생산력 해방이다. 사회주의를 견지하지 않고 개혁개방과 경제 발전을 외면하며 국민 생활을 개선하지 않으면 탈출구가 없다. 개혁개방은 대담해야 하고 과감한 시도가 필요하며 정확한 판단이 필요하다. 과학을 중시하고 과학에 의지해야만 희망이 있다" 등 중대한 이론과 실천 문제에 있어서 중요한 판단을 제시하였다. 남순강화는 당시의 사상을 속박하고 어렵게 하던 중대한 과제들에 대해 이론적 솔루션을 제시하였으며 개혁개방과 사회주의 현대화 건설이 새로운 단계로 진입하고 덩샤오핑 비전이 한 층 성숙해질 수 있도록 하였다.

〈표 9〉 덩샤오핑 비전의 형성 과정

시간	배경	덩샤오핑 비전의 형성 과정
문화대혁명 이후	10회 3중전회	'실사구시'가 마오쩌둥 사상의 정수라고 강조하며 '양개범시(兩個凡是)'의 오류를 적극 반대하고 진리의 기준에 관한 고찰을 지지하고 유도하면서 혼란을 바로잡기 위해서였음.
1978년 12월	11회 3중전회	해방사상 및 실사구시 노선이 새롭게 확립되었음. 계급투쟁을 최선으로 여겼던 오판을 멈추고 전당 사업의 착안점을 사회주의 현대화 건설로 전환하였음. 또한 이는 개혁개방의 중대 결정을 실행하여 중국공산당 '제2차 혁명'의 '자아진화'의 과정을 시작한 것임.
1982년	12대	"마르크스주의의 보편적인 진리를 중국 실정과 접목하여 우리만의 길을 걷고 중국특색 사회주의를 건설하는 것이야 말로 오랜 역사적 경험을 통해 얻은 결론이다." '중국특색 사회주의'가 '제2차 혁명'의 실천 주제가 되었음.

증강에 유리한가? 인민 생활 수준 향상에 유리한가?'를 의미한다. 1992년 초 덩샤오핑이 남방담화 시 제기한 이론으로 사업의 옳고 그름을 판단하는 기준이 되었다.

1984년	12회 3중전회	「경제 체제 개혁에 관한 결정」을 발표하면서 사회주의 경제란 공유제에 기반한 계획적인 상품 경제라고 결론을 내렸음. 그 후 농촌 개혁부터 도시 개혁까지, 경제부터 각 방면 체제 개혁까지 대규모의 역사가 펼쳐지고 새로운 지침과 더불어 이에 대응된 이론적 관점도 형성되었음.
1987년	13대	중국 사회주의 초급단계론에 대해 처음으로 체계적으로 논하면서 '하나의 중심과 두 개의 기본점(一個中心, 兩個基本点)' 기본 노선을 정리하면서 설명하였음. 13대 보고를 통해 해방 사상을 논하면서 실천이 진리를 검증하는 유일한 기준이라는 실사구시를 명확하게 밝혔음. 또한, 사회주의 건설은 반드시 국가 정세에 근거해야 하며 자신의 길을 걸어야 한다는 관점을 제시하고 중국만의 사회주의 이론의 윤곽을 형성하였음.
1992년	남순강화	인민의 사상 중 보편적으로 존재하는 의심을 겨냥하여 개혁 심화, 발전 가속화의 필요성과 중요성을 재천명하였음. 그리고 "사회주의 본질이 생산력 해방이고 발전이며, 착취와 양극화를 없애 최종적으로 공동의 부를 창출하는 것"이라고 발언하였음. 또한, 3개 유리론 기준과 더불어 사회주의로 시장경제를 살림. 남순강화는 개혁개방과 사회주의 현대화 건설이 새로운 단계로 진입하고 덩샤오핑 비전이 한 층 성숙해질 수 있도록 촉진하였음.

2. '사회주의 본질론'과 '사회주의 초급단계론'

1) 사회주의 본질론

(1) 사회주의 본질론의 발전 과정

덩샤오핑은 사회주의 본질에 대해 30여 년을 연구하고 고민하였다.

1962년 7월 7일 그는 "어떠한 형식의 생산 관계가 최선인가? 어느 형식이 쉽고도 빠르게 농업 생산력을 회복시키고 발전시킬 수 있는 것인가?"라는 질문을 던졌다. 이 질문의 의미는 사실상 '사회주의 본질'에 대한 이해를 담고 있다. 중국 개혁개방의 발걸음과 함께 사회주의 본질에 대한 그의 생각 역시 끊임없이 진화하고 있었던 것이다.

1978년 '북방담화(北方談話)'[8]는 사회주의 본질론의 시작이었다. 북방담화에서 덩샤오핑은 '사회주의 우월성'이라는 개념을 사용하며 "사회주의 제도의 우월성은 구(舊)사회에서는 기대하지 못했던 눈부신 속도로 사회 생산력이 성장하여 물질 문화 생활 수요에 부응할 수 있다는 것이다"라고 하였다. 이는 그가 사회주의 본질에 대해 최초로 제시한 개념이다. 훗날 이러한 인식으로 인하여 '가난은 사회주의가 아니다'로 이미지화되었다. 이렇게 덩샤오핑은 중국공산당 '제2차 혁명'의 출발점을 확립하였다.

그 후 북방담화부터 남순강화까지는 사회주의 본질론이 형성되는 시간이었다. 1980년 4월 12일 덩샤오핑은 "경제가 장기적으로 침체되어 있으면 사회주의라 할 수 없다. 인민의 생활이 장기적으로 저성장에 머물러 있으면 사회주의가 아니다"라고 하였다. 사회주의라 함은 먼저 생산력을 발전시켜야만 그 우월성을 구현할 수 있다. 1984년 이후 중국 경제 체제 개혁이 농촌에서 도시로 확산되었다. 개혁의 심화에 따라 사회주의를 버렸다고 주장하는 이도 있었다. 그 후의 일정 시간 동안 덩샤오핑은 계속해서 사회주의의 중요성에 대해 강조하면서 "사회주의가 무엇이며 어떻게 사회주의를 건설할 것인가? 중국의 교

---

8) 1978년 덩샤오핑이 북한 방문을 마친 후 9월 13일부터 20일까지 동북 3성 및 탕산(唐山)과 톈진(天津) 등을 시찰하면서 발언하였던 내용들이 훗날 덩샤오핑의 '북방담화'로 불리게 된다.

훈 중 가장 중요한 것은 바로 이러한 문제를 정확하게 바라보는 것이다"라고 지적하였다.[9] 신(新)중국 탄생 후 11회 3중전회까지 중국 사회주의 건설은 눈부신 성과를 거두었고 동시에 수많은 시행착오도 겪었다. '문화대혁명'이 대표적이다. 이러한 잘못된 사상의 근원은 바로 '사회주의란 무엇이며 어떻게 사회주의를 건설할 것인가?'에 대해 정확하게 판단하지 못했기 때문이다. 개혁개방 이후 중국은 겪었던 수많은 어려움의 원인 역시 동일하다. 역사적인 경험의 종합과 현실적인 문제를 고민하면서 1992년 남순강화에서 덩샤오핑은 전면적이고 분명하며 정확하게 사회주의 본질을 설명하였다. "사회주의의 본질은 생산력의 해방과 발전이다. 착취와 양극화를 제거하고 최종적으로 공동의 부를 실현하는 것이다." 이러한 결론은 사회주의에 대한 가장 새롭고 근본적이며 고차원의 개념 확립이며 마르크스주의의 중국화의 실현이었다.

〈표 10〉'사회주의 본질론'의 형성 과정

시간	배경	주요 관점 및 형성 과정
1962년 7월 7일	가정단위 도급생산 (包産到戶) 논밭단위 책임생산 (責任到田)에 대한 논쟁	"어떠한 형식의 생산 관계가 최선인가? 어느 형식이 쉽고도 빠르게 농업 생산력을 회복시키고 발전시킬 수 있는 것인가?"라는 질문을 던졌음. 이 질문의 의미는 사실상 '사회주의 본질'에 대한 이해를 담고 있음.
1978년	북방 담화 (北方談話)	'사회주의 우월성'이라는 개념을 사용하였음. 훗날 이러한 인식으로 인하여 '가난은 사회주의가 아니다'로 이미지화되었음.

9) 왕서우린(王壽林), 「사회주의 본질에 대한 덩샤오핑의 과학적 제시(鄧小平對社會主義本質的科學揭示)」, 『베이징 당사(北京党史)』, 2013년 7월 5일, 43쪽.

1980년 4월 12일	잠비아 카운다 (Kaunda) 대통령 회견할 때	경제가 장기적으로 침체되어 있으면 사회주의라 할 수 없음. 인민의 생활이 장기적으로 저수준에 머물러 있으면 사회주의가 아님. 사회주의라 함은 먼저 생산력을 발전시켜야만 그 우월성을 구현할 수 있음.
1984년 이후	중국 경제 체제 개혁 심화에 따라 사회주의를 버렸다고 주장이 생겼을 때	계속해서 사회주의의 중요성에 대해 강조하면서 "사회주의가 무엇이며 어떻게 사회주의를 건설할 것인가? 중국의 교훈 중 가장 중요한 것은 바로 이러한 문제를 정확하게 바라보는 것이다"라고 지적하였음.
1992년	남순 강화 (南巡講話)	전면적이고 분명하며 정확하게 사회주의 본질을 설명하였음. "사회주의의 본질은 생산력의 해방과 발전이다. 착취와 양극화를 제거하고 최종적으로 공동의 부를 실현하는 것이다."

(2) 사회주의 본질론의 기본 의미

'생산력의 해방과 발전'은 사회주의의 기본 사명이자 사회주의 존재와 발전의 기초이다. 사회주의가 과학으로 확대될 수 있었던 것은 현실에 기반하기 때문이며 생산력 발전을 상징하기 때문이다. 생산력이란 사회 발전의 원천이며 사회주의가 완성되고 다져지기 위한 기본 조건이다. 생산력이 해방되고 발전해야만 국가 부강, 국민 부유가 실현되고 사회주의 제도의 우월성과 강한 생명력을 증명할 수 있다.

'착취와 양극화 제거로 최종적으로 공동의 부를 실현한다'는 것은 사회주의의 기본 원칙이며 사회주의의 역사적인 사명과 가치이자 그 우월성의 최고 구현이다. 사회주의에 대한 인식은 일반적으로 특징적인 사회주의 인식과 본질적인 사회주의 인식으로 나뉜다. 과거 사회주의에 대한 우리의 이해는 주로 특징적인 면만 바라보았다. 즉, 사회주의란 인민이 주인이 되는 국가 정권을 수립하여 생산 자원의 공유제와 수확의 분배를 실현하고 공산당의 지도와 마르크스주의 이념을 실천한다는 내용 등이다. 물론 이것도 중요하다. 또한 이는 중국 사회주의 성격을 결정한다. 그러나 이것이 결코 사회주의의 본질이 될 수 없으며 사회주의 발전의 최종 목표가 아니고 최종 목적을 이루는 중요한 수단도 아니다. 개혁개방 이후 중국공산당은 사회주의에 대해 끊임없이 인식을 새롭게 하면서 특징에서 본질로 그 인식을 발전시켜 왔다. 사회주의 발전의 역사에서 덩샤오핑이 최초로 사회주의 본질의 의미를 명확하게 제시하였으며 사회주의 본질을 전 인민 공동의 부(富)로 귀결하였고 사회주의 근본 방향을 과학적으로 제시하였던 것이다.

'생산력 해방과 발전'은 '착취와 양극화 제거로 최종적으로 공동의 부를 실현'하기 위한 물질적인 기초와 현실적인 수단이다. '착취와 양극화 제거'는 '생산력 해방과 발전' 그리고 '최종적인 공동의 부 실현' 소유제의 기초이다. '공동의 부 실현'은 생산력 발전과 공유제 발전 공동의 목표이자 결과이다. 그런데 '공동의 부 실현'은 역사적인 과정을 통해 가능하며 사회주의 사회 발전의 최종 결과이다. 그러므로 이론적으로 분명히 이해해야 한다. 착취는 객관적으로 존재하므로 착취를 정확하게 바라보고 대처하는 것이 사회주의에 있어서 매우 중요하다. 공동의 부를 유지하기 위해서는 반드시 공유제를 기본으로, 소유제 경제 발전을 유지해야 한다.

그 외에도 덩샤오핑이 사회주의 본질을 논할 때 '해방', '발전', '소멸', '제거', '최종적인 실현'과 같은 어휘를 사용하였다. 사회주의 본질은 사회주의 제도 수립과 더불어 순식간에 실현되는 것이 아니라 부단한 진화를 통해 이루어지는 것이다. 이러한 과정에서 같은 속도로 부(富)를 실현하고 동등한 부를 실현한다는 것은 불가능하다. 다시 말하면 13억 중국 인구가 일렬횡대로 서서 질서정연하게 보폭을 맞추어, '발전'이라는 좁은 문으로 들어갈 수는 없는 것이다. 일렬종대로 줄을 서야만 '부'라는 목표를 순서대로 실현할 수 있다. 이는 공평과 효율이라는 관계를 정확하게 조율해야 가능하다. 즉, 발달된 지역의 성장 활력을 효과적으로 유지하면서 동시에 빈곤 지역과 미발전 지역의 생활을 점차 개선해가야 한다. 개혁 심화를 통해 생산력 발전을 가속화하고 또한 공평과 정의를 통해 발전의 성과를 전 인민에게 고루 나누어야 한다.[10]

2) 사회주의 초급단계론

발전 목표 조정부터 사회주의 발전 단계에 대한 모색까지 그리고 다시 사회주의 초급단계론의 확립까지, 이는 모두 덩샤오핑의 실사구시와 사회주의를 어떻게 건설할 것인지에 관한 '자아진화'의 의식 속에서 점차 형성된 것이다.

(1) 사회주의 초급단계론의 형성 배경

덩샤오핑은 중국이 아직 사회주의 초급 단계이기 때문에 처음에는 사회주의 발전의 경험과 교훈을 종합하고 중국 정세의 기본 특징에서 출발하여 사회주의 현대화를 건설해야 한다는 점을 강조하였다. 1987년 8월 그는 '사회주의 초급단계론'을 확립하였다. "사회주의 자체는 공산주의의 초급 단계이다. 중국은 사회주의 초급 단계에 아직 머물러 있다. 모든 것은 이러한 실제 상황에서 출발해야 한다. 현실에 따라 계획을 수립할 필요가 있다." 당 13대에서 '사회주의 초급단계론'을 정

---

10) 왕셔우린(王壽林), 위의 논문, 42-43쪽.

식으로 발표하기 전 이는 가장 완전하고 가장 정확한 이론이었다.

그 후 열렸던 당 13대 대회에서 그는 또 다시 '사회주의 초급단계론'에 대하여 두 가지 차원의 의미를 자세히 설명하였다. "첫째, 중국은 이미 사회주의 사회이다. 우리는 반드시 사회주의를 견지해야 하고 또한 사회주의를 벗어날 수도 없다. 둘째, 중국의 사회주의 사회는 아직 미발전 단계이다. 그러므로 초급 단계의 현실에서 출발하여야 하며 이 단계를 건너 뛸 수도 없다." 여기에서 전자는 중국이 어떠한 사회주의 단계에 처해 있는지에 대한 답이며 중국 사회 제도의 기본 성격과 발전 방향을 확정하는 것이고 후자는 중국이 어떠한 사회주의를 건설해야 하며 중국 사회주의 제도의 역사적 위치와 발전 전략을 설명한 것이다.[11] 기본 국정에 대한 인식은 한 나라 건설의 근거이다. 과거 기본 국정에 대한 중국의 인식은 유리한 측면으로만 이해했고 '좌경' 사상의 장벽 뒤에만 숨어 있었다. 공산당의 11회 3중 전회 이후 덩샤오핑은 현실을 회피하고 단계를 서두르는 '좌경'의 방법을 사용하지 않을 것을 다시 한번 강조하였다. 1987년 당 13대 보고에서 사회주의 초급단계론을 천명하면서 '사회주의 초급단계론'이 형성되었다.

(2) 사회주의 초급단계론의 주요 내용

사회주의 초급 단계는 아직 사회주의가 성공적으로 발달하지 못한 단계이다. 이는 한 국가가 사회주의에 진입했다고 해서 반드시 초기 단계를 거치는 것이 아니라 생산력이 낙후되고 상품 경제가 발달하지

---

11) 멍란잉(孟蘭英), 「'사회주의 초급 단계 이론' 형성에 대한 비하인드 스토리("社會主義初級階段理論"形成的幕后故事)」
(http://gx.people.com.cn/n2/2018/0125/c365307-31184168-3.html, 중국인민망(人民网), 2018. 1.25.)

못한 조건 하에서 중국이 사회주의를 건설하려면 특정 단계를 거쳐야 한다는 것을 강조한 것이다. 즉, 1956년 중국이 사회주의 개조를 어느 정도 완성하고 사회주의에 진입하여 21세기 중엽 사회주의 현대화를 실현하는 역사적인 시기를 말한다. 사회주의 초급 단계라는 과학적인 판단에는 아래와 같이 두 가지의 의미를 담고 있다.

첫째, 사회의 성격과 방향을 전제로 볼 때 중국은 이미 사회주의 사회에 진입하였으며 사회주의 초급 단계 역시 사회주의의 범주에 속한다. 먼저 중국이 사회주의를 건설하였다는 것을 인정해야 한다. 그러므로 사회주의를 견지해야 하고 또 사회주의를 벗어나서도 안 된다. 이는 중국의 모든 문제를 관찰하고 처리하는 출발점이다. 과거 중국이 과오를 저질렀더라도 사회주의 방향을 견지해왔기에 또한 이 제도를 벗어나지 않았기에 오류를 시정하고 사회주의라는 사업을 성장시킬 수 있었다. 따라서 때를 막론하고 중국은 사회주의 제도를 의심할 수도 그리고 부정할 수도 없다. 오히려 흔들림 없이 사회주의 제도를 고수하고 그 우월성을 발휘하며 사회주의를 적극적이고 자발적으로 수호하고 지켜나가야 한다.

둘째, 사회 발전 수준으로 볼 때, 중국의 사회주의는 아직 초급 단계이며 근본적으로 빈곤과 낙후를 벗어나지 못한 상태이다. 이것이 현실이다. 중국은 사회주의 초급 단계의 현실에서 출발해야 하며 이를 건너뛸 수 없다. 이는 중국이 안고 있는 모든 문제점을 관찰하고 해결하는 출발점이다. 중국의 사회주의는 자본주의 발전의 산물이 아니며 반식민주의 반봉건주의 사회로부터 벗어난 새로운 탄생이다. 사회주의 사회의 물질적인 기초와 단계적 역량을 갖추었으면서도 동시에 이러한 물질적 기초가 아직 부족하고 경제 문화 수준이 아직 서구 자본주의에 비해 낙후된 국가이다. 생산 관계와 기반이 아직 부족하고 사회주의 우월성 역시 아직은 가시적으로 드러나지 않았다. 성숙한 사회주의 건설을 위해서 필요한 물질적 기초 및 탄탄한 기반을 다져야 하고 긴 역사적 시기를 겪어야 한다. 그러므로 중국은 사회주의 초급 단계라는 현실에서 출발하여 생산력을 발전시켜 다른 자본주의 조건에서 이미 실현한 산업화 및 경제 사회화, 도시화, 현대화를 실현하여야 한다. 이는 피할 수 없는 역사적인 단계이다. 요컨대, 중국은 사회주의를 떠나서 초급 단계를 논할 수 없고 초급 단계를 배제하고 사회주의를 논할 수 없다. 이 둘을 결합하여야만 중국 사회주의 발전 단계를 정확하게 인식할 수 있다.[12)]

3. '삼보주(三步走)' 전략

1) 중국 발전 전략 문제의 기인(起因)

건국 초기, 중국은 공산당의 정확한 방침과 전 인민의 단결에 힘입어 경제를 빠르게 회복하고 성과를 거두었다. 그러나 이에 고무된 마오쩌둥이 경제적인 성과에 서두른 결과 중국 경제는 곤경에 처하게 되었다. 대약진 실패 후 경제 조정을 시작하였으나 마오쩌둥은 중국 경제 발전의 어려움과 현대화의 장기성에 대해 아직 분명하게 인식하지 못하였다. 3회 전인대 1차 회의에서 저우언라이(周恩來)가 「정부 작업 보고」에 마오쩌둥의 논술을 결합하여 '4가지의 현대화' 청사진을 그려냈다. 첫 단계로 3개의 5개년 계획을 이용하여 1980년까지 독립적

---

12) 위홍(于洪), 「덩샤오핑의 사회주의 초급단계론을 논하다(簡論鄧小平的社會主義初級階段理論)」, 『안휘문학(安徽文學)』, 2008.5.15, 383쪽.

이며 완전한 산업 체계와 국민 경제 체계를 구축하여 농업 기계화를
실현하고, 두 번째 단계로 20세기 말까지 농업, 산업, 국방, 과학 기술
의 현대화를 실현하여 경제적으로 세계 선두에 선다는 것이었다. 그러
나 곧 문화대혁명을 겪게 되면서 현대화 사업은 벽에 부딪혔다. 1975
년 초 열린 4회 전인대 1차 회의에서 비로소 20세기말 4가지의 현대화
를 실현하겠다고 또다시 강조하였다. 당시 문화대혁명의 재난을 겪은
중국 경제가 붕괴 직전에 처한 상황이었다. 이런 상황에서 25년 동안
4가지의 현대화를 실현한다는 것은 사실상 불가능했다. 화궈펑(華國峰)
집권 시기, 조급한 마음에 추진한 양약진(洋躍進)[13]으로 중국 경제는 완
전히 균형을 잃었다. 이러한 과오를 바로잡고 현실을 극복하여 20세기
말에 현대화를 실현한다는 목표는 덩샤오핑에게 주어진 가장 시급한
사명이었다.[14]

〈표 11〉 중국 발전 전략 문제의 기인 ('제2차 혁명' 이전)

시간	지도자	전략 명칭	전략 내용 및 특징	결과
건국 초기	마오쩌둥	대약진 운동	경제 건설 목표를 달성하기에 급급하며 중국 경제 발전의 어려움과 현대화의 장기성에 대해 분명하게 인식하지 못하였음.	경제적인 성과에 서두른 결과 중국 경제는 곤경에 처하게 되었음.

---

13) '양약진'이란 1978년 화궈펑 집정기에 서구 등 선진국 설비나 기술의 도입으로 실시한
대약진 운동이며, 경제 발전 규율을 완전히 무시한 결과, 1978년 말에 물자, 재정, 신용
대출, 외환지급 등 심각한 불균형을 야기하게 되었다.
14) 차오시링(曹希嶺), 장젠더(張建德), 「덩샤오핑 현대화 건설 '삼보주' 전략 분석(鄧小平現
代化建設"三步走"戰略論析)」, 『이론학간(理論學刊)』, 2004. 8. 20, 18쪽.

1964-1975년	저우언라이	4가지 현대화 목표	첫 단계로 3개의 5개년 계획을 이용하여 1980년까지 독립적이며 완전한 산업 체계와 국민 경제 체계를 구축하여 농업 기계화를 실현하고, 두 번째 단계로 20세기 말까지 농업, 산업, 국방, 과학 기술의 현대화를 실현하여 경제적으로 세계 선두에 선다는 것이었음.	문화대혁명을 겪게 되면서 현대화 사업은 벽에 부딪혔음. 20세기 말 4가지의 현대화를 실현하겠다고 1975년 초 또다시 강조하게 되었는데 당시 문화대혁명의 재난을 겪은 중국 경제가 25년 동안 4가지의 현대화를 실현한다는 것은 사실상 불가능했음.
1977년	화궈펑	'양약진' 운동	서구 등 선진국 설비나 기술의 도입으로 실시한 대약진 운동이며 경제 발전 규율을 완전히 무시하였음.	1978년 말에 물자, 재정, 신용대출, 외환 지급 등 중국 경제는 완전히 균형을 잃었음.

2) 삼보주 전략 형성 과정

삼보주 전략의 형성은 점진적이고 완전한 진화 과정을 겪었다. 그 과정을 아래 세 단계로 나누어 보겠다.

첫 번째, 초기 형성 단계로 시기적으로는 1979년부터 1982년까지이다. 사회주의라는 길을 30년 걸어오는 동안 '원바오(溫飽)'문제가 아직 해결되지 못한 상태였다. 덩샤오핑은 사회주의 경제 발전 전략의 출발점을 모두 여기에 두었다. 이 시기에 그는 20세기 말까지 실현해야 할 목표를 더욱 구체화하여 샤오캉(小康)이라는 목표 뿐 아니라 이 목표를 위한 '양보주(兩步走)'라는 두 단계의 전략적 구상까지 제시하였다. 즉, 1980년부터 1990년까지 GNP를 두 배로 늘리고 원바오를 실현하며, 1990년부터 2000년까지 GNP를 다시 두 배로 늘려 샤오캉 사회를 건설한다는 것이다. 덩샤오핑의 '양보주' 전략은 12대 보고에서 관철되고 구현되었다.

두 번째, 발전 단계로 1982년부터 1987년까지이다. 이 시기 덩샤오핑은 '양보주' 전략을 기초로 '삼보주' 전략을 또 다시 제시하였다. 그는 1987년 4월 30일 해외 귀빈 접견 시 삼보주 추진으로 중국 현대화를 이루겠다는 구상을 분명하게 밝혔다.[15] "원래 첫 단계로 80년대 두 배로 늘리겠다는 목표를 정했었다. 1980년 당시 일인당 GNP가 250달러에 불과하였기에 두 배이면 500달러가 된다. 두 번째 단계로 20세기 말까지 또 다시 두 배로 늘리면 1,000달러가 되는데 이로써 샤오캉 사회에 진입하게 된다. 가난하던 중국이 샤오캉 중국이 되는 것이다. 그때 GNP가 1조 달러를 웃돌게 되면 비록 일인당 GNP가 낮다고 하더라도 국가 역량은 증강된다. 우리의 목표 중 정말로 중요한 것은 바로 세 번째 단계이다. 21세기에 30년~50년 동안 4배가 되면 대략 일인당 4000달러로 중국이 중등 발전 수준을 이뤄낸 것을 의미한다."

세 번째, 다지기 단계로 1987년부터 1992년까지이다. 덩샤오핑은 삼보주 전략의 중요성을 강조하면서 중요한 전략적 사상을 제시하였고 그의 경제 발전 전략 이론을 더욱 발전시키고 개선하며 굳건하게 다졌다. "시기를 포착하여 발전을 실현하면서 경제를 성장시키는 것이 핵심이다." "발전이야 말로 절대적인 이치이다." 중국 경제가 몇 년에 걸쳐 한 단계씩 성장하는 '계단식' 발전을 이루기 위하여 그는 발전을 위한 조건을 무조건 활성화하고 조건이 되는 지역의 장애 요소를 최대한 제거하며 기회를 잡아 성장을 도모하여야 한다면서 "중국 경제가 파도식 구조로 발전하기에 몇 년의 급성장 후에는 벽에 부딪히게

---

15) 한홍홍(韓洪洪), 「덩샤오핑의 '삼보주' 발전 전략 연구 논평(鄧小平"三步走"發展戰略研究述評)」, 『덩샤오핑 연구 논평(상권)』, 2003.2.18, 441쪽.

된다. 이를 넘어서고 문제를 찾아내어 구조를 조정하면서 다시 전진해
야 한다." "경제 발전을 가속화하기 위하여 과학 기술과 교육에 힘써
야 한다." "일부 조건이 갖춰진 지역을 먼저 발전시키면 이들이 발전
이 더딘 지역을 이끌어가면서 최종적으로 공동의 부(富)를 이룬다."라
는 사상들을 강조하였다.16)

〈표 12〉 '삼보주(三步走)' 전략의 형성 과정

형성 단계	시간	배경	전략 내용의 변화 과정
초기 형성 단계	1979년 - 1982년	중국 공산당 12대 개막사	20세기 말까지 실현해야 할 목표를 더욱 구체화하여 샤오캉(小康)이라는 목표 뿐 아니라 이 목표를 위한 '양보주(兩步走)'라는 두 단계의 전략적 구상까지 제시하였음. 즉, 1980년부터 1990년까지 GNP를 두 배로 늘리고 원바오를 실현하며, 1990년부터 2000년까지 GNP를 다시 두 배로 늘려 샤오캉 사회를 건설한다는 것임.
발전 단계	1982년 - 1987년	해외 귀빈 접견 시	'양보주(兩步走)' 전략 기초 위에 '삼보주(三步走)' 전략 구상을 제시하였음. 세 번째 단계는 21세기에 30년~50년 동안 4배가 되면 대략 일 인당 4000달러로 중국이 중등 발전 수준을 이뤄낸 것을 의미함.
다지기 단계	1987년 - 1992년	우창(武昌) 등 지방 시찰 시	삼보주 전략의 중요성을 강조하면서 "시기를 포착하여 발전을 실현하면서 경제를 성장시키는 것이 핵심이다." "발전이야 말로 절대적인 이치이다." 등 중요한 전략적 사상을 제시하였음.

---

16) 한홍홍, 위의 논문, 442쪽.

3) 삼보주 전략의 내용 및 의미

중국공산당 13대에서는 덩샤오핑의 삼보주 구상을 인정하면서 첫 단계로 GNP를 1980년의 두 배로 늘려 원바오 문제를 해결하고 두 번째 단계로 20세기 말까지 GNP를 다시 두 배 늘려 샤오캉 사회를 이루며 세 번째 단계로 21세기 중반 일인당 GNP를 중등 선진국 수준으로 끌어올려 부유하고 현대화된 사회를 실현하겠다고 천명하였다. 그 후로는 이러한 사회적 기반에 지속적인 발전을 도모한다는 것이다.

이 목표 실현을 위하여 덩샤오핑은 중점을 이용하여 전부를 이끌어야 한다고 설명하였다. 중국 경제 발전 전략의 중점은 "농촌, 에너지와 교통, 교육과 과학"이다. 농업을 기초로, 에너지와 교통을 뼈대로, 교육과 과학을 핵심으로 추진한다는 것이다. 이렇게 '삼보주' 전략이 완전한 형태를 갖추게 되었다.[17]

마오쩌둥과 달리 덩샤오핑은 현대화 목표를 설정할 때 그 험난함과 장기성을 충분히 고려하였다. 그는 차근차근 단계를 밟았으며 지나친 맹목성과 낙관성을 배제하고 성과에 서두르지도 않았다. 현대화 목표 달성을 50년 뒤로 미루고 원래의 목표 즉, 경제적으로 세계 선두에 서겠다는 목표를 선진국 수준에 근접한다는 내용으로 수정하였으며 마지막으로는 중등 선진국 수준으로 낮추었다. 그는 이런 냉정함과 신중함으로 국가와 국민 복지를 실현하고 경제 재난과 현대화의 기복을 피하였다. 그는 중국 현대화 실현을 위한 여러 가지 장애를 신중하게 바라보고 단기간 내 실현이 불가능하다고 판단하였다. 덩샤오핑은 중국의 과학 기술이 낙후되고 특히 인구가 지나치게 많아 단기간 내에 빈곤을 벗어나기 쉽지 않다고 지적하였다. 그러므로 현실을 충분히 고

---

17) 장아이친(張愛芹), 선시우민(沈秀敏), 「덩샤오핑의 '삼보주' 발전 전략 사상을 논하다(論鄧小平"三步走"的發展戰略思想)」, 『산둥사회과학』, 2001.7.15, 92쪽.

려하여 목표를 과대하게 설정해서는 안 되며 달성 시간을 너무 촉박하게 정해서는 안 된다는 것이다. 결론적으로 중국 사회주의를 건설하는 동안 경험했던 수차례 시행착오의 원인으로 시간은 촉박하고 목표는 높으며 중국 현실에 맞지 않았기 때문이며 결과적으로 발전이 오히려 더뎌졌다고 분석하였다. 이러한 전철을 다시 밟지 않기 위하여 덩샤오핑은 매우 신중하게 현대화 건설의 청사진을 그렸던 것이다.

21세기 중반 중국 현대화를 실현한다는 덩샤오핑의 전략 구상은 마오쩌둥의 비현실적인 현대화 전략의 조정이며 업그레이드이자 마오쩌둥의 1960년대 초기 경제 발전 구상에 대한 계승이었다. 100년의 시간 동안 이루어낸 현대화는 결국 덩샤오핑의 실사구시와 신중함을 증명해준다. 물론 그의 구상도 예상치 못했던 벽에 부딪혔다. 일례로 21세기 중반 중국 경제가 중등 선진국 수준이 될 것이라는 그의 예상이 충분한 과학적 근거에 기반했음에도 불구하고 그가 미처 생각하지 못했던 점이 있다. 그는 중국이 일인당 GNP 4,000달러를 달성하면 중등 선진국이 될 것이라 기대했지만 오늘날 중등 선진국 일인당 GNP는 이미 오래 전에 1만 달러를 넘어섰다. 2000년 세계 일인당 GNP가 5,199달러였는데 중국이 21세기 중반 겨우 4,000달러를 달성한다고 한다면 현대화에 턱없이 못 미치는 수준인 것이다.[18]

덩샤오핑이 중국 현대화 건설 '삼보주' 전략을 제시하고 당 13대에서 이를 확정한 후 국내외에 큰 영향을 미쳤을 뿐 아니라 중국의 발전과 진화를 위한 명확한 방향이 되었다. 중국의 발전은 중국 국민에게 안정적으로 부유하고 안락한 길을 열어주었을 뿐 아니라 세계 경제 발전과 인류 문명 진화에도 크게 기여하였다.

---

18) 차오시링(曹希岭), 장젠더(張建德), 「덩샤오핑 현대화 건설 '삼보주' 전략 분석(鄧小平現代化建設"三步走"戰略論析)」, 『이론학간』, 2004.8.20, 19쪽.

제 3 장

'개혁개방'과 '중국특색 사회주의'의 시작

1. '남순강화(南巡講話)'와 '사회주의 시장 경제 체제'의 탄생

1) 남순강화의 배경

1978년 이후의 '제2차 혁명'은 중국 경제 발전의 새로운 국면을 열었다. 1988년까지 중국 경제가 눈부신 성장을 거두었고 종합 국력과 생활 수준 모두 급속하게 증강되었다. 그러나 불균형, 금융 혼란, 인플레이션, 물가 폭등과 같은 부작용도 적지 않았다. 불안으로 인하여 사재기 열풍이 불고 경제는 균형을 잃고 흔들렸으며 부패가 여기저기에서 드러났다. 이로 인하여 1988년 일어난 통화팽창 위기 속에서 덩샤오핑은 근절과 단속을 위한 특수 정책을 취하였다. 그런데 1989년 6·4 사건이 발발하고 1990년 동유럽에 급격한 변화가 일어났으며 1991년 구(舊)소련이 해체되어 사회주의 국가가 국제적으로 궁지에 몰렸다. 서구의 일부 국가는 중국에 정치적, 경제적인 압박을 가하여 중국 경제가 극심한 외부 압력에 시달리게 되었다. 이러한 내우외환(內憂外患)

속에서 중국 경제 발전 속도는 더뎌질 수밖에 없었다. 선전(深圳) 특구
의 경제는 역시 그 영향으로 성장 속도가 둔화되고 금융과 부동산 시
장이 침체되었다. '좌경' 사상이 다시 고개를 들고 사회주의냐 자본주
의냐의 싸움이 다시 불붙었다. 갈림길에 놓인 중국 개혁개방은 시급히
분쟁을 없애고 나아갈 방향을 정해야만 했다.

이러한 배경에서 덩샤오핑은 남순(南巡)을 계기로 '개혁개방정책을
확대 추진하자'는 총동원령을 내렸다. 그는 특구(特區)의 발전에 큰 희
망을 걸었다. "제1조 실패를 두려워 말라. 제2조 발전 문제는 최대한
빨리 시정하라" "서둘러야 한다" 덩샤오핑의 남순강화는 개혁개방의
실험지였던 특구에 힘을 실어 주었다.[1] 특구가 더욱 발전하고 성장의
발걸음을 가속화하며 사상은 더욱 개방되기를 희망하였다. 특구의 인
솔자격인 선전(深圳)은 역시나 덩샤오핑과 전인대의 기대를 저버리지
않았고 덩샤오핑 남순강화 이후 비약적으로 발전하였다.[2]

2) 남순강화의 주요 내용

1992년 1월 18일부터 2월 21일까지 덩샤오핑은 우창(武昌), 선전(深
圳), 주하이(珠海), 상하이(上海) 등을 시찰하고 '남순강화'라고 불리는 중
요한 발언을 하였다. 그의 발언은 개혁 심화, 발전 가속화의 중요성과
필요성을 재강조하고 중국의 실정에서 출발하여 시대에 앞서서 지난
개혁개방의 경험과 교훈을 종합하고 중대한 이론과 실천에 있어서 새

1) 췌위안위안(崔元苑), 「덩샤오핑 92 남순 배경에 대한 비밀(鄧小平92南巡背景揭秘)」, 중국
   인민망(人民网)(http://book.people.com.cn/GB/69398/16812413.html, 2018.11.11.)
2) 장난(張楠), 「사회주의 시장 경제 체제 개혁 추진-덩샤오핑 <남순강화>(深入推進社會主
   義市場經濟体制改革――讀鄧小平≪南巡講話≫)」, 『중국하이테크특구』, 2018.3.20, 6쪽.

로운 관점을 제시하였다. 또한 새로운 사고의 길을 열고 새로운 시야를 개척하였으며 새로운 돌파구를 모색하여 중국특색 사회주의 건설 이론과 실천을 위하여 한 발을 내디딘, 그야말로 '사회주의 시장 경제 체제'의 탄생을 상징하였다. 주요 내용은 아래와 같다.

첫째, 혁명은 생산력 해방이며 개혁 역시 생산력 해방이다. 당 11회 3중전회 이후의 노선을 견지한다. 관건은 100년 동안 흔들림 없이 '하나의 중심과 두 개의 기본점(一個中心, 兩個基本点)' 노선을 이어간다는 것이다.

둘째, 개혁개방의 발걸음을 가속화하고 '자본주의냐 사회주의냐'라는 문제에 얽매이지 않는다. 개혁개방 판단 기준은 사회주의 사회의 생산력 발전에 유리한가, 사회주의 국가의 국력 증강에 유리한가, 인민의 생활 수준 향상에 유리한가를 고려하는 것이다. 지금은 우경을 경계해야 하지만 '좌경'을 더욱 방지해야 한다. 계획과 시장은 사회주의와 자본주의의 본질 차이가 아니다.

셋째, 발전이야말로 절대적인 이치이다. 유리한 시기를 포착하여 에너지를 집중하여 경제를 활성화해야 한다. 경제 발전은 과학 기술과 교육에 기반하여 실현해야 한다. 과학 기술은 최고의 생산력이다.

넷째, 양수조, 양수도요경(兩手抓, 兩手都要硬)을 견지한다. 개혁개방 과정 중 4가지 기본 원칙을 준수하고 자본 계급 자유화를 반대해야 한다.

다섯째, 정확한 정치 노선은 정확한 조직 노선으로 보장해야 한다. 인재 양성에 힘쓰고 '4가지 현대화' 기준에 따라 지도층을 선발한다. 형식주의를 반대하고 마르크스, 레닌주의를 정확하게 이해하고 사용해야 한다.

여섯째, 사회주의 신념을 견지한다. 덩샤오핑의 남순강화에서 파격적인 내용은 "계획이 더 많은지, 시장이 더 많은지의 문제일 뿐 사회주의와 자본주의의 본질 차이는 아니다"라는 것이다. 계획 경제와 사회주의가 동일한 것은 아니며 자본주의 역시 계획이 있다. 시장 경제와 자본주의가 동일한 것은 아니며 사회주의 역시 시장이 있다. 계획과 시장 모두 경제 수단이다.[3]

3) 남순강화의 의의

덩샤오핑의 남순강화 발표는 그의 이론의 형성과 성숙을 의미한다. 남순강화로 중국 개혁개방 중 '사회주의란 무엇이며 어떻게 사회주의를 건설할 것인가?'라는 문제에 즉시 답을 던졌으며 인민의 사상을 해방시키고 사회주의 신념을 다져 개혁개방의 진전을 더욱 가속화하는, 중국특색 사회주의 건설을 위한 역사적인 기념비였다.

먼저, 남순강화는 기회를 잡고 자신을 발전시켜야 한다는 긴박감을 조성하였다. 그는 "시기를 포착하고 자신을 발전시켜야 한다. 핵심은 바로 경제 발전이다. 현재 주변 일부 국가의 경제 발전이 우리보다 더 빠르게 이루어지고 있다." "기회를 포착해야 한다. 지금이 바로 최고의 기회이다. 실패가 두려워 기회를 잡지 못하면 눈앞의 기회는 사라진다. 시간은 순식간에 흘러간다"라고 하였다.[4] 20여 년 전 덩샤오핑이 호소했던 긴박감은 20여 년 후에도 여전히 필요하다. 중국 경제가 세계 경제의 하나로 융합되는 과정에서 경쟁이 점차 치열해지고 장벽도 높아져가고 있다. 시대는 우리를 기다려주지 않는다. 중국공산당

---

3) 쉬쥔(徐君), 「덩샤오핑 남순강화의 현실적 의의를 논한다(論鄧小平南巡講話的現實意義)」, 『샹차오(湘潮)』, 2016년 5월 25일, 8쪽.
4) 「기회를 포착하며 자신을 발전하다(抓住時机, 發展自己)」, 중국인민망(人民网) (http://www.people.com.cn/GB/shizheng/252/5303/5304/20010626/497652.html, 2018.3.11.)

'자아진화'의 과정은 지금의 기회를 놓쳐서는 안 된다.

다음으로, 남순강화로 '자본주의냐 사회주의냐'라는 사상의 갈림길에서 벗어나게 되었다. 이는 민영 경제 발전에 새로운 무대를 제공하였다. 덩샤오핑은 자본주의와 사회주의의 문제에 얽매이지 말라고 말하였다. 개혁개방의 판단 기준은 사회주의 사회의 생산력 발전과 사회주의 국가의 종합 국력 그리고 인민의 생활 수준 향상에 유리한지를 우선시하여야 한다. '3개의 유리론'은 1990년대 중국 사회주의 시장 경제 발전의 중요한 가치 방향과 기준이 되었다. 덩샤오핑이 자본주의와 사회주의 문제에 대해 내린 단호한 결정은 사상의 해방과 더불어 대외 개방의 가속화 그리고 다시 대내 개방, 민영기업 개방의 가속화를 실현하였다. 그 후 중국 민영 경제는 국민 경제 발전에 따라 성장해왔고 2005년 국무원이 비공유 경제를 지지하는 의견을 출범하면서 전망이 더욱 밝아졌다.

마지막으로 남순강화는 '발전'에 새로운 과학적 시대적 의미를 부여하였다. 덩샤오핑은 "경제가 안정되고 조화롭게 발전하도록 주의해야 한다"고 하였다.[5] 남순강화 중 발전에 관한 발언을 종합해보면 그가 말하는 발전이란 단순히 경제 성장만을 의미하는 것이 아니라 종합적인 국력 증강, 인민 생활 수준과 삶의 질 향상, 생태 환경 개선, 과학 기술과 교육 및 각종 문화 사업, 사회 보장, 사회 질서, 정치 질서 등 전방위의 진보를 의미한다. 이러한 관점은 오늘날 이미 중앙 정부부터 지방 정부, 사회 각계 각층의 폭넓은 공감을 이루었으며 후진타오 시기의 '과학 발전관'의 형성과 확립에도 영향을 미쳤다.

---

5) 리샹첸(李向前), 「덩샤오핑 남방담화의 사상적 정수가 무엇인가?(鄧小平南方談話的思想精髓是什么)」, 중국인민망(人民網)
(http://cpc.people.com.cn/n/2013/0819/c367209-22616977.html, 2019.3.1.)

남순강화는 해방사상, 개혁개방과 경제 발전의 대국면을 다짐으로 써 중국인의 관념 전환, 생산과 생활 방식의 변화를 가져왔다. 당시 덩 샤오핑이 지적하고 예측했던 것들이 현재 해결해야 할 문제로 드러났 고 게다가 새로운 문제까지 겹쳤다. 20여 년이 지난 오늘, 중국 사회주 의 현대화는 또다시 개혁의 중요한 시기를 맞이하였다. 따라서 지금은 중국공산당 개혁개방과 미래 '자아진화'의 출구와 방향을 탐구하는 것 은 바로 덩샤오핑의 남순강화를 되돌아보고 연구하는 진정한 의미라 고 할 수 있다.

2. '양수조, 양수도요경(兩手抓, 兩手都要硬)' 제기와 심화

모든 사상과 이론은 실천의 산물이다. '양수조, 양수도요경(兩手抓, 兩 手都要硬)'[6]은 덩샤오핑이 중국특색 사회주의 건설이라는 위대한 실천 과정 중에서 제기하고 심화해 온 사상이자 끊임없는 자아진화의 과정 에서 혁신해 온 정치리더십의 구현이다.

1979년 10월 30일 덩샤오핑은 중국 문학 예술 작업자 제4차 대표 대회에서 "우리는 고도의 물질 문명을 건설함과 동시에 모든 민족의 과학 문화 수준 제고, 숭고하고 풍부하며 다채로운 문화 생활 발전을 실현하고 고도의 사회주의 정신 문명을 건설해야 한다"고 하였다.[7] 여기에서 그가 양수조(兩手抓)란 말을 구체적으로 사용하지는 않았으나

---

6) 양수조, 양수도요경(兩手抓, 兩手都要硬)이란 두 손을 모두 굳게 잡아야 한다는 뜻인데 본 소절에서 구체적으로 논의한 바 있다.
7) '덩샤오핑 중국 문학 예술 작업자 제4차 대표 대회에서의 축사(鄧小平在中國文學藝術工 作者第四次代表大會上的祝辭)', 중국인민망(人民網) (http://dangshi.people.com.cn/n/2014/1106/c85037-25988682.html, 2018.10.10.)

그 사상을 이미 반영하고 있다.

1982년 중국이 대외 개방과 대내 경제 활성화라는 두 정책을 동시 시행한 후 한두 해 동안 국제 교류의 증가와 더불어 공산당 간부의 부패가 적지 않게 발생했다. 심지어 경제 범죄에 휘말린 이도 있었다. 날로 창궐하는 경제 범죄에 대해 덩샤오핑은 중앙정치국 「경제 범죄 근절을 위한 중국공산당 중앙, 국무원의 결정」 회의에서 상황을 면밀하고 정확하게 분석한 후, 경제 범죄의 피해에 대해 "우리에게는 두 손이 있다. 한 손으로는 대외 개방과 대내 경제 활성화라는 정책을 견지하고 다른 한 손으로는 경제 범죄를 근절해야 한다"라고 말하였다. 여기에서 처음으로 양수조(兩手抓)란 개념이 등장한다. 그 후 경제 범죄 근절 역량을 강화하면서 양수조 방침 하에 반부패 투쟁이 큰 성과를 거두었다. 이어 덩샤오핑은 국가의 안정과 치안을 위한 양수조 문제를 고민하기 시작하였다. 1986년 1월 중앙정치국 상위회(常委會)에서 그의 발언 중 "4가지 현대화를 실현하기 위하여 반드시 양수조를 해내야 한다. 한 손만으로는 안 된다. 즉, 한 손으로는 건설, 한 손으로는 법제(法制)를 이루어야 한다"라고 하며 법제 건설을 위한 중요한 임무를 제시하였다.

그 후 몇 년 동안 중국은 개혁개방과 경제 건설이 크게 발전한 반면 공산당 자신의 확립과 정신 문명 건설을 간과한 결과, 사상 정치 작업이 약화되고 당원 교육이 소홀해졌다. 4가지 기본 원칙[8] 견지, 자산계급의 자유화 반대 역량 부족, 당 내 부패 현상의 심화가 1989년에는

---

8) 사인방(四人幇)을 제거한 후 사회적 및 공산당 내에서 사상적 혼란이 일어났다. 이런 상황에 대해 덩샤오핑은 1979년 3월 30일 중공중앙을 대표하여 베이징 이론 사업 회의에서 「4가지 기본 원칙 견지」라는 제목으로 연설하였다. 연설 중 그는 "첫째, 사회주의 노선을 견지해야 한다. 둘째, 무산 계급 정치를 견지해야 한다. 셋째, 공산당 지도를 견지해야 한다. 넷째, 마르크스 레닌주의, 마오쩌둥 사상을 견지해야 한다."라고 강조하였다.

전국적인 문제로 확산되었다. 이러한 정치 풍조는 중국공산당 작업 중 수많은 결점과 실수로 드러났다. 이에 대해 덩샤오핑은 심각하게 반성하게 된다. 1989년 5월 31일 혼란이 잠잠해지기 몇일 전 덩샤오핑과 중앙 간부 두 명의 담화 중 "이번 혼란의 원인 중 하나는 부패이다. 부패 때문에 당과 정부에 대한 대중의 신뢰를 잃었다"라고 발언하였다. 이 발언에서 그가 부패를 상당히 싫어했음을 알 수 있다. 그는 '손을 쓸 수 없는' 현상에 대해 비난하며 신속하고 과감하게 처리해야 한다고 비난하였다. 같은 해 6월 10일 양수조에 대해 두 번 언급하였다. "당의 건설에 온 힘을 기울어야 한다"면서 "인민이 만족할 만한 일을 해야 한다. 과감하게 개혁개방을 추진하고 정치 부패를 처벌해야 한다." "한 손으로 개혁개방을 추진하고 또 다른 한 손으로 부패를 제거하여야 한다. 이 둘을 결합하면 우리의 정책이 더욱 순조로워지고 인심을 얻을 수 있다."라고 하였다.[9] 이 단계에서 덩샤오핑은 수 년 간의 교훈을 종합하고 원래의 내용에 사상 교육, 정치 작업, 당 건설, 부패 제거를 모두 포함시켰다. 특히 부패 근절의 중요성을 강조하였고 이를 인민 보호 정책으로 편입시켰다.

1992년 초, 덩샤오핑은 남방 시찰 시 양수조를 반복하여 강조하면서 심화시켰다. 덩샤오핑은 '또 다른 한 손'의 내용에 사회 질서, 사회 풍조 등을 추가하였다. 특히 한 손은 강한 반면 다른 한 손은 부드러워 서로 조화를 이루지 못하면 안 된다며 양수경(兩手硬)[10]을 강조하였다. 이는 덩샤오핑이 양수조 기본 방침을 제시한 후 양자 관계를 어떻게 조화시킬 것인지에 대해 양수경이라는 답을 제시한 것이다. 만약 1982

---

9) 왕시(王希), 「덩샤오핑 '양수조 양수도요경' 사상을 논하다(淺論鄧小平"兩手抓,兩手都要硬"思想)」, 『랴오닝 사범대학 학보(遼宁師專學報)』, 2006.12.20, 3쪽.
10) 양수경(兩手硬)이란 두 손을 모두 강해야 한다는 의미이다.

년의 양수조가 과학적인 창조라면 1992년의 양수경은 사상의 구현이 자 심화이다. 그리하여 양수조 사상이 더욱 풍부하게 완성된다.

〈표 13〉 '양수조, 양수도요경(兩手抓, 兩手都要硬)' 정책 혁신 과정

시간	배경	정책 혁신 과정
1979년 10월 30일	중국 문학 예술 작업자 제4차 대표 대회	"고도의 물질 문명을 건설함과 동시에 모든 민족의 과학 문화 수준 제고, 숭고하고 풍부하며 다채로운 문화 생활 발전을 실현하고 고도의 사회주의 정신 문명을 건설해야 한다." 양수조의 함의를 이미 반영하고 있음.
1982년	중앙정치국 「경제 범죄 근절을 위한 중국공산당 중앙, 국무원의 결정」	"우리에게는 두 손이 있다. 한 손으로는 대외 개방과 대내 경제 활성화라는 정책을 견지하고 다른 한 손으로는 경제 범죄를 근절해야 한다." 처음으로 양수조(兩手抓)란 개념이 등장함.
1986년 1월	중앙정치국 상위회(常委會)	"한 손만으로는 안 된다. 즉, 한 손으로는 건설, 한 손으로는 법제(法制)를 이루어야 한다"라고 하며 법제 건설을 위한 중요한 임무를 제시하였음.
1989년 6월 10일	전국적인 정치 풍조 이후	"한 손으로 개혁개방을 추진하고 또 다른 한 손으로 부패를 제거하여야 한다." 수 년 간의 교훈을 종합하고 원래의 내용에 사상 교육, 정치 작업, 당 건설, 부패 제거를 모두 포함시켰음. 특히 부패 근절의 중요성을 강조하였고 이를 인민 보호 정책으로 편입시켰음.
1992년 초	남방 시찰 시의 연설	양수조를 반복하여 강조하면서 심화시켰음. '또 다른 한 손'의 내용에 사회 질서, 사회 풍조 등을 추가하였음. 특히 한 손은 강하고 한 손이 부드러워 서로 조화를 이루지 못하면 안 된다며 '양수경(兩手硬)'을 강조하였음.

덩샤오핑은 곳곳에서 양수조와 양수경에 대해 수차례 제기하고 논하였다. 그 유래와 발전으로 볼 때 덩샤오핑의 양수조 양수도요경 사상은 풍부한 내용과 폭넓은 범주를 담고 있다. 그 기본 의미는 한 손으로 경제 발전을 실현하고 또 다른 한 손으로 정치를 하라는 것이다. 더 높은 차원으로 보면 한 손으로 물질 문명을, 다른 한 손으로 정신 문명을 이루는 것이다. 최고의 요지는 현대화 건설 중 양 손의 균형을 잘 잡으라는 의미이다.[11]

개혁개방 이후를 돌아보면 덩샤오핑은 전면적인 인식, 인식과 실천의 통일성으로 양 손의 관계를 정확하게 조화시켰고 중국특색 사회주의 건설을 실천하였다. 이는 중국 현대화 사업이 건강하고 지속적으로 발전할 수 있었던 가장 비옥한 토양이었다.[12]

3. '일국양제(一國兩制)' 구상과 '조국 통일' 염원

과거 중국의 일부였던 홍콩, 마카오, 타이완은 역사적인 원인으로 중국 대륙과 분리되었다. 신(新)중국이 탄생하던 날부터 홍콩, 마카오, 타이완 문제를 해결하고 통일 중국을 이루는 것이 중국공산당의 염원이었다. 당 11회 3중전회 이후 덩샤오핑은 해방 사상, 실사구시 사상 노선을 견지하고 중국의 실정에서 출발하여 국내 및 국제 정세의 변화에 따라 전당(黨)의 정치적 지혜를 모아 '일국양제(一國兩制)'[13] 구상

---

11) 왕시(王希), 위의 논문, 3쪽.
12) 장수쥔(張澍軍), 장위톈(張玉田), 「덩샤오핑 '양수조 양수도요경' 방침의 철학적 의미는 무엇인가(論鄧小平"兩手抓,兩手都要硬"方針的哲學底蘊)」, 『동베이 사범대학 학보(東北師大學報)』, 1997.3.23., 3-8쪽.
13) 일국양제(一國兩制)란 한 국가로 표방하면서 사회주의와 자본주의란 두 개의 체제를 병

을 제기하였다. 그렇게 홍콩, 마카오, 타이완 문제의 해결책을 찾고 조
국 통일의 정확한 노선을 실현하였다.

1) '일국양제' 형성 과정

1978년 12월 중국공산당은 역사적 의미가 깊은 11회 3중전회를 개
최하여 해방 사상, 실사구시의 마르크스주의 노선을 재확립하고 당과
국가 사업의 착안점을 사회주의 현대화 건설에 두기로 결정하였다. 중
국 통일에 있어서 가장 중요한 타이완 문제가 평화롭게 해결되면 중
국 사회주의 현대화 뿐 아니라 세계의 평화와 발전에도 유익하다. 같
은 해 12월 16일 중·미 두 정부가 1979년 1월 1일부터 외교 관계를
수립한다고 공동 선언하였다. 두 정부가 외교 수립하던 날, 전인대 상
위회는 조국 통일이 모두의 바램이라는 내용의 「타이완 동포에게 고
한다」를 발표하였다. 역시 같은 날 덩샤오핑이 전국 정협(政協)에서 열
린 좌담회 「타이완 동포에게 고한다」에서 "지금부터 우리가 타이완을
조국으로 회복하고 조국 통일이라는 대업을 완성하기 위한 구체적인
일정이 시작되었다"라고 선언하였다.[14] 그리고 이 날 20년 동안 이어
져 온 진먼(金門) 군사 포격이 중지되었다. 이는 타이완 정책에 있어서
공산당과 정부의 정책적 변화를 의미한다. 그 후 덩샤오핑이 타이완
문제 해결 방법에 대해 더욱 구체적이고 전면적으로 다루게 된다.

덩샤오핑은 1982년 1월 11일 미국 화인협회의 리야오지(李耀基)를 접
견하면서 처음으로 타이완의 조국 귀환, 조국 평화 통일 실현 구상에

행한다는 의미이다.
14) 디청광(邸乘光), 「덩샤오핑 일국양제 구상의 형성 및 발전(鄧小平―國兩制构想的形成与發
展)」, 『안휘사학(安徽史學)』, 2007.5.15, 71쪽.

대해 '일국양제' 즉, '하나의 국가, 두 가지 체제'를 언급하였다. 이러한 구상의 적용 범위를 처음에는 홍콩으로 확대하였다. 같은 해 9월 24일 덩샤오핑이 영국 처칠 수상을 접견할 때 홍콩에 대한 중국 정부의 입장을 천명하면서 타이완 문제 고민 시 구상한 일국양제를 홍콩에 적용할 준비라고 밝혔다. 그는 "주권 문제에 대해 중국은 되돌릴 여지가 없다. 솔직히 주권 문제는 논의가 가능한 문제가 아니다. 이미 때가 되었다. 1997년 중국이 홍콩을 되찾을 것이다"라고 발언하였다.[15]

　1984년 5월 제6회 전국인민대표대회 제2차 회의에서 허가된 「정부 업무 보고」에서 "중국은 1997년 홍콩 주권을 되찾을 것이다. 이는 결코 변하지 않을 확고한 결정이다. 홍콩의 안정과 번영을 유지하기 위하여 주권 행사 후 홍콩을 홍콩인이 관리하도록 할 것이며 자치권을 보장할 것이다. 현행 사회, 경제 제도, 생활 방식, 법률 모두 변하지 않으며 자유항과 국제 금융, 무역 허브로서의 지위를 지속적으로 누리고 각 국가와 지역 및 국제 조직과의 관계도 유지될 것이다. 영국과 기타 국가가 홍콩에서의 누리고 있는 경제적인 혜택은 특수 정책의 영향을 받게 된다. 그리고 이는 50년 동안 유지된다."[16] 이는 덩샤오핑이 제기한 '일국양제' 구상이 이미 법적 효력을 가진 기본 정책으로 자리잡았음을 보여준다. 또한 덩샤오핑의 '일국양제' 구상의 정식적인 형성과 확립을 상징한다.

---

15) 덩샤오핑, 「우리는 홍콩 문제에 대한 기본 입장(我們對香港問題的基本立場)」, 『덩샤오핑 문선(鄧小平文選)』(제3권), 중국인민출판사, 2001, 12-13쪽.
16) 디청광(邸乘光), 앞의 논문, 74쪽.

〈표 14〉 '일국양제(一國兩制)' 구상의 형성 과정

시간	배경	구상 내용의 변화 및 형성 과정
1978년 12월	중국공산당 11회 3중전회	중국 통일에 있어서 가장 중요한 타이완 문제가 평화롭게 해결되면 중국 사회주의 현대화 뿐 아니라 세계의 평화와 발전에도 유익함.
1978년 12월 16일	중·미 외교 관계 수립 공동 선언	전국 정협(政協)에서 열린 좌담회 「타이완 동포에게 고한다」에서 "지금부터 우리가 타이완을 조국으로 회복하고 조국 통일이라는 대업을 완성하기 위한 구체적인 일정이 시작되었다"라고 선언하였음. 20년 동안 이어져 온 진먼(金門) 군사 포격이 중지되었음. 이는 타이완 정책에 있어서 공산당과 정부의 정책적 변화를 의미함.
1982년 1월 11일	미국화인협회 리야오지(李耀基)접견	처음으로 타이완의 조국 귀환, 조국 평화 통일 실현 구상에 대해 '일국양제' 즉, '하나의 국가, 두 가지 체제'를 언급하였음. 이러한 구상의 적용 범위를 처음에는 홍콩으로 확대하였음.
1982년 9월 24일	영국 처칠 수상 접견	홍콩에 대한 중국 정부의 입장을 천명하면서 타이완 문제 고민 시 구상한 일국양제를 홍콩에 적용할 준비라고 밝혔음.
1984년 5월	제6회 전국인대 2차 회의 「정부 업무 보고」	홍콩의 안정과 번영을 유지하기 위하여 주권 행사 후 홍콩을 홍콩인이 관리하도록 할 것이며 자치권을 보장할 것임. 법적 효력을 가진 기본 정책으로 자리잡았음을 보여줌.

2) '일국양제' 함의 발전

1984년 5월 제6회 전국인민대표대회 제2차 회의에서 '일국양제' 구상이 법적 효력을 가진 기본 정책임을 확인한 후 덩샤오핑은 이에 대해 여러 차례 언급하였다. 6월 22일과 23일 덩샤오핑이 홍콩 공상계의 북경 방문단과 홍콩 유명인사인 종스위안(鐘士元) 등을 만났을 때, "하나의 나라, 두 개의 제도를 시행한다는 것은 구체적으로 말해 중화인민공화국 10억 인구가 생활하는 대륙에서 사회주의를 실행하고 홍콩, 타이완은 자본주의 제도를 실행하는 것이다. 중국의 주체는 사회주의이지만 홍콩, 타이완과 같은 일부 지역에서 자본주의 제도 시행을 허용한다."고 말하였다.

10월 31일 미얀마 대통령 접견 시에는 '일국양제'로 통일 문제 즉, '평화로운 공존'을 실현하였다고 발언하였다. 그는 나라와 나라의 관계를 처리할 때 '평화로운 공존을 위한 5가지 원칙'[17]이 최선이라고 하였다. '한 가족', '정치 집단', '세력 범위' 등과 같은 방식은 갈등을 유발하고 국제 정세를 위협한다. 현재 국가 간 갈등 해결을 위한 최선의 방법은 역시 '평화로운 공존 원칙'이며 중국의 '일국양제' 역시 이 원칙에 속한다. 중국이 홍콩 문제를 해결함에 있어서 홍콩의 자본주의 제도를 50년 동안 유지하도록 허용하였고 타이완 역시 동일한 원칙을 적용하였다. 타이완이 홍콩과 다른 점은 군대를 허용한다는 점이다. 10억 인구가 살고 있는 대륙은 사회주의를 변함없이 견지하고 타이완은 그들의 자본주의를 유지한다. 이 역시 평화로운 공존이 아닌가? 그러므로 평화로운 공존 원칙은 국제 관계 해결 뿐 아니라 하나의 국가 내에서 내부 정치 문제를 해결하는 데 있어서도 매우 훌륭한 방법이다.

12월 19일 덩샤오핑이 영국 처칠 수상을 접견할 때 다시 한번 '일국양제' 구상을 언급하였다. 그는 일국양제의 철학적인 기초를 중국의

---

17) 평화 공존 5가지 원칙은 1953년 12월, 중국 정부와 인도 정부가 티벳 지역에 관하여 협의할 때 저우언라이 중국 총리가 인도 대표단 접견 시 처음으로 발언한 내용이다. 골자는 "상호 주권 존중, 완전한 영토 회복, 상호 불침범, 상호 내정 비간섭, 호혜 평등, 평화 공존"이다. 평화 공존 5가지 원칙은 자주 독립과 평화 외교 정책의 기본적이면서도 완벽한 구현이었다. 이는 세계 여러 나라의 공감을 얻었으며 국제 관계 해결의 규칙이 되었다.

실정에 두었다고 하였다. 덩샤오핑은 이러한 구상에 대해 모두가 새롭게 느꼈으며 실행 가능성을 의심한 이도 있었다고 말하였다. 이 구상은 홍콩 문제 해결에 있어서 결정적이면서도 중요한 역할을 하였다. 실제로 '일국양제'는 지난 13년 간 성공적으로 이어져 왔고 향후 50년 동안에도 그 타당성을 충분히 증명해 낼 것이다. 50년은 그냥 생각나는 대로 주장한 것이 아니라 중국의 현실과 발전 수요를 충분히 고민하고 내린 결론이다. 마찬가지로 21세기 말 그리고 다음 세기 전까지 50년 동안 타이완을 안정시켜야 한다. 타이완은 중국의 일부이므로 중국이 하나의 나라라는 전제 하에 두 체제를 실행하는 것은 국가 정책을 제정하는 하나의 방법이다.

3) '일국양제'의 현실적 의미

일국양제에 따라 중국 평화 통일을 실현하는 것은 중화민족의 이익에 부합된다. 통일 중국이라는 대업은 중국 인민의 공동의 염원이다. 홍콩과 마카오 문제의 해결은 중국 통일 대업의 중요한 행보였으며 국제 사회가 평화로운 방식으로 국가 간 역사 문제를 해결하는 데 있어서 새로운 범례가 되었다. 100년의 방황 끝에 홍콩이 중국의 품으로 돌아왔고 침략의 오욕을 씻게 되었다. 마카오의 반환은 외국 열강의 국토 점령의 종지부를 상징한다. 이는 구(舊)중국 정부가 해결하지 못했던 문제이며 중국공산당이 중화민족에 기여한 역사적인 공이다.

'하나의 국가, 두 개의 제도'는 중국 정부가 국가 평화 통일을 실현하기 위하여 제기한 기본 국가 정책이다. 이 방침에 의거하여 중국 정부는 영국, 포르투갈 정부와의 외교 담판에서 역사적인 문제를 성공적으로 해결하였다. 1997년 7월 1일과 1999년 12월 20일 홍콩과 마카오가 주권을 회복함으로써 중국 인민의 염원이 실현되었다. 홍콩과 마카오는 식민 통치를 벗어나 조국의 품으로 돌아왔고 조국과 상호 보완, 공동 발전이라는 찬란한 길을 함께 걷게 되었다.

'일국양제'는 새로운 개념이며 실천을 통해 끊임없이 연구하고 발전시켜야 한다. 홍콩과 마카오 특별 행정구에서 일국양제 시행 과정을 돌아보면 일국양제 정책을 철저하게 이해하고 관철하는 것이 국가 주권, 안보, 발전에 유익하고 홍콩과 마카오의 장기적인 번영과 안정에 유리하며 일국양제의 지속적인 발전에 유리하다는 것을 확인할 수 있다.

종합적으로 보면 덩샤오핑의 리더십 형성에 영향을 미쳤던 시대적 배경은 마오쩌둥과 크게 다르지 않고 반제국주의·반봉건주의 성격을 지닌다. 그런데 덩샤오핑의 리더십 형성에 보다 결정적으로 영향을 미친 것은 소년시기 아버지와 학교 계몽교육과 유학시기 프랑스와 소련의 체험이었다. 그리고 전쟁시기 '도광양회'와 '여시구진'의 사상과 '삼락삼기'의 인생 굴곡도 매우 중요한 영향을 미쳤다. 이 과정에서 내재해 있던 정치적 자질과 후천적 훈련을 통해 자신의 정치리더십을 발전적으로 승화하여 "혁명구호가 아닌 실질적인 부국강병 수단을 찾는 길 밖에 없다는 걸 깨우친 실사구시적인 지도자"[18]가 되었으며 "실용적인 경향이 많아서 협상과 설득에 탁월하며 기회를 포착하는 능력도 탁월하다"고 해서 "승부사형 리더에 가깝다고 할 수 있다".[19] 실용성을 중시하는 그의 실사구시 정신과 맞물리면서 중국특색 사회주의의 노선을 적극 추진하는 밑거름이 됐다.[20] 제3장에서 남순강화

---

18) 이승익, 『중국 최고 정치지도자들의 리더십』, 도서 출판 디비북스, 2011, 144쪽.
19) 이승익, 위의 책, 145쪽.

이전에 내우외환(內憂外患)의 시대적 배경을 분석한 바와 같이, 덩샤오핑 리더십 혁신 과정의 한계점도 있긴 한데 덩샤오핑 자신도 정치개혁에 따른 당위성과 위험성을 깊이 인식하고 있었다. 비록 덩샤오핑의 개혁 리더십이 위기를 맞이했을지라도 대처능력에 따라 개혁개방은 새로운 단계로 진입 또는 전환될 수 있었다고 할 수 있다.[21]

---

20) 이승익, 위의 책, 147쪽.
21) 김영화, 앞의 책(2011), 376쪽.

제4부

장쩌민의 리더십 혁신:
'3개 대표론'의 도입

제 1 장
장쩌민 정치리더십의 형성

1. 성장 배경 및 학생 시기

1) 장쩌민의 성장 배경

장쩌민은 1926년 8월 17일 상하이로부터 서북쪽으로 150마일 떨어진 양저우(揚州)에서 장스쥔(江世俊)과 우웨칭(吳月卿)의 셋째 아이로 태어났다. 당시 시국이 매우 불안정하였다. 청나라가 무너지고 중화민국이 탄생한 지 15년이 되었지만 여러 군벌과 정치 파벌이 여전히 국민당과 주도권을 다투던 때였다. 설상가상으로 일본까지 군사력으로 중국을 손에 넣고자 호시탐탐 칼을 갈고 있던 차였다.

장쩌민의 리더로서의 자질은 본인 뿐 아니라 가정사와 문화적 배경의 영향을 받았다. 장쩌민은 7세까지 조부 장스씨(江石溪)와 함께 양저우(揚州) 톈지아(田家)항의 한 저택에 살았다. 그의 조부는 학자이자 상인으로서 성공을 거둔 이였고 동시에 의사, 시인, 음악가, 정치 급진파, 민족주의자였다. 조부는 아직 입학할 나이도 되지 않은 그에게 당송(唐

宋) 명인의 경전과 시를 암송하도록 했고 어린 장쩌민은 이를 통해 선조의 지혜와 실용적인 가르침을 몸에 익혔다. 문학과 예술에 대한 애정은 어린 시절 성장에 매우 큰 영향을 미쳤다.

일본 침략을 피해 남자들이 집을 떠날 때 장쩌민 일가도 조모 판(范)씨를 따라 고향으로 이주하였다. 그의 숙부인 장상칭(江上靑)은 장쩌민에게 깊은 영향을 준 존재이다. 장상칭은 혁명가였으며 1928년 비밀리에 공산주의 청년단에 입단하였다. 그는 붓을 무기 삼아 수 많은 시와 산문, 간행물과 시사 통신으로 부패 정부를 비난하고 혁명의 불씨를 전했다. 이 때문에 수차례 감옥살이를 했던 그는 항일 전쟁 때 28세 나이로 안타까운 목숨을 잃고 말았다. 장쩌민의 생부인 장스쥔은 주저 없이 자신의 아들을 장상칭의 양자로 보내기로 하였다. 장쩌민이 숙부의 양자가 되던 날 그의 생부는 숙부의 미망인 왕저란(王者蘭)에게 "이 아이가 부친의 뜻을 잇기를 바라오."라며 장쩌민에게 "원수를 갚아라"라고 말하였다.[1] 장쩌민의 나이 13세였다. 이때부터 장쩌민과 혁명 사업의 인연은 시작되었다.

장쩌민 마음속의 영웅인 스커파(史可法)[2] 역시 양저우 사람이었다. 명나라 충신이었던 그는 부패한 명나라 왕실이 몰락하는 것을 지켜보았다. 장쩌민의 눈에 스커파는 중국인이 가장 숭고하게 생각하는 '애국, 근면, 충절, 성실, 도덕, 봉헌'의 상징이었다. 일본이 중국을 침략할 때 그는 항일 정신을 더욱 불태우고 더욱 열심히 공부하며 민족의 절

---

1) Robert Lawrance Kuhn 저, 탄정(談崢) 역, 『중국을 변화시킨 거인 장쩌민(他改變了中國——江澤民傳)』, 상하이 역문출판사(上海譯文出版社), 2005.1, 27쪽.
2) 스커파(史可法)(1601년 2월 4일~1645년 5월 20일), 명나라 말기 충신으로 청에 반대했던 인물이다. 장쩌민은 중국의 영웅으로 스커파를 여러 차례 언급했다. 1991년 10월 12일 친히 북한 김일성 주석과 함께 양저우 스커파 기념관을 참관하였다. 장쩌민은 해외 귀빈을 접견할 때 스커파의 숭고한 애국 정신을 거론하곤 하였다.

개를 품었다.

2) 장쩌민의 학생 시기

장쩌민은 10세 때 중학 입학 시험에 대한 답안으로 1936년 12월 장쉐량(張學良) 장군의 시안(西安) 정변을 지지하는 글을 썼다. 1937년 그가 진학한 양저우 중학교는 당시 입학 합격률이 2.78%에 불과했다. 명문으로 유명했던 양저우 중학교로의 진학은 그에게 있어서 자아진화의 초석이 되었다.

1943년 봄, 장쩌민은 양저우 중학을 졸업하고 장쑤(江蘇) 최고의 명문 학부인 난징중앙대학(南京中央大學)으로 유학을 떠났다. 그리고 그곳에서 과학 지식과 정치 활동에 빠져들었다. 학업이 우수했던 장쩌민은 일반인보다 시야가 넓었고 포부가 있었으며 리더로서의 스스로 보완하고 진화하는 의식을 길렀다. 1946년 4월, 20세 생일을 4개월 앞두고 그는 공산당에 입당하였다.[3] 교외 활동을 책임지고 있으면서도 그의 성적은 여전히 우수했지만 수업에 자주 빠졌기에 더 열심히 부족한 공부를 보충했다.[4]

난징이 함락되고 중앙대학이 파괴되자 그는 상하이교통대학(上海交通大學)으로 진학하였다. 전쟁 후 상하이에서의 생활은 난징보다 더 험난했다. 화폐 관리 미흡, 부패와 비리, 정부 내부의 파벌 싸움 및 내전 발발 등으로 물가는 폭등했다. 수많은 국민당 당원들의 탐욕이 대중

---

3) 쉬텅페이(許騰飛), 허창(何强), 「시진핑, 장쩌민, 후진타오 등 지도자들의 청년 시대(習近平, 江澤民, 胡錦濤等領導人的靑年時代)」, 중국신경보(新京報)
(http://www.bjnews.com.cn/news/2016/05/04/402244.html, 2018.11.11.)
4) Robert Lawrance Kuhn, 앞의 책, 42쪽.

앞에 드러났다.

장쩌민은 학생 시기에 완전히 상반된, 그러나 그에게 있어서 동등하게 중요한 두 가지 교육을 받았다. 바로 서구 과학과 공학 교육이 하나이며 또 다른 하나는 마르크스주의와 혁명 이론 교육이다. 정식 학교 교육을 마쳤을 때 그는 이미 전문 공학자이자 공산주의자였다. 이는 공산당 권력 기구에서의 지위 상승에 큰 도움이 되었다.

2. 테크노크라트(technocrat)에서 엘리트 계층(meritocrat)으로

1) 테크노크라트로서의 경력

상하이교통대학을 졸업한 후 그의 청년기는 상하이 이민(益民) 식품 회사 공장의 부엔지니어, 공무과 과장 겸 동력 작업장 주임, 공장 당 지부 서기, 제1 부공장장, 그리고 상하이 비누 회사 부공장장, 상하이 제2 설계분국 전기 전문과 과장 등 테크노크라트로서 삶이었다.[5]

명문 대학 전기과를 졸업했지만 취업에 어려움을 겪던 그는 친구 통종하이(童宗海)의 도움으로 상하이 해녕양행(海寧洋行)에서 일을 하게 되었다. 국민당과 공산당의 내전 시기에 장쩌민은 엄격히 말해서 국민당 측에서 일을 하는 입장이라 매우 조심스럽고 신중하였다. 중국공산당 해방군이 국민당 수도인 난징을 공격할 때 장쩌민은 직원들에게 교대로 공장을 지켜야 한다고 호소하였다. 국민당이 훗날 상하이 발전소를 폭파했을 때 그가 손수 공장 예비용 엔진을 가동했다고 한다.

---

5) 「왕도한과 장쩌민 간의 사우정(汪道涵与江澤民的師友情)」, 『황삼각조보(黃三角早報)』, 2013.6.19(http://hsjzb.qlwb.com.cn/hsjzb/content/20130619/ArticelB04002IP.htm, 2019.3.1.)

위험천만한 시기가 끝나고 드디어 빛을 볼 시기가 되었다. 장쩌민은 더 이상 공산당원이라는 신분을 숨길 필요가 없어졌다. 그는 공장을 보호한 공으로 공장 당대표로 임명되었고 생산 책임자가 되었다. 이와 동시에 부엔지니어 공무과 과장과 함께 작업장 주임이라는 직책도 맡게 되었다.

장쩌민이 교통대학 전기과를 우수한 성적으로 졸업하였고 해박한 지식을 갖추었지만 제2설계분국 작업 전까지는 주로 공장 엔진 가동 및 지도 업무에 종사하였기에 전기, 변압기, 스위치 등 구체적인 제조 공정에 대해 그다지 숙련되지 않았었다. 그래서 그는 실사구시의 자세로 동료에게 공장에서 함께 업무를 배우자고 제안하였고 단기간 내에 제품 제조 공정을 숙지하여 기술 작업을 훌륭하게 지휘할 수 있게 되었다.

1950년대 초 구(舊)소련을 배우는 데 의미를 두었던 그는 러시아어와 소련의 업무 관련 서적에 관심을 가지라고 주변에 권하면서 러시아어 학습자를 친히 모집하였다.[6] 이러한 지식에 대한 끝없는 갈증과 자아에 대한 엄격한 요구는 '자아진화' 의식 강화를 위한 내적 원동력이 되었다.

〈표 15〉 장쩌민 테크노크라트로서의 경력

시기	경력
1945-1947	상하이교통대학 전기과 재학
1947-1951	상하이 이민(益民) 식품 공장 부엔지니어, 훗날 총경리로 승진함

---

6) 자까오(嘉誥, 중국 전기 설계원 교수급 고급 엔지니어, 1952~1954년 상하이 1기부 제2 설계 분국에 재직), 「상하이 제2 설계 분국에서 근무하던 장쩌민을 회고하며(回憶江澤民 同志在上海第二設計分局工作的有關情況)」, 『당의 문헌(党的文獻)』, 2006.8.9, 2쪽.

1951-1953	상하이 비누 회사 부공장장, 상하이 공업에 능숙해짐
1953-1954	1기부 제2 설계 분국(상하이) 기전 전문과 과장
1955-1956	모스크바 대림(현재 AMO-ZIL) 자동차 회사 연수, 러시아어 공부, 러시아 문화를 좋아함
1956-1962	창춘1기(長春一汽)에서 6년 재직, 동력 분공장장으로 승진함
1962-1965	1기부 상하이 전기 과학 연구소 부소장

2) 엘리트 계층으로서의 경력

신(新)중국 탄생 후에도 평화는 쉽게 오지 않았고 번영 역시 오랜 시간의 싸움 끝에 겨우 이루어졌다. 상하이의 혼란스러운 상황은 오히려 날로 심해졌다. 오래지 않아 반혁명분자, 정치 깡패를 숙청하자는 움직임이 일었다. 상하이 시정부 역시 전(前) 지하당원들에게 구(舊) 사상을 철저히 제거하기 위한 '교육'을 받게 하였다. 국민당 특무와 자산계급 사상을 가진 이를 색출하기 위하여 '교육'은 집중 문답 방식으로 이루어졌다.

위험을 무릅쓰고 공산주의를 지지해왔던 장쩌민은 '교육'에 대해 굴욕감을 느꼈고 이를 위해 공장 일을 중단해야 한다는 것에 몹시 불쾌했다. 그럼에도 불구하고 그 역시 문답을 받아야 했으며 순조롭게 통과하였다. 그리고 한 달 후에 다시 과거 일터였던 이민(益民)공장으로 되돌아가 제1 부공장장과 당 지부 서기라는 감투를 쓰게 되었다. 여기에서 당 지부 서기는 그가 공산당 내에서 처음으로 맡게 된 정식 지도자 직무였기에 그 의미가 매우 크다.

공산당 혁명 후 중국 기업들은 당(黨)의 지도와 행정 혹은 업무 지도라는 이중 관리를 받게 되었다. 1950년대 초부터 90년대 말까지 공산당 지도 체계가 대부분의 권력을 쥐고 있었다. 이민공장의 당 지부 최고자로서 그는 기업을 효율적으로 통제하였다. 25세의 젊은 나이에 상하이 업계 최고 엘리트로 부상하였고 이는 훗날 당 내 지위 상승에 매우 유리한 기반이 되었다. 1951년 2월 장쩌민은 정식으로 상하이 훙커우취(虹口區) 제1회 인민대표대회에 참가하게 된다.

열정적인 공산당원이었던 그는 직원들에게 쉬는 시간에 공산주의를 찬양하는 노래를 부르게 하였다. 1950년 정부가 전력 공급 시스템의 국유화를 시도하였을 때 공장 단전(斷電) 현상이 자주 발생하였는데 그는 이 기회를 빌어 직원들에게 「노동자는 힘이 있다」라는 노래를 소리 높여 부르게 하였다. 장쩌민은 그 외에도 관리자로서 직원들의 생활을 더욱 안락하게 하기 위해 노력했다. 식사의 질을 높였으며 야간 근무자에게 무료로 야식을 제공하고 가족을 위하여 식사를 집에 가져갈 수 있게 하였다. 그가 공장장으로 승진하고 수개월 내에 이민식품은 생산 목표를 초과 달성하여 모범 공장으로 인정받았다.[7]

장쩌민이 제2설계분국에 근무할 때 전기 전문과 과장 외에도 당 총지부 선전 위원을 맡았고 분국(分局) 노조 주석으로 선출되었다. 여기에서도 그의 활약은 눈부셨다. 선전 위원으로서 모든 직원과 청년단원에게 상부의 보고를 전달할 때 언제나 직접 원고를 준비하였다. 때로는 보고 전에 대중의 사상 동향과 해결해야 할 문제를 파악하여 간단하게 정리하고 담화를 나누기도 하였다.

그가 한 명의 테크노크라트에서 정치계 엘리트가 될 수 있었던 것은 다음과 같은 원인이 있었다. 첫째, 대학 재학 시절 지하당원으로 활

---

7) Robert Lawrance Kuhn, 앞의 책, 55쪽.

동하였고 학생 운동에 적극 참여하며 정치적인 훈련을 겪었다. 그의 리더십, 업무 능력은 당시 화동공업부 부장이었던 왕따오한(汪道涵)의 눈에 띄었다. 국가 차원에서 대규모 사업을 추진할 때 왕따오한은 그를 제2설계 분국으로 불러 중요한 직무를 맡겼다. 둘째, 장쩌민은 매우 열심히 일하고 공부하였다. 그는 깊은 문화적 기초와 해박한 지식에도 만족하지 않고 언제나 새로운 지식을 갈망하며 과학과 정치, 경영 관리 모두 끊임없이 탐구하였다. 그의 학습 방법은 단순히 책만 파고드는 것이 아니라 몸으로 실천하면서 습득하는 것이었다. 셋째, 그는 머리가 명석하고 사고가 뚜렷하며 반응이 민첩하여 돌발적인 상황에 대한 대처가 능했다. 능력 있고 지혜로우며 다양한 의견, 여러 관점을 하나로 종합하고 융합할 수 있었다. 넷째, 장쩌민은 생각이 개방적이고 친화력이 좋으며 다양한 의견과 관점을 존중하였다. 대중을 단결시키거나 적극성을 고취하는 방법을 알았고 언제나 몸소 앞장 서서 모범을 보였다. 다섯째, 그는 달변가였으며 복잡한 문제를 매우 쉽게 설명할 수 있었다. 평범하게 말하는 듯하나 강한 설득력을 가졌다. 여섯째, 장쩌민은 진중하고도 세심하게 일에 파고 들었으며 일처리가 매우 신속했다. 원칙을 지키면서도 융통성이 있는 리더십, 배려심, 애정을 모두 갖춘 훌륭한 지도자였다.[8] 이러한 경험과 능력 덕분에 국가 최고지도자가 된 후에도 참신한 정치리더십을 발휘하여 중국공산당 '제2차 혁명'의 '자아진화'를 위한 기반을 다질 수 있었다.

---

8) Robert Lawrance Kuhn, 위의 책, 57-59쪽.

3. 장쩌민과 상하이

1945년 상하이교통대학 재학부터 1947년 취업 후 직장 생활, 1985
년 상하이 시장 취임, 1989년 6월 상하이를 떠나 베이징에 입성하여
중국공산당 13회 4중전회에서 중국공산당 중앙 총서기로 선출되기까
지 장쩌민과 상하이의 인연은 45년이나 된다. 장쩌민은 상하이 시장,
시 위원회 서기로 재임하던 시기에 출중한 정치리더십을 발휘하여
1990년대 상하이 경제의 비상(飛上)을 위한 길을 다졌다.

〈표 16〉 장쩌민 상하이 집정의 정책 및 과정

시기	정책 배경	정책 내용 및 영향
1985년 5월	건국 이래 제6대 상하이 시장 취임	취임 후 닷새 반 동안 상하이 도시건 설 위원회 업무 보고를 듣고 시민들이 무엇을 생각하는지, 무엇을 하는지, 상 하이 발전의 현황에 대해 정확한 진단 을 하였음.
1986년 3월	상하이시 제5차 공산당대표대회	공산당원과 인민의 적극성, 주동성, 창 조성 고취, 우공이산(愚公移山) 정신 발 휘, 상하이 부흥을 위한 단결과 노력을 제창하였음.
1986년 4월	상하이시 8회 인민대표대회 5 차 회의에서의 「상하이 국민 경제와 사회 발전에 관한 7차 5개년 계획(초안) 보고」	상하이의 상황을 객관적이고 전면적이 며 정확하게 분석하고 상하이 도시 건 설, 체제 개혁, 대외 개방, 과학 기술 진보 등에 관한 구상을 제시하였음.
1986년 5월 초	'푸둥(浦東) 개발 계획안' 수립 「상하이 도시 계획 방안 보고 요강」 제출	훗날 '푸둥(浦東) 개발'을 위해 충분한 조사 연구와 논증을 하였음.

1987년 11월	중공 중앙 정치국 위원 겸 중국공산당 상하이 시위(市委) 서기 취임	상하이 집정의 최고지도자로 되었음.
1987년 12월	현대화 철도 상하이역 정식적 운영	향후에 상하이 경제, 금융, 무역, 항운 허브 건설을 가속화시키고 대외적 교류를 활성화시켰음.
1988년 8월	상하이 하천 오수 처리 공사	'시민 공사'를 통해 상하이 시민들의 옹호와 지지를 많이 받았음.
1989년 6월	상하이를 떠나 중국공산당 13회 4중전회에서 중국공산당 중앙 총서기로 선출	재임하던 시기에 출중한 정치리더십을 발휘하여 1990년대 상하이 경제의 비상(飛上)을 위한 길을 다졌음.
1990년부터 2000년까지	중국공산당 14대 및 15대 보고 등 중앙 주요 문헌에서 푸동에 대해 5차례 언급하였고 11번 직접 푸동을 방문하여 개발 작업을 시찰	'푸동(浦東) 개발'은 1990년대 중국 개혁개방의 대표적인 사업이 되었음.

1) 상하이 집정기의 시대적 배경

1985년 여름, 59세의 장쩌민은 상하이 시장에 취임하였고 1987년 11월 중공 중앙 정치국 위원이 되고 상하이시 서기가 되었다. 이 때 중국은 전통 계획 경제 체제에서 새로운 경제 체제로 전환되는 중요한 시기였고 상하이 역시 어려움을 겪고 있었던, 변화와 진흥을 위한 매우 중요한 때였다.

전형적인 계획 경제 도시이자 최대 공업 기지였던 상하이는 경제 체제, 경제 구조부터 사회 생활, 인민 관념까지 모두 전례 없이 큰 타격을 받았다. 상하이는 국유 경제가 가장 집중된 곳이다. 전통 체제의 제약으로 활력이 부족하고 자원 부족과 물가 상승으로 기업 가동률도 낮으며 경제 효율이 저하되고 있었다. 일용 공산품, 식품 가격과 물가가 지속적으로 오르고 사회 문제도 날로 늘어났으며 도시 인프라가 낙후되고 부채와 부동산, 교통, 환경 오염이 도시 발전의 발목을 붙잡은 상태였다. 지방 재정 사용 효율이 낮고 자금도 부족하며 오래된 공업 도시의 피폐함과 갈등이 폭발적으로 드러났다.[9] 이러한 현실 타개를 위하여 장쩌민은 '상하이 도시 종합 계획안(上海城市總体規划方案)'을 특별 제정하고 경제 관계의 원활한 운행, 산업 구조 조정에 착수하였다. 또한 인프라 건설 강화, 외자의 적극적인 유치와 수출 증대, 과학 기술 발전과 인재 육성이라는 '3대 사안'에 중점을 두었다. 인민의 생활과 밀접한 사안에서 출발하여 민심 잡기를 부르짖고 상하이 경제 발전을 적극 도모하였다.[10]

2) 상하이 집정기의 정치리더십

장쩌민이 취임한 후 가장 먼저 한 일은 민정과 시정을 살피고 파악하는 일이었다. 그는 이렇게 조사하고 연구하는 일을 시작의 기본이자 성공의 비결이라고 여겼다. 시민들이 무엇을 생각하는지, 무엇을 하는지, 상하이 발전의 현황을 알지 못하면 정확한 판단과 결정이 불가능하고 시장으로서 역할을 할 수 없다고 생각했다.

그는 시민의 생활, 교육과 문화에 관심을 갖고 「상하이 경제 발전

---

9) 우종웨이(吳忠偉), 「상하이는 기회를 잡아야 한다(上海要抓住机遇)」, 중국동방망(東方網) (http://imedia.eastday.com/epublish/gb/paper43/1/class004300036/hwz70775.htm, 2018.3.2.)
10) 밍뤠(明銳), 이펑(逸峰), 『상하이에서의 장쩌민 1985~1989』, 상하이인민출판사, 2011.6, 257쪽.

전략 종합 요강(關于上海經濟發展戰略的匯報提綱)」을 읽으며 각 영역의 전문가의 충고를 들으면서 기초부터 한 달 반 동안 조사하고 연구했다. 그는 시민과의 소통을 매우 중요하게 생각하였고 시민의 뜻을 이해하고자 했다. 이를 위하여 좌담회를 열고 자주 만남을 가졌다. 시장이 되고 1년이 지난 뒤 그는 "나는 상하이 구석구석을 뛰어다녔고 정부의 모든 업무 부처를 찾아다녔다. 공업국를 뒤지고 50여 개의 공장을 시찰하였으며 학교, 병원, 연구소, 문화 기관도 방문하였다. 새로 건설 중인 기차역, 황포강(黃浦江) 터널, 철도 외곽선도 참관하였다. 시민의 교통난을 겪어보기 위하여 버스도 타보았고 운전실이나 정거장도 둘러보았다. 물론 아직까지도 상하이 상황을 완전히 파악하였다고 말할 수는 없다. 그러나 기본적인 상황은 어느 정도 이해하였다."라고 말하였다.[11]

1986년 3월 중국공산당 상하이시 제5차대표대회가 열렸을 때 장쩌민은 공산당원과 인민의 적극성, 주동성, 창조성 고취, 우공이산(愚公移山) 정신 발휘, 상하이 부흥을 위한 단결과 노력을 제창하였다. '우공이산'은 끈기와 굳은 의지로 고난을 극복하려는 장쩌민의 결심을 상징한다. 당대회 후 얼마 지나지 않아 상하이시 8회 인민대표대회 5차 회의가 열렸다. 장쩌민은 「상하이 국민 경제와 사회 발전에 관한 7차 5개년 계획(초안) 보고」에서 상하이의 상황을 객관적이고 전면적이며 정확하게 분석하고 상하이 도시 건설, 체제 개혁, 대외 개방, 과학 기술 진보 등에 관한 구상을 제시하였다. 이 구상들은 이미 실천을 통해 그의 판단이 옳았음을 증명하였다.

---

11) 「서평: 상하이에서의 장쩌민 1985~1989」, 중국동방망(東方網)
   (http://news.eastday.com/c/20160525/u1ai9395815.html, 2018.3.2.)

3) 상하이 집정기의 성과와 의의

장쩌민이 상하이 시장, 시 위원회 서기에 취임한 4년은 상하이 개혁개방 30여 년 역사 중 전환의 의의를 가진 소중한 4년이었다. 먼저 장쩌민은 집정 기간에 상하이 발전 노선을 분명하게 정리하였다. 국무원이 1985년 2월 허가한 「상하이 경제 발전 전략에 관한 종합 보고」에 따라 ① 인프라 건설 강화와 투자 환경 및 생활 환경 개선, ② 외자의 적극적인 유치와 수출 증대, 내외 경제 기술 교류 확대, ③ 과학 기술 발전과 인재 육성, 경제 부흥과 사업 발전 촉진이라는 '3대 사안'을 주장하였다.

다음으로 장쩌민 집정 기간에 시민을 위한 새로운 길을 걸었다. 상하이 정부는 매년 시민 생활과 밀접한 사안을 처리하고 제도화를 추진하여 주택난, 통행난, 물가난, 통신난, 교육난 등을 해결하여 사회 안정을 촉진하였다.

특별히 주목할 만한 점은 '푸동(浦東) 개발'이다. 이는 1990년대 중국 개혁개방의 대표적인 사업이었다. 1990년부터 2000년까지 11년 동안 장쩌민은 당 중앙을 대표하여 당 14대, 15대 보고 등 중앙 주요 문헌에서 푸동에 대해 5차례나 특별 언급하였고 11번이나 직접 푸동을 방문하여 개발 작업을 시찰하였다. 그의 푸동 방문은 '푸동 개발' 사업에 정신적인 힘을 크게 실어주었다.

그가 집정하던 4년은 상하이 경제 전환을 위한 진통기였으며 도전, 개척, 혁신의 시간이자 오래된 공업 기지였던 가난을 벗어나고 새롭게 부흥하기 위한 새단장의 4년이었다. 1989년 6월 중국공산당 13회 4중 전회에서 장쩌민은 중앙 위원회 총서기로 선출되어 제3세대 최고지도자가 되었다. 상하이 발전에 대한 그의 열정 특히 푸동 개발과 국유 기업 개혁에 대한 그의 결정은 여기에 결정적인 역할을 하였다.

제 2 장

장쩌민의 비전:
'어떠한 당을 건설하고 어떻게 건설할 것인가?'

1. 장쩌민 비전의 형성 배경 및 형성 과정

1) 장쩌민 비전의 형성 배경

1990년대 국제 정세에 큰 변화가 일어났다. 소련이 해체되고 동유럽이 급변하였으며 패권주의와 강권 정치도 변하였다. 그러나 평화와 발전은 여전히 시대적 추세였다. 다음으로는 경제 단일화 속도가 빨라졌다. 중국은 이 기회를 잡아 국내·외 자원과 시장을 이용하여 경제 발전을 가속화해야 했다. 세 번째로는 과학 기술이 빠르게 발전하면서 경제와 사회 발전에 대한 중요성과 역할이 점차 커져갔다. 네 번째는 각국 특히 강대국 간 관계가 미묘하고 복잡해졌고 이는 경제력, 기술력, 국방력, 민족 단결력을 포함한 종합 국력 겨루기와 경쟁으로 나타났다.

중국 국내 정세를 보면 개혁개방이 새로운 단계로 접어들었다. 중국은 현대화 건설의 두 번째 목표를 이미 실현하였고 세 번째 단계로 달려가고 있었다. 20여 년의 개혁개방과 빠른 발전으로 생산력, 수급 관계, 체제 환경, 대외 경제 관계가 크게 달라졌다. 그렇지만 아직도 경제 구조의 전략적 조정, 서부 대개발, 사회주의 시장 경제 체계 개선, WTO 가입 후의 기회와 위험 등 험난하고 복잡한 사명을 짊어지고 있었다. 개혁의 심화와 시장 경제의 발전으로 더욱 깊은 차원의 갈등이 드러났다. 이런 상황들로 인해 장쩌민과 공산당의 지도력과 집정 능력은 새로운 도전을 받고 있었다.[1]

다음으로 당내 상황을 살펴보면 개혁개방의 심화, 당과 국가 사업의 발전으로 당내 주요 인사에 큰 변화가 발생했다. 새로운 당원이 대폭 늘어나고 간부들의 세대 교체가 활발히 이루어졌다. 젊은 간부들이 지속적으로 지도층으로 올라오는 상황이었다. 일부 간부의 세계관, 인생관, 가치관이 변하면서 권력, 돈, 성(性)의 유혹을 이기지 못해 당 내 분위기를 어지럽히고 이미지를 추락시켰다.[2]

종합적으로 말해서 중국 사회주의 사업은 새로운 시기로 접어들었지만 세계 사회주의 운동은 저조했고 서구 선진국들은 패권주의와 강권 정치를 실시하고 있었다. 대외 개방을 실행하였고 사회주의 시장 경제, 경제 글로벌화, 정보 네트워크화 발전, 당 내 상황 변화라는 배경에서 당이 어떻게 올바로 서고 선진성을 유지하며 창조력, 단결력을 강화할 것인지, 중국 인민 부흥을 이끌어야 하는 역사적인 사명을 어떻게 완수할 것인지, 모든 것들이 장쩌민 앞에 놓여진 과제들이었다. 2000년 6월 9일 장쩌민은 전국 당교 업무 회의에서 "이 문제에 대해

---

1) 황빈창(黃斌昌), 「장쩌민의 '3개 대표'의 형성과 논술 분석」, 샹판직업기술학교(襄樊職業技術學院), 2002, 1쪽.
2) 「신시기에 당원들이 어떻게 당성수양을 강화하는가?(論新時期党員如何加强党性修養)」 (https://wenku.baidu.com/view/0578d6a4d5d8d15abe23482fb4daa58da0111ccf.html, 2018.8.8.)

오랜 시간을 고민하였다. 개혁개방과 사회주의 시장 경제 발전이라는 조건에서 어떠한 당을 건설하고 어떻게 건설할 것인가라는 문제는 매우 중요한 현실적인 문제이다. 이는 공산당과 국가의 앞날에 관계된 중요한 문제이다. 그리고 당 14회 4중전회와 15대에서 제기된 당의 건설이라는 새로운 위대한 작업이 그 해답이다."라고 하였다.[3]

장쩌민 비전은 시대의 요구에 순응하고 공산당 건설이라는 급박한 수요에 따라 형성된 것이다. 이는 전략적으로 공산당 집정의 기본 규율을 제시하며 새로운 시기의 당 강화와 개조라는 기본 요구를 천명하였다. 또한 당의 집정과 개혁개방 조건에서 선진성을 유지하고 당내 계급적 기초를 다지고 확대하는 등 중대한 문제를 해결하였다. 이는 중국공산당이 새로운 역사적인 위치에서 자신을 인식하고 개선하며 강화하는 일종의 마르크스주의의 새로운 각성이다. 그리고 당 건설이 새로운 단계에 진입하였음을 상징한다.

2) 장쩌민 비전의 형성 과정

장쩌민 비전은 탄생부터 싹이 트고 완전하게 형성되기까지 10년 동안 자아진화의 3단계를 거쳐 왔다. 이는 중국공산당이 이론과 실천에서 끊임없이 모색하고 개척한 결과이다.

---

3) 장쩌민, 「'3개 대표'를 논하다(論"三个代表")」, 중국중앙문헌출판사, 2001, 32쪽.

〈표 17〉 장쩌민 비전의 형성 과정

단계	시간	배경	비전의 형성 과정
탄생단계	1989년 동란 후	중국공산당 13회 4중전회	·당의 건설 강화에 힘을 기울여야 함. ·당내 부패를 근절한다는 결정을 내렸음.
	1989년 12월	「당을 더욱 강한 노동자 계급 선봉대로 만들기 위한 연설」	·어떠한 당을 건설하고 어떻게 건설할 것인지에 대해 고민하고 탐색하기 시작함.
	1990년	「당과 인민의 연계를 강화하기 위한 결정」 제정	·일련의 조치를 통해 당 지도력을 강화하고 개선하고자 함.
	1992년 10월	중국공산당 14대	당 건설과 지도력 개선을 위한 문제를 제기.
발전단계	1994년	중국공산당 14회 4중전회 「당 건설 강화를 위한 몇 가지 중대한 문제에 관한 중공 중앙의 결정」	·새로운 정세에서의 당 건설을 특별히 연구함. ·"당은 개혁개방 정세에서 자신을 인식하고 강화하며 개선하여야 한다."
	1997년 9월	중국공산당 15대 '당 건설 공정(黨建工程)' 목표	"인민을 위하여 전심전력으로 서비스하고 사상, 정치, 조직적으로 각종 위험을 극복하고 시대의 선두에 서며, 중국특색 사회주의가 있는 마르크스주의 정당을 건설하도록 이끌어야 한다."
	1998년 2월 19일	덩샤오핑 서거 1주년 행사 '당의 선진성, 시대와의 발맞춤, 인민을 위한 정치'의 사상적 핵심	당 건설 목표와 요구를 재천명함. "대외 개방과 사회주의 시장 경제 발전이라는 조건에서 공산당이 어떻게 인민의 이익을 대표할 수 있을 것인가? 사회 경제 성분, 조직 형식, 물질 이익과 취업 방식의 다양화라는 정세에서 발전하는 중 어떻게 목표를 향한 당의 의지를 유지해나갈 것인가? 국가와 인민의 최고 이익에 따라 어떻게 행동해야 하는가?"

확립단계	2000년 2월	광둥성(廣東省) 시찰 최초로 제시한 '3개 대표론'	○ "당은 중국 선진 생산력 발전 요구를 대표하고 중국 선진 문화가 나아갈 방향을 대표하며 중국 인민의 최대 이익을 대표한다." ○ "정확한 노선을 통해 정책을 결정하고 국가와 인민의 이익을 위해 쉬지 않고 달려간다."
	2000년 6월 28일	중앙 사상 정치 업무 회의 '4가지의 어떻게' 인식이라는 주제	사회주의 '발전의 역사 과정, 자본주의 발전의 역사 과정, 개혁 실천 노선이 인민 사상에 미치는 영향, 국제 환경과 국제 정치 투쟁의 영향 등 4가지 문제를 어떻게 인식할 것인지에 관한 '4가지의 어떻게'는 '3개 대표론' 사상 형성의 역사적인 시작이자 논리의 출발을 알리는 것이었고 장쩌민 비전 형성의 시대적 배경과 발전의 현실적 근거를 반영한 것임.
	2002년 5월 14일	장쑤(江蘇), 저장(浙江), 상하이(上海) 등 지방의 중국공산당 업무 좌담회	'3개 대표론'의 의의에 대해 상세하게 설명함. "3개 대표 실현은 우리 당의 입당의 근본이고 집정의 기초이며 역량의 원천이다."

1단계는 장쩌민 비전 탄생 단계로 1989년 6월부터 1992년 10월까지이다. 1989년 동란 후 당 중앙에서 13회 4중전회가 열렸다. 장쩌민은 여기에서 당의 건설 강화에 힘을 기울여야 한다고 발언하였고 당내 부패를 근절한다는 결정을 내렸다. 같은 해 12월 그가 「당을 더욱 강한 노동자 계급 선봉대로 만들기 위한 연설」을 발표하였고 1990년 중공 중앙에서 「당과 인민의 연계를 강화하기 위한 결정」을 특별 제정하였다.

1992년 10월 당 14대에서 당 건설과 지도력 개선을 위한 문제를 제기하였다. 당시 장쩌민은 "우리는 새로운 실제 수요와 접목하여 당의 기본 노선을 준수하고 엄격하게 당을 관리하고 통치하여야 한다. 당 건설을 강화하고 개선하며 당의 집정 수준과 지도 수준을 끌어올리도록 노력해야 한다. 중국특색 사회주의 건설 사업 중 지도적인 역할을 더욱 크게 발휘해야 한다."라고 하였다.[4] 1989년부터 1992년까지 당 14대에서 장쩌민은 어떠한 당을 건설하고 어떻게 건설할 것인지에 대해 고민하고 탐색하기 시작하였다. 그리고 일련의 조치를 통해 당 지도력을 강화하고 개선하고자 하였다. 이로써 비전 형성을 위한 사상적 기초를 다졌다.

2단계는 장쩌민 비전의 싹이 트던 단계로 1993년부터 1998년이다. 이는 다음 세 가지로 나타난다.[5] 첫째, 1994년 당 14회 4중전회에서 새로운 정세에서의 당 건설을 특별히 연구하고 「당 건설 강화를 위한 몇 가지 중대한 문제에 관한 중공 중앙의 결정」을 통해 "당은 개혁개방 정세에서 자신을 인식하고 강화하며 개선하여야 한다. 당을 건설하는 중 새로운 문제, 새로운 갈등에 대해 진지하게 연구하고 이를 해결해야 한다."라고 지적하였다.[6] 둘째, 1997년 9월 당 15대에서 장쩌민이 새로운 시기의 '당 건설 공정(黨建工程)'의 목표를 과학적으로 설명하였다. 그는 15대 정치 보고에서 "인민을 위하여 전심전력으로 서비스하고 사상, 정치, 조직적으로 각종 위험을 극복하고 시대의 선두에 서며, 중국특색 사회주의가 있는 마르크스주의 정당을 건설하도록 이끌어야 한다."라고 하였다.[7] 셋째, 장쩌민이 덩샤오핑 서거 1주년 행

4) 장쩌민, 「장쩌민이 중국특색 사회주의를 논하다(江澤民論有中國特色社會主義)」, 2016.8.3 1., 중국구시망(求是网)
  (http://www.qstheory.cn/books/2016-08/31/c_1119486337_22.htm, 2018.8.8.)
5) 『14대 이후 중요 문헌 선택 편집(中)』, 베이징 인민출판사, 1997, 957쪽.
6) 위의 책, 957쪽.

사에서 당 건설 목표와 요구를 재천명하였다. 그는 "대외 개방과 사회주의 시장 경제 발전이라는 조건에서 공산당이 어떻게 인민의 이익을 대표할 수 있을 것인가? 사회 경제 성분, 조직 형식, 물질 이익과 취업 방식의 다양화라는 정세에서 발전하는 중 어떻게 목표를 향한 당의 의지를 유지해나갈 것인가? 국가와 인민의 최고 이익에 따라 어떻게 행동해야 하는가? 이는 새로운 역사적인 조건에서 당 건설이라는 중대한 이론적 문제와 현실 문제이다. 이를 정확하게 해결해야만 당 건설 사업이 앞으로 전진할 수 있다."라고 말하였다.[8]

이 세 가지 면을 볼 때 '어떠한 당을 건설하고 어떻게 건설한 것인지'에 대한 그의 사고는 분명하고 목표는 뚜렷했다. 그는 당의 선진성을 확보하는 것에 대해 언제나 고민하고 연구하여 '당의 선진성, 시대와의 발맞춤, 인민을 위한 정치'의 사상적 핵심을 담아 비전 형성을 위한 이론적인 토대를 깔았다.

3단계는 장쩌민 비전의 확립 단계로 2000년 2월이다. 그는 광둥성(廣東省)을 시찰할 때 "우리 당의 70년 역사를 돌아보고 당이 혁명, 건설, 개혁이라는 시기를 모두 겪었기 때문에 인민의 사랑을 받을 수 있었다는 결론을 내렸다. 당은 중국 선진 생산력 발전 요구를 대표하고 중국 선진 문화가 나아갈 방향을 대표하며 중국 인민의 최대 이익을 대표한다. 정확한 노선을 통해 정책을 결정하고 국가와 인민의 이익을 위해 쉬지 않고 달려간다."[9] 이는 장쩌민이 최초로 제시한 '3개 대표론'의 중대 사상이며 장쩌민 비전의 확립을 의미한다.

2002년 5월 14일 장쩌민은 장쑤(江蘇), 저장(浙江), 상하이(上海) 당 업

---

7) 『14대 이후 중요 문헌 선택 편집(上)』, 베이징 인민출판사, 2000, 45쪽.
8) 장쩌민, 『'3개 대표'를 논하다』, 중국중앙문헌출판사, 2001, 2쪽.
9) 「'3개 대표' 중요 사상의 최초 제시("三个代表"重要思想首次提出)」, 중국앙시국제망(央視國際网)(http://www.cctv.com/special/777/1/51862.html, 2018.8.8.)

무 좌담회에서 '3개 대표론'의 중요한 의의에 대해 상세하게 설명하였다. 그는 "3개 대표 실현은 우리 당의 입당의 근본이고, 집정의 기초이며 역량의 원천이다." "3개 대표의 요구에 따라 당 건설을 이루는 것은 새 시기 '당 건설 공정' 목표와 상통한다."라고 말하였다.[10] 2000년 6월 28일 장쩌민은 중앙 사상 정치 업무 회의에서 사회주의 발전의 역사 과정을 어떻게 인식하며 자본주의 발전의 역사 과정을 어떻게 인식할 것인지, 중국 사회주의 개혁 실천 노선이 인민 사상에 미치는 영향을 어떻게 인식할 것인지, 그리고 현재의 국제 환경과 국제 정치 투쟁의 영향을 어떻게 인식할 것인지라는 주제를 던졌다. 이 '4가지의 어떻게'는 사실상 '3개 대표론' 사상 형성의 역사적인 시작이자 논리의 출발을 알리는 것이었고 장쩌민 비전 형성의 시대적 배경과 발전의 현실적 근거를 반영한 것이었다.

2. '3개 대표론'의 도입과 '당 건설 공정(黨建工程)'의 구상

장쩌민은 중국공산당 2001년 당 건설 80주년 기념식에서 연설을 통해 "3개 대표의 요구란 우리 당이 선진성을 유지하고 중국특색 사회주의 건설을 위한 강한 지도 역량이 되는 것이다."라고 하였다. 이는 정신적인 실제에서 출발하여 '3개 대표론'의 과학적인 의미를 확보하는 매우 중요한 과학적 판단이다. '3개 대표론'은 시대의 선두에 서서 당의 건설을 위한 근본적인 문제에 대해 새롭게 인지하는 사고이며 새로운 정세에서 당의 선진성을 구현하는 기본 요구였다.

---

10) 장쩌민, 『장쩌민 문선』(제3권), 중국인민출판사, 2006, 15쪽.

가장 먼저 선진 생산력 발전 요구가 당 선진성을 유지하는 기본 조건이라는 것을 의미한다. 중국공산당이 왜 선진성을 가지고 있는가, 왜 중국 혁명, 건설, 개혁을 이끌 자격이 있는 것일까? 근본적으로 말하면 중국공산당은 선진 생산력과 관계된 노동자 계급을 기초로 삼고 있기 때문이며 중국 선진 생산력 발전 요구를 대표하기 때문이다. 중국 노동자 계급의 선봉대로서 중국공산당은 선진 생산력 발전 요구에 따라 탄생하였으며 끊임없이 노력해왔다. 이 모든 것들이 생산력 해방과 발전이라는 근본적인 임무 때문에 진행되었다. 생산력이 빠르게 발전하는 오늘날 중국 선진 생산력 발전 요구를 더욱 효과적으로 대표하고 중국 사회주의 생산력 발전 추세와 요구를 민첩하게 파악하며 경제 건설을 중심으로 정확한 노선과 방침을 제정하고 실시하여 선진 생산력 발전을 촉진하는 것이 중국공산당이 시대의 선두에 서고 선진성을 유지하는 이유이다.

다음으로 중국 선진 문화가 나아갈 방향을 대표하는 것이 당의 선진성을 유지하는 내재 조건이다. 공산당은 선진 문화에서 태어나고 발전하며 성장해왔다. 공산당과 선진 문화의 관계는 당의 선진성을 결정하였다. 공산당이 사회 선진 생산력을 대표할 수 있는 이유는 역사 발전의 규칙을 이해하고 선진 문화가 나아갈 방향을 대표하기 때문이다. 어떠한 문화적 방향을 견지할 것인지, 어떠한 문화를 건설할 것인지는 당의 사상적, 정신적인 기치이며 당과 인민이 나아갈 방향을 가리키는 나침반이자 당과 인민의 역량을 모아 정확한 지도 사상과 이상을 형성하고 견지하는 데에 중요한 역할을 한다. 여기에서 '나아갈 방향'의 의미는 인류 사회 발전의 규칙과 인민의 정신문화 생활과 일치해야 한다. 또한 사상의 경직을 반대하고 전 민족의 사상 도덕 소양과 과학 문화 소양을 제고해야 하며 낙후된 문화를 고치고 부패를 척결하며 좋은 문화를 받아들여야 한다. 중화민족의 우수한 문화와 혁명 문화 전통을 계승하고 발전시키며 인류 사회가 창조한 선진 문명의 성과를 배우고 거울 삼아 문화의 혁신과 초월을 실현하여야 한다.

마지막으로 중국 인민의 최대 이익을 대표한다는 것이 당의 선진성의 전제와 귀결이다. 마르크스주의는 정당이란 일정 계급의 이익을 대표한다고 하였다. 어떤 정당이라도 일정 계급을 기초(혹은 이 계급의 특정 계층)로 하고 정치적으로 그들의 이익을 대표하고 이를 위하여 서비스한다. 공산당은 노동자 계급의 선봉대이며 노동자 계급의 선진 분자로 구성된다. 노동자 계급의 특성상 공산당은 전체 노동자 계급의 이익을 대표할 뿐 아니라 전체 노동 인민의 이익을 대표한다. 중국 사회는 중대하고도 커다란 변화를 겪었다. 사회 경제의 성분, 조직 형식, 취업 방식, 이익 관계, 분배 방식도 날로 다양해지고 있다. 이런 상황에서 당은 중국 인민의 최대 근본 이익을 더욱 중시하고 해결해야 한다. 여기에서 '근본 이익'의 의미를 정확하게 알아야 한다. 이는 전체적이고 장기적이며 '전면적인 발전과 인류 해방'의 이익을 가리킨다. 이 요구에 따라 중국은 각종 이익 관계를 정확하게 조율하고 다양한 계층과 영역의 이익을 진지하게 고려하고 살펴야 한다. 특히 먼저 최대다수의 이익을 고려하고 만족시켜야 한다. 그리고 전체와 일부의 이익 관계를 정확하게 조율하여 일부가 전체를 따르게 하고 지방이 중앙에 순종하도록 강조하며 실현하여야 하며 단기적인 이익과 장기적인 이익의 관계를 조정하여 인민의 이익을 위한 여러 혁명을 추진해야 한다.

장쩌민의 '당 건설 공정' 사상에는 해방 사상, 실사구시, 시대와의 발맞춤, 당의 선진성 이론, 당 건설 요강 이론, 당 3대 지주 건설 이념, 당 간부 건설 이론과 당 건설 원칙 이론 등 매우 풍부한 내용이 담겨 있다.[11] 이 이론들은 전체적으로 새로운 세계 정세, 국가 정세, 당 정세 속에서 '어떠한 당을 건설하고 어떻게 건설할 것인지'에 대해, 21세기 진입 후 중국공산당 건설의 전략적인 목표, 근본 요구, 주요 임무, 핵심 문제 및 구체적인 절차 등에 대해 체계적이며 완전한 답을 제시하였으며 중국공산당이 사회 역사의 새로운 변화 속에서의 새 당장(黨章)을 수정하도록 지도하였다.

'3개 대표론'은 새 시기, 당의 건설을 위한 기본 요강과 방침이다. 마치 장쩌민이 "이 '3개 대표론'은 우리 당의 성격, 취지, 역사 경험, 현실 수요에 근거하여 제기된 것이다. 이는 또한 새로운 시기, 새로운 실천 중 마오쩌둥 사상, 덩샤오핑 이론을 더욱 성공적으로 구현하고 정착시키기 위하여 제기된 것이다. 그리고 입당의 근본이고, 집정의 기초이며 역량의 원천이고, 새로운 시기 당의 건설을 위한 기본 방침의 강화이다."라고 말한 것과 같다.

3. 신(新) 삼보주 목표

사회주의 현대화의 임무는 발전의 길을 이끄는 것이다. 신(新)중국 탄생 이후 중국은 마오쩌둥의 '4가지 현대화' 전략(1964~2000), 덩샤오핑의 '삼보주(三步走) 전략(1980~2050), 장쩌민의 신(新) 삼보주 전략(2000~2050)을 거쳤다. 이 목표들은 창조성, 계승성, 연속성과 국제 사회에서의 독특성을 가지고 있다. 이 구상들은 역대 당 전인대 보고에서 구현되었고 역대 5개년 계획에서 정착되면서 중국이라는 배가 사회주의 현대화라는 위대한 부흥의 바다를 헤쳐 나갈 수 있도록 이끄는 항해

---

11) 지쉔화(紀壹華), 치웨이핑(齊衛平), 「장쩌민 당 건설 사상 과학 체계의 특징 분석(江澤民党建思想科學体系的特征探析)」, 상하이화둥사범대학(上海華東范大學), 2000, 62쪽.

도였다.

신(新) 중국 후 마오쩌둥 등 최고지도자들은 새 역사적 시기에서의 국가 건설의 길을 탐색하기 시작하고 '4가지 현대화' 전략을 탄생시켰다. 1964년 제3회 전인대 1차 회의에서 '4가지 현대화' 목표를 처음으로 제기하였다. 즉, 20세기 내에 중국을 현대 농업, 현대 공업, 현대 국방, 현대 과학 기술을 보유한 사회주의 강국으로 만들겠다는 것이다. 보고에서는 이 목표 실현을 위한 '두 단계' 방안을 제시하였다. 첫 단계로는 15년 동안 독립적이고 완전한 공업 체계와 국민 경제 체계를 구축하여 중국의 공업이 세계 선진 수준으로 다가서도록 하는 것이고 두 번째 단계로는 20세기 말까지 중국 공업이 세계 선두에 서고 농업, 공업, 국방, 과학 기술의 현대화를 완전하게 이룬다는 것이다.

개혁개방 후 덩샤오핑은 당시 기본 국정에 기반하여 '4가지 현대화' 목표를 더욱 현실적으로 수정하고 '삼보주' 전략을 형성하였다. 이는 제3장 제2절에서 논한 바 있다. 세기가 교차되는 시점에서 당 15대에서는 장쩌민이 덩샤오핑 '삼보주' 전략의 세 번째 발전에 대해 새롭게 조정하였고 과거 20년 동안 중국 발전 단계와 내·외부 조건에 대해 분석하여 전망성이 있는 판단을 내렸다. 그는 당 건설 100년이 되는 시기(2021년)에 국민 경제를 더욱 성장시키고 제도를 개선하며 21세기 중반 건국 100년이 되는 때(2049년)에 기본 현대화를 실현하고 부강 민주 문명의 사회주의 국가를 건설한다는 내용의 '2가지의 100년 목표'를 제시하고 '신(新) 삼보주' 전략을 형성하였다.

'신(新) 삼보주' 전략은 '삼보주' 전략 중 세 번째 단계를 더욱 구체화한 것이며 앞 두 단계의 실천을 기초로 탄생한 것이다. 또한, 앞 두 단계를 실천한 후의 필연적인 선택이며 전자의 계승이자 혁신이다. 양자는 서로 연계되면서도 구별된다.

먼저, 양자 목표가 일치한다. '신(新) 삼보주'는 '삼보주' 전략 계획 중 세 번째 단계의 구체화이므로 당연히 목표가 같다. 양자 모두 경제력 성장으로 인민 생활을 개선하고 향상시킨다는 것을 출발점과 종착점으로 삼으며 선진국과의 격차를 줄이고 중등 선진국 수준이 되겠다는 목표를 안고 있다. 양자의 차이는 첫째, 덩샤오핑이 '삼보주' 전략 구상 시 대략의 틀을 마련하였다면 '신(新) 삼보주'는 시장 경제 체제, 제도 개선 등 구체적인 목표를 추가하였다. 둘째, 양자의 목표가 일치한다고 하지만 중심점은 다르다. 전자는 당시 상황에서 매우 절실했던 경제 지표가 중점이었지만 후자는 경제 건설 중 드러난 문제점 해결에 중점을 둔다. 정치, 경제, 문화 등을 종합적으로 고려하여 '부강 민주 문명'을 현대화의 필수 의무로 정하였다.

'신(新) 삼보주' 전략 실현은 돌다리를 건너는 신중함으로 이루어져야 하며 체제의 장애를 극복하는 단계로 진입해야 한다. 전통적인 2차원 경제 구조[12]에서 현대 경제 구조로 전환하고 경제 성장 방식을 수적 확대에서 질적 향상으로 바꾸어야 한다. 앞 두 단계의 개혁이 구(舊)체제에서 속박 당했던 생산력 해방이라면 세 번째 단계의 개혁은 사회 자원의 배치를 고도화하기 위해 노력해야 한다. 시장 메커니즘으로 경제를 운영하고 사람의 적극성을 최대한 발휘하도록 조건을 형성하며 사회의 혁신 능력을 제고한 사회적 배경과 제도적 환경을 조성하여야 한다.

대외개방은 장기적인 기본 국책이며 역사 경험의 결과이다. 또한 세계 경제 단일화의 필연적인 요구이며 강국부민(强國富民)을 위한 필연

---

12) 2차원 경제 구조는 개발도상국 현대화의 공업과 기술 낙후의 전통 농업, 동시에 존재하는 경제구조 즉, 전통경제와 현대경제 병존하는 구조를 뜻한다. 이를테면, 농업발전이 여전히 낙후된 상황에서 공업화를 가속화하였고 우선적으로 현대 공업 부서를 설립하였다는 것이다.

적인 노선이다. 앞 두 단계의 대외 개방이 정책적인 유도로 점진적으로 진행된 과정이었고 개방 구역, 개방 산업, 개방 정도 모두 차별성 정책으로 이루어졌지만 세 번째 개방은 개혁 심화에 따라 그 능력이 더욱 강해지고 제도 보장에 기반한 안정적인 조건이 갖추어졌다. 전자는 주로 외자 유치, 기술과 관리 경험 도입이었다면 후자는 경제 글로벌화에 대한 적응이다. '해외 진출'과 '국내 도입'을 결합하여 더 큰 범위로, 더 넓은 영역으로, 더 높은 차원으로 국제 경제 기술 협력과 경쟁에 참여하며 국내·외 두 시장을 충분히 활용하여 자원 배치를 고도화하고 발전을 위한 잠재력을 개척한다는 것이다.

'삼보주' 전략은 덩샤오핑 이론의 일부이다. 현대화 건설의 모든 단계가 덩샤오핑 이론을 벗어날 수 없다. 그렇지만 덩샤오핑 이론 역시 실천 중 시대의 변화에 따라 더 풍부하게 변화하고 발전해야 한다. 장쩌민을 위시한 제3세대 당 지도층은 '신 삼보주' 전략을 제시하였다. 시기가 다르고 지도 사상의 중점도 다르다. 당연히 지도 가치 관념, 실천 내용도 새롭게 변화해야 한다.

이와 같이 '삼보주'와 '신 삼보주'를 비교해본 결과 모두 국정과 현대화 건설 규칙에 근거하고 현실에 맞게 그리고 민심을 파악하여 계획적이고 단계적이며 사물의 발전 규율에 부합하도록 제정되었다. 양자 모두 계단식 발전 전략이며 실천성, 혁명성, 인민성, 조작성을 갖추었다. 또한 계승과 혁신의 관계이며 동일하지도 그렇다고 완전히 분리할 수도 없다. 세 번째 전략 목표를 실현하려면 앞 두 단계의 성과를 계승하면서 새로운 관념을 모색해야 하며 새로운 내용과 역량을 추가하여야 한다. 당 16대는 '신 삼보주'의 세 단계를 기초로 샤오캉 사회 건설이라는 목표를 제시하였다. 이는 '신 삼보주'의 계승과 혁신이며 중국공산당 '제2차 혁명' 중 '자아진화' 의식의 구현이다.

'3개 대표론'과 '중국특색 사회주의'의 보완

1. 거버넌스 이념의 혁신

1) '의법치국(依法治國)'과 '이덕치국(以德治國)'의 결합

'의법치국(依法治國)'과 '이덕치국(以德治國)' 사상은 장쩌민이 선인의 경험과 교훈 및 국내·외 정치 경험을 기초로 시대의 요구에 부응하기 위하여 제기한 치국(治國) 전략이다. 의법치국과 이덕치국을 실행하고 양자를 결합하는 것이 중국공산당의 성격과 취지의 요구이자 중국 인민의 공동 염원이다.

첫째, 의법치국(依法治國) 사상의 형성은 민주 법제 사상의 계승이다. 의법치국(依法治國)이란 인민의 뜻을 표현하는 헌법과 법률에 따라 국가를 다스리고 사회 사무를 관리한다는 것이다. 1997년 9월 12일 장쩌민이 당 15대 보고에서 "의법치국이란 수 많은 인민이 당의 지도 하에 헌법과 법률에 따라 각종 루트와 형식으로 국가 사무를 관리하며 경제 문화 사업, 사회 사무를 관리하는 것을 말한다. 이로써 국가의 여러 사업이 법에 따라 진행되고 사회주의의 제도화, 법률화를 실현될 수 있으며 지도자가 바뀌더라도 그리고 지도자의 견해와 생각이 변하더라도 제도와 법률은 흔들리지 않도록 보장할 수 있다."[1]

당 11회 3중전회 이후 덩샤오핑이 국내·외 긍정적, 부정적 경험을 종합하고 「해방 사상, 실사구시, 단결 일치로 전진하자」라는 연설에서 인민의 민주 보장을 위하여 법제를 반드시 강화해야 한다고 강조하였다. 의거할 법이 있어야 하고 반드시 법에 의거해야 하며 법을 엄격하게 집행하고 법을 위반하면 추궁해야 한다. 장쩌민을 위시한 지도층은 덩샤오핑의 민주 법제 사상을 계승하고 발전시켜 법제를 전국과 전당 사업에서 핵심 내용으로 조정하고 '의법치국', '사회주의 법치 국가 건설'을 기본 치국 방침으로 결정하였다.

둘째, 이덕치국(以德治國) 사상의 제기는 정신 문명 건설의 승화이다.

장쩌민은 치국 방침 제정 중, 덩샤오핑의 이론과 사회주의 현대화 건설 가속화를 위한 새로운 행동의 결합을 매우 중요하게 생각하였다. 이론적 탐색과 혁신을 지속하고 의법치국을 강조함과 동시에 이덕치국이라는 사상을 제기하여 공산당 치국 방침을 더욱 발전시키고 개선해나갔다.

2000년 6월 장쩌민은 「중앙 사상 정치 업무 회의에서의 연설」에서 "법률과 도덕은 선진 사회 조건의 중요한 구성 요소이다. 이는 모두 사회 질서 유지, 인민 사상과 행동의 규범화를 위한 수단이며 서로 연계되고 보충되는 개념이다."고 말하였다. 법치는 그 권위성과 강제성으로 사회 구성원의 행위를 통제한다. 덕치는 설득력과 지도력으로 사

---

1) 1997년 9월 12일~18일 중국공산당 제15차 전국인민대표대회에서의 「장쩌민이 당 15대에서의 보고(江澤民在党的十五大上的報告)」, 중국동방망(東方网)(http://news.sina.com.cn/c/2002-10-22/1407777739.html, 2018.9.6.)

회 구성원의 사상과 도덕을 깨우치는 것이다. 도덕 규범과 법률 규범
은 서로 결합되어야 하고 함께 역할을 발휘해야 한다. 2001년 1월 전
국선전부장회의(全國宣傳部長會議)에서 그는 "의법치국과 이덕치국을 긴
밀히 결합한다"는 치국 방침을 선언하면서 "우리는 중국특색 사회주
의 건설과 사회주의 시장 경제 발전을 추진하는 중 의법치국을 위해,
그리고 이덕치국을 위해 계속 노력해야 한다."고 하였다.

셋째, 의법치국(依法治國)과 이덕치국(以德治國)의 긴밀한 관계이다.

법치와 덕치는 서로 보완하고 서로 자극하면서 긴밀히 결합되어야
한다. 법치는 정치 건설, 정치 문명에 속하며 덕치는 사상 건설, 정신
문명에 속한다. 의법치국과 이덕치국 기본 방침을 견지하고 입법(立法),
집법(執法), 법제(法制) 선전 수단을 이용하여 의법치국과 이덕치국의 결
합을 도모해야 한다.

먼저 사회주의 법률과 사회주의 도덕은 기능적으로 보완이 필요하
다. 법률의 특징은 강제성과 피동적인 반면 도덕의 특징은 교육과 자
율이다. 법률은 강제적인 수단으로 사람의 행동을 구속하며 도덕은 교
육이라는 수단으로 동기를 구속한다. 다음으로 사회주의 법률과 사회
주의 도덕이 서로를 지지하면서 실시되어야 한다. 사회주의 도덕의 실
시는 사회 여론의 힘에 의존하며 법률의 실시는 치국 규범에 의존한
다. 마지막으로 의법치국과 의덕치국 사상은 중화민족의 우수한 전통
치국 방침의 계승과 발전이다.

10여 억 인구 대국인 중국의 발전은 법치와 법제를 배제하고서는
불가능하다. 사회주의 시장 경제가 발달한 오늘날은 더욱 그렇다. 장
쩌민이 중국 국정에 의거하여 의법치국을 천명한 것은 중화민족이 수
천 년 동안 법치를 중시해오던 전통을 계승하고 발전시키는 것이다.

이와 동시에 장쩌민은 '이덕치국'을 언급하며 '의법치국'과 이를 잘

결합한 치국 사상을 제시하였다. 이는 중국공산당 정치 역사상 혁신이자 유가치국(儒家治國) 정수의 흡수였다. 역사는 국가를 잘 다스리고 민심을 얻으며 민의를 따르고 사회 정신 문명이 제고되려면, 특히 집정자의 위신이 상승하려면 법치로만은 불가능하다는 것을 증명하였다. 집정자가 위신과 민심을 얻으려면 법에 따라 치국해야 하며 그 외에도 덕으로 민중을 교화하는 것이 더 중요하다.

중국특색 사회주의를 건설하는 중 장쩌민은 덕치와 법치의 병행을 강조하며 양자를 긴밀하게 결합하여야 한다고 요구하였다. 장쩌민은 치국 방침에 있어서 중화민족의 우수한 전통을 잇고 발전시켰다.

2) '과교흥국(科敎興國)'의 제창

장쩌민의 과교흥국(科敎興國) 사상은 현 시대의 특징, 과학 혁명의 발전 추세, 종합 국력 경쟁 심화라는 현실에 대한 연구과 분석을 기초로 형성하고 발전해온 것이다. 이는 "과학 기술은 최고의 생산력이다."라고 했던 덩샤오핑의 판단에 대한 창조적인 응용이며 발전이다. 또한 공산당의 '경제 건설을 중심으로' 사업의 심화이자 고급 단계의 발전이다. 지도적 의의로 볼 때 중국 하이테크 생산력 발전, 교육 우선의 전략 견지, 과학 정신의 발양, 과학 문화적 분위기 조성, 과학 기술 법제 건설, 지식 분자 정책의 정착 등이 여기에 포함된다.

21세기 이후의 현대 과학 기술 혁명으로 기술이 급속하게 발전하여 생산력 성장의 결정적인 동력이 되고 한 나라의 정치, 경제, 문화 및 사회의 발전에도 깊은 영향을 주고 있다. 세계 각국은 21세기 과학 기술 발전 전략을 앞 다투어 제정하고 기술 및 산업의 선점을 쟁탈하며 과학 기술 경제 단일화 발전을 촉진하여 국제 경쟁에서 우위를 차지하고 이를 유지하기 위해 노력한다. 장쩌민은 "미래에 세계 각국의 종합 국력 경쟁은 과학력 경쟁으로 가장 먼저 나타날 것이다."라고 날카롭게 예견했다.[2] 이러한 새로운 추세에 따라 중국도 사회주의 현대화 건설 사업을 21세기로 이끌어가고 세 번째 단계 목표를 실현하기 위한 발전 전략으로 '과교흥국' 전략을 수립하였다.

장쩌민은 교육 진흥이 중국 현대화 실현을 위한 근본 대계(大計)라고 하였다. 그는 교육의 중요성에 대해 "교육은 지식 혁신, 전파, 응용의 기지이며 혁신 정신과 인재를 육성하는 요람이다. 높은 소양의 노동자와 전문가를 기르거나 혹은 혁신 능력과 지식, 기술 성과를 제고하거나 모두 교육의 의의가 크다."라 하였다.[3]

중국은 인구 대국이지만 이를 인적 자원의 강점으로 아직 전환하지 못하였다. 낮은 노동력 수준과 과학 기술 혁신력이 경제 발전과 국제 경쟁력 강화의 발목을 붙잡고 있다. 그러므로 장쩌민은 나라의 흥망이 교육에 달려있다고 하면서 "당과 정부가 교육을 선도(先導)성, 전체성, 기초성의 지식 산업과 관건의 인프라로서 우선 발전시켜야 하며 교육에 대한 투자를 늘리고 사회 자본을 유치하며 교육 구조를 고도화하고 교육의 수준을 높여야 한다. 또한 교육을 경제, 과학 기술과 밀접하게 결합해야 한다"고 지적하였다. 그의 과교흥국 전략 중점은 아래 몇 가지로 나타난다.

첫째, 과교흥국 전략 실현의 보장은 인재 육성과 사용이다. 인재는 과교흥국 전략의 에너지이다. 1995년 전국 과학 기술 대회에서 장쩌민

2) 장쩌민, 「장쩌민 전국과보업무회의에서의 편지(江澤民致全國科普工作會議的信)」, 『과기논단(科協論壇)』, 2000년 제1기, 1쪽.
3) 장쩌민, 「과학 기술을 논하다(論科學技術)」, 중국중앙문헌출판사(中央文獻出版社), 2001, 58쪽.

은 과교흥국 전략 실시의 관건은 인재라고 하였다.[4] 지금의 세계를 볼 때 국제 경제와 과학 기술 경쟁은 인재와 지식의 경쟁으로 이루어지고 있다. 선진국은 인재를 이용하여 세계를 지배한다. 그렇기 때문에 장쩌민은 인재가 과학의 진보와 경제 사회 발전의 최고 자원이며 중국이 세계 과학 기술을 따라잡기 위해서는 기술 혁신과 지식 혁신을 서두르고 우수한 인재를 적극 육성해야 한다고 하였다.

둘째, 과학 기술 생산력을 발전시켜야 한다. 장쩌민은 현재 세계 과학 기술의 진보에 큰 관심을 가지고 중국의 기술 생산력 발전을 가속화하여 선진국과 격차를 줄여야 한다고 주장하였다. 과학 기술 영역에서의 선점을 쟁취하고 유지하여 국내외 시장 점유율을 높여야 한다. 현재의 조건을 충분히 활용하고 가능한 영역에서 후발주자로서의 우위를 적극 발휘하여 앞선 이들을 추월해야 한다. 고부가가치 제품 지향의 산업화, 스마트화, 사회화, 시장화, 생산화 비중을 늘리고 온라인 상거래, 인터넷 경제, 생태 경제, 환경 경제 등 새로운 경제 형식을 폭넓게 발전시키며 인재 개발과 이용 효율을 제고하여 과학 기술 단일화의 발걸음을 가속화해야 한다.

셋째, 교육 우선 발전 전략을 견지한다. 교육 개혁을 심화하고 교육의 수준을 제고한다. 국민 소양 제고를 근본 취지로 정하고 학생의 혁신 정신과 실천 능력 육성에 중점을 둔다. 과학 학습 문화와 사상 강화를 병행하고 책 속의 지식 학습과 사회에서의 실천을 병행하며 자신의 가치와 조국에의 봉사를 동시 실천하도록 한다. 원대한 이상을 세우고 동시에 강한 의지로 고난을 극복해야 한다.

넷째, 과학 정신을 발양하고 과학 문화 분위기를 조성한다. 과학의

---

4) 덩샤오핑, 『덩샤오핑 문선』(제2권), 중국인민출판사, 1994, 86쪽.

본질은 진리와 실제의 추구, 혁신, 과학 지식 보급, 과학 정신 발양이다. 과학 문화 소양을 갖추지 않은 민족은 세계 경쟁에서 살아남을 수 없다. 인구가 10억이 넘고 교육 문화 수준이 아직 낮은 개발도상국인 중국은 과학 기술 보급 이 매우 시급하다. 중국은 과교흥국 전략을 정착시키면서 중화민족의 과학 문화 소양을 전면적으로 제고해야 한다.

다섯째, 과학 기술 법제 건설을 강화하고 과교흥국의 순조로운 진행을 보장해야 한다. 의법치국의 요구에 따라 중국 특색의 과학 기술 법제 건설에 노력해야 한다. 사회주의 시장 경제 체제와 과학 기술 발전 규칙에 부합하는 새로운 체제를 수립하여 과학 기술 생산력의 해방과 발전을 촉진하고 경험을 토대로 과학 기술 법제화의 질을 높이며 법 집행 역량을 강화해야 한다.

〈표 18〉 장쩌민 거버넌스 이념의 혁신 과정

거버넌스 이념	시기	배경	이념 내용 및 혁신 과정
의법치국 (依法治國)	1978년	11회 3중전회 이후 덩샤오핑의 「해방 사상, 실사구시, 단결 일치로 전진하자」	· 인민의 민주 보장을 위하여 법제를 반드시 강화해야 함. · 의거할 법이 있어야 하고 반드시 법에 의거해야 하며 법을 엄격하게 집행하고 법을 위반하면 추궁해야 함.
	1989년 9월	장쩌민의 공식 기자 회견 리셉션	· "우리는 당이 정부를 대신할 수 없으며 당이 법률을 결코 대신할 수도 없다." · '사회주의 법제(法制) 국가'를 '사회주의 법치(法治) 국가'로의 변경을 통해 '법치'를 뚜렷하게 강조하였음.

	1997년 9월 12일	장쩌민의 중국공산당 15대 보고	· 헌법과 법률에 따라 각종 루트와 형식으로 국가 사무를 관리하며 경제 문화 사업, 사회 사무를 관리함. · 법에 따라 진행되고 사회주의의 제도화, 법률화를 실현될 수 있으며 지도자가 바뀌더라도 그리고 지도자의 견해와 생각이 변하더라도 제도와 법률은 흔들리지 않도록 보장할 수 있음.
이덕치국 (以德治國)	2000년 6월	장쩌민의 「중앙 사상 정치 업무 회의에서의 연설」	· "법률과 도덕은 선진 사회 조건의 중요한 구성 요소이다. 이는 모두 사회 질서 유지, 인민 사상과 행동의 규범화를 위한 수단이며 서로 연계되고 보충되는 개념이다." · 덕치는 설득력과 지도력으로 사회 구성원의 사상과 도덕을 깨우치는 것임. 도덕 규범과 법률 규범은 서로 결합되어야 하고 함께 역할을 발휘해야 함.
	2001년 1월	전국선전부장회의 (全國宣傳部長會議)	"의법치국과 이덕치국을 긴밀히 결합한다"는 치국 방침 수립
과교흥국 (科教興國)	1988년 9월	전국 과학기술 대회 덩샤오핑의 연설	"과학 기술은 최고의 생산력이다."
	1992년	중국공산당 14대 보고	"경제 건설은 과학 기술의 진보와 노동자 소질의 제고에 중점을 두어야 한다."
	1995년 5월	전국 과학기술 대회 장쩌민의 연설 「중공중앙 국무원 과학기술 진보를 가속화하기 위한 결정」의 시행	과교흥국 전략 실시의 관건은 인재라고 하였음. 인재가 과학의 진보와 경제 사회 발전의 최고 자원이며 중국이 세계 과학 기술을 따라잡기 위해서는 기술 혁신과 지식 혁신을 서두르고 우수한 인재를 적극 육성해야 한다고 하였음.

	1999년 12월	「장쩌민 전국과보업무회의에서의 편지」	"미래에 세계 각국의 종합 국력 경쟁은 과학력 경쟁으로 가장 먼저 나타날 것이다."
	2001년	「과학 기술을 논하다」	"교육은 지식 혁신, 전파, 응용의 기지이며 혁신 정신과 인재를 육성하는 요람이다. 높은 소양의 노동자와 전문가를 육성하거나 혹은 혁신 능력과 지식, 기술 성과를 제고하거나 모두 교육의 의의가 크다."

요컨대, 의법치국, 이덕치국, 과교흥국 전략은 장쩌민이 당 11회 3중전회 이후 민주 정치의 경험을 토대로 제기한 일련의 거버넌스 이념의 혁신이다. 이는 중국 민주 정치 건설이 새로운 역사적인 단계에 접어들었음을 상징한다. 4가지 항목의 기본 원칙(四項基本原則)을 견지하는 것이 입국의 기본이고 개혁개방이 강국으로 가는 길이라면 의법치국, 이덕치국, 과교흥국 전략은 장쩌민이 선택한 치국의 수단이다.

2. '3개 문명'의 조화로운 발전 노선의 실시

1) '3개 문명' 제기의 배경

'3개 문명'이란 물질 문명, 정치 문명, 정신 문명을 가리킨다. 2002년 7월16일, 장쩌민은 중국 사회과학원 연설에서 이 '3개 문명'을 언급했다. "중국특색 사회주의 건설은 우리의 경제, 정치, 문화가 모두 발전하는 과정이며 물질 문명, 정치 문명, 정신 문명이 모두 건설되는 과정이어야 한다."5) 여기에서 그가 처음으로 사회주의 건설을 위해 정치 문명과 물질 문명, 정신 문명이 모두 중요하다고 말하였다. 그는 16대 보고에서 "샤오캉 사회를 건설하고 중국특색 사회주의의 새로운 국면을 열기 위해 중국공산당 지도 하에 사회주의 시장 경제, 사회주의 민주 정치, 사회주의 선진 문화를 발전시키고 사회주의 물질 문명, 정치 문명, 정신 문명의 조화로운 발전을 끊임없이 촉진해야 한다. 이들은 서로 충돌하지 않고 서로 보완하고 자극하며 중화민족의 위대한 부흥을 실현해야 한다." '3개 대표론' 주요 사상이 '3개 문명'의 조화로운 발전의 기본 관점이다. 이 관점은 한마디로 인류 문명 진보의 규칙에 따라 제기된 근본 요구이다.

중국공산당은 개혁개방기의 실천과 모색을 통해서 비전과 노선을 지속적으로 발전시키는 진화과정을 세계인의 눈앞에 명확히 보여주었다. 덩샤오핑의 '양수조, 양수도요경(兩手抓, 兩手都要硬)'부터 장쩌민의 '3개 문명'의 조화로운 발전까지 모두 소박한 철학의 치당(治黨), 치국(治國) 사상을 담고 있다. 이는 중국공산당의 집정 이념에 흡수되고 '제2차 혁명'과 '자아진화'를 이끌어간다. "하나의 나무는 같은 뿌리에서 자라나고 수많은 강줄기의 시작도 하나이다. 덩샤오핑의 '양수조' 인식에 새로운 역사적인 조건의 변화를 다시 접목하여 장쩌민이 '3개 문명'의 조화로운 발전을 제기하였다. 이는 당 건설, 국가 발전의 이념과 실천의 지도이고 '양수조'와 일맥상통하는 것이며 시대와 함께 나아가는 것이다."라고 중앙조직부 당 건설 연구소의 자오즈핑(趙子平) 부소장은 말했다.6)

---

5) 장쩌민, '장쩌민이 중국사회과학원을 시찰하고 연설한다(江澤民考察中國社會科學院發表重要講話)', 『인민일보』, 2002.7.17, 3쪽.
6) 재이웨이(翟偉), 「'양수조 양수도요경'에서 '3개 문명'으로(從"兩手抓兩手都要硬"到"三个文明"協調發展)」, 중국망(中國網)

'3개 문명'의 조화로운 발전 이념은 당 정치 결의로 인정받았다. 이는 당이 개혁개방과 현대화 건설의 위대한 실천을 이끌어가는 중 인류 문명 진보의 규칙을 인식하고 승화하는 것이며 마르크스주의 문명관의 계승이자 발전이었고 중국공산당 집정 규율, 사회주의 건설 규율, 인류 사회 발전 규율 인식의 심화였다.

2) '3개 문명'의 조화로운 발전이 가진 과학적 의미

사람은 사회 생활 중 3가지 관계를 반드시 맺게 되어 있다. 즉, 사람과 자연의 관계, 사람과 사회의 관계, 사람과 사상의 관계이다. 이로써 사회 물질 경제 구조, 사회 정치 구조, 사회 의식 구조라는 3대 구조를 형성하며 사회 물질 생활 영역, 정치 생활 영역, 정신 생활 영역이라는 3대 영역을 구성한다. 사회가 발전함에 따라 이들도 진화하여 사회 물질 문명, 정치 문명, 정신 문명으로 나타난다.

사회주의 물질 문명은 중국 선진 생산력 발전의 최종 구현이다. 사회주의 물질 문명 건설이란 사회주의 시장 경제 건설을 위하여 노력하는 것이며 나라의 부흥이라는 최대 임무를 짊어지고 사회 자산을 풍부하게 하고 인민의 물질 수요를 만족시켜가면서 사회주의 경제 기초를 공고히 다지는 것이다. 사회주의 정치 문명은 인류 발전 진보의 상징으로서 사회 정치 제도 개선의 성과이다. 사회주의 정치 문명 건설은 당의 지도, 인민의 주인 의식과 의법치국이 유기적으로 융합되어 정치 체제의 개혁을 추진하고 사회주의 정치 기초를 강화하는 것이다. 사회주의 정신 문명은 사회주의 사회의 대표적인 특징으로서 샤오캉

(http://www.china.com.cn/zhuanti2005/txt/2004-08/20/content_5640878.htm, 2019.3.9.)

사회 건설을 위한 필연적인 요구이며 중국공산당 대표 선진 문화 발전 방향의 최종 구현이다. 사회주의 정신 문명 건설은 사회주의 선진 문화를 발전시키고 민족의 사상 도덕 소양과 과학 문화 수준을 제고하여 사회주의 문화의 기초를 성장시키는 것이다.

사회 문명 시스템 중 물질 문명, 정치 문명, 정신 문명은 서로 연계되며 제약하는 유기체이다. 하나의 사회, 한 국가에 있어서 정치 문명은 전제가 되며 사회와 국가의 성격과 방향을 결정짓는다. 물질 문명은 기초이며 사회와 국가의 경제력과 부의 정도를 나타낸다. 정신 문명은 보장이며 사회와 국가의 주요 사상과 정신적인 면모를 드러낸다. 물질 문명과 정치 문명, 정신 문명이 함께 발전해야만 과학적인 의의를 가진 사회주의가 되며 중국특색 사회주의가 될 수 있다. 물질 문명은 정치 문명, 정신 문명의 발전에 물질적인 기초가 되며 민주 정치, 정신 문명 발전에 물질적 조건이 되어 준다. 정치 문명은 물질 문명, 정신 문명에 정치적 보장이 되며 물질 문명 건설과 정신 문명 건설이 함께 이루어져야 끊임없이 진화되는 정치 제도의 지지를 받고 안정적이며 단결된 정치 환경이 보장된다. 정신 문명은 물질 문명, 정치 문명 발전에 정신적인 동력과 지혜를 제공한다. 사상 도덕과 과학 문화 건설이 있어야 경제 건설, 민주 정치 발전의 정확한 방향을 보장 받는다. 또한 정신 문명 건설이 창조한 사상, 문화, 과학 기술, 교육의 성과를 충분히 이용할 수 있다. '3개 문명'은 서로의 조건이 되며 목적이 된다. 또한 서로의 구성 부분이며 보완이고 사회주의 사회 발전을 위한 공동의 추진력이다.

3) '3개 문명'의 조화로운 발전이 가진 이론적 의의

첫째, '3개 문명'의 조화로운 발전은 발전 과정의 문제 해결을 위한 필연적 선택이다. 개혁개방 이후 중국 사회주의 현대화 건설은 큰 성과와 동시에 발전을 가로막는 여러 가지 문제에 부딪혔다. '3농' 문제,[7] 실업 문제, 시장 메커니즘의 불완전, 생태 불균형, 부패, 사회 공정 문제, 민주 법치 문제, 사회 성실 신용 문제, 사회 도덕 문제, 신앙 위기 등이 그 예이다. 이러한 문제 해결을 위하여 조화로운 발전을 도모해야 하고 가장 먼저 '3개 문명의 조화로운 발전'을 실현해야 한다. 발전이야말로 절대적인 이치이다. 발전은 조화로운 발전의 전제이다. 그 다음으로는 '3개 문명' 발전과 동시에 조화와 침묵의 약속을 지키는 것이다. '3개 문명'이 완벽하게 동등한 발전을 이룬다는 것은 비현실적이며 갈등도 해결해야 한다. 그러나 '3개 문명' 발전 정도의 차이를 지나치게 크게 확대해서는 안 되며 갈등도 더욱 신중하고 조화롭게 조율해야 한다. 혈혈단신으로 정치 문명과 정신 문명 그리고 물질 문명 발전이라는 적진으로 뛰어들 수는 없다.

둘째, '3개 문명'의 조화로운 발전은 사회의 전면적 발전 촉진을 위한 내재적 조건이다. 중국에 있어서 사회의 전면적 발전의 단기 목표는 샤오캉 사회 건설이며 중기 목표는 사회주의 현대화 실현이다. 이 두 목표는 반드시 '3개 문명'의 조화로운 발전을 통해서 이루어져야 한다. 샤오캉은 일종의 생산력 수준 제고이며 전면적인 내용을 담고 있다. 전면적인 샤오캉의 최대 특징은 경제적인 지표 뿐 아니라 종합

---

7) '3농 문제'란 농업, 농촌, 농민 문제를 말한다. 즉, 농업의 발전, 농촌의 진보, 농민의 샤오캉이 상대적으로 낙후되었다는 문제점이다. 사실상, 이는 직업, 거주 지역, 신분 통합의 문제인데 서로 중점이 다르기 때문에 매우 신중해야 한다. '3농 문제'는 중국 '제2차 혁명'이 농업 문명에서 공업 문명으로 전환되는 과도기에서 발생한 필연적 산물이다.

적인 지표이며 경제, 정치, 문화적인 면을 모두 요구한다. '3개 문명'의 조화로운 발전만이 이 3가지 요구를 모두 만족시킬 수 있으며 전면적인 샤오캉 사회 목표 실현을 가능케 한다.

셋째, '3개 문명'의 조화로운 발전은 중국공산당의 집정 능력 강화를 위한 현실적 호소이다. 당의 집정 능력은 '3개 문명'의 조화로운 발전을 촉진하고 사회주의 시장 경제력을 지속적으로 발전시키는 동시에 사회주의 민주 정치 능력, 사회주의 선진 문화 건설 능력을 강화하고 국제적인 정세와 국제 사무 대처 능력을 키워나가는 것이다. 중국공산당은 인민에 의한 치국과 집정을 장기적으로 실행하면서 '3개 문명' 건설에 박차를 가하고 조화로운 발전에 고도의 관심을 기울였다. 당의 집정 능력은 점차 강화되었고 중요한 임무와 사명을 완수해왔다. 그러나 이제는 새로운 정세와 새로운 임무 그리고 조화가 필요한 문제들을 정확하고 이성적으로 바라보아야 한다.

'3개 문명'의 조화로운 발전 촉진을 위하여 당의 지도력을 강화하고 개선해야 하며 특히 집정 능력을 키워야 한다. 당 건설은 3개 문명의 조화로운 발전을 위한 정치적인 보장이다. 중국공산당은 중국특색 사회주의 사업의 핵심 지도자로서 3개 문명의 조화로운 발전에 있어서 책임이 막중하다. 과학적으로 형세를 판단하는 능력, 시장 경제 발전을 추진할 능력, 복잡한 정세에 대응할 수 있는 능력, 법을 집행하는 능력과 전체적인 종합 능력을 끊임없이 키워나가야 하며 이를 실천하는 중 새로운 지식을 흡수하고 경험을 쌓으며 새로운 능력을 늘리고 지도와 집정 수준을 제고해야 한다. 또한 당의 사업 기구와 업무 메커니즘을 개혁하고 개선하며 3개 문명이 장기적으로 조화를 이루고 안정과 건강한 발전을 이루도록 노력해야 한다.

3. '서부 대개발(西部大開發)' 및 '해외 진출(走出去)' 전략의 실시

1) '서부 대개발' 전략의 적극적 추진

(1) '서부 대개발' 사상 제기의 배경

지역 간 조화로운 발전은 중국 사회주의 건설에서 매우 중요한 부분이다. 일찍이 1956년 마오쩌둥이 '10대 관계를 논하다'[8)에서 연해 공업과 내륙 공업 관계를 해결해야 한다고 강조하였다. 1988년 덩샤오핑은 '두 개의 대국(大局)'이라는 전략 구상을 내세웠다. 그 첫 번째 대국(大局)이 바로 '연해 지역은 대외 개방을 가속화하여 2억 인구가 살고 있는 방대한 지역을 발전시키고 내륙 발전을 이끌어 가야 한다.'는 내용이었다. 그리고 이를 실현하기 위하여 1980~1990년대에 중국 경제 특구, 연해 개방 도시, 개방 지대가 형성되었다. 두 번째 대국(大局)은 어느 정도 발전을 실현한 후에는 연해 지역이 내륙의 발전을 도울 역량을 발휘해야 한다는 것이다. 덩샤오핑은 "선진 지역이 낙후 지역을 돕는 것은 의무이자 정책이다."라고 강조하였다.[9) 장쩌민은 마오쩌둥, 덩샤오핑의 이러한 사상을 이어받아 '서부 대개발'이라는 전략을 내놓았다. 이는 충분하고도 신중한 고심 끝에 제기된 전략이었다.

경제 글로벌화가 가속화되고 중국이 WTO에 가입한 후 경제력, 종합 국력, 국제 지위 모두 눈부시게 성장하고 제고되었다. 이와 동시에

---

8) 1976년 12월 26일 인민일보에 마오쩌둥 생전에 직접 작성한 '10대 관계를 논하다"가 발표된 후 『마오쩌둥 선집』 제5권에 등재되었다. 여기에서 중국 사회주의의 경험을 종합하고 사회주의 건설을 위한 모든 긍정적인 요인을 제시하였으며 중국에 맞는 사회주의 건설의 길을 모색하였고 반드시 중국만의 길을 통한 건설이어야 한다고 분명하게 밝혔다.

9) 정페이옌(曾培炎), 『서부 대개발 정책 회고(西部大開發決策回顧)』, 중국당사출판사·신화출판사, 2010, 16쪽.

중국 경제 체제는 계획 경제에서 시장 경제로 전환되었고 사회주의 시장 경제 체제 건설이 가시화되었으며 자원 분배의 기초적인 역할을 발휘하기 시작하였다. 이런 상황에서 국내·외 정세 변화에 따른 새로운 요구에 부응하기 위하여 장쩌민은 서부 대개발 전략을 제기하였다. 구체적인 배경과 조건을 아래에 정리해보았다.

우선은 중국이 개혁개방을 거치면서 거둔 경제적 성과로 서부 대개발을 위한 물질적인 기초를 이미 갖추었다는 것이다. 서부 지역은 20여 년의 발전을 통해 관념의 변화가 생겼고 인프라가 개선되었으며 발전의 초석을 다졌다. 두 번째는 1978년 이후 실행된 '불균형' 발전 전략으로 동서 지역의 차이가 크게 벌어졌다. 동부는 20여 년 동안 발전한 후 산업 업그레이드의 필요성이 발생하였고 반면 서부는 자원이 풍부하다. 이로 인해 두 지역 모두 협력의 필요성이 강하다. 세 번째로는 서부 지역은 개발도상국 10여 개국과 인접한다는 지리적 특성 때문에 서부의 개발이 중국과 주변 국가의 무역 뿐 아니라 수출 증대, 관계의 안정에 매우 유익하다. 마지막으로 민족 단결, 사회 안정, 국가 안보에서의 필요성이다. '서부 대개발' 발전 전략과 '의법치국'을 결합하면 민족 지역 건설과 발전, 안정을 전면적으로 추진할 수 있고 서부 사회 경제 발전과 더불어 소수 민족 지역의 안정, 국가 안보에도 유리하다.

(2) '서부 대개발' 전략의 형성과 실시

1980년대 이후 국제 정세의 변화와 중국 개혁개방의 심화로 동부 지역의 우세와 서부 지역의 열세가 더 선명하게 드러나기 시작하였다. 이러한 상황에서 과거의 전략만 고수하면 자원이 분산되고 경제 건설이 오히려 더디어질 수 있다. 덩샤오핑은 높은 안목으로 발전 전략을 즉시 조정하였다. 중국 개혁개방의 첫 단계에서 그는 경제 발전 조건이 갖추어진 동남부 지역을 빠르게 발전시키고 낙후 지역의 발전을 유도해간다는 불균형 발전 전략을 실시하여 동·남부의 고속 발전을 이루어내었다. 1990년대 이후 정책적 지원 하에 동·남부의 개혁개방이 심화되고 경제가 급속하게 발전하면서 경제력이 대폭 증강된 결과 서부와의 격차가 더 커졌다. 이로써 두 지역의 경제와 정서의 불균형이 조장되고 사회 안정과 민족 단결에 부정적 영향을 미치게 되었다.

서부의 낙후는 자원 낭비, 산업 구조와 취업 문제 유발, 소비력 저하라는 부정적 결과를 가져와 오히려 동부의 발전을 저해하고 국민 경제와 중국 현대화 건설의 걸림돌이 되었다. 동·서부 발전 차이는 경제 문제일 뿐 아니라 정치적 문제로 확산되었다. 장쩌민은 상황을 예리하게 분석하고 파악하여 서부 대개발이라는 전략을 구상하였다. 그의 지도 하에 1995년 중국공산당 14회 5중전회에서 「국민 경제와 사회 발전 9·5 계획과 2010년 목표 제정에 관한 중공 중앙의 제안」을 통과시켰다. 이는 지역 경제의 균형 발전을 견지하여 발전의 차이를 축소하겠다는 것이었다. 향후 15년 중국 경제와 사회 발전은 이 방침을 지키며 이루어져야 한다.[10] 1999년 6월 17일 장쩌민은 시안(西安)에서 "서부의 안정이 없는 중국의 안정은 불가능하고 서부 샤오캉이 없는 중국 샤오캉은 불가능하며 서부의 현대화 없는 중국의 현대화는 불가능하다"라고 강조하였다.[11] 그는 또한 중국공산당 15대 정치 보

---

10) 「국민 경제와 사회 발전 9·5 계획과 2010년 목표 제정에 관한 중공 중앙의 제안(中共中央關于制定國民經濟和社會發展"九五"計划和2010年遠景目標的建議)」, 중국개혁포럼(中國改革論壇)(www.chinareform.org.cn/special/2013/reform35/market/201312/t20131219_1838 07.htm, 2019.3.3.)
11) 정페이얀(曾培炎), 앞의 책, 67쪽.

고에서는 "국가가 중·서부 지역에 대한 지원을 확대하고 인프라와 자원 분배에 있어서 우선적 혜택을 부여하며 규범화된 재정 지출 제 도를 실행하여 국내·외 투자가 중·서부로 몰리도록 유도해야 한다. 동부와 중·서부가 다양한 형식으로 연합하고 협력하여야 하며 소수 민족 지역의 경제 발전에 관심과 도움을 늘리고 지역 간 발전의 차이 를 줄여야 한다."고 하였다.[12]

서부 대개발 전략을 어떻게 실시할 것인지에 대해 장쩌민은 '4개의 결합'을 강조하였다. 그리고 특히 서부 대개발은 수혈(중앙 정책의 특별 지원, 동부 연해 지역의 지원)과 서부 자신의 조혈 기능 조성의 병행이 필 요하다고 하였다. 즉, ① 서부 대개발은 '삼보주' 전략 중 세 번째 단 계의 목표와 결합해야 하고 ② 서부 지역에 대한 국가의 지원은 시장 메커니즘과 결합해야 하며 ③ 서부 경제 발전 가속화와 사회 진보를 결합하고 ④ 개발과 개방을 결합해야 한다는 의미이다. 그는 서부 대 개발 전략의 중점에 대해 생태 환경에 주목해야 한다고 특별 강조하 였다. 이는 지속가능한 발전 뿐 아니라 서부 민족 지역의 정치와 사회 안정에 관련된 일이다. "우리는 수 십년 나아가 다음 세기 동안 피나 는 노력으로 경제 번영, 사회 진보, 생활 안정, 민족 단결, 환경 보호의 서부 지역을 만들어갈 것이다. 그리하여 생태 환경부터 경제, 문화, 사 회적으로 놀랄만한 변화를 이루어 서부를 새롭게 탄생시킬 것이다."[13]

---

12) 「장쩌민이 당 15대에서의 보고 2(江澤民在党的十五大上的報告2)」, 중국동방망(東方網) (http://news.sina.com.cn/c/2002-10-22/1404777724.html, 2019.3.3.)

13) 「장쩌민이 중서부 지역 발전의 진일보 강화에 대하여 연설을 발표하다(江澤民就進一步 加快中西部地區發展發表重要講話)」, 『人民日報』, 1999.6.19, 1쪽.

⟨표 19⟩ '서부 대개발' 전략의 추진 과정

시간	배경	추진 과정 및 특징
1956년	마오쩌둥 '10대 관계를 논하다'	연해 공업과 내륙 공업 관계를 해결해야 한다고 강조하였음.
1988년	덩샤오핑 '두 개의 대국(大局)' 전략 구상	어느 정도 발전을 실현한 후에는 연해 지역이 내륙의 발전을 도울 역량을 발휘해야 함.
1995년	14회 5중전회 「국민 경제와 사회 발전 9·5 계획과 2010년 목표 제정에 관한 중공 중앙의 제안」	지역 경제의 균형 발전을 견지하여 발전의 차이를 축소하겠음. 향후 15년 중국 경제와 사회 발전은 이 방침을 지키며 이루어져야 함.
1997년	장쩌민의 중국공산당 15대 보고	·국가가 중·서부 지역에 대한 지원을 확대해야 함. ·동부와 중·서부가 다양한 형식으로 연합하고 협력하여야 함. ·소수 민족 지역의 경제 발전에 관심과 도움을 늘리고 지역 간 발전의 차이를 줄여야 함.
1999년 6월 17일	서부 중요한 도시인 시안(西安)을 시찰할 때	"서부의 안정이 없는 중국의 안정은 불가능하고 서부의 샤오캉이 없는 중국 샤오캉은 불가능하며 서부의 현대화가 없는 중국의 현대화는 불가능하다"
1999년 6월 19일	「중서부 지역 발전의 진일보 강화에 대한 연설」	서부 대개발 전략을 어떻게 실시할 것인지에 대해 장쩌민은 '4개의 결합'을 강조하였음.
2000년 1월	국무원 서부대개발 지도팀이 개최한 서부 지역 개발 회의	서부 지역 발전의 기본 노선 및 전략 임무를 연구하며 서부대개발의 중점 사업을 포석하고 실시하였음.

2001년 3월	제9회 전국인민대표대회	「중국 국민경제 및 사회발전 10번째 5개년 계획 강요」 중에서 서부대개발 전략의 실시에 대해 한 층더 구체적 포석을 하였음.
2006년 12월 8일	국무원 상무 회의에서 「서부대개발 11번째 5개년 계획」 통과	역사와 현실의 경험과 교훈을 정리하고 시야를 세 계로 넓히며 동시에 중국의 현실과 장기적인 목표 에 입각하여 당시 사상계와 학술계의 지혜를 모아 이루어낸 성과임.

(3) '서부 대개발'의 의의

장쩌민은 '서부 대개발' 실시로 중서부 지역의 발전을 가속화하여 내수를 늘리고 경제 성장을 촉진하고자 하였다. 그리고 이는 중화민족 부흥의 사명이었다. 이것이 가진 경제, 정치, 군사, 문화적인 의의는 가늠할 수 없을 정도로 크며 현실적 의의와 역사적인 의의까지 담고 있다.

일단 정치적인 의의를 보자. 서부 지역은 사회적 상황과 민족 상황이 특수하다. 그렇기 때문에 동부에서는 아무 문제도 아닌 것들이 서부에서는 큰 문제가 될 수도 있다. 특히 1990년대 이후 세계 민족주의가 확대되고 구(舊)소련의 해체와 동유럽 변화로 인해 민족 독립 의식이 커져가면서 충돌이 잦아졌다. 이런 상황에서 서부의 발전은 민족 단결을 위하여 긍정적인 동기가 될 수 있다.

다음으로, 경제적인 의의는 정치적인 의의에 기반한다. 마치 서부의 번영 없이 중국의 번영이 불가능하고, 서부 사회의 안정 없이 중국의 안정이 불가능하며 서부의 발전이 없으면 중국의 발전이 없다고 했던 장쩌민의 발언과 비슷하다. 서부 대개발은 동부 경제의 지속적인 성장, 경제 구조의 전략적 조정, 내수 확대, 경제의 지속적이면서도 빠른 성장, 세계 경제로의 융합 등을 위한 유리한 조건이다.[14]

마지막으로 군사적인 의의를 보면 중국은 인접 국가가 많고 주변에 불안정 요소가 많은 나라이다. 이런 상황에서 경제 차이가 장기간 지속되고 확대되면 국가 안보와 통일에 불리해진다. 지역적인 과학 기술 전쟁의 가능성이 커지는 국제 환경에서 강권 정치와 패권주의가 인권, 민족, 종교를 이용하여 정치에 개입하는 위기에 대응하기 위하여 중국은 반드시 서부를 개발해야 한다.

종합적으로, 장쩌민의 서부 대개발 전략은 역사와 현실의 경험과 교훈을 정리하고 종합한 결정이며 시야를 세계로 넓힘과 동시에 중국의 현실과 현대화 사업이라는 장기적인 목표에 입각하여 당시 사상계와 학술계의 지혜를 모아 이루어낸 성과이다. 이는 실사구시 이론을 깊고 진지하며 충분히 구현하였으며 시대와 발맞추어 가고자 하는 이론의 본보기였다.

2) '해외 진출' 전략의 제기와 실시

'해외 진출' 전략은 1990년대 중반 장쩌민이 국내·외 정치 상황을 분석하고 중국 경제 사회 발전과 장기적인 이익을 고려하여 내놓은 정책으로 대외 개방의 확대라고 볼 수 있다. '제2차 혁명'이 20년 동안 이어오면서 중국의 종합 국력이 증강되고 대외 개방 경험 역시 날로 성숙해져 갔다. 장쩌민은 덩샤오핑 이론을 업그레이드하여 '국내 도입'과 '해외 진출'을 결합하였고 '해외 진출'을 더욱 강조하여 중국 인

---

14) 쉬지안춘(許建春), 「서부 대개발 실시에 대한 철학적 사고(對我國實施西部大開發的哲學思考)」, 『이론탐색(理論探索)』, 2004, 제1기, 25쪽.

민의 호응과 지지를 받았다.

<표 20> '해외 진출' 전략의 추진 과정

시간	배경	추진 과정 및 특징
1996년	중국 경제는 정체기를 맞게 된다. 중앙 경제 업무 회의	· 새로운 경제 성장점 육성은 국내·외 시장을 결합해야 함. · 국제적으로는 서유럽, 북미, 일본 시장을 계속 유지함과 동시에 아프리카, 남미, 동남아 등 개발도상국과 동유럽, 구(舊)소련 국가들을 공략해야 함.
1997년	중국공산당 15대	· 국내·외 두 자원, 두 시장을 잘 활용하여야 함. · 지역 경제 협력 및 글로벌 무역 체계에 적극적 참여하고 중국 비교적 우세를 발휘할 수 있는 대외 투자를 격려함.
1997年	전국 대외 투자 업무 회의	해외 기업들을 중국으로 유치해야 할 뿐 아니라, 실력이 있는 중국 기업들도 유도하고 조직하며 해외 진출을 해야 함.
2000년 2월	광둥(廣東) 시찰	· 국내·외 두 자원, 두 시장을 충분히 활용하여야 함. · '해외 진출' 전략을 빠르게 실시해야 함. 이는 서부 대개발과 마찬가지로 중국 경제, 현대화 발전에 관계된 일임.
2000년 3월	제9회 전국인민대표대회 3차회의	'해외 진출' 전략을 국가 전략 차원으로 끌어올렸음.
2002년	중국공산당 16대	'해외 진출' 전략과 '외자 도입' 전략을 결합하여 대외 개방의 수준을 전면적으로 제고해야 함.

사실 '해외 진출' 전략은 일찍이 덩샤오핑의 대외 개방 사상에서 이미 싹이 텄다. 덩샤오핑은 해외 개방이 장기적인 국가 정책이라면서 과학적으로 그 의미를 설명하였다. 덩샤오핑의 대외 개방 사상은 장쩌민의 '해외 진출' 전략의 이론적 기초가 되었다고 할 수 있으며 새로운 정세에서 '해외 진출'이 중국공산당 전략으로 형성되고 제기될 수 있도록 씨를 뿌렸다고 말할 수 있다. 2000년 2월 장쩌민은 광둥(廣東)을 시찰하면서 "지금의 세계 경제 발전은 더 과감하고 효율적으로 경제 글로벌 경쟁에 참여하라고 우리에게 손짓하고 있다. 우리는 국내·외 두 자원, 두 시장을 충분히 활용하여야 한다. 그리고 중국 경제 수준의 제고와 현대화 추진 과정에 따라 '해외 진출' 전략을 빠르게 실시해야 한다. 이는 서부 대개발과 마찬가지로 중국 경제, 현대화 발전에 관계된 일이다.[15]"고 말하였다.

'해외 진출' 전략의 제기와 실시는 '제2차 혁명' 과정 중 부딪힌 새로운 문제, 갈등과 관계가 깊다. 먼저, 20년의 개혁과 발전을 통해 중국의 생산력이 크게 늘어난 결과 생산력 과잉, 공급 과잉 현상이 나타나고 구조적인 수급 불균형이 발생하여 내수 진작과 더불어 해외 시장으로 눈을 돌릴 필요가 생겼다. 다음으로, 경제 구조, 산업 구조의 불합리가 날로 심해지고 상품 재고가 늘어나 경제 효율과 경쟁력에 영향을 미치게 되었다. 이 때 세계적으로 경제 구조 조정 바람이 불고 특히 선진국의 산업 구조, 상품 구조, 기업 구조의 고도화가 이루어졌다. 따라서 경제 구조 조정과 고도화가 중국 경제 사회 발전 중 시급한 과제가 되었다. 장쩌민은 1996년 중앙 경제 업무 회의에서 경제 구조 조정과 고도화가 필요하다고 소리 높였다. 그렇다면 어떻게 경제

---

15) 장쩌민, 『장쩌민 문선(江澤民文選)』(제2권), 중국인민출판사, 2006, 569쪽.

구조를 조정할 것인가? 그는 이에 대하여 더 넓은 국제 시장으로 눈을 돌려야 한다면서 '해외 진출'의 필요성을 수차례 강조하였다. '해외 진출' 전략의 실시는 더 넓은 시장에서 경제 구조 조정과 자원 배치의 고도화에 유리하다.

여러 조건으로 중국 경제는 1996년 정체기를 맞게 된다. 그러자 장쩌민은 1996년 중앙 경제 업무 회의에서 새로운 경제 성장점의 적극적인 육성과 지원을 논하였다. 그는 "지금 새로운 경제 성장점을 적극 육성하고 지원하지 않으면 경제 발전의 뒷심이 부족해진다. 새로운 경제 성장점 육성은 국내·외 시장을 결합해야 한다. 국내적으로는 농촌 시장 개척과 동시에 도시 시장을 확대해야 한다. 국제적으로는 서유럽, 북미, 일본 시장을 계속 유지함과 동시에 아프리카, 남미, 동남아 등 개발도상국과 동유럽, 구(舊)소련 국가들을 공략해야 한다."고 말하였다.[16]

종합적으로 볼 때 '해외 진출' 전략 제기는 중국 경제 운영 환경의 변화와 이로 인한 새로운 갈등에 그 원인이 있으며 ① 국제 시장을 적극 개척하고 수요를 확대한다. ② 해외 자원 확보로 경제 운영 중 자원, 환경, 생태 문제를 해결한다. ③ 더 넓은 시장에서 경제 구조 조정과 자원 배치의 고도화를 실현한다는 세 가지에 착안하였다.

국제 시장 확대, 해외 자원 활용, 경제력 증강이라는 과제를 안고 있는 중국에게 있어 경제 글로벌화는 위험하고 도전적이지만 더할 나위 없는 기회임이 분명하다. "기회를 놓치지 말고 '해외 진출'을 추진하여 중국 기업이 국제 경제 무대에 참여하도록 한다."[17] 장쩌민은 이렇

---

16) 천양용(陳揚勇), 「장쩌민 '해외 진출' 전략의 형성 및 의의(江澤民"走出去"戰略的形成及其重要意義)」, 『당의 문헌(党的文獻)』, 2009, 제1기, 4쪽.
17) 장쩌민, 『사회주의 시장경제를 논하다(論社會主義市場經濟)』, 중국중앙문헌출판사, 2006, 519-520쪽.

게 '해외 진출'에 서둘러야 중국의 글로벌 기업을 육성할 수 있고 국제 경쟁에 참여할 수 있다고 재차 강조하였다.

'해외 진출' 전략은 장쩌민의 넓은 시각, 전략적 사상 능력 없이 제기될 수 없었다. '제2차 혁명'을 추진하기 전 그는 이런 능력을 곳곳에서 보여 왔다. 경제 글로벌화가 세계 경제에 영향을 미치기 시작할 때 그는 시장 경제 조건 그리고 복잡한 국제 정세에서 지도자는 새로운 지식 구조, 넓은 국제적 시야를 가져야 한다고 말했다. 그는 리더로서의 세계로의 안목과 전략 사상 능력의 향상을 매우 중요하게 생각하였다. "젊은 지도자의 넓은 시각", "젊은 지도자의 전략적 사고 능력 배양"을 강조하였다. 장쩌민은 "실제적인 문제에서 전략적 사고와 탐구가 없으면 리더로서의 역할을 할 수 없으며 매우 위험하다." "역사적으로 세계 추세를 모르고 문을 굳게 닫고 있다가 국가와 민족의 패망을 가져온 일이 적지 않다."라고 하였다.[18]

이상 내용을 살펴 볼 때 '해외 진출' 전략 사상은 1990년대 이후 국내·외 경제 상황에 대하여 장쩌민이 정확하게 이해하고 분석하여 중국 경제 발전의 시급함을 해결하기 위하여 제기한 것이다. '해외 진출' 전략 제기와 실시는 중국이 국내·외 새로운 경제 상황에서 시장과 자원을 효과적으로 활용하고 경제 글로벌화에 대응하며 경제력과 경쟁력을 제고하기 위한 필연적 선택이었다.

종합적으로 보면 장쩌민은 중국혁명의 시대에 태어나, 개혁의 시대를 거쳐, 발전의 시대를 향해 나가는 중국공산당 제3세대 지도자의 한

18) 「신 세기 요구에 맞는 중청년 지도 간부 양성에 박차를 가하다(加緊培養适應新世紀要求的中青年領導干部)」, 장쩌민이 2000년 6월 9일에 중국 중앙당교 업무 회의에서 연설한 내용이다. 중국인민망(人民網)
(http://theory.people.com.cn/GB/40557/69447/69452/4701790.html, 2019.3.3.)

사람이다. 강력한 리더십을 소유하지 않은 전형적인 기술관료가 중국의 최고지도자로 등극했다는 사실은 중국으로서는 또 다른 하나의 모험을 시작하는 것이라고 해도 과언이 아니다. 이러한 모험은 정치리더십의 측면에서 보면 중국특색 사회주의라는 실험적이고 과도기적인 정치경제 체제가 새로운 관료엘리트에 의해 정치적 혁명과 경제적 혁명이 동시에 계승·발전될 수 있는 리더십으로의 전환이 가능한 것이냐의 숙제를 던져 주고 있다. 그리고 이러한 실험과 숙제의 해답은 일차적으로 장쩌민의 리더십에 달려 있다고 할 수 있다.[19]

장쩌민은 기술관료 출신이기 때문에 그의 리더십 혁신 과정은 개혁개방 이후 새로이 출현한 기업창업자와 기술자, 사영 기업주 등을 끌어안는 '3개 대표론'을 제시하는 사고의 탄력성과 실용성을 지녔고 국내 서부대개발 전략과 해외 진출 전략을 병행하며 국유기업 개혁과 WTO가입 등 중국이 안고 있던 국내외 과제를 신축성 있게 처리해 나갈 수 있었던 것으로 보인다.[20] 김영화는 "시대가 영웅을 만드는가, 영웅이 시대를 만드는가의 논쟁의 관점에서 말하자면, 모택동(마오쩌둥)과 등소평(덩샤오핑)은 중국사회주의혁명과 개혁개방에서 중국의 운명을 전면적으로 바꾸는 데 결정적인 역할을 하여 영웅이 시대를 만들어 낸 편에 가까운 인물들이었다. 이에 비해 강택민(장쩌민)은 오히려 시대가 영웅을 만드는 편에 가깝다고 하겠다"[21]고 분석하였다. 따라서 장쩌민의 리더십 혁신의 특징은 시대를 개척하는 혁명적 리더십보다 시대에 순응하는 개혁지향형 또는 과업지향형 과도기 리더십이라고 할 수 있다.

---

19) 김영화, 『강택민과 중국정치』, 도서출판 문원, 1997, 5쪽.
20) 이승익, 앞의 책, 176쪽.
21) 김영화, 『중국정치리더십』, 문원출판, 2000, 205쪽.

　이러한 리더십 특징을 지닌 장쩌민은 과도기에 위기국면을 수습하는데 수완을 발휘한 조정자형 지도자로서 덩샤오핑으로부터 개혁개방 과도기를 관리해 경제발전을 지속하고 이와 더불어 심화되는 불평등과 사회혼란을 완화하고 수습하는 과제를 떠안았다. 덩샤오핑이 발아시킨 사회주의 시장경제를 더욱 가속화하고 생산력 증대 요구에 부응하고자 하는 동시에 이념을 앞세우던 과거와 달리 효율을 중시하는 시장경제 요소 접목으로 곳곳에서 황금만능주의와 부정부패 현상이 나타나자 반부패 투쟁을 주도해 정신문명을 포함한 3개문명의 조화로운 발전에도 적극 나섰다. 그 결과 개혁개방의 범위는 점(點)-선(線)-면(面)으로 점진적으로 크게 확대되었고 한층 발전한 경제력을 바탕으로 WTO에 가입하면서 중국경제를 세계 경제체제에 급속하게 편입시키는 계기를 만들었다.[22]

---

22) 이승익, 앞의 책, 177쪽.

제5부

후진타오의 리더십 혁신: '과학발전관(科學發展觀)'의 제시

제 1 장

후진타오 정치리더십의 형성

1. 성장 배경

후진타오는 상하이 출신이다. 그의 조상이 안후이성(安徽省)의 차(茶) 상인이었기에 '홍오류'[1]에 속하지 못했던 청소년기는 그의 정치 인생 과 정치리더십 특성에 영향을 미쳤다. 그의 부친은 교육을 매우 중요 하게 생각하였고 후진타오도 성적이 매우 우수한 학생이었다. 어릴 때 부터 리더로서 두각을 나타내던 그는 정치적으로도 일반 학생보다 성 숙하였다.

---

1) '홍오류(紅五類)'란 1949년 이후 중국 사회의 특정인들을 가리키는 호칭이다. 처음에는 혁명 군인, 혁명 간부, 노동자, 빈농, 중·하층 농민 출신을 지칭하였지만 후에는 그들의 유가족까지 포함되었다. 가정 성분(정치 신분)을 가리키는 단어로 시대적 특징과 복잡하 고 이해하기 어려운 감정적인 의미를 담고 있다. '홍(紅)'은 현실적인 계급 구조상 집정 당, 현정권의 성격과 일치하고 천성적으로 분명한 정치성을 가진 계급의 기초, 주체, 가 장 신뢰할 수 있는 대상이다. 그러므로 이들은 자원이나 이익(진학, 승진, 주택, 의료 등 사회적인 신분 이동 기회와 복지)적인 면에서 특권을 누리고 정치 참여(군대, 간부나 인 민 대표로의 선출, 관료), 후임자 육성(입대, 입단, 입당, 각종 간부 후보자)에서도 우선권 이 있다. 이와 대응되는 단어로 흑오류(黑五類)가 있다. 이는 문화대혁명 당시 정치적 신 분이 지주, 부농, 반혁명, 악질 분자, 우파 분자였던 이들을 통칭한다.

그의 나이 7세에 모친이 세상을 떠났다. 어린 나이에 어머니를 잃은 후진타오는 조용하고 차분하며 신중하고 평화로운 성격이었다. 그는 사람들과 잘 지내고 단결을 매우 중요시하는 아이였다. 후진타오가 다니던 타이저우시(泰州市)의 다부(大埔)초등학교는 90년 역사를 가진 타이저우의 명문학교였다. 1953년 초등학교를 졸업하고 사립 타이저우 중학교 3학년에 되었을 때 후진타오는 중국공청단(共靑團)에 입단하였다. '좌경' 사고의 영향을 받아, 당시 사람들은 '성분'에 대하여 아주 중요하게 생각했다. 과거 후진타오 일가는 작은 가게를 운영한 적이 있었다. 소상공인 출신의 그가 입단을 했다는 것은 그가 훌륭한 자질을 갖추고 있었음을 여실히 보여준다.

1956년 중학교를 졸업하고 14세에 타이저우 최고 학교인 장쑤성(江蘇省) 타이저우 고등학교에 합격했다. 담임이었던 션진린(沈進林) 선생님은 정직하고 인격적인 사람으로 후진타오의 성장에 긍정적인 영향을 주었다. 션(沈)선생님은 학생의 품행에 대해 근거 없이 판단하거나 비난하지 않았다. 후진타오가 반장을 하던 고3 때 선생님은 그를 정치적인 의지가 강하고 학생들의 단결을 도모할 수 있으며 잘못된 상황에 대해 판단하고 의견을 제시할 수 있는 우수한 학생이라고 평가하였다. 후진타오는 일반 학생보다 나이가 어리지만 생각이 깊었다. 같은 반 친구들 기억 속의 그는 단 한번도 화를 낸 적이 없는 아이였다. 친구들은 그가 성격이 온화하고 깔끔하며 자신의 이미지와 태도에 늘 주의하는 학생이었다고 기억한다.[2]

후진타오는 훗날 지위가 높아졌을 때에도 모교의 은사를 그리워했

---

2) 조이(趙義), 「중국 지식형 및 기술형 '신 정치가' 등장(中國知識型和技術型"新政治家"登場)」, 중국신랑망(新浪網)
   (http://news.sina.com.cn/c/2002-12-11/1028836964.html, 2019.3.9.)

다. 티베트 자치구 당 총서기로 취임할 때 그는 셴(沈)선생님에게 보내는 편지에서 "저의 성공은 모두 선생님의 가르침 덕분입니다. 타이저우 학교는 엄격하고 바른 가르침을 주었고 저에게 매우 깊은 인상을 남겼으며 졸업 후 학습과 업무에 많은 영향을 주었습니다."라고 감사의 인사를 남겼다.

2. 칭화(淸華)의 학생에서 정계의 기린아로 성장

중국 강남(江南)의 작은 마을에서 베이징 칭화대학(淸華大學)으로의 유학은 인생의 대전환이었다. 후진타오가 대학 시험을 치를 때 중국은 건국이라는 대업 때문에 이공과가 대세였다. 후진타오 역시 칭화대학에 진학하고 싶었다. 그는 부친과 상의한 후 당시 인기 없고 고생이 예견된 수리공정과를 선택하였다. 이러한 선택은 취향과 실용적인 것을 비교하고 따지는 그의 실무적인 성격을 잘 보여준다. 그리고 이 성격 때문에 국가 차원의 큰 문제를 해결할 때 종합적이고 객관적으로 판단할 수 있었다.

재학 시절, 문예 활동에 적극적이었던 후진타오는 학생 문공단 무도대(文工團舞蹈隊) 단지부(團支部) 서기를 맡았고 이는 공청단(共靑團)으로서의 시작이었다. 그리고 이 시기에 훗날 아내가 될 리우용칭(劉永淸)과 인연을 맺게 된다. 리우용칭과 그는 같은 학년에서 가장 나이가 어렸다. 아름답고 지혜로운 이 여인은 후진타오를 위해 기꺼이 자신의 일과 생활을 포기하고 험난한 서북에서 남편과 함께 풍파를 헤쳐 나가게 된다.

대약진이나 문화대혁명의 불길은 당시 학생이었던 그에게도 재난이었다. 소상인의 아들로 출신이 좋지 않았던 그는 혼란 속에서 조용하고도 신중하며 냉정한 사고의 정치 성격을 가지게 되었다. 문화대혁명 시기에 후진타오는 영혼이 부서질 정도의 큰 타격을 받았다.

1965년 후진타오는 정식으로 공산당원이 되었고 졸업 후 정치 지도원과 연구원의 신분으로 학교에 남았다. 칭화대학 정치 지도원으로서 학생들의 사상 작업을 지도하던 원칙, 그리고 융통성 있고 공정하게 학생들 대하던 그의 진심과 강한 설득력은 훗날 구이저우(貴州) 학생 사건과 티벳 독립 운동 평정에 영향을 미쳤다.

군선대(軍宣隊), 공선대(工宣隊)[3]가 칭화대학에 주둔하자 후진타오는 자발적으로 이에 협력하여 국가 건설에 힘을 더했다. 그 결과 그는 간쑤(甘肅) 류자샤(劉家峽)댐 건설 현장으로 가게 되었다. 그리고 그 곳에서 무려 14년을 머물렀다. 그 황량한 곳에서 후진타오는 칭화대학 입학시험의 꿈을 실현하였다.

간쑤에서 머무르던 긴 시간 동안 그는 기초 업무를 담당하였고 1968년부터 1974년까지 수리부 제4공정국에서 엔지니어, 비서, 기관 당 지부 부서기로서 경력을 쌓았다. 1974년 간쑤성(甘肅省) 건설위원회 비서로 부임할 때 간쑤성 건설위원회 주임인 중국공산당 원로 쑹핑(宋平)을 만났다. 그리고 1975년 후진타오는 간쑤성 설계 관리처 부처장이 된다.

1979년은 그의 정치 인생 중 매우 중요한 해였다. 쑹핑이 간쑤성 건설 위원회에서 직접 좌담회를 열었고 후진타오가 여기에서 정식 보고를 진행하게 되었다. 공학도 출신인 그는 평소에 성실하고 현장을 자

---

3) 공선대(工宣隊)는 문화대혁명 기간 마오쩌둥 사상을 선전하던 선전대이다. 같은 임무를 수행하던 이들로 중국 인민 해방군 간부, 전사로 구성된 군선대(軍宣隊)가 있다. 이들은 도시의 대학교, 중고등학교, 초등학교에 파견되어 지도 업무를 수행하였다. 1968년 7월 최초로 칭화대학, 베이징대학 등 베이징의 대학에 주둔하였다.

주 시찰하였기에 현장 상황에 정통했다. 조리 있고 명석한 그는 그 자리에 참석한 간부 중에서 유독 두드러졌다.[4] 그 후 후진타오는 공청단 간쑤성 위원회 서기로 승진하고 1982년 간쑤성 위원회의 추천으로 중공 중앙 당교가 주최한 전국 중청년 간부 훈련반에 참가하고 곧바로 공청단 중앙 서기처 서기와 전국 청년 연합 주석이 되었으며 얼마 지나지 않아 다시 공청당 중앙 서기처 제1 서기로 승진하였다. 후진타오는 1982년 9월 대표 자격으로 중국공산당 12대에 참석하였는데 최연소 중앙 위원 후보가 되어 있었다.

3. 공청단(共青團)에서 중앙 무대로의 진출

1982년 12월, 그는 공청단 중앙 서기처 서기가 되기 위해 베이징으로 돌아왔다. 14년 전 칭화대 학생이었던 그가 40세가 되어 다시 베이징에 돌아 온 것이다. 공청단 중앙 판공 건물은 중남해(中南海)에서 매우 가깝다. 젊고 우수하며 강한 정치적 의지로 지도자 자질을 갖춘 인재로 평가 받는, 그리고 훗날 국가와 성(省)을 이끌어가는 대표 리더인 후야오방(胡耀邦), 왕자오궈(王兆國), 리커창(李克强) 등이 바로 이 곳 출신이다.

1984년 후진타오는 공청단 중앙 제1 서기 자리를 이어받았다. 국내 정치가 안정을 찾아가기 시작한 때였고 공청단 산하 기관인 「중국 청년보」는 이를 대대적으로 보도하였다. 후진타오는 전국 무도회를 통해 인민 사상을 해방시켰다. 그의 생각은 실무적이었고 개방적이었으

---

4) 장펑타이(張鳳太) 외, 「귀주 소수 민족 지역 자아발전 능력 탐구(貴州少數民族地區自我發展能力探析)」, 『성도공업학원학보(成都工業學院學報)』, 2013.1, 90–92쪽.

며 10여 년 동안 마음속에 품어 오던 급진 사상이 어느 정도 해소되어 있었다.

1984년 43세의 후진타오는 중앙을 떠나 구이저우성(貴州省) 위원회 서기로 부임하게 되었다. 이 때부터 지방 훈련이 시작된다. 그리고 최연소 성(省) 최고지도자로서 주목을 받았다. 지방에서 오랜 기간 단련을 거듭해 온 그의 성실하고 노력하는 모습은 모두의 인정을 받았다.

후진타오가 부임하던 첫 해에 「교육 체제 개혁 추진에 관한 결정」을 제정하고 "교육 발전, 지식 개발은 경제 발전과 부(富)의 창출을 위한 대계(大計)이다."라고 하였다. 당시 성(省) 재정이 여유롭지 못했던 상황에서도 그는 불필요한 지출을 줄이고 교육에 4,000만 위안의 투자를 늘렸다. 후에는 3년 동안 무려 2억 4천만 위안을 교육 사업에 투입하였다.

취임 2년 후 그는 구이저우성의 86개 지역을 방문하면서 뛰어난 관찰력과 기억력으로 현지 정치와 경제, 역사, 지리적 조건, 자원, 인구, 교육을 면밀히 살폈다. 그리고 그는 산지가 많은 구이저우성은 식량만 생산하는 단일 농업에 적합하지 않다고 판단하고 농민들에게 담배와 유채 재배를 제안하였다.

동시에 해외 국가와의 농목업 교류를 늘리고 뉴질랜드의 농업 전문가를 초빙하여 농민들을 교육시켰다. 또한 교육을 매우 중요하게 여겨 직접 대학에 가서 청강하거나 간부들에게 연수를 장려하였다. 성공한 기업가나 전문가를 초청하여 간부들을 교육시키거나 선전(深圳), 상하이로 연수를 보냈다. 그의 현실적이면서도 단계적인 업무 능력은 구이저우(貴州)인들의 호평을 받았다.

중국공산당 13대 이후 정치 체제 개혁의 행보가 조심스럽게 시작되었다. 후진타오가 있던 구이저우도 예외가 아니었다. 1988년 그는 정치 체제 개혁을 위해 당과 정부의 분리에서 시작하여 성 위원회와 성 정부의 업무를 구분하는 데 중점을 두었다. 그의 지도 하에 구이저우 성은 대규모의 기구 개혁이 시작되었고 인사국, 노동국, 통계국 등 11 개 부처가 사라지고 행정 수장 책임제가 수립되었다. 물론 이 모두 그 혼자만의 성과가 아니라 새로운 관념의 수용과 모두의 단결이 이루어 낸 개혁이었다. 이러한 관리 능력과 집단을 중시하는 면모는 정치 계획에서도 잘 드러난다.

같은 해 말, 후진타오는 더 척박한 생활 환경, 더 복잡한 정치 환경인 티베트의 당 위원회 서기로 이동하게 되었다. 당시의 그곳은 티베트인들의 분열 운동이 진행 중이었다. 후진타오는 티벳 민족 간부와 관계를 호전시켜 그들의 지지를 얻고 티베트 독립주의자들에게는 강경한 수단을 취하면서 상황을 통제하였고 이로써 중앙 상부로부터의 신임을 더욱 굳혀갔다.

1992년 후진타오는 중공 중앙 정치국 상무위원, 중앙 서기처 서기로 부임하였다. 이때부터 익숙하고도 낯선 상무위원으로서의 생활이 시작되었고 갓 50세로 다시 한번 최연소 기록을 세웠다. 10년 후 2002년 11월 중국공산당 16대에서 후진타오는 중공 중앙 총서기로서 중국 정치 무대의 중심에 서면서 전 세계에 이름을 알리게 되었다.

후진타오가 바닥부터 최고의 지위에 오를 수 있었던 이유는 타고난 리더십과 항상 최선을 다하는 그의 성실하고도 신중한 성격 때문이었으며 중요한 시점에서 윗사람이 그의 진가를 알아주었기 때문이다. 그리고 현장 업무에서 쌓아온 경험으로 기초층 인민의 수요를 파악할 수 있었기에 그에 대한 관리 자치 제도를 개선해 나갈 수 있었다. 그리고 그가 친히 경험했던 사막 기후 때문에 환경의 중요성을 더 잘 인식하였으며 훗날 생태 문명 건설의 바탕을 다졌다.

〈표 21〉 후진타오의 정치 경력 과정

시간	정치 경력
1959-1965	칭화대학(淸華大學) 수리공정과에서 재학 동안, 문공단(文工團) 단지부(團支部) 서기를 담임.
1965-1968	정식으로 공산당원이 되었고 졸업 후 정치 지도원과 연구원의 신분으로 학교에 남았음.
1968-1974	간쑤(甘肅)성 수리부 제4공정국에서 엔지니어, 비서, 기관 당 지부 부서기로서 경력을 쌓았음.
1974-1975	간쑤성 건설위원회 비서
1975-1980	간쑤성 설계 관리처 부처장
1980-1982	간쑤성 건설위원회 부주임, 공청단 간쑤성 위원회 서기
1982-1985	공청단 중앙 서기처 서기, 전국 청년 연합 주석, 최연소 중앙 위원 후보, 공청단 중앙 제1 서기
1985-1988	구이저우성(貴州省) 위원회 서기
1988-1992	티벳자치구 위원회 서기
1992-2002	중공 중앙 정치국 상무위원(최연소), 중앙 서기처 서기, 중앙당교 교장, 국가 부주석
2002-2013	중공 중앙 총서기, 국가 주석

제 2 장

후진타오의 비전:
'어떠한 발전을 실현하며 어떻게 발전할 것인가?'

1. 후진타오 비전의 형성 배경 및 형성 과정

1) 후진타오 비전의 형성 배경

발전은 당시 세계의 주제이자 중국의 주제였다. 세계적인 각도에서 볼 때 발전은 세계적인 범위의 현대화 과정이며 중국의 특수한 국가 정세에서 바라보면 사회주의 현대화 건설 과정이다. 발전관이 중요한 이유는 발전관에 따라 발전 노선, 발전 방식, 발전 전략이 결정되고 실천의 근본성, 전체성에 영향을 미치기 때문이다.[1] 후진타오 집정 시기의 중국은 발전의 기회, 도전, 성과, 과제 모두 과거와 확연히 다른 수준이었다. 중국은 중요한 발전기이면서 동시에 갈등기라는 특수한 시기였다. 이런 때 중국으로서는 시대의 요구에 부합하고 중국만의 특별

---

[1] 왕루(王璐), 「과학발전 이념 중의 '실천' 개념에 대한 분석(科學發展理念中的"實踐"概念淺析)」, 『학리 이론(學理論)』, 2009.11.25, 39-40쪽.

한 정세에 맞는 새로운 사고가 필요했고 이로써 후진타오 비전이 탄생하게 되었다.

먼저, 후진타오 비전은 경제 사회 발전의 단계적 특징을 기초로 형성되었다. 이때는 중국 경제력이 현저히 성장한 반면 생산력은 전체적으로 아직 낮고 자주 혁신 능력도 부족하며 장기적으로 형성된 구조적 모순과 조방적 성장 방식이 아직 남아있다는 첫 번째 특징이 있다. 두 번째 특징으로는 사회주의 경제 체제가 자리를 잡고 있었지만 발전 체제를 가로막는 장애는 여전히 존재하고 있었다는 것이다. '제2차 혁명'은 심각한 모순과 문제에 부딪힌 상태였다. 세 번째는 생활 수준에서 샤오캉을 이루었다고 하나 소득 분배의 차이가 여전히 커서 가난한 자가 아직 많았다. 네 번째 특징은 조화로운 발전이 실현되었으나 농촌의 인프라는 아직 낙후되고 발전이 더뎠다. 다섯 번째, 사회주의 민주 정치가 지속적으로 발전하고 있으나 민주 법제 건설과 인민 민주 및 경제 사회 발전의 요구와 아직 괴리가 있었다. 여섯 번째, 사회주의 문화 번영, 정신 문화 수요의 증가, 인민의 사상의 독립성, 선택성, 다변성, 차이성의 변화로 인해 사회주의 선진 문화 발전의 요구가 더욱 까다로워 졌다. 일곱 번째, 대외 개방이 점차 확대되고 국제 경쟁은 날로 치열해져 갔으며 선진국은 경제 기술적 우위를 이용하여 압력을 가하고 있었다.[2] 이러한 특징은 후진타오의 집정 시기의 새로운 정세, 새로운 갈등, 새로운 문제로 드러났고 후진타오 비전 형성의 현실적인 근거가 되었다.

그 외에도 후진타오 비전은 국제 정세 분석, 세계 추세에의 대응, 해외 발전 경험에 대한 면밀한 분석을 기초로 형성된 것이다. 21세기에

---

2) 왕헝빙(王恒兵), 「당대 중국 마르크스주의 대중화 문제 연구(当代中國馬克思主義大衆化問題研究)」, 중국하남대학(河南大學), 2011, 175쪽.

접어들어 세계는 커다란 변화와 조정을 겪고 있다. 다극화를 거스를 수도 없고 경제 글로벌화와 과학 혁명의 속도에도 발맞추어야 했다. 국제 협력 또한 날로 심화되고 국제 환경의 불안전과 불확실 요소도 늘어나 중국을 둘러싼 외부 조건이 점차 복잡해져 갔다. 장기적으로 인류는 전례 없는 경제 성장을 이루었지만 성장만을 추구하고 맹목적으로 선진국만을 모방한 결과 양극화, 실업, 부패, 정치 혼란과 더불어 경제 불균형, 사회 발전 속도의 둔화, 자원 부족, 환경 악화와 같은 부작용이 나타났다. 특히 국제 금융 위기가 발발하면서 자본주의 제도의 고질적인 모순과 세계 경제 성장 방식의 폐단이 드러났다. 속도를 높이고 지속 가능하면서도 균형을 이룬 성장은 각국이 모두 원하는 중대 과제가 되었다. 후진타오 집정 시기에도 성장 방식의 반성과 전략 조정이 시작되었고 중국의 발전을 세계라는 큰 무대로 확대하여 장단점을 보완하면서 발전의 주도권을 쟁취하려 노력하였다.

2) 후진타오 비전의 형성 과정

후진타오는 실사구시, 변화에 따른 진화, 진리 추구의 정신을 견지하며 인본주의, 조화와 지속 가능한 과학 발전의 비전을 점차적으로 키워나갔다. 1988년 6월부터 2003년 9월까지는 후진타오 비전이 싹을 틔우던 단계이다.

후진타오는 구이저우와 티벳에서 7년을 머물렀다. 빈곤하고 험난한 지방 생활은 그로 하여금 전체를 고려한 계획, 조화롭고 지속 가능한 발전 사상을 기르게 하였으며 특히 그가 제기한 생태 환경 보호와 건설이라는 사상은 과학 발전관에 중요한 영향을 미쳤다. 후진타오는 구이저우에서 수차례 현지 조사를 통해 '가난 탈출과 생태 환경'이라는 경제 발전 노선을 형성하였다.

1980년대 '지속 가능한 발전'이 아직 널리 인정받지 못하던 때 후진타오는 구이저우에서 가난 탈출과 동시에 생태 건설에 주목하여 환경 보호 방안을 제정하고 실시하였다. 이는 미래 전망형, 그리고 과학형이라는 의미가 있다. 당시 과학 발전관을 명확하게 제기하지는 않았으나 가난 탈출을 골자로 실시한 경제 건설을 생태 환경 보호와 결합하여야 전면적으로 조화롭고 지속가능한 발전을 실현할 수 있다고 했던 그의 주장은 과학 발전관의 싹이 이미 트고 있었음을 보여준다.[3]

2002년 11월 15일 후진타오는 당 16회 1중전회에서 중공 중앙 총서기로 당선되고 세계 정세와 국가 정세, 당의 정세의 변화에 대응하여 '어떠한 발전을 실현하고 어떻게 발전할 것인가'라는 문제에 대해 깊게 사고하기 시작하였다. 2003년 7월 28일 '전국 사스 방지를 위한 회의'에서의 연설 중 "우리가 말하는 발전이란 당 집정과 국가 부흥을 위한 최대 사명이다. 여기에서 발전이란 결코 경제 성장을 말하는 것이 아니라 경제 건설을 중심으로, 경제 발전을 기초로 사회의 전면적인 발전을 실현하는 것이다. 우리는 전면적인 발전, 조화로운 발전, 지속 가능한 발전관을 견지해야 한다. 사회주의 물질 문명, 정치 문명, 정신 문명의 조화로운 발전을 추진하면서 경제 사회 발전을 기초로 사람의 전면적인 발전을 촉진해야 하며 사람과 자연의 조화를 촉진해야 한다."라고 하였다.[4] 여기에서 그가 처음으로 '전면적인 발전, 조화

---

3) 장신저우(張新洲), 「'후진타오 문선'을 통해서 본 과학발전과의 형성과 발전(從《胡錦濤文選》看科學發展觀的形成和發展)」, 『중공산서성기관당교학보(中共山西省直机關党校學報)』, 2018.1, 10~13쪽.

4) 『17대 이래 중요 문헌 선편(十七大以來重要文獻選編)』(상편), 중국중앙문헌출판사, 2011, 396쪽.

로운 발전, 지속 가능한 발전'이라는 말로 중국의 새로운 발전관에 대해 정의하였다. 그리고 발전과 경제 성장이라는 개념을 구분하고 발전의 의미를 표현한 것은 과학 발전 비전의 탄생을 상징한다.

2003년 10월부터 2007년 10월은 후진타오 비전이 점차 형성되고 새로운 발전 이념이 제기되는 단계이다. 당 16대 3중전회 제2차 전체 회의에서 후진타오는 "전면적인 발전, 조화로운 발전, 지속 가능한 발전의 과학 발전관의 수립과 정착은 발전이야말로 절대적인 이치라는 전략을 견지해 나가는 데에 있어서 의미가 매우 크다.5)"라고 하였는데 이는 그가 '과학 발전관'이란 개념을 처음으로 정식 제기한 것이었다. 그리고 과학 발전관의 구체적인 요구와 의미에 대한 해석이었다. 마오쩌둥 탄생 110주년 기념 좌담회에서 그는 "우리는 경제 건설을 중심으로, 인본주의를 견지하며 전면적이고 조화로우며 지속 가능한 발전관을 수립해야 한다. 도시와 농촌의 발전, 지역 간 발전, 경제 사회 발전, 사람과 자연의 조화로운 발전, 국내 발전과 대외 개방을 동시에 아우르는 계획을 세우고 추진해야 한다.6)"라며 과학 발전관을 더욱 구체화하였다.

당 17대에서 후진타오는 과학 발전관을 제기한 시대적 배경, 과학적 의미, 실천 요구, 현실적 의의에 대해 더 면밀하게 설명하였다. "과학 발전관은 사회주의 초기 단계라는 기본 국가 정세에 기초를 두고 우리의 경험을 종합하였으며 해외 사례를 거울로 삼아 새로운 발전의 요구에 맞추어 제기된 것이다.", "과학 발전관의 첫 임무는 바로 발전이며 핵심은 인본주의이다. 과학 발전은 전면적이고 조화로우며 지속 가능해야 하며 근본적인 방법은 모두를 함께 고려하고 계획한다는 것

---

5) 후진타오, 『후진타오 문선(胡錦濤文選)』(제3권), 중국인민출판사, 2016, 104쪽.
6) 후진타오, 위의 책, 143쪽.

이다."[7] 17대 보고에서는 과학 발전관을 더욱 체계적으로 밝히고 누구를 위한 발전인지, 누구에 의한 발전인지, 어떻게 발전할 것인지와 같이 기초적이고 근본적인 문제에 대한 답을 제시하였다. 여기에서 그는 그의 비전을 분명하게 밝히고 새로운 세기, 새로운 단계의 경제 사회 발전 목표, 발전 노선, 발전 전략에 대해서도 명확하게 규정하였다. 당 17대는 후진타오의 '과학 발전관'을 당장(黨章)에 기입하였다. 이로써 후진타오 비전이 정식 확립되었다.

〈표 22〉 후진타오 비전의 형성 과정

시간	단계	배경	비전의 내용 및 형성 과정
1988년 – 2002년	발아 단계	구이저우 및 티벳의 집정 시기	빈곤하고 험난한 지방 생활은 후진타오로 하여금 전체를 고려한 계획, 조화롭고 지속 가능한 발전 사상을 기르게 하였으며 '가난 탈출과 생태 환경'이라는 경제 발전 노선을 형성하였음. 특히 그가 제기한 생태 환경 보호와 건설이라는 사상은 과학 발전관에 중요한 영향을 미쳤음.
2003년 7월 28일	처음 제시	전국 사스 방지를 위한 회의	처음으로 '전면적인 발전, 조화로운 발전, 지속 가능한 발전'이라는 말로 중국의 새로운 발전관에 대해 정의하였음. 그리고 발전과 경제 성장이라는 개념을 구분하고 발전의 의미를 표현한 것은 과학 발전 비전의 탄생을 상징함.
2003년 10월	정식 제시	16회 3중전회 제2차 전체 회의	'과학 발전관'이란 개념을 처음으로 정식 제기하였으며 과학 발전관의 구체적인 요구와 의미에 대해 해석함.
2003년 12월	구체화	마오쩌둥 탄생 110주년 기념 좌담회	• "경제 건설을 중심으로, 인본주의를 견지하며 전면적이고 조화로우며 지속 가능한 발전관을 수립해야 한다."

---

7) 후진타오, 위의 책, 623쪽.

			・"도시와 농촌의 발전, 지역 간 발전, 경제 사회 발전, 사람과 자연의 조화로운 발전, 국내 발전과 대외 개방을 동시에 아우르는 계획을 세우고 추진해야 한다."
2004년 9월	성숙 및 발전	16회 4중전회	「중공 중앙 당의 집정능력 건설의 강화에 대한 결정」을 통과시켜 '인본주의를 견지하며 전면적이고 조화로우며 지속 가능한 발전관'을 중요한 전략 사상으로 해석함.
2005년 10월	전면적 실행	16회 5중전회	「중공 중앙 국민 경제 및 사회 발전 11번째 5개년 계획 제정에 대한 의견」을 통과시켜 향후의 계획은 모두 '과학발전관'의 전략 사상으로 구현되었으며 전면적으로 실행하기 시작함.
2006년 10월	지도 방침	16회 6중전회	「중공 중앙 사회주의 조화로운 사회 구축에 대한 중대 문제의 결정」을 통과시켜 '과학발전관'을 통해 경제 사회 발전 대국(大局)을 지도하도록 함.
2007년 10월	확립 단계	중국공산당 17대	과학 발전관을 더욱 체계적으로 밝히고 누구를 위한 발전인지, 누구에 의한 발전인지, 어떻게 발전할 것인지와 같이 기초적이고 근본적인 문제에 대한 답을 제시. '과학 발전관'을 당장(黨章)에 기입.

2. '과학발전관'의 제시와 의미

'제2차 혁명' 이후 국가 정세에 대한 판단이 흐리고 인류 사회 발전, 사회주의 건설, 공산당 집정 규칙에 대한 인식이 점차 모호해졌기 때문에 집정 이념과 '인본주의'가 서서히 멀어지고 있었다. 경제 성장의 속도와 규모만 추구한 결과 물질주의의 늪에 빠졌고 경제 상황이 불안정했다. 결과적으로 사회주의 강국을 건설하겠다는 꿈은 멀어져 가고 오히려 국민 경제가 벼랑 끝에 몰리고 있었다.[8]

후진타오는 이러한 국가 정세에서 과학 발전관을 내놓았다. 그의 과학 발전관이 담고 있는 의미는 매우 풍부했다. 사람이 근본이 되고 경제 건설이 중심이 되며 경제 사회와 사람이 전면적이고 조화로우며 지속 가능한 발전을 이룬다는 것이었다. 이렇게 경제, 정치, 문화, 생태, 사회라는 모든 영역에서 이루어지는 발전은 생산력과 경제 기초적인 문제일 뿐 아니라 생산 관계와 선진 사회 건설 문제이며 또한 이론적 문제임과 동시에 실천의 문제였다.

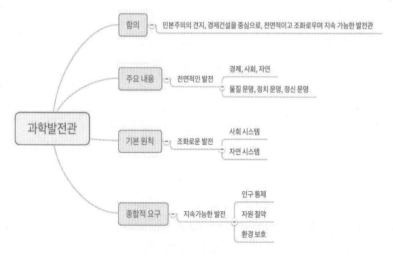

〈그림 2〉 '과학발전관'의 제시와 의미

먼저, 전면적인 발전 촉진이 과학 발전관의 주요 내용이다. 전면적인 발전이란 사회주의 현대화 건설을 체계적인 공정으로 바라보고 경

---

8) 쑨광쥔(孫广軍), 주젠청(朱建成), 「과학발전관의 본질과 함의를 파악하다(准确把握科學發展觀的本質和內涵)」, 『이론학간(理論學刊)』, 2004.7, 12-13쪽.

제, 사회, 자연에 대해 사고하며 물질 문명, 정치 문명, 정신 문명의 건설에 착안한다. 경제 성장을 가속화하고 동시에 과학, 교육, 문화, 위생 등 사회 사업을 발전시키며 정치 체제 개혁에 박차를 가하여 사회의 종합 발전과 더불어 풍요, 건강, 문명이라는 입체적 번영을 이루겠다는 것이다.

다음으로, 조화로운 발전이 과학 발전관의 기본 원칙이다. 조화로운 발전이란 사회 시스템과 자연 시스템 및 사회 시스템 내부의 상호 적응, 상호 촉진, 공동 발전을 말한다. 여기에는 3가지 차원의 의미가 담겨 있는데 사회 시스템과 자연 시스템, 즉 인구, 경제 사회, 자연 환경의 조화가 첫 번째이고 사회 내부 경제, 정치, 문화라는 3대 시스템의 조화가 두 번째이며 사회 3대 시스템 각자 내부의 조화가 세 번째이다. 다시 말하면 조화로운 발전은 경제, 정치, 문화의 상호 조화이며 상호 촉진이다. 또한 국가간, 지역간, 도·농간 및 산업간 자원의 통합과 상호 영향으로 합리적인 구조, 완벽한 기능, 적절한 속도와 효율, 품질을 모두 고려한 사회 발전 형태를 뜻한다. 이는 사회 진보의 상징이다.

마지막으로 지속 가능한 발전 실현이 과학 발전관의 종합적인 요구이다. 지속 가능한 발전이란 인구 통제, 자원 절약, 환경 보호를 통해 인구 성장과 사회 생산력 발전의 조율이 이루어지고 경제 건설과 자원, 환경이 조화를 이루어 선순환(善循環) 발전을 실현하는 것이다. 우리는 지금의 발전 수요를 고려함과 동시에 미래의 발전 수요도 생각해야 한다. 후세의 이익을 희생하여 현재의 이익을 도모해서는 절대 안 된다. 발전은 경제 규칙을 존중하면서 사회 규칙과 자연의 규칙까지 존중해야 한다.9) 중국은 인구가 많고 자원이 상대적으로 부족한 나라이다. 산업 문명이 발전하면서 인구, 생태 환경, 자원의 갈등도 함께 커져가고 이것이 다시 발전의 걸림돌이 되고 있다. 그러므로 자원과 상태 환경 문제를 주목하면서 지속 가능한 발전의 능력을 끊임없이 키워가야 한다.

후진타오는 인본주의를 강조하면서 전면적이고 조화로우며 지속 가능한 발전도 함께 강조하였다. 이는 발전을 뒤로 미루라는 뜻이 아니며 경제 건설이 중요하지 않다는 의미가 결코 아니다. 경제 성장이 발전의 모든 의미는 아니지만 발전의 기초와 핵심이다. 경제 성장이 사회 발전을 대신할 수 없고 발전의 전면성이 중요하다는 이유로 경제 성장의 중요성을 부정할 수도 없으며 경제 건설이라는 사업을 외면할 수는 더욱 없다.

후진타오 집정 기간에 중국은 일인당 GDP 1,000달러라는 중요한 시점에 서 있었다.[10] 중국은 이미 저소득 국가에서 벗어났고 중등 소득 국가의 문턱을 넘어서는 중이었다. 국제 경험으로 볼 때 이 단계는 국가 성장에 있어서 역사적인 단계이다. 오랜 시간 동안 경제를 지속적이고 빠르게 성장시키고 국민 경제 수준을 제고할 수 있다는 특징이 있다. 만약 이 관문을 잘 통과하면 전략적 기회를 잡아 경제 사회 발전을 새로운 단계로 끌어 올릴 수 있다. 그렇지만 인구, 자원, 환경의 갈등이 이를 방해한다. 이 문제들을 해결하지 못하면 발전의 기회는 사라지고 경제의 기복과 사회 불안이 다가온다.[11] 남미(南美)의 사례가 바로 그렇다.

---

9) 탕자오윈(唐召云), 「국민의 전면적인 발전과 소강사회의 전면적인 건설을 논하다(論人的 全面發展与全面建設小康社會)」, 『호남성시학원학보(湖南城市學院學報)』, 2004.4, 10-13쪽.

10) 췌둥지에(崔東杰), 량잔팡(梁占方), 「과학발전관에 대한 몇 가지 사고(對科學發展觀的几 点思考)」, 『하북직업기술학원학보(河北職業技術學院學報)』, 2007.1.29, 70-72쪽.

11) 리팡(李芳), 「과학발전관을 수립하고 경제 성장 방식의 근본적 전환을 추진하다(樹立和 落實科學發展觀推進我國經濟增長方式的根本性轉變)」, 산서성자본론연구회(陝西省資本論研 究會) 2004년 학술 년회, 2004.10.1, 110-114쪽.

그러므로 후진타오는 당 16회 3중전회에서 경제 건설을 기초로 '5가지 종합 대책(五个統籌)'을 언급했다. 즉, 도시와 농촌의 발전을 함께 도모하여 이원 경제 구조의 전환을 촉진하고 지역 동반 성장을 도모하여 동·중·서부가 서로 장단점을 보완하면서 번영하도록 하며 경제와 사회의 공동 발전을 도모하여 경제 발전을 기초로 사회 진보를 실현한다는 것이다. 또한 사람과 자연의 조화로운 발전으로 인구 증가 속도와 자연 이용 효율을 통제하고 생태 환경을 보호하며 국내 발전과 대외 개방의 조율로 국내·외 두 시장, 두 자원을 효율적으로 이용하면서 국제 경쟁력을 키워나가겠다는 것이다.

3. '사회주의 조화로운 사회' 구상

사회주의 조화로운 사회는 후진타오가 2004년 중국 제16회 중앙 위원회 제4차 전체 회의에서 정식으로 제기한 사회 발전 전략 목표이다. 이는 화목하고 융합된 그리고 각 계층이 함께 협력한 사회를 가리킨다.[12] 그 후 '조화로운 사회'란 말이 이 개념의 약칭이 되었다. 후진타오가 제기한 사회주의 조화로운 사회 건설의 중대 과제는 사회주의 물질 문명, 정치 문명, 정신 문명 건설과 조화를 이룬 사회를 발전시키는 것이다.[13] 후진타오는 이 전략 과제와 시대적 배경을 서로 연관지었다.

---

12) 탕리팡(湯麗芳), 첸뤄송(陳若松), 「중국공산당이 전통문화에 대한 비판, 계승 및 발전-역대 지도자 관념의 시각으로 분석하다(中國共産党對傳統文化的批判, 継承与發展--從中共歷届領導人觀念的視角分析)」, 『당사문원(党史文苑)』, 2015.1.12, 15-17쪽.

13) 차이단(蔡丹), 「중국특색 사회주의 사업 전체 포석 사상의 형성 및 발전 연구(中國特色社會主義事業總体布局思想形成与發展研究)」, 중공중앙당교 박사학위논문, 2010.5.1. 235쪽.

국내적으로는 중국 경제 사회에 이미 '부조화' 현상이 나타났다. 도시와 농촌 발전의 불균형, 지역 간 발전의 불균형, 경제 사회 발전의 불균형이 더욱 뚜렷해졌고 발전의 차이 축소와 경제 사회의 조화로운 발전 실현이 어려워졌다.[14] 대중의 물질 문화 수요 제고와 다양화, 사회 경제 성분의 다양화, 사회 이익 관계의 복잡성, 각종 이익 관계자의 이익 조율의 어려움, 민주 법제 의식 제고, 정치 참여 적극성의 제고, 사회주의 민주 정치 발전과 의법치국 기본 방침 구현이라는 새로운 요구[15], 각종 사상과 문화의 상호 충돌, 사상 관념의 변화에 영향을 미치는 루트의 다양화와 심화, 사상 활동의 독립성과 선택성 및 다양성과 차이성의 확대, 사회적인 부패 현상 및 범죄 활동 등이 사회의 안정과 조화에 악재가 되었다.

국제적으로는 세계가 여전히 불안정하고 각종 갈등이 복잡해졌으며 조화로운 발전에 영향을 미치는 불확실하고 불안정한 요소들이 여전히 난무했다. 국제 경제는 낡은 질서가 사라지지 않은 상황에서 경제 글로벌화가 세계 경제 발전 추세가 됨과 동시에 각 나라 특히 개발도상국에 도전과 위험을 가져왔다. 일부 선진국은 이데올로기로 '총성 없는 전쟁'의 긴장을 조성하고 다른 나라 특히 개발도상국에 자신의 정치 제도, 이데올로기, 가치관을 주입하려고 하며 반대파, 대리인을 부추겨 내란을 선동하는 등 갖가지 수단으로 내정 개입을 시도했다. 중국은 국가 통일, 민족 단결, 경제 성장, 사회 안정을 실현하기 위해 방어 의식, 냉철한 관찰, 침착한 대응 능력을 강화하여 외부 도전에 맞

---

14) 리송링(李松齡), 「화합사회의 경제기초(和諧社會的經濟基礎)」, 『길수대학학보(吉首大學學報)』, 2007.9.15, 18~24쪽.
15) 판소룡(潘紹龍), 판웨이(潘巍), 「화합 사회 구축과 과학발전과의 변증 통일성에 대한 시론(試論構建和諧社會与科學發展觀的辯證正統一性)」, 『동남대학학보(東南大學學報)』, 2007.7.20, 9~14쪽.

서고 국제 정세와 국제 사무 대처와 처리에 있어서 주도권을 쥐어야
한다.

사회주의 조화로운 사회론은 후진타오가 이러한 새로운 문제와 갈
등에 기초하여 제기한 것이다. 과거의 과학 이론처럼 사회주의 조화로
운 사회론은 개체 의식에서 집단 의식으로의 전환을 겪었다. 개체 의
식에서 집단 의식으로의 전환을 이루는 조건은 개인 의식의 성숙이다.
후진타오의 조화로운 사회론은 탄생부터 성장까지 '자아 진화'의 과정
을 거쳐 왔다.

후진타오의 조화 사상은 현실 문제 해결을 위한 실천 중 탄생하였
다. 구이저우성(貴州省) 위원회 서기로 일하던 시절, 그는 빈곤한 내륙
산간 지역에 대해 조사 연구하였다. 비제 시험구(畢節試驗區)16)에서 "사
람과 자연의 조화로운 공존, 경제 사회의 지속 가능한 발전 모색'의
실천은 현지 주민의 원바오 문제를 해결해주었을 뿐 아니라 농가 소
득을 늘리고 빈곤 지역의 생태, 인구, 사회, 경제의 전면적인 발전을
촉진하여 사람과 자연, 사람과 사회의 갈등을 해소하였다. 더 중요한
것은 비제 시험구의 성공 사례로 조화에 대한 후진타오의 관심이 더
욱 커지고 조화 사상의 기조인 인본주의, 갈등 완화, 조화 실현, 지속
가능한 발전을 위한 기초를 다졌다는 것이다.

후진타오는 총서기로 선출된 후 조화로운 사회건설에 더 관심을 두
었다. 조화로운 사회 건설의 중요성부터 사회주의 조화로운 사회의 특
징까지, 그리고 조화로운 사회를 건설하는 방법부터 조화로운 사회와
샤오캉 사회의 관계까지, 조화 사상에 대한 그의 사고는 더욱 전면적

---

16) 비제 시험구(畢節試驗區)는 1988년 6월 구이저우성(貴州省) 위원회 서기로 부임한 후진
    타오가 직접 제창하고 국무원 허가 후 설립된 '가난을 벗어나고 생태 환경을 지키는'
    실험 구역이다. 구이저우성 서북부 비제시(毕节市)는 쓰촨성(四川省), 윈난성(雲南省), 구
    이저우성(貴州省) 교통의 요충지이다.

이고 더욱 심화되었다. 특히 2005년 이후 중국 정부는 '조화로운 사회'를 집정의 전략적 임무로 확정하면서 '조화'의 이념이 '중국특색 사회주의' 건설 과정의 방향이 되었다. 조화로운 사회의 중요한 내용은 '민주 정치, 공평 정의, 성실 신뢰와 우의, 넘치는 활력, 안정과 질서, 사람과 자연의 조화로운 공존'이다.[17]

민주 정치는 바로 민주(民主)가 충분히 구현되는 것이며 이는 의법치국의 기본 방침으로 정착되었다. 공평 정의는 사회 각 구성원의 이익 관계가 조율을 이루는 것이며 인민 내부 갈등과 기타 사회 갈등이 합리적으로 해결되는 것이다. 사회 공평과 정의는 수호되고 실현되었다. 성실 신뢰와 우의는 전 사회가 서로 돕고 신뢰하며 전 인민이 평등과 우애로 공존하는 것이다. 넘치는 활력은 사회 진보에 유리한 창조적 희망이 존중을 받고 창조력이 충분히 발휘되며 그 성과를 인정받는 것이다. 안정과 질서는 사회 조직이 건전하고 관리가 효율적이며 모두가 질서 있고 평온하게 살면서 단결을 유지하는 것이다. 사람과 자연의 조화로운 공존은 생산 발전, 풍요로운 생활, 아름다운 생태 환경을 말한다.

이상 6가지 특징은 상호 연계되고 상호 촉진한다. 이는 사회 관계의 조화 뿐 아니라 사람과 자연 관계의 조화까지 포함되며 민주와 법치의 통일, 공평과 효율의 통일, 활력과 질서의 통일, 과학과 인문의 통일, 사람과 자연의 통일을 구현한다.

사회주의 조화로운 사회 건설의 기초는 발전이다. 빈곤은 사회 부조화의 원인이며 발전은 빈곤 해소의 지름길이다. 물론 부유하다고 해서 모두 조화로운 것은 아니지만 빈곤이 부조화를 조성하는 것은 부정할

---

17) 마즈훙(馬智宏), 「인민을 위한 복무 사상의 보편적 의미(爲人民服務思想的普遍意義)」, 마오쩌둥 당건 사상 및 당의 군중 노선 이론 세미나, 2014.1.4, 506-520쪽.

수 없는 사실이다. 사회주의 조화로운 사회 건설을 위하여 가장 먼저 발전을 이루어야 한다. 과학 발전관을 견지하고 새로운 발전 사상으로 경제 사회의 빠르고도 안정적인 발전을 이룬다는 것에 근본적인 착안점을 두어야 한다.[18] 발전 없이는 모든 문제를 해결할 수 없으며 생명력 넘치는 조화로운 사회를 건설할 수 없다.

후진타오의 과학 발전관은 모든 것을 함께 고려하고 조화롭게 발전시켜야 한다고 요구한다. 그래서 '5가지 종합 대책'을 실시해야 한다. 함께 고려한다는 것은 모두를 살피고 보살핀다는 것이고 이는 곧 조화와 상통한다. 중국의 현실은 도시와 농촌의 발전 불균형, 동부와 서부 발전의 불균형, 사회 계층 간 기회의 불균형처럼 경제력 증진, 관계의 조화를 방해하는 걸림돌이 많다. 사회주의 조화로운 사회 건설을 위해 인본주의를 견지하고 격차를 줄이며 부조화, 불균형, 불평등을 제거해야 한다. 또한 사람과 자연, 사람과 사람, 집단과 집단, 사회 계층과 계층 간의 조화를 실현해야 한다.

---

18) 위윈요(虞云耀), 「사회주의 화합사회의 구축에 대한 문제점(构建社會主義和諧社會若干問題)」, 『중국감찰(中國監察)』, 2005, 13기, 6쪽.

제 3 장

'과학발전관'과 '중국특색 사회주의'의 개혁

〈표 23〉 후진타오의 리더십 혁신 과정

분야	현실에 대한 진단	정책 내용	구체적 방안
정치	· 경제 체제 개혁을 완성하려면 정치 체제 개혁과 경제 체제 개혁의 조화로운 추진이 반드시 필요함. · 국가와 사회 안정에서 법치의 중요성과 국가 법치의 통일, 존엄, 권위, 사회 공평과 정의에 대한 보장에 더 주목함. · 정치 발전 노선이 국가의 흥망성쇄를 결정짓는다고 하였음. 한 국가가 정치 발전 노선을 결정한 후 어떤 실천 루트를 선택하느냐도 매우 중요함.	인본주의 사상의 강화	「국가 인권 행동 계획(2009~2010년)」, 「국가 인권 행동 계획(2012~2015년)」 등을 통해 인민의 생존권, 발전권에 주목하고 동시에 정치 참여의 지속적인 확대, 법에 의거한 민주 선거, 정책 결정, 민주 관리, 민주 감독 보장에서 큰 변화를 거두었음.
		당내민주 건설의 혁신	「중국공산당 당원 권리 보장 조례」의 반포를 통해, 당내 선거 제도, 당 대표 대회 제도, 당 위원회 제도, 당내 업무 제도, 당내 감독 제도 등을 개선하고 혁신하였음. 그 외에도 당내 민주와 인민 민주라는 양자의 상호 양성 촉진 실현을 위하여 인민 민주 발전에 대해 의의가 큰 시도를 진행하였음.

		'기초층 민중 자치 제도'의 보완	· 민중의 지위를 제고하고 민중 민주로 전체 민주를 추진하였음. · 기초층 민중 자치 제도의 법제 건설 강화로 법치의 건전한 발전을 보장함. · 기초층 민중 자치 제도 건설에 모두 협력하여 사회주의 민주 정치 발전을 함께 도모함.
경제	· '사고일다(四高一多)'의 조방형 성장 방식 · 저차원 산업, 저비용과 저가의 노동력에 대한 지나친 의존 · 자원 소모와 환경 파괴의 성장 방식 · 산업의 차원은 낮고 혁신력은 약하며 서비스업 비중의 증가가 매우 더뎠음. · 미발전 지역의 성장 인프라 부재, 사회 갈등 증가 등 수 많은 문제	경제 발전 모델의 전환 -'11·5 계획'	· 경제 구조의 전략적 조정 가속화가 중국 경제의 갈등과 문제 해결, 경제의 장기적이고 안정적인 성장을 실현하기 위한 내재적 조건이자 근본적인 루트임. · '자원 절약형, 환경 친화형 사회 건설 가속화'를 제안함. · 정책과 법규를 적극 개선하여 에너지 절약법, 순환 경제 촉진법을 제정하고 폐기물을 재활용하는 기업에 대해 면세, 감세 혜택을 실시함.
	· 경제가 급속하게 성장하고 에너지, 자원, 생태, 환경 문제가 날로 드러나면서 생태 문명 건설에 대한 인식도 심화되었음.	생태문명 건설의 추진	중국 생태 문명 건설 법규와 정책이 점차 수립되고 에너지 절약과 오염물 배출 감축, 순환 경제, 생태 보호, 기후 변화 대응 등 여러 사업이 추진되어 큰 성과를 거두었음.
사회	· 국내적으로는 중국 경제 사회에 '부조화' 특징이 나타났음. 대중의 물질 문화 수요 제고와 다양화, 사회 이익 관계의 복잡성	'사회주의 조화로운 사회' 구상	· '조화로운 사회'를 집정의 전략적 임무로 확정하면서 '조화'의 이념이 '중국특색 사회주의' 건설 과정의 방향이 됨. · 조화로운 사회의 중요한 내용은

	등이 사회의 안정과 조화에 악재가 되었음. · 국제적으로는 세계가 여전히 불안정하고 각종 갈등이 복잡해졌으며 조화로운 발전에 영향을 미치는 불확실하고 불안정한 요소들이 여전히 난무했음.		'민주 정치, 공평 정의, 성실 신뢰와 우의, 넘치는 활력, 안정과 질서, 사람과 자연의 조화로운 공존'임.
문화	· '제2차 혁명' 후 중국 문화 사업에 성과가 있었다고 하나 아직까지 소프트파워는 부족한 실정임. · 문화는 한 나라의 영혼이며 국가 발전의 지적 동력임. 문화 산업이 낙후되면 국가 미래에도 영향을 미침.	'국가 문화 소프트 파워'의 제고 및 '문화 강국 전략'	· "사회주의 문화 강국 건설의 관건은 전 민족 문화 창조력의 증강이다." · "사회주의 선진 문화의 나아갈 방향을 견지하려면 국가 문화 소프트파워를 제고하여 인민의 기본 문화권을 보장해야 한다." · 해외에 중국어와 중국 문화를 알리는 비영리 교육 기관인 공자아카데미(孔子學院)를 설립하였음. · '정부 주도, 전문가 논증, 시장 운영, 대중 참여'라는 최상의 운영 방식

1. 지속 가능한 경제 발전의 노력

1) 경제 발전 모델의 전환

'제2차 혁명' 이후 경제 발전이 역사적인 단계에 접어들고 기술 수준의 한계에 부딪히면서 발전의 불균형, 부조화, 지속 불가능한 문제가 여전히 존재했다. 저차원 산업, 저비용과 저가의 노동력에 대한 지나친 의존, 자원 소모와 환경 파괴의 성장 방식이 아직도 이어졌다. 산업의 차원은 낮고 혁신력은 약하며 서비스업 비중의 증가가 매우 더뎠으며 미발전 지역의 성장 인프라 부재, 사회 갈등 증가 등 수 많은 문제를 안고 있었다. 중국 경제 성장은 주로 생산 요소 투입과 물질 소모의 조방형 성장 방식으로 이루어졌다. '10・5 계획' 말기의 예를 보면 중국 GDP 단위당 에너지 소모량이 세계 평균의 5배였다. 자원 에너지의 과도한 소모 외에도 조방적인 성장 방식 역시 생태 환경을 파괴하였다.

중국정부는 지난 1980년대 이미 성장 방식 전환의 사고 방향을 제기하였다. 1995년 계획 경제에서 사회주의 시장 경제로 전환함과 동시에 국민 경제 성장 방식을 조방형에서 집약형으로 전환하고 고투입, 저산출, 고증가, 저효율의 경제 성장 상황을 근본적으로 바꾸기 위해 노력하겠다고 밝혔다. 이로써 국민 경제 성장 방식의 변화가 막을 열게 되었다.[1]

2003년 후진타오의 '과학 발전관'은 경제 성장 방식 전환에 대한 새로운 요구를 제시하였다. 경제 성장 방식 전환은 전력을 기울여야 하는 중대한 일이며 효과적인 조치로 성과도 크게 거두었다. 그러나 경제 성장 방식은 하루 아침에 실현되는 것이 아니다. 많이 투입하고 에너지와 자원 소모가 많으며 오염이 심하고 면적이 크게 소모되었던 원래의 조방형 성장 방식[2]이 어느 정도 개선되었지만 근본적인 변화는 이루어지지 않았고 동시에 개혁의 심화로 경제 사회 갈등과 문제

---

1) 챈수핑(錢淑萍), 「경제 성장 모델 전환에서 경제 발전 모델 전환으로, 그리고 재무 세수 대책에 대한 사고(從轉變經濟增長方式到轉變經濟發展方式及其財稅對策思考)」, 『강서재경 대학학보(江西財經大學學報)』, 2008.7.25, 24-27쪽.
2) 즉, '고투입(高投入)', '고능모(高能耗)', '고물모(高物耗)', '고오염(高汚染)', '다점지(多占 地)'의 '사고일다(四高一多)'의 조방형 성장 방식이다.

들이 더 쌓여갔다. 후진타오는 이 갈등과 문제들이 투자, 소비, 수출의 부조화로 나타났을 뿐 아니라 1차, 2차, 3차 산업 발전의 불균형, 도시와 농촌의 발전 그리고 지역 간 발전의 불균형, 국제 수지의 불균형, 자주 혁신 능력 저하와 같은 불안정 요소의 축적으로 드러난 것을 깨달았다. 동시에 외적으로는 소득 차이의 확대 및 이로 인한 경제 사회 집단성 사건과 갈등, 경제 성장에 따른 대가의 증대, 환경오염의 심화로 드러났다. 특히 환경문제는 대도시 미세먼지로 드러나 인민의 생활과 건강을 심각하게 위협하게 되었다.

과거 오랜 시간 동안 수출 주도와 투자 확대가 중국 경제 성장의 2대 엔진이었고 소비 수요의 역할은 현저한 반응을 보이지 않았다. 그런데 국제 금융 위기 발발로 당시 중국 경제 성장 동력 구조가 큰 타격을 받았다. 후진타오는 경제 구조의 전략적 조정 가속화가 중국 경제의 갈등과 문제 해결, 경제의 장기적이고 안정적인 성장을 실현하기 위한 내재적 조건이자 근본적인 루트임을 깨달았다.

그리하여 그는 '11·5 계획'[3] 제정 시, '자원 절약형, 환경 친화형 사회 건설 가속화'를 제안하고 2006년 3월 GDP 단위당 에너지 소모량을 20% 감축하며 주요 오염원 배출량을 10% 줄이겠다는 목표를 수립하였다. 11·5 기간에 중앙 재정을 2000여 억 위안 투입하여 에너지 절약, 환경 친화형 공정을 지원하였다. 11·5가 시작되고 첫 4년 동안

---

3) '5개년 계획(The Five-Year Plan)'은 '중화인민공화국 국민 경제와 사회 발전 5개년 계획 강요'의 약칭이다. 이는 중국 국민 경제 계획의 핵심 구성 부분으로 장기 계획에 속한다. 주로 국가 중대 건설 항목, 생산력 분포와 국민 경제의 비율 관계 등에 대해 계획하며 국민 경제 발전의 장기적 목표와 방향을 결정한다. 중국은 1953년부터 1·5 계획(1차 5개년 계획)을 시작하였다. 5개년 계획의 역사를 돌아보면 건국 이후 경제 발전의 맥락이 그려지고 중국 경제 발전의 규칙을 찾아 낼 수 있으며 과거를 비교하고 관찰하며 역사 속에서 귀중한 경험을 배워 미래 발전을 이끌 수 있다. 중국은 현재 13·5계획(13차 5개년 계획-2016년부터 2020년까지)을 실시 중이다.

제철, 제강, 코크스, 시멘트, 제지 등 낙후 산업 설비를 2110만톤, 1640
만톤, 1809만톤, 7416만톤, 150만톤 폐기하였다.[4] 그 외에도 정책과 법
규를 적극 개선하여 에너지 절약법, 순환 경제 촉진법을 제정하고 폐
기물을 재활용하는 기업에 대해 면세, 감세 혜택을 실시하였다. 그의
집정 기간을 돌아보면 혁신적인 정책으로 성장에 따른 자원과 환경
문제를 해결하도록 힘을 기울이고 성장 방식 전환의 발걸음에 박차를
가하였다는 것을 알 수 있다.

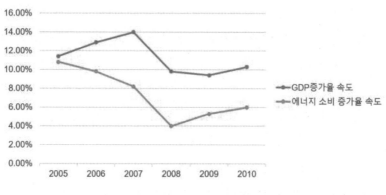

〈그림 3〉 '11·5' 시기 GDP와 에너지 소비 증가율 속도의 비교[5]

2) '생태문명(生態文明)' 건설의 추진

자원 부족, 환경 오염, 생태 시스템 퇴화가 심화되는 상황에서 후진
타오는 중국특색 사회주의 발전이라는 고지에서 생태 위기 의식에 따

---

4) 중국 기율 감사 위원회, 「'13·5' 계획은 건의에서 강요까지: 당의 지도에 대한 구체적
   체현」, 중국인민망(人民網)
   (http://politics.people.com.cn/n1/2016/0313/c1001-28195145.html, 2019.3.7.)
5) 중국 국가 통계국, 「중국 '11·5' 경제 사회 발전 성과 보고(我國"十一五"經濟社會發展成
   就系列報告)」(http://www.stats.gov.cn/ztjc/ztfx/sywcj/, 2019.3.7.)

라 생태 문명 건설의 중요성, 필요성, 긴박성을 처절하게 실감하게 되었다. 그리고 그는 생태 문명 건설 추진이 중국 경제 사회의 지속 가능한 발전, 인민 복지와 국가 미래에 관계된 종합적, 전략적 문제임을 지적하였다.

'제2차 혁명' 초기, 중국은 경제 건설 중심의 발전 목표를 세웠었다. 그러나 경제가 급속하게 성장하면서 에너지, 자원, 생태, 환경 문제가 날로 드러나게 되었고 생태 문명 건설에 대한 인식도 심화되었다. 후진타오 집정 기간 동안, 중국 생태 문명 건설 법규와 정책이 점차 수립되고 에너지 절약과 오염물 배출 감축, 순환 경제, 생태 보호, 기후 변화 대응 등 여러 사업이 추진되어 큰 성과를 거두었다.

첫째, 생태 문명 건설 법규와 정책이 수립되었다. 2007년 17대에서는 '생태 문명 건설'을 당 보고에 포함시켰다. 환경에 대한 후진타오의 인식도 생태 문명이라는 목표로 상승하였고 당의 강령과 국가 전략으로 확정되었다. 후진타오의 지도 하에 이를 실현하기 위한 일련의 법률 법규와 정책이 출범하였고 11·5 기간에만 100여 개의 생태 문명 관련 법률과 환경 기준이 제정되고 실시되었다.

둘째, 에너지 절약, 오염물 배출량 감축 추진이 심화되었다. 에너지 절약과 오염물 배출량 감축은 생태 문명 건설을 위한 구체적인 행동이다. 후진타오는 에너지 절약과 오염물 배출량 감축에 관심과 노력을 기울여 11·5 기간 동안 GDP 단위당 에너지 소모량을 19.1%, 이산화탄소 배출량을 14.29%, COD 배출량을 12.45%로 감축하였고 연평균 에너지 소모량 증가율 6.6%로 연평균 경제 성장률 11.2%를 실현하였다. 에너지 소모 탄성 계수는 대폭 하락하였으며 에너지 수급 불균형이 완화되고 환경의 질도 개선되었다.[6]

셋째, 순환 경제를 발전시켰다. 당 16회 5중전회에서 순환 경제 발전을 제기하고 2005년 순환 경제 발전 목표, 중점 업무를 발표하였다. 11 · 5부터 이를 실천하기 위한 끝없는 노력으로 중국 특색의 순환 경제 발전 방식을 점차 형성하게 되었다. 11 · 5 기간, 중국 에너지 생산율이 23.6% 증가하였고 수자원 생산율은 34.5% 늘어났다. 2010년 산업 고체 폐기물의 재활용율이 15.2억 톤으로 2005년의 55.8%에서 69.09%까지 증가하였다. 재생 자원 회수율은 5년 동안 30%p 상승하였다. 이러한 사례들이 순환 경제 발전이 새로운 산업화 노선, 구조의 고도화 촉진, 경제 성장 방식 전환을 위한 정확한 루트였음을 증명해주었다.7)

넷째, 생태 보호를 꾸준히 추진하였다. 11 · 5 부터 중국은 「국가 중점 생태 보호 구역 기획 요강」, 「전국 생태 구역 지정」 등 생태 보호를 위한 일련의 정책을 연이어 수립하였다. 습지 보호 네트워크 구축, 사막화 방지 공정, 생물의 다양성 보호 등을 통해 생태 악화를 막았다. 11 · 5 기간에 삼림 면적이 크게 늘었고 조림(造林) 면적도 9.6% 증가하였으며 자연 습지 보호율은 50.3%로 5%p 증가하였다. 생물의 다양성 보호, 수토 유실 방지 등도 성과를 보였고 육지 자연 보호 구역 면적이 국토 면적의 14.7%를 차지하게 되었다.

다섯째, 기후 변화에 적극 대응하였다. 후진타오는 11 · 5 부터 기후 변화 대응을 경제 사회 발전 중 장기 계획으로 편입시켰다. 2007년 기후 변화 대응 국가 방안을 제정 및 실시하였으며 2009년에는 2020년까지 GDP 단위당 이산화탄소 배출량을 2005년보다 40~45% 감축하

---

6) 류니난(劉妮楠), 「마르크스주의 시각으로 중국 생태 문명 건설에 대한 사고(馬克思主義視域下中國生態文明建設思考)」, 중국청년정치학원(中國靑年政治學院) 석사학위논문, 2014, 35쪽.

7) 두잉펀(杜莹芬), 「과학발전관과 기업 순환 경제(科學發展觀下的企業循环經濟)」, 『광동사회과학(广東社會科學)』, 2006.7.15, 14-19쪽.

겠다는 목표를 수립하였다. 11·5 기간, 산업 구조와 에너지 구조 조
정, 에너지 절약 효율 제고 등 다양한 루트로 온실 가스 배출량을 효
과적으로 줄였다.8)

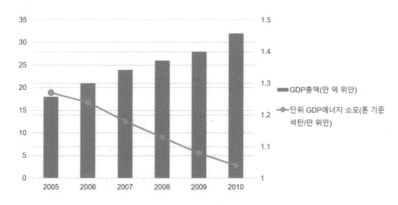

〈그림 4〉‘11·5’ 시기 경제 성장과 단위 GDP 에너지 소모의 변화9)

그러나 후진타오를 위시한 ‘제2차 혁명’ 지도자들도 중국 생태 문명
건설의 갈 길이 멀다는 것을 모두 느끼고 있었다. 생태 문명 건설 의
식이 아직도 제고되어야 하고 인식이 모호하고 무책임하며 소극적이
라는 문제도 있다. 생태 문명 건설 제도가 미비하고 정책적인 뒷받침
과 지원책의 미정착, 경제 성장 방식 전환에 대한 여러 가지 장애, 에
너지 절약과 오염물 배출량 감축의 압박도 있다. 환경 악화 추세를 근
본적으로 막을 수 없으며 중점 구역의 생태 환경도 심각한 상황이다.
이러한 문제점들이 경제의 지속적인 발전을 가로막고 사회 안정, 국가
안보, 당의 권위를 위협하며 완전한 샤오캉 사회 건설이라는 목표 실

---

8) 류니난(劉妮楠), 앞의 논문, 35쪽.
9) 중국 국가 통계국, 「중국 ‘11·5’ 경제 사회 발전 성과 보고(我國“十一五”經濟社會發展成
就系列報告)」(http://www.stats.gov.cn/ztjc/ztfx/sywcj/, 2019.3.7.)

현에도 영향을 미치고 있다. 그러므로 중국공산당의 '제2차 혁명' 생태 문명 건설은 가장 현저하고 긴박하며 민생 안정에 가장 영향이 큰 환경 문제부터 착수하여 장기적으로 추진되어야 한다.

2. 민주 정치 개혁의 시도

개혁은 중국공산당 '제2차 혁명' 자아진화의 과정에서 불변의 주제였다. 경제 체제 개혁을 완성하려면 정치 체제 개혁과 경제 체제 개혁의 조화로운 추진이 반드시 필요하다. 세상에 영원한 것은 없다. 끊임없는 개혁과 자아진화가 있어야만 당과 국가에 생기와 활력을 불어넣을 수 있다.

중국공산당 16대 이후 후진타오는 더 넓고 더 풍부한 인민 민주 발전에 힘을 기울였고 국가와 사회 안정에서 법치의 중요성과 국가 법치의 통일, 존엄, 권위, 사회 공평과 정의에 대한 보장에 더 주목하였다. 후진타오는 정치 발전 노선이 국가의 흥망성쇠를 결정짓는다고 하였다.[10] 한 국가가 정치 발전 노선을 결정한 후 어떤 실천 루트를 선택하느냐도 매우 중요하다. 당 16대부터 18대까지 후진타오를 위시한 당 중앙은 중국특색 사회주의 정치 발전의 길을 변함없이 걸어가겠다고 강조함과 동시에 이를 위한 이론과 실천의 결합에서 출발하여 과감한 탐색과 시도를 시작하였다.

---

10) 후진타오, 「중국특색 사회주의 발전 도로를 견지하다(堅持走中國特色的社會主義發展道路)」, 중국인민망(人民网), 2012.1.23.(http://theory.people.com.cn/n/2012/1213/c352852-1 9890081.html, 2019.2.2.)

1) 인본주의 사상의 강화

후진타오는 인본주의 사상을 적극 관철하면서 인민의 생존권, 발전권에 주목하고 동시에 정치 참여의 지속적인 확대, 법에 의거한 민주 선거, 정책 결정, 민주 관리, 민주 감독 보장에서 큰 변화를 거두었다. 국가 최고지도자로서 그는 인권을 중시했고 2002년 중국공산당 16대 이후에는 국가가 인권을 존중하고 보장해야 한다는 내용을 중화인민공화국 헌법에 편입시키자고 제안하였다. 2004년 3월 제 10회 전국 인민 대표 대회 제2차 회의에서 그의 제안이 통과되었다. 그 후의 '제2차 혁명' 진행 중 후진타오는 인권 사업을 지속적으로 추진하였다. 특히 임기 내에 자연 재해[11]의 심각한 도전과 국제 금융 위기[12]의 충격에 대응해야 했고 인본주의를 견지하며 인민의 근본적인 이익을 보장하기 위하여 많은 노력을 기울였으며 발전에 따른 갈등과 문제를 적극 해결하였다.

인권 사업과 인권 상황 개선을 위하여 중국 정부는 2009년 「국가 인권 행동 계획(2009~2010년)」을 반포하여 인권 보장과 과학 발전관 추진, 사회의 조화로운 발전과 결합하겠다고 강조하고 인권 보장과 민주 법치 건설 결합을 견지하겠다고 강조하였다. 후진타오는 민생 개선 제도 수립을 중요하게 생각하고 취업 확대, 다양한 사회 사업 발전, 서비스 균등화 추진, 도·농 지역 모두를 고려한 사회 보장 체제 수립, 의료 위생 서비스 시스템 구축, 문화 교육 사업의 지속적인 발전, 전

---

11) 2008년 5월 12일 발생한 중국 쓰촨(四川) 원촨(汶川) 지진으로 총 69,227명이 사망하고 374,643명이 다쳤으며 17,923명이 실종되었다. 이는 중화인민공화국 탄생 이래 최대 파괴력을 가진 지진이었다. 국무원의 허가를 거쳐 2009년부터 5월 12일을 '재난 방지의 날(防災減災日)'로 정했다.

12) 2007년~2009년의 세계 금융 위기로 수많은 대형 금융 기관이 부도나거나 법정 관리에 들어갔다.

사회 구성원의 평등한 참여와 평등한 발전권 보장 등에 있어서 적극적 시도를 진행하였다.[13]

후진타오는 그 외에도 인권 존중과 보장 원칙을 입법, 행정, 사법 각 영역에 관철시키고 권력에 대한 감독과 제약을 강화하였다. 중국특색 사회주의 법률 체계가 형성되면서 인권 존중과 보장을 위한 법적 근거도 마련되었다. 중국 국민의 인권 의식이 제고되고 경제, 사회, 문화적 권리 보장도 강화되었다. 국민권과 정치권이 효과적으로 보장되고 소수 민족, 여성, 아동, 노인과 장애인의 권리 또한 강화되었다. 국제 인권 교류와 협력이 날로 심화되고 각 영역에서의 권리 보장의 제도화, 법치화도 체계적으로 추진되었다. 2012년 6월, 그간 경험을 기초로 중국 정부가 「국가 인권 행동 계획(2012~2015년)」을 제정하여 2012~2015년 인권 촉진과 보장을 과제로 확정하였다. 이는 인본주의 사상과 인권 사업의 지속적인 추진이 중국 정부의 '자아진화' 의지의 표현이며 이 또한 중국 실정에 부합하는 계획임을 보여준다.

2) '당내민주(黨內民主)' 건설의 혁신

민주 정치 개혁을 시도하면서 후진타오는 16대 보고에서 "당원의 민주권 보장을 기초로, 당 대표 대회 제도와 당 위원회 제도 개선을 중점으로, 체제 개혁에서부터 착수하여 당원과 당 조직의 바램을 반영한 당내 민주 제도를 수립하여야 한다."라고 하였다. 그리고 이 기본 노선과 더불어 당내 민주 발전을 위한 개혁 조치를 취하였다. 우선은 2004년 9월 중국공산당에서 「중국공산당 당원 권리 보장 조례」를 정

---

13) 즈오영판(鄒永凡), 우더친(吳德勤), 「과학발전관의 인권 의미를 논하다(論科學發展觀的人權意蘊)」, 『사과종횡(社科縱橫)』, 2010.12.15, 15-17쪽.

식 반포하였다. 이 조례는 당원의 민주권 보장을 기초로 '당내 민주'를 적극 발전시킨다는 것이다.

그리고 동시에는 후진타오의 지도 하에 '당내 민주' 관련 제도들을 수립하고 혁신하였다. 첫째, 당내 선거 제도를 개선하였다. 16회 4중전회는 「당의 집정 능력 강화를 위한 중공 중앙의 결정」을 통해 당내 선거 제도를 보완하고 후보자 추천 방식을 개선하여 예비 후보 추천과 정식 후보 선거의 범위 및 비율을 적당히 확대한다고 결정하였다. 그리고 기초층 지도자 선거 시 시범적으로 일부 성(省)에서 향진(鄕鎭) 당위원회 서기를 '양방향 추천제(兩推一選)'14)와 '공천 직선제(公推直選)'15)로 선출한다고 하였다.

둘째, 당 대표 대회 제도를 탐색하고 정비하였다. 16대 보고에서 "시(市), 현(縣) 당 대표 대회 상임제 시범 시행을 확대한다. 당 대표 대회 폐회 기간에도 대표의 역할을 최대한 발휘할 수 있는 루트와 형식을 적극 모색한다."라고 발표하였다. 16회 4중전회에서는 당 대표 대회 제안 제도, 대표 제안 처리와 피드백 시스템 수립이라는 새로운 과제를 제기하였다.

셋째, 당 위원회 제도를 정비하고 개선하였다. 16대 보고와 16회 4중전회에서 "집단 지도, 민주 집중, 개별 형성, 회의 결정의 원칙에 따라 당 위원회 내부 의사와 결정 메커니즘을 개선한다. 당 위원회 회의의 역할을 발휘하고 집단 지도를 강조한다. 위원에 대한 상무위원회의

---

14) '양방향 추천제'는 현재 전국 농촌의 당 조직이 시행하는 가장 광범위한 선거 방식이다. 당 조직 후보자를 구성하는 과정이며 당원 추천, 집단 추천 이후 당 내에서 선거가 이루어진다. 양방향 직선제는 정책성이 강하고 관리 범위가 넓어서 농촌 개혁, 발전, 안정에 직접적으로 영향을 미친다.

15) '공천 직선제'는 당원 개인의 자기 추천, 당원 단체 연합 추천, 당 조직 추천을 통해 후보자를 구성하고 전 당원이 직접 선거하여 간부를 선출하는 방식이다.

책임제, 보고 작업과 감독 수용 제도를 수립해야 한다."라는 「결정」을 발표하였다.

넷째, 당내 업무 제도를 개선하고 혁신하였다. 상황 통보 제도, 상황 반영 제도, 중대 정책 결정 의견 공모 제도를 추진하여 당 사무를 점차 공개하고 당 조직 업무의 투명성을 제고하여 당원들이 당내 사무를 더 잘 이해하고 참여하도록 하였다.

다섯째, 당내 감독 제도를 수립하였다. 2004년 2월 17일, 13년을 기다려 온 「중국공산당 당내 감독 조례(시범 시행)」가 정식 반포되었다. 이는 중국공산당 역사상 의의가 큰 법규이며 당내 감독 업무가 이로써 규범화, 제도화의 길로 들어섰음을 의미한다.

그 외에도 당내 민주와 인민 민주라는 양자의 상호 양성 촉진 실현을 위하여 후진타오는 인민 민주 발전에 대해 의의가 큰 시도를 진행하였다. ① 인권 존중과 보장을 헌법과 형사 소송법에 편입시켰다. ② 「선거법」을 2004년, 2010년 두 차례 개정하였다. 2004년 개정은 직접 선거 중 예선을 부활시키고 후보자가 선거위원회 조직 하에 투표자와 만남을 가질 수 있게 하였다. 2010년 개정은 도시와 농촌이 인구 비율에 따라 대표를 선출하도록 규정하여 선거권 평등16)을 실현하였다. ③ 17대 보고에서 제기한 민주 정치 개혁 방안을 관철하였다. 정치 협상을 정책 결정 절차에 추가하고 민주 감독 체제를 개선하며 정치 참여 효율을 제고하였다. 각 민족의 평등을 견지하여 민족 자치 지역이 법에 따라 자치권을 행사할 수 있도록 보장하였다. 정책 결정의 과학화, 민주화를 촉진하고 투명성과 대중의 참여도를 제고하였다. 노동 조합, 공청단, 여성 연합 등 민간 단체의 사회 관리와 공공 서비스 참여를

---

16) 2010년 「선거법」 개정 후 도시와 농촌의 모든 대표소가 대표하는 인구 비율이 8:1에서 4:1로, 다시 지금의 1:1로 축소되었다. 이는 지역, 민족, 개인의 평등 실현을 의미한다.

지원하고 대중의 합법적인 권리와 이익을 수호하였다. 이러한 새로운 조치와 시도로 인민이 국가 사무 관리의 민주권을 행사할 수 있도록 보장하였다. 이는 후진타오 집정 10년이 건국 이래 당내 민주와 인민 민주의 양성(良性) 촉진이 가장 잘 된 시기였다는 것을 증명한다.

3) '기초층 민중 자치 제도'의 보완

후진타오는 민주 정치 개혁 과정에서 '기초층 민중 자치 제도' 개선을 견지하고 민중의 민주를 통해 전체의 민주를 실현하기 위하여 중요한 혁신과 조치를 취하였다. 이는 중국 특색의 민주 정치 실현을 위한 또 하나의 실적이었다. 그 의미는 아래와 같다.

첫째, 중국 사회주의 민주 정치 건설에서 민중의 지위를 제고하고 민중의 민주를 실현하는 것을 통해 전체 민주를 추진할 수 있다고 확정하였다. 후진타오는 17대 보고에서 기초층 민중 자치제도와 인민 대표 대회 제도, 중국공산당 지도의 다당 협력과 정치 협상 제도, 민족 자치 제도의 지위를 동일시하여 중국 사회주의 민주 정치 건설에서 기초층 민주의 중요성을 확대하였다. 그는 기초층 민주에 대해 "인민이 주인이 되는 가장 효과적이고 넓은 루트는 사회주의 민주 정치 발전을 위한 기초 작업이다."라고 하였다. 현행 제도는 민중이 간접적으로 민주권을 행사할 수 밖에 없다. 그렇기 때문에 일반 민중은 자신의 민주권 실현을 체감하지 못한다. 그런데 민중이 선거, 정책 결정, 관리, 감독 등 민주권을 직접 행사하게 되면 주인으로서의 권리를 실감하게 된다. 그러므로 기초층 민주의 발전은 민중의 민주 의식 배양과 제고에 유익하고 정치에 대한 민중의 적극성과 참여 정신을 고취할 수 있다.

둘째, 기초층 민중 자치제의 법제 건설 강화로 법치의 건전한 발전을 보장한다. 2006년 11월 30일 중앙 정치국 제36차 단체 학습 시, 후진타오는 사회주의 기초층 민주 정치 발전의 기본은 법에 의거하여 민중이 정권 기관, 자치 조직, 기업에서 민주 권리를 직접 행사하고 공공 사업과 공익 사업을 관리하며 간부에 대해 감독권을 행사할 수 있도록 보장하는 것이라고 지적하였다.[17] 사회주의 기초층 민주 정치에서 민중이 창조한 경험을 정책으로 승화하고 성숙한 정책을 법률 법규로 승화하며 사회주의 기초층 민주 정치 건설 수준을 지속적으로 제고해야 한다. 예를 들면 중국 농민 자치는 이미 헌법을 근거로, 「농민 위원회 조직법」을 중심으로, 지방 법규를 버팀목으로, 농민 자치 장정(章程)을 보충하기 위한 법률 제도가 형성되었다. 그리하여 기초층 민중 자치에 유리한 법제 환경이 조성되었다.

셋째, 기초층 민중 자치 제도 건설에 모두 협력하여 사회주의 민주 정치 발전을 함께 도모한다. 후진타오 집정기에 기초층 민주 정치 발전과 기초층 정권 건설, 간부 구성을 결합하여 민중이 체감하는 문제들을 해결해 나갔다. 2011년 말까지 지역 사회 주민 위원회 89,000개와 농촌 주민 위원회 59개의 선거가 이루어졌다. 중국은 농촌 주민 위원회, 도시 주민 위원회, 기업 직원 대표 대회를 중심으로 기초층 민주 자치 체계가 이미 형성되었다. 대중은 다양한 형식으로 자신이 속한 조직의 공공 사업과 공익 사업에 대한 민주 자치를 실시하여 자신의 합법적인 권리와 이익을 수호하고 정부 행정 관리와 기초층 자치의 연계 및 양성 촉진을 실현하였다. 그리하여 역으로 사회주의 민주 정

---

17) 후진타오, 「사회주의 기초층 민주 정치 건설 수준을 제고하여 인민군중 민주권리를 직접 행사하도록 한다(提高社會主義基層民主政治建設水平保証基础人民群衆直接行民主權利)」, 중국인민일보(人民日報), 2006.12.2, 2쪽.

치에 영향을 미치고 국가 민주 정치 생활에 거대한 활력을 주입하였다.

3. '국가 문화 소프트파워'의 제고

지금 국가 간 경쟁은 종합 국력 전쟁이다. 한 나라의 경쟁력을 평가하는 기준은 군사, 경제, 기술력과 같은 전통적인 하드파워 외에도 문화가 창조하는 소프트파워까지 포함한다. 소프트파워는 하버드 대학의 조지프 나이(Joseph S. Nye) 교수가 처음 사용한 용어로 문화, 가치관, 사회 제도 등 자신의 잠재력에 영향을 미치는 요소를 가리킨다.

'제2차 혁명' 후 중국 문화 사업에 성과가 있었다고 하나 아직까지 소프트파워는 부족한 실정이다. 중국 사회과학문헌출판사가 발행한『문화 소프트파워 블루 북-중국 문화 소프트파워 연구 보고(2010)』에 따르면 세계 시장에서 중국 문화 산업이 차지하는 비중이 4%도 되지 않는다. 상대적으로 미국은 43%, EU는 34%, 일본 10%, 한국은 5%이다.(<그림 5> 참조)[18] 중국은 4대 문명국 중 하나로 유구한 역사와 정신 문화를 보유한 나라이다. 그러나 놀랍게도 소프트파워는 한참이나 뒤쳐져 있다. 문화는 한 나라의 영혼이며 국가 발전의 지적 동력이다. 문화 산업의 낙후는 국가 미래에도 영향을 미친다. 그러므로 후진타오 집정 기간에 이러한 현실 문제를 충분히 인식하였고 과학 발전관의 비전 구현, 국가 발전 전략 실현을 위해 중국 문화 소프트파워의 역할이 점점 커져갔다.

---

18) 장궈줘(張國祚),『문화 소프트파워 블루 북: 중국 문화 소프트파워 연구 보고(2010)』, 중국사회과학문헌출판사, 2010.

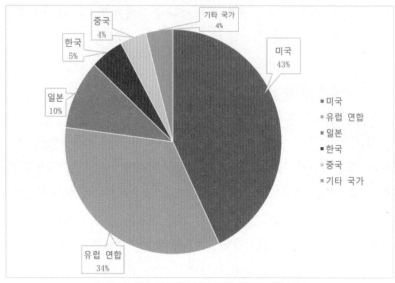

〈그림 5〉 세계 시장에서 각국 문화 산업의 비중 분석

후진타오는 16대에서 문화 체제 개혁이라는 과제를 제시하고 17대까지 문화 소프트파워를 대회 보고에 편입시키겠다고 하였다. 17회 6중전회에서 처음으로 완전한 의미의 '문화 강국 전략'을 제정하였고 18대 보고에서 다시 한번 "사회주의 문화 강국 건설의 관건은 전 민족 문화 창조력의 증강이다."라고 강조하였다.[19] 문화 건설에 대한 중국 공산당의 인식은 점차 심화되고 완전해지고 있었다.

후진타오는 17대 보고에서 "사회주의 선진 문화의 나아갈 방향을 견지하려면 국가 문화 소프트파워를 제고하여 인민의 기본 문화권을 보장하고 사회 문화 생활이 풍부하고 다채로워져야 하며 정신 수준이 향상되어야 한다."라고 하였다.[20] 이 보고는 문화 발전에 대한 당과

---

19) 「사회주의 문화 강국 건설의 관건은 전 민족 문화 창조력의 증강이다(建設社會主義文化强國關鍵是增强全民族文化創造活力)」, 중국인민망(人民網)(http://theory.people.com.cn/n/2012/1214/c352852-19903133.html, 2019.3.13.)

국가의 관심을 보여주었고 사회주의 문화 번영 발전 방향을 제시하였다.

후진타오의 지도 하에 중국 문화 소프트파워가 주목을 받으면서 중국 문화의 국제 영향력도 점차 커져갔다. 후진타오는 집정하는 동안 프랑스, 독일, 한국의 언어문화 홍보 기관의 성공 사례를 거울로 삼아 해외에 중국어와 중국 문화를 알리는 비영리 교육 기관인 공자아카데미(孔子學院)를 설립하였다. 2004년 11월 세계 최초 공자아카데미가 한국에서 문을 연 후 2017년까지 세계 146개국에 525곳의 공자아카데미가 생겨났고 학생 수는 916만 명[21]이 되었다. 공자아카데미는 이제 중국 문화와 중국어를 가르치는 세계적 브랜드로 자리 잡았다. 그렇지만 중국 문화 소프트파워 성장은 아직 발걸음 단계이며 이에 대해 인식을 심화하고 이론 연구와 발전 방식 연구를 더욱 늘려야 한다. 문화 소프트파워의 대외 영향력과 경쟁력도 지속적으로 키워나가야 한다. 조방형 성장을 이룬 중국은 문화 상품 생산력이 세계 최고임에도 불구하고 명품으로 불릴 수 있는 상품은 아직 적으며 영향력 있는 문화 기업도 극히 적다. 또한 국민 경제에서 문화 산업의 비중도 매우 낮아 GDP 중 겨우 3%로 선진국과 격차가 매우 크다.[22] 중국은 문화 발전의 장애를 극복하고 문화 발전 방식을 전환하며 문화 혁신을 추진하고 문화 소프트파워를 과학적으로 키워나가야 한다.

후진타오는 사회주의 문화 강국 건설과 문화 소프트파워 강화의 관건은 민족 문화 창조력 증강이라고 생각했다. 문화 체제 개혁 심화, 학

20) 쟝진취안(江金權), 『과학발전관을 공부하고 실천하는 독본(深入學習實踐科學發展觀活動讀本)』, 중국인민출판사, 2008, 45쪽.
21) 중국 공자아카데미총부(孔子學院總部), 「2017년 공자 아카데미 발전 보고」(http://www.hanban.org/report/2017.pdf, 2018.9.10.)
22) 리젠쥔(李建軍), 「중국과 중앙아시아의 문화 교류 강화(中國与中亞的文化交流力建构)」, 『중남민족대학학보(中南民族大學學報)』, 2013.1.20, 81-84쪽.

술 민주와 예술 민주 발전을 통한 더 넓은 문화적 무대 제공, 문화 창조의 원천 발굴, 풍부하고 다채로운 사회 문화 생활 실현, 기초층 문화 권리와 이익 보장, 중국 문화의 국제 영향력 증강을 위한 새로운 환경을 조성해야 한다. 동시에 컨텐츠로 사회 수요를 유도하고 기술이 상품으로 전환되며 자본으로 사회 규모를 확대하고 서비스가 사업의 성패를 결정한다는 것을 깨달아야 한다.

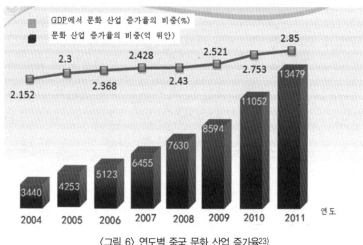

〈그림 6〉 연도별 중국 문화 산업 증가율[23]

'제2차 혁명' 문화 소프트파워가 발전하면서 중국은 '정부 주도, 전문가 논증, 시장 운영, 대중 참여'라는 최상의 운영 방식을 이미 찾아냈다. 그 중 '대중 참여'는 문화 산업의 성공이 생산량이나 규모의 성장이 아니라 대중 문명 소양의 제고에 의해 결정된다는 것이다. 대중의 참여가 없으면 이는 결코 불가능하다.

23) 장궈쭤(張國祚), 『문화 소프트파워 블루 북: 중국 문화 소프트파워 연구 보고(2010)』, 중국사회과학문헌출판사, 2010.

중국 '제2차 혁명'은 40년 동안 눈부신 성과를 거두었고 이제는 미국에 이은 세계 2대 경제체로 부상하였으며 종합 국력도 커지면서 세계 상위로 자리 잡았다. 20세기 말 세계적으로 확산되었던 'Made in China' 열풍이 그 증거이다. 그리고 후진타오가 집정하던 시기, '문화 소프트파워'에 대한 관심으로 중국 문화 소프트파워가 점차 커져갔다. 특히 글로벌화의 심화에 따라 대외 교류가 활발해지고 세계 각국에 공자아카데미가 늘어나 중국 문화의 매력을 전 세계로 펼치고 있다. 그럼에도 불구하고 현재 중국의 경제와 군사력 등 하드파워에 비하면 문화 친화력과 영향력은 아직 진정한 힘을 드러내지 못했다. 그렇다면 대외 교류에서 중국의 풍부하고 다채로운 전통 문화를 어떻게 보여줄 것인가? 대외 교류에서 서구에서 말하는 '샤프파워(sharp power)'[24]가 아닌 문화 소프트파워의 숨겨진 매력을 어떻게 보여줄 것인가? 이는 중국 대외 교류 연구가들이 오랜 시간 동안 고민하고 해결해야 할 과제이자 가장 기본적인 사명이다. '상대의 입장에서 생각하자'는 대외 문화 교류 성공의 전제이자 잣대이다. 그리고 이 또한 이 책의 출발점이자 논리의 시작이다.

종합적으로 후진타오의 리더십 혁신 과정을 다시 되돌아보면 '중국

---

24) 2017년 12월 5일 NED(미국민주주의기금)가 중국과 러시아를 겨냥한 「샤프 파워(sharp power), 날로 커져가는 권위적인 영향력」란 보고서를 발표하였다. 그 후 2017년 12월 16일 영국의 이코노미스트가 샤프 파워란 단어를 표지에 실었다. 소프트파워란 어휘를 최초로 사용한 하버드 대학의 조지프 나이(Joseph S. Nye) 교수가 2018년 1월 포린어페어스에 실은 글에서는 소프트파워를 서구로, 그리고 중국과 러시아는 샤프 파워로 표현했다. NED는 상기 보고에서 샤프 파워에 대해 타국을 압박하고 조정하기 위해 중국이나 러시아처럼 막대한 자금이나 민간 교류, 문화 활동, 교육 및 미디어나 정보와 같은 각종 수단을 이용하여 세계 각지에서 여론과 관념을 조장하는 것으로 해석하였다. 이런 행동은 하드 파워처럼 강제성이 없고 소프트파워처럼 매력적이지 않은 공격이기 때문에 샤프 파워라 불린다. 리우쓰(柳絲), 2018, 「서구의 샤프 파워 함정을 경계하라(警惕西方"銳實力"輿論陷阱)」의 재인용(http://www.sohu.com/a/220732609_301529, 2018.2.25.)

의 MIT'로 불리는 명문 칭화대 출신 및 풍부한 중국공청단의 경력을 통해 중국공산당 중앙 무대로 진출했던 후진타오를 중심으로 한 집단 지도체제는 중국의 경제도약 시기를 맞아 지속 가능한 경제 발전의 노력과 민주 정치 개혁의 시도를 통해 중국의 정치·경제 분야에 포진해 있으며, 중국의 경제개혁과 산업 구조 조정의 방향타를 쥐고 있는 등 21세기 '중국호(號)'라고 불리고 있다.[25]

후진타오는 마오쩌둥의 카리스마나 덩샤오핑이 누렸던 절대 권력에 비할 수 없지만 타고난 리더십과 항상 최선을 다하는 그의 성실하고도 신중한 성격을 통해 자신의 역량을 발휘해 주도적으로 정책결정을 할 수 있는 기반을 갖췄다.[26] 주지하는 바와 같이 후진타오는 앞선 최고지도자들과 달리 혁명투쟁 경력이 없으며 대약진운동과 문화혁명기를 거친 뒤 간쑤와 티벳을 비롯한 낙후지역에서 오랫동안 생활하였다.[27] 후진타오의 리더십 혁신은 '어떠한 발전을 실현하며 어떻게 발전할 것인가'에 관련된 진단과 처방을 통해, '과학발전관'과 '조화로운 사회'란 비전을 제시하였다. 이를테면 기존의 틀을 전부 바꾸는 혁명 리더십이 아니라 전임자들에게서 물려받은 유산을 활용해 자신의 통치철학을 완성하고 실천해 가는데 탁월한 면모를 보이고 있다.[28] 후진타오가 매우 강조하는 '친민(親民)'이념은 현대 민주주의 이념보다는 전통시대의 유교적 민본(民本)개념에 가깝다. 사실 장쩌민 시기에도 이와 유사한 경향이 있었는데 '의법치국(依法治國)'과 '이덕치국(以德治國)'을 결합하는 거버넌스 이념의 혁신은 바로 이런 사례이다.

후진타오의 리더십 혁신 내용 중에서 제한적인 면이 있지만 중국특

---

25) 허선, 앞의 논문, 67쪽.
26) 김정일, 위의 논문, 35쪽.
27) 이승익, 앞의 책, 208쪽.
28) 이승익, 위의 책, 209쪽.

색 사회주의 민주정치의 개혁 시도를 통해 인본주의 사상을 강화하고 당내민주 건설을 혁신하며 기초층 민중 자치 제도를 보완하였다. 후진타오는 "경제발전을 가속화하는 동시에 빈부격차와 부정부패 등 자신에게 떠넘겨진 전임자들의 부정적인 유산을 극복하는 과제"를 안고 있어 덩샤오핑의 '양손을 굳건히(兩手硬)' 정책과 장쩌민의 '3개 문명(三 个文明)' 노선에 연이어, 취업·교육·의료·주택 문제의 해결을 중점을 두었던 '4대 민생(四大民生)'을 목표로 지향하는 '조화로운 사회'를 추진했던 그의 '해결사형 개혁리더십'[29]을 통해 집권 2기를 성공적으로 마무리하였다.

---

29) 이승익, 앞의 책, 210쪽.

제6부

시진핑의 리더십 혁신: '신시대 중국특색 사회주의'의 수립

제 1 장

시진핑 정치리더십의 형성

1. '붉은 핏줄'의 가족 성장 배경

사람의 천성과 유년기 가정 교육 그리고 가족 배경은 매우 밀접한 관계를 맺고 있으며 자식은 부모의 됨됨이, 언행의 영향을 받는다. 붉은 혁명가 집안에서 태어난 시진핑이 바로 그렇다. 그의 정치리더십은 부친의 애국애민(愛國愛民) 정신을 이어받았다.

시진핑의 부친 시중쉰(習仲勳)은 국가를 사랑하고 국가에 봉사하며 민중과 고락을 함께 하는 붉은 혁명의 피가 흐르는 우수한 문화와 가풍의 계승자였다. 가난한 가정에서 태어난 시중쉰은 농민의 아들임을 항상 잊지 않고 살았으며 근면함과 용맹함이 몸에 밴 사람이었다. 강한 의지와 소박한 성격의 그는 언제나 근검절약을 실천했다. 시중쉰은 공산당과 민중의 관계를 매우 중요하게 생각하였다. 그는 당시 샨시성(陝西省)과 간쑤성(甘肅省) 근거지 투쟁 중 민중과 나누었던 정을 자주 회고하였다. 문화대혁명 16년의 '파괴'를 겪은 후 그는 일할 수 있는 기회의 소중함을 깨닫고 밤낮으로 일에 몰두했다. "우리 당에서 말하는 당성(黨性) 중 실사구시야말로 최고의 당성이라고 생각한다."는 시중쉰의 이러한 말과 행동 덕에 시진핑은 가슴 깊이 실사구시를 새기고 살아왔다.

시진핑은 부친의 성실하고 솔직하며 충성스러운 면을 매우 존경하였다. 그리하여 부친의 인성을 배우고 부친의 일 처리를 배우며 부친의 정신을 배우고자 하였다. 그는 아버지 시중쉰 88세 생일에 "아버지는 농민의 아들입니다. 당신은 중국 인민을 사랑하고 혁명 전우를 사랑하며 고향과 가족, 부모를 사랑합니다. 당신은 사랑으로 주변 사람들에게 힘을 주고 늙은 소처럼 중국 인민을 위해 묵묵히 일해 왔습니다."라고 편지를 썼다. 마오쩌둥은 "시중쉰은 인민 속에서 태어난 인민의 지도자이다."라고 그를 평가한 바 있다. 시중쉰은 인민의 힘과 고통을 뼛속 깊이 알고 있었다. 그는 항상 자식들에게 인민을 격려하고 인민에게 다가가며 인민과 함께 동고동락하라고 가르쳤다. 시중쉰의 말과 행동 그리고 당의 교육을 받은 시진핑은 인민 속으로 몸을 던졌다. 농촌 생산대 당지부(黨支部) 서기부터 중국공산당 총서기가 되기까지, 보통의 국민에서 국가 주석이 되기까지 시진핑은 전심전력으로 인민을 위해 봉사하겠다는 의지를 늘 실천하였다.[1]

2. 고난의 지청(知靑) 시련

1969년 1월 13일 시진핑을 비롯한 8·1 학교[2] 학생 20명은 베이징

---

[1] 왕지취안(王吉全), 「시진핑은 왜 그들을 아쉬워하는가(習近平爲什么舍不得他們)」, 중국인민망(人民網)(http://politics.people.com.cn/n/2015/1017/c1001-27709484.html, 2018.11.13.)

[2] 1947년 설립된 베이징 8·1학교는 네룽전(聶榮臻)이 직접 창립한 룽전(榮臻) 자제 학교에서 시작된 현대화 역사 명문으로 시진핑의 모교이다.

의 다른 지청(知靑)3)들과 샨시성(陝西省) 북쪽의 옌안(延安)으로 갔다. 이 때부터 7년 동안 힘든 지청 삶이 시작되었다. 이 시기는 시진핑에게 있어서 잊을 수 없는 인생의 전환점이 되었다. 7년의 지청 생활은 그가 학교와 가정에서 사회로 첫 발을 내디딘 출발이자 중요한 시작이었으며 그의 성장에 막대한 영향을 끼친 시기였다.

첫째, 샨시성 고원의 척박한 자연 환경과 힘든 노동 생활로 인해 강인한 의지와 근성이 길러졌다. 지청으로 인해 도시에서 농촌으로, 과거 상대적으로 좋은 생활 조건에서 험난한 생존 환경으로 엄청난 변화를 겪으면서 힘든 시련과 마주했다. 십오륙세에 불과했던 소년에게 있어서 '삽대(揷隊)'4)과정에서 농촌에서 겪은 시련은 몸과 마음을 모두 강하게 만들었다. 시진핑은 "7년의 상산하향(上山下鄕) 생활은 나를 단련시켜 주었다. 훗날 내가 고난에 부딪힐 때마다 당시의 생활을 떠올리면 못해낼 것이 없었다.5)"라며 그 시절을 떠올리곤 했다.

둘째, 7년의 지청 생활로 그는 국가의 정세를 이해하고 인민에게 다가갈 수 있었다. 인민의 고통과 역경을 몸소 체험하면서 인민에 대한 사랑을 키워갔다. 지청을 통해 농촌과 생산대에 들어가 농민과 함께 부대끼며 살면서 농민과 농촌을 이해하고 국가의 기간인 기초층의 민낯을 직접 보았다. 그는 샨시성에서의 7년이 인생 최대의 수확이며 실제가 무엇인지, 실사구시가 무엇인지, 민중이 무엇인지를 알게 되었다

---

3) 지청(知靑)으로 불리는 지식 청년은 고등 교육을 받은 젊은이를 말한다. 문화대혁명 시기에는 1968년부터 1978년 말까지 자원하여 도시에서 농촌과 개간지 혹은 국경 지역으로 가서 농사를 짓거나 군인으로 생활하였다.

4) 문화대혁명이 발발하기 전 1955년부터 중국은 소련을 따라 도시의 청년을 농촌이나 국경 지역에 보내는 '상산하향(上山下鄕) 운동'이 시작되었다. 문화대혁명으로 등교가 불가능했던 학생들은 1968년 겨울부터 '삽대(揷隊) 형식'으로 이 운동에 참여하였다. '삽대(揷隊)'는 말 그대로 농촌 생산대에 끼워 넣어 보통의 일꾼과 동일하게 일을 하고 돈이나 식량을 받는다는 의미이다.

5) 시진핑, 「나는 황토지의 아들이다(我是黃土地的儿子)」, 『정책』, 2018.2, 38쪽.

고 한다.[6]

셋째, 옌안의 붉은 역사 문화와 샨시 농민의 포용, 소박함, 봉사 정신이 그의 정치 이념을 기르고 불변의 '초심'을 다져주었다. 시진핑이 당시 '삽대'를 통해 갔던 옌안은 중국 공농홍군(工農紅軍) 장정의 정착지이자 마오쩌둥 사상이 무르익은 곳이며 정권 쟁취의 출발지였다. 당(黨)은 중국공산당이 탄생한 후 신(新) 중국 수립까지 28년의 절반을 옌안을 중심으로 성장해왔다. 옌안의 붉은 역사적 의미는 시진핑의 세계관, 인생관, 가치관 형성에 엄청난 에너지를 불어 넣어 주었고 특히 혁명가 집안의 그에게 자양분이 되었다. 그는 15살에 처음 황무지에 갔을 때는 혼란스러웠고 방황하였지만 22살에 황무지를 떠날 때에는 뚜렷한 인생 목표가 생겼고 자신감이 넘쳤다고 한다. 그에게 샨시성 북쪽의 고원은 인민을 위해 살겠다는 불변의 신념을 기르게 해준 근원지였다.

마지막으로 이 7년 동안 시진핑은 농촌의 자유로운 사회 정치 환경에서 공부를 계속함으로써 풍부한 지식과 문화, 이론을 축적해갔다. 공부를 매우 즐겼던 시진핑은 아침까지 밤을 새워 공부하곤 하였다. 당시 가방 두 개만 챙겨 샨시로 떠나던 그의 짐은 모두 책이었다.[7]

문화대혁명 기간에 부친이 핍박을 받게 되자 그도 누명을 쓰고 멸시를 당했지만 샨시의 황무지에서 이를 묵묵히 견디고 승화해냈다. 혼란스럽던 15살 소년이 인생의 쓴 맛을 다 이겨내고 가슴 가득 인민에 대한 희생 정신을 채운 훌륭한 청년으로 자라난 것이다.

---

6) 시진핑, 위의 글, 39쪽.
7) 중국중앙당교 인터뷰실록 편집실(中央党校采訪實彔編輯室), 『시진핑의 7년 지청 세월(習近平的七年知靑歲月)』, 중공중앙당교출판사(中共中央党校出版社), 2017, 166~169쪽.

3. 풍부한 지방 정치 경력

문화대혁명이 끝나고 베이징에 돌아온 시진핑에게 장래가 보장되는
일이 생겼지만 그는 평온한 삶을 포기하고 사회 실천의 최전선을 선
택하였다. 이런 선택은 인민을 위해 봉사한다던 결심 때문이며 7년의
고난을 이겨낸 성장이었다. 꿈을 위해 시진핑은 가난하고 힘든 곳에서
정치 생활을 시작하였다.8) 고급 간부의 자제였지만 그의 정치 여정은
시련의 연속이었고 바닥부터 한발 한발 경험을 쌓아갔다. 그의 정치경
력은 허베이(河北)에서 첫 발을 디디고 저장(浙江)에서 무르익었으며 상
하이(上海)에서 날개를 펴 마지막으로 베이징에서 비상하였다.

〈표 24〉 시진핑의 지방 정치 경력 및 리더십 형성 과정

시간	지방	단계	정치 경력 및 리더십 형성 과정
1982년-1985년	허베이(河北)성 정딩(正定)	초보 시련 단계	'인재 모집안'을 제정하고 지혜로운 이를 찾기 위한 '인재 9조'를 제정하고 실시했음. 그의 생각은 가난을 벗어나기 위해서는 현실을 정확하게 알아야 한다는 것임.
1988년-2002년	푸젠(福建)성 닝더(寧德)·푸저우(福州)	걸음마 단계	부패를 척결하였으며 빈곤 퇴치 정책을 모색함. 민·대(閩臺)협력을 추진하였으며, 절제 있는 정부, 효율적인 정부, 분별력 있는 정부를 건설함.
2002년-2007년	저장(浙江)성	성숙 단계	직접 삼농(三農) 실정을 파악하고 농업 발전, 농촌 복지, 농가 부유라는 목적을 가지고 혁신적인 모색을 시도함. '산해협력(山海協作)', '미발전 지역의 샤오캉 공정 가속화', '공동의 부 창출' 등 프로젝트를 동시 추진함.

8) 중국중앙당교 인터뷰실록 편집실(中央党校采訪實象編輯室), 위의 책, 169쪽.

2007년 3월 -2007년 10월	상하이	도약 단계	간부층을 안정시키고 상하이 제9차 당대회를 순조롭게 개최함. 모든 지도자가 자신을 낮추고 항상 반성하는 자세로 일해야 한다고 함.
2007년- 2012년	베이징	비상 단계	중공 중앙 정치국 상임위원으로 당선되고 중앙 서기처 서기이자 중앙 당교 교장이 됨. 당과 국가 정책 방침 연구 제정, 중앙의 중대 결정을 위한 조직 실시에 참여함.

시진핑은 지도자로서 현재에 충실하고 장기적인 안목을 가져야 하며 과감하게 다른 사람이 못하는 일을 해내야 한다고 여겼다. 그가 허베이에서 정치를 할 때 '인재 모집안'을 제정하고 지혜로운 이를 찾기 위한 '인재 9조'9)를 제정하고 실시했다. 그의 생각은 가난을 벗어나기 위해서는 현실을 정확하게 알아야 한다는 것이었다.

해외에서는 시진핑에 대해 온화하고 겸손하지만 일에 있어서는 분명하고 고집스럽다고 평가한다. 허베이에서 푸젠(福建)으로 이동한 후 1988년 닝더지위(寧德地委) 서기로 재임하던 시절에는 규율을 어기고 사적으로 집을 지은 간부들을 조사하였다. 그가 부임하기 전까지는 권력을 이용해 사적인 일로 돈을 유용하는 간부들이 많았다. 시진핑은 이들을 강력히 비난하며 1년 동안 비리를 파낸 끝에 총 7392명의 간부가 자신의 집을 사기 위해 불법으로 자금을 사용했다는 것을 밝혀냈다.10)

---

9) 시진핑이 1983년 작성한 '인재 9조'의 주요 내용은 지역에 맞는 지혜로운 인사를 위하여 문을 활짝 연다는 것이었다. 정치 태도, 업무 환경, 이익 분배, 장려 제도, 이동 수속, 생활적 대우, 가족 복지, 자유 보장 등 9개 영역에서 파격적인 조항이었으며 맞춤형 인재를 찾기에 매우 매력적인 우대 정책이었다.

10) '초심(初心)·닝더편(宁德篇)', 중국중앙방송국 '동방시공(東方時空)' 인터뷰 영상자료, 2003.11.10(https://mp.weixin.qq.com/s?__biz=MzI1OTU3ODUzOA%3D%3D&idx=1&mid=2247484235&sn=27e107d041dc34789f4cad1cba6ff547, 2018.11.11.)

시진핑은 민중을 위해 진정한 일을 하려면 인민에 뿌리를 두고 인민과 정을 맺으며 부패를 척결해야 한다고 믿었다. 그래서 닝더지위 서기 취임 후 3달 동안 9개 현(縣)을 다니며 현지의 힘든 상황을 직접 느꼈다. 발전을 위해서는 조리 있게 일을 추진하고 양적 변화에서 질적 변화로 바꿔야 한다. 그가 닝더를 떠날 때 94%의 빈곤 인구가 원바오(溫飽) 문제를 해결한 상태였다. 시진핑은 "가난을 벗어나려면 현지 실정에 맞는 정확한 방법이 필요하다. 약한 새는 남보다 먼저 날아야 하며 정확성과 힘을 기르고 물방울이 바위를 뚫는 의지를 발휘해야 한다[11]."고 하였다. 이러한 경험들이 훗날 빈곤 퇴치 정책을 위한 기초가 되었다.

1990년 푸젠성(福建省) 푸저우시위(福州市委) 서기로 부임한 시진핑은 "업무 효율 뿐 아니라 치열한 시장 경쟁 속에서 빠르게 반응해야 한다. 이런 민첩함이 있어야 푸젠이 젊음을 유지할 수 있다."라고 언론에 인터뷰했다.[12] 언론의 눈에 비친 그는 개혁의 인물이며 시대적 의식과 사상을 가진 인재였다. 푸젠에 있는 동안 시진핑은 민·대(閩臺) 협력(즉, 푸젠과 타이완의 협력)을 강조했다. 그는 절제 있는 정부, 효율적인 정부, 분별력 있는 정부를 건설해야 한다면서 본분을 지키면서 과하지도 부족하지도 않게 일을 해야 한다고 하였다.[13]

2002년 시진핑은 저장성(浙江省)에서 모든 현을 시찰하면서 직접 삼농(三農)[14] 실정을 파악하고 농업 발전, 농촌 복지, 농가 부유라는 목적

---

11) 즉, '因地适宜, 弱鳥先飛, 精准發力, 滴水穿石'의 빈곤 퇴치 경험이다.

12) 한위팅(韓雨亭), 루리이(魯礼義), 「개혁에 대한 실천을 시도하다(嘗試對改革的實踐)」, 중국경제관찰망(經濟觀察网)(http://www.eeo.com.cn/2012/1117/236221.shtml, 2018.11.12.)

13) 자오궈타이(趙國泰), 「시진핑의 정치 생활의 8단락(習近平從政生涯的八个片段)」, 『책략과 정보(計策与信息)』, 2010.12.1, 30~31쪽.

14) 3농이란 농촌, 농업, 농민을 가리키며 3농 문제는 농업, 농촌, 농민 문제를 뜻한다. 3농 문제 연구의 목적은 농민 소득 증대, 농업 발전, 농촌 안정에 있다. 3농 문제가 대두된

을 가지고 혁신적인 모색을 시도하였다. 저장성은 중국 경제 발전의 선두주자였지만 내부 발전 불균형은 간과할 수 없는 문제였다. 충분한 조사 후 그는 저장의 샤오캉은 수준이 낮고 불완전하며 불균형 상태의 샤오캉이라고 평가하였다. 그 후 저장성은 그의 지휘와 추진으로 '산해협력(山海協作)', '미발전 지역의 샤오캉 공정 가속화', '공동의 부 창출' 등 프로젝트를 동시 추진하고 '발전 지역은 더 빠른 발전을, 미발전 지역은 속성형 발전을'이란 계획을 추진하였다.15)

2007년 3월 24일 중공 중앙은 시진핑을 상하이시위(市委) 서기로 임명하였다. 이때 상하이는 천량위(陳良宇) 사회 보험 기금 사건16)을 겪고 있었다. 혼란 속에서 그에게 주어진 과제는 간부층을 안정시키고 상하이 제9차 당대회를 순조롭게 개최하는 것이었다. 취임 다섯째 날 오후 그는 상하이에 있는 중국공산당 1대, 2대 옛날 개최지에서 간부는 이상적 신념을 끝까지 견지하고 맑은 정신을 유지해야 한다고 강조하였다. 시진핑이 상하이시위 서기로 일한 시간은 7개월 4일에 불과했지만 간부들이 몸을 낮춰 다시 새롭게 분투하도록 안정시켰다. 그는 모든 지도자가 자신을 낮추고 항상 반성하는 자세로 일해야 한다고 하였다.17)

것은 1990년대 중반이었고 그 후 언론과 관계부처에서 점차적으로 이 개념을 사용하였다. 이때 3농 문제가 수면 위로 떠올랐을 뿐 사실 건국 이래 늘 존재해왔다.

15) 위안보어(袁勃), 「시진핑 신시대 중국특색 사회주의 사상이 절강에서의 발아와 실천-'삼농편'(習近平新時代中國特色社會主義思想在浙江的萌發与實踐ーー"三農"篇)」, 중국인민망(人民网)(http://politics.people.com.cn/GB/n1/2018/0721/c1001-30161821.html, 2018. 11.12.)

16) 상하이 사회 보장 기금안은 상하이 노동과 사회 보장국 국장인 쭈쥔(祝均)이 사회 보장 기금 백억 위안을 불법으로 사용한 경제안이었다. 중공 중앙 정치국 위원, 상하이시 서기였던 천량위(陳良宇)도 이 사건에 연루되었다.

17) 장샤오촹(張瀟爽), 「시진핑의 지방 정치 이야기(習近平地方執政故事)」, 『인민포럼(人民論壇)』, 2013.6, 20-21쪽.

수년간 기초층과 지방에서 경험을 쌓은 시진핑은 2007년에 베이징으로 다시 돌아와 중공 중앙 정치국 상임위원으로 당선되고 중앙 서기처 서기이자 중앙 당교 교장이 되었다. 그 후 중화인민공화국 부주석과 중앙 군위 부주석으로 재직하고 당과 국가 정책 방침 연구 제정, 중앙의 중대 결정을 위한 조직 실시에 참여하였다.

제 2 장

시진핑의 비전:
'신시대에 어떠한 중국특색 사회주의를
견지할 것이며, 어떻게 견지할 것인가'

1. 시진핑 비전의 형성 배경 및 형성 과정

1) 시진핑 비전의 형성 배경

시진핑 비전의 형성은 우연이 아니라 역사적인 필연이었다. 이는 이론과 실제, 역사와 현실, 인민의 기대와 집정당의 사명과 책임, 국내 정세와 국제 정세에 대한 호응 등 입체적인 대응 요소가 결합된 산물이다. 그 형성 배경을 아래와 같이 분석해 볼 수 있다.

먼저, 시진핑 비전 형성의 이론적 원천은 중국공산당 '제1차 혁명'과 '제2차 혁명' 리더십 혁신 주역들의 사상과 노선의 관철이었다. 2013년 12월 26일 시진핑은 마오쩌둥 탄생 120주년 기념 좌담회에서 "마오쩌둥 사상의 영혼은 입장, 관점, 방법의 관철이다. 그리고 이는 실사구시, 군중 노선, 독립 자주로 구현된다. 새로운 정세에서 우리는 마오쩌둥 사상의 살아 있는 영혼을 견지하고 이용해야 한다."라고 하였다. 2014년 8월 덩샤오핑 탄생 110주년 대회에서는 "덩샤오핑은 실제를 추구하고 실천하는 전문가였다."라고 찬양하였다. 그는 덩샤오핑이 개혁개방 시 강조했던 "실사구시란 마르크스주의의 정수이다. 개혁개방 성공의 관건은 탁상공론이 아니라 실천과 실사구시에 있다." "인민을 믿어야 하고 성과를 창출해야 한다."는 관점을 따랐다. 중국공산당 최고지도자의 리더십 혁신 성과들은 시진핑의 비전 형성을 위한 이론적 초석이 되었다.

다음으로, '신시대'라는 새로운 명제와 사회적 갈등의 출현이다. 당 19대 보고에서 시진핑이 중국특색 사회주의가 '신시대'에 진입하였음을 알렸다. 이는 중국 사회 발전이 새로운 역사적인 위치에 서게 되었음을 의미한다. 신시대 중국공산당은 새로운 상황과 변화 그리고 새로운 도전을 맞이하였다. 시진핑은 '신시대 사회의 갈등에 새로운 변화가 없는지, 어떻게 인식할 것인지, 어떻게 해결할 것인지'가 문제라고 생각했다. 제대로 인식하지 못하고 갈등을 포착하지 못하여 해결하지 못하면 당의 정치, 중국의 꿈 실현에 반드시 영향을 미치게 된다. 신(新) 중국 탄생 이후 당은 사회 갈등을 판단할 때 복잡한 변화를 겪어 왔다. 1956년 중국공산당 8대에서는 사유제 사회주의 개조 완성 후 갈등이 더 이상 노동자 계급과 자산가 계급 간 갈등이 아니라 국가 경제 문화 발전에 대한 인민의 수요와 공급 능력 부족으로 인한 갈등이라고 하였다. 그러나 그 후 1962년 당 8회 10중전회에서는 '좌파'의 그릇된 사상으로 인한 무산 계급과 자산 계급 간 갈등을 전체 사회주의 역사의 주요 갈등으로 확정하였다. 중국공산당 '제2차 혁명'이 시작되고 업무의 중심이 전환되면서 당은 또다시 경제 문화 발전에 대한 인민의 수요와 공급 능력 부족으로 인한 불균형이 사회 갈등이라고 언급하였다. 시진핑은 신시대 중국 사회의 갈등이 고품질 삶에 대한 날로 늘어나는 수요와 불균형, 불충분한 발전으로 인한 갈등으로 전환되었다고 지적하였다.

그리고 그의 지적이 국가 정세에 맞는 과학적인 판단이었음이 증명되었다. 먼저 '낙후된 사회 경제 문화'는 이제 더 이상 국가의 현실이 아니다. '제2차 혁명' 이후 중국 경제, 기술, 국방 등 종합 국력이 눈부시게 향상되었고 인민의 생활도 크게 개선되었다. 과거 '날로 늘어나는 물질 문화 수요'는 '날로 늘어나는 고품질의 생활 수요'로 전환되었다. 그러나 현재 중국 경제 사회 발전은 아직 '불균형, 불충분' 상태이다. 이는 민생 수요와 공급의 불균형, 도·농 발전의 불균형, 소득 격차, 농촌과 미발전 지역의 낮은 소득 수준 외에도 취업, 교육, 의료, 민주, 양로 및 생활, 생산 환경 등에서도 나타났다. 이는 신시대 사회 갈등의 맨얼굴이다. 이로써 시진핑 비전과 신시대 사회 갈등이 서로 동반되어 나타났다는 것을 알 수 있으며 이것이 바로 시진핑 비전 탄생의 현실적 기초였다.

마지막으로 국제 정치 경제의 새로운 질서가 시진핑 비전 형성의 외부 조건이 되었다. 신(新)중국 초기에 마오쩌둥(毛澤東), 저우언라이(周恩來) 등 당 지도자들은 중국이 '평화공존 5가지 원칙'을 기초로 각국과 관계를 해결하여 원만한 국제 질서를 형성하고 세계 평화를 함께 수호해야 한다고 하였다. 1980년대 후반, 세계는 긴장에서 화해로, 대응에서 대화로 분위기가 바뀌고 있었다. 그러나 패권주의, 강권주의는 여전히 존재하였으며 여러 방식으로 타국의 국정에 개입하려는 시도가 비일비재했다. 덩샤오핑은 이에 대해 "지금은 국제 경제와 정치의 새로운 질서를 수립해야 한다."라고 수차례 강조하였다. 그때부터 당 17대 보고까지, 당은 중국이 평화 발전의 길을 견지해야 하며 공정하고 합리적인 국제 정치 경제의 새로운 질서를 촉진해야 한다고 하였다. 시진핑은 집정 후 국제 신(新)질서를 재천명하였고 공정하고 합리적인 방향으로 발전하는 동시에 각국 모두 협력 상생의 정신을 발휘해야 한다고 발표하였다. 그리고 이를 위하여 새로운 사상 이념을 제기하고 인류 운명 공동체를 부르짖었다. 이는 인류 공동의 이익 증진을 위해서이다. 각국은 자국의 이익을 추구함과 동시에 타국과의 합리적인 관계와 민중의 이익을 함께 고려해야 한다. 또한 자국 발전을 도모함과 동시에 각국 공동의 발전에 관심을 기울이고 평등과 균형의 새로운 글로벌 발전 파트너 관계를 구축해야 한다. 18대 이후, 시진핑은 '인류 운명 공동체'를 수립하여 세계 정치 경제의 새로운 질서를 위한 '중국 솔루션'[1]을 제공해야 한다고 수십 차례 언급하였다.

2) 시진핑 비전의 형성 과정

공산당 18대 이후 시진핑은 '신시대에 어떠한 중국특색 사회주의를 견지하고 어떻게 견지할 것인가'에 대해 새로운 모색을 시작하였고 비전이 형성되었다. 그는 당 19대에서 새로운 시대에 중국특색 사회주의 사상을 체계적으로 설명하였다. 이는 시진핑 비전이 정식으로 확립되었음을 상징한다. 시진핑 비전의 형성은 5년의 시간이 걸렸고 4단계로 나누어볼 수 있다.

---

1) 모즈빈(莫志斌), 「시진핑의 신시대 중국특색 사회주의 사상의 형성 조건과 시대적 가치(習近平新時代中國特色社會主義思想的形成條件和時代价值)」, 『후상(湖湘)포럼』, 2018, 제4기, 5-9쪽.

〈표 25〉 시진핑 비전의 형성 과정

시간	단계	배경	이념 및 전략
2012년	시작 단계	18대를 통해서 목표를 세웠으며 노선을 확립.	네 가지 심볼(smybol): ① '중국특색 사회주의 견지와 발전' ② 중화민족 부흥의 '중국의 꿈' 실현 ③ 새로운 시기 어떻게 개혁을 심화할 것인지에 대한 종합적인 구상 ④ '중국 특색의 강군(强軍)의 길 견지 및 국방과 군대 현대화의 전면 추진'
2012년 – 2015년	걸음마 단계	18회 3중전회를 통해서 체계적으로 모색하고 건설적인 의견을 담은 비전을 혁신.	주목할 만한 점이 두 가지 있음. 첫째, 의법치국 추진에 대한 최고 차원의 설계를 했음. 둘째, '4가지 전면성' 전략 구성을 제기하고 확립하였음.
2015년 2월- 2016년 10월	기본 단계	'4가지 전면성' 전략 구성이 정식 확립되면서 18회 6중전회까지는 시진핑 비전이 기본적으로 형성됨.	첫째, '5위 일체(五位一體)'의 전체적인 배치를 강조하였음. 둘째, '5대 발전 이념'을 제기하고 확립하였음. 셋째, '13번째 5개년 계획'에서 샤오캉 사회 건설의 필승 단계, '두 개의 100년' 목표 중 첫 번째 100년 목표 실현을 제기하였음. 넷째, 엄격한 당 관리 추진을 위하여 최고 차원의 설계를 하였음.
2016년 10월 – 2017년 10월	완전 확립 단계	19대를 통해 '신시대에 어떠한 중국특색 사회주의를 견지하고 어떻게 견지할 것인가'에 대해 명확한 비전을 제기.	'신시대 중국특색 사회주의 사상'의 과학적인 개념을 제기하면서 '8가지 명백'과 '14가지 견지'로 '신시대 중국특색 사회주의'의 의미와 전략을 제시.

첫째, 시진핑 비전 형성의 시작 단계이다.

시진핑 비전 형성 시작 단계는 네 가지 심볼(smybol)이 있다. 첫째, 시진핑이 당 18대 정신을 얘기할 때 "중국특색 사회주의 견지와 발전은 당 18대 보고를 관철하는 주요 노선이다."라고 강조하였다. 둘째,

시진핑이 중화민족의 위대한 부흥을 실현하는 '중국의 꿈' 실현을 제기하고 여러 장소에서 중요한 연설을 누차 발표하면서 '중국의 꿈'의 본질적인 의미, 실현 노선, 정신적인 동력, 추진 역량 등을 상세하게 설명하였다. 셋째, 시진핑은 새로운 시기 '제2차 혁명'이 어떻게 개혁을 심화할 것인지에 대해 종합적인 구상을 제기하였다. 전면적인 개혁 심화의 총 목표를 명확하게 제시하고 이를 기초로 새로운 역사의 출발점에서 개혁 심화의 시간표와 노선도를 어떻게 확정할 것인지 제시하였다. 넷째, 시진핑은 '중국 특색의 강군(强軍)의 길을 견지하고 국방과 군대 현대화를 전면 추진'하는 새로운 국방 사상을 점차 형성하였다. '당의 지휘를 따르고 싸움에 승리하며 기풍이 우수한 인민 군대'를 건설해야 한다고 강조하였다.

둘째, 시진핑 비전 형성의 걸음마 단계이다.

이 단계에서 시진핑은 당의 18대와 18회 3중전회 정신을 어떻게 실천할 것인지에 대해 체계적으로 모색하고 혁신하여 건설적인 의견을 담은 새 이념, 새 전략을 제시하였다. 그 중 주목할 만한 점이 두 가지가 있다. 첫째, 의법치국 추진에 대한 최고 차원의 설계를 했다. 법치국가 건설을 위하여 '의법치국, 의법집정, 의법행정의 공동 추진을 견지하고 법치국가, 법치정부, 법치사회의 통합 건설'이 반드시 필요하다고 강조하였다. 둘째, '4가지 전면성' 전략 구성을 제기하고 확립하였다. 즉, 샤오캉 사회, 개혁의 심화, 의법치국, 엄격한 당 관리의 전면성이다. '4가지 전면성' 전략의 형성과 확립은 시진핑 비전의 초보 형성을 의미한다.

셋째, 시진핑 비전 형성의 기본 단계이다.

2015년 2월 '4가지 전면성' 전략 구성이 정식 확립되고 2016년 10월 당 18회 6중전회까지는 시진핑 비전이 기본적으로 형성된 단계이다.

첫째, '5위 일체(五位一體)'의 전체적인 배치를 강조하였고 "경제 건설 중심을 견지함과 동시에 경제 건설, 정치 건설, 문화 건설, 사회 건설, 생태 문명 건설을 전면적으로 추진하여 현대화 건설에 있어서 단계와 영역을 모두 아우르는 조화로운 발전을 촉진해야 한다."라고 강조하였다. 둘째, '5대 발전 이념'을 제기하고 확립하였다. 시진핑은 당 18회 5중전회에서 "발전 이념은 전략성, 강령성, 지도성의 성격을 가진 발전 사고, 발전 방향, 발전 주력점의 집중적인 구현이다."라고 강조하였다. 그리고 '혁신, 조화, 환경, 개방, 공유'의 발전 이념을 반드시 굳건하게 수립하고 실행해야 한다고 하였다. 셋째, '13번째 5개년 계획(2016~2020년, The thirteenth Five-Year Plan)'에서 샤오캉 사회 건설의 필승 단계, '두 개의 100년' 목표 중 첫 번째 100년 목표 실현을 제기하였다. 넷째, 엄격한 당 관리 추진을 위하여 최고 차원의 설계를 하였다. 엄격한 당 관리는 '4가지 전면성' 전략의 조화로운 추진, 중화민족 위대한 부흥 '중국의 꿈' 실현을 위한 근본적인 정치적 보장이다.

넷째, 시진핑 비전 형성의 완전한 확립 단계이다.

2016년 10월 당 18회 6중전회부터 2017년 1월 당 19대까지이다. 이 기간에 시진핑은 '신시대에 어떠한 중국특색 사회주의를 견지하고 어떻게 견지할 것인가'에 대해 새로운 이념, 새로운 전략을 제기하였다. 특히 당 19대는 '신시대 중국특색 사회주의 사상'의 과학적인 개념을 제기하면서 '8가지 명백'과 '14가지 견지'로 '신시대 중국특색 사회주의'의 의미와 전략'을 제시하였다. 그리하여 시진핑 비전이 확립되었고 '신시대 중국특색 사회주의'의 기본적인 의미와 역사적인 지위를 확립하였다. 그리고 시진핑 신시대 중국특색 사회주의 사상을 현 시기 중국공산당의 행동 방침으로 확립하였다.[2]

2. '신시대 중국특색 사회주의'의 함의와 전략

1) '신시대 중국특색 사회주의'의 함의 : '8가지 명백'

신시대 중국특색 사회주의 사상은 시진핑 비전의 구체적인 구현이다. 중국특색 사회주의 총 목표, 총 구성, 발전 방향, 발전 방식, 발전 동력, 전략 절차, 외부 조건, 정치적 보장 등 기본 문제의 견지와 발전에 대해 체계적인 답을 내렸다. 먼저 '8가지의 명백'은 세계관의 각도에서 "신시대 '어떠한' 중국특색 사회주의를 견지하고 발전시킬 것인가"라는 '8가지' 시대적 과제를 던지고 '명백한' 답을 제시하였다.

첫째, 중국특색 사회주의 견지와 발전을 위한 총 임무는 사회주의 현대화와 중화민족의 위대한 부흥을 실현하는 것이다. 샤오캉 사회를 건설한 후 두 단계로 나누어 21세기 중반까지 부강, 민주, 문명, 조화, 아름다운 사회주의 현대화 강국을 건설한다. 둘째, 신시대 중국 사회주의의 주요 갈등은 날로 늘어나는 고품질 생활 수요와 불평등·불충분한 발전 간의 모순이다. 그러므로 인민이 중심이 되는 발전 사상을 견지하여 인민의 발전, 공동의 부를 촉진해야 한다. 셋째, 중국특색 사회주의 사업 배치는 '5위 일체', 전략 배치는 '4가지 전면성'이며[3] 노선 자신감, 이론 자신감, 제도 자신감, 문화 자신감을 유지한다. 넷째,

---

2) 여우자(遊嘉),「시진핑 신시대 중국특색 사회주의 사상의 형성 과정을 엿보다(淺析習近平新時代中國特色社會主義思想的形成過程)」,『중국공산당 이리저우 위(伊犂州委) 당교 학보』, 2018, 제1기, 13-14쪽.

3) '5위 일체(五位一體)'란 '경제 건설, 정치 건설, 문화 건설, 사회 건설, 생태 문명 건설' 등 다섯 방면(五位)에서 '전면적인 샤오캉 사회 건설과 사회주의 현대화 및 중화민족의 위대한 부흥'에 초점을 맞추어 균형 발전을 도모하는 사업 배치이다. '4가지 전면성'이란 '전면적인 샤오캉 사회 건설, 전면적인 개혁 심화, 전면적인 의법치국 추진, 전면적인 엄격한 당 관리'라는 전략 배치이다. 이는 "'5위 일체'와 '4가지 전면성'의 포석"이라는 본 장 3-2소절에서 구체적으로 논의한 바 있다.

개혁 심화의 총 목표는 중국특색 사회주의 제도 개선과 발전, 국가 통치 제도와 국정 운영 능력의 현대화 추진이다. 다섯째, 의법치국 총 목표는 중국특색 사회주의 법치 체계 건설, 사회주의 법치 국가 건설이다. 여섯째, 신시대 강군 목표는 당의 지휘를 따르고 싸움에 승리하며 기풍이 우수한 인민 군대를 건설하는 것이다. 일곱째, 중국 특색의 외교는 새로운 형태의 국제 관계 구축을 촉진하고 인류 운명 공동체 건설을 촉진하는 것이다. 여덟째, 중국특색 사회주의의 본질적 특징과 제도적 우세는 공산당이 지도하는 것이다. 당이 최고의 정치 지도력이며 신시대 당 건설 총 요구를 제기하고 당 건설 중 정치 건설의 중요성을 강조한다.

'8가지 명백'은 행동 지침으로서 상호 연계된다. 여기에서 첫 번째 '명백'은 모든 '명백'의 전제이다. 두 번째 '명백'은 총 임무 완성의 구체적인 내용이자 역량이며 세 번째 '명백'은 사회의 주요 갈등 해소를 위하여 제기한 총체적인 설계이자 정신적인 지주이다. 네 번째, 다섯 번째, 여섯 번째는 다양한 각도에서 제기된 목표이다. 첫 번째부터 여섯 번째까지는 중국 내부 배치이며 일곱 번째는 여기에 외부 조건이 더해졌고 그리고 여덟 번째는 당의 지위와 역할의 보장이다.[4]

2) '신시대 중국특색 사회주의'의 전략 : '14가지 견지'

'14가지 견지'는 14조 기본 전략이다. 방법론의 각도에서 "신시대 중국특색 사회주의를 '어떻게' 견지하고 발전시킬 것인가" 라는 '14가지' 시대적 과제를 던지고 '견지할' 전략을 제시하였다. 구체적인 내용

---

4) 치링(漆玲), 「시진핑 신시대 중국특색 사회주의 사상 연구(習近平新時代中國特色社會主義思想研究)」, 『이론과 현대화(理論与現代化)』, 2018년, 제1기, 14-15쪽.

은 아래와 같다.

① 모든 작업에 대한 당의 지도, ② 인민 중심, ③ 개혁 심화, ④ 신 발전 이념, ⑤ 인민 주인, ⑥ 의법치국, ⑦ 사회주의 핵심 가치 체계, ⑧ 발전에 따른 민생 보장과 개선, ⑨ 사람과 자연의 조화로운 공생, ⑩ 국가 안전관, ⑪ 인민 군대에 대한 당의 절대적인 지휘, ⑫ '일국양제'와 조국 통일, ⑬ 인류 운명 공동체 구축, ⑭ 엄격한 당 관리 등 14 조 기본 전략을 견지한다.

14조 기본 전략은 신시대 중국특색 사회주의 건설 중 경제, 정치, 법치, 과학 기술, 문화, 교육, 민생, 민족, 종교, 사회, 생태 문명, 국가 안보, 국방과 군대, '일국양제'와 조국 통일, 전선의 통일, 외교, 당 건설 등 모든 영역에서의 구체적인 정책적 방향과 기본 전략을 명확화하였다.

중국특색 사회주의 사상 중 기본 전략을 정확하게 이해하려면 두 가지 차원에서 이를 바라보아야 한다.

첫 번째 차원은 중국특색 사회주의 '총 전략'의 견지와 발전이다. 여기에는 '모든 작업에 대한 당의 지도', '인민 중심', '개혁 심화'의 견지가 포함된다. 제3조는 전체적인 각도에서 말하면 모든 작업에 대한 당의 지도를 견지하여 당이 방향을 결정하고 정세를 도모하며 정책을 제정한다는 것이다. 또한 개혁을 추진하는 능력과 추진력을 제고하며 당이 전체적인 정세를 총괄하고 모두를 조율한다는 것이다. 다음으로 인민 중심 견지는 나라를 다스리는 모든 활동의 중심에 인민을 놓고 인민의 힘으로 역사를 이루는 것이다. 마지막으로 심화 개혁 견지는 개혁 심화를 위하여 시대에 맞지 않은 사상이나 관념, 체제의 폐단을 제거하고 국가 정치 체계와 능력의 현대화를 추진하며 중국공산당 '자아진화'를 실현해야 한다는 것이다.

두 번째 차원은 중국특색 사회주의 '구체적인 전략'의 견지와 발전이다. 여기에는 현대화 경제 건설을 위한 '신 발전 이념'의 견지, 정치적으로는 '인민 주인'과 '의법치국'의 견지가 포함된다. 중국특색 사회주의 정치 발전 노선을 견지하여 인민이 주인이 되도록 보장하고 국가 정치 생활과 사회 생활에 구현하며 당 지도를 의법치국 전 과정과 각 영역에서 정착시켜야 한다. 사회주의 법치 국가를 굳건히 건설해야 한다. 문화 영역에서 '사회주의 핵심 가치 체계'의 견지는 사회주의 선진 문화 발전을 통해 중국의 정신을 구축하고 중국의 가치와 역량을 축적한다는 것이다. '발전에 따른 민생 보장과 개선'의 견지는 인민이 발전의 수확을 공유하고 사람의 발전과 전체 인민의 공동의 부 창출을 촉진한다는 것이다. 생태 문명 건설에 있어서 '사람과 자연의 조화로운 공생' 견지는 생산 발전, 생활 부유, 생태 보존의 문명 발전의 길을 걷기 위함이다. 국가 안보 영역에서 '국가 안전관' 견지는 국가 이익 지상주의를 견지하며 인민의 안전을 취지로 국가 안보 체계를 건설하고 국가 안전 법치 보장을 강화하는 것이다. 국방과 군대 건설에 있어서 '인민 군대에 대한 당의 절대적인 지휘' 견지는 강군의 길을 걸으며 국방과 군대 현대화를 추진해야 한다는 의미이며 홍콩 마카오 타이완과의 관계에 있어서는 '일국양제와 국가 통일'을 반드시 견지해야 한다. 외교 영역에서는 '인류 운명 공동체 구축'을 견지하고 세계 평화를 지지하며 공동 발전의 외교 정책을 추진한다. 당 건설에 있어서 '엄격한 당 관리'를 견지하고 당 정치 건설을 최우선에 두며 사상으로 당을 세우고 제도로 당을 다스리며 당 건설을 전면 촉진한다는 것이다.[5]

---

5) 한전펑(韓振峰), 「시진핑 신시대 중국특색 사회주의 사상의 내재적인 논리(習近平新時代中國特色社會主義思想的內在邏輯)」, 『베이징 교통대학 마르크스주의 학원』, 2017, 제1기, 16쪽.

3. '중국의 꿈'의 제기, 포석, 전략, 장애

1) '중국의 꿈' 제기의 배경

'민족 부흥'을 이루기 위해서는 중화민족 역사적인 과제인 민족 독립과 인민 해방을 해결해야 한다. 홍시우췐(洪秀全)의 태평천국(太平天國) 운동부터 캉여우웨이(康有爲), 량치차오(梁啓超)의 무술변법(戊戌變法), 그리고 다시 손문의 신해혁명까지 모두 중국의 꿈을 이루고자 하였지만 성공하지 못했었다. 마오쩌둥을 위시한 중국공산당이 28년의 투쟁 끝에 마침내 신(新)민주주의 혁명의 승리를 거두면서 세계 인구의 1/4을 가진 거대한 중국이 드디어 우뚝 서게 되었다. 이를테면 중국은 한 세기 반을 싸워서 힘겹게 민족 독립과 인민 해방의 꿈을 이룬 것이다. 그 뒤를 이은 첫 역사적인 과제는 국가 번영 부강과 인민 공동의 부창출이다. 이 꿈을 이루어야만 민족 부흥이라는 '중국의 꿈'을 최종적으로 실현하는 것이다. 그간 인구가 많고 저력이 약한 나라에 어떤 사회주의를 건설하고 어떻게 건설할 것인지에 대한 경험이 없었기에 많은 시행착오를 겪었다. 그렇게 멀고 먼 길을 돌아 중국공산당 '제2차 혁명'이 개혁개방을 실시하고 중국특색 사회주의를 건설함으로써 진정으로 중화민족 위대한 부흥의 길을 걷게 되었다.[6]

---

6) 리쥔류(李君如), 「중국의 꿈이 가진 의의, 의미, 변증법적 논리(中國夢的意義, 內涵及辯証邏輯)」, 『마오쩌둥 덩샤오핑 일론 연구』, 2013, 제7기, 15쪽.

〈표 26〉 중국공산당 국가 발전 전략의 진화 과정

전략 명칭	제시 시기	지도자	주요 내용	진화 내용 및 평가
3가지 현대화	1957년	마오쩌둥	현대 공업, 현대 농업, 현대 과학문화의 사회주의 국가를 건설함.	건국 후, 첫 번째 국가 발전 전략.
4가지 현대화	1959년	마오쩌둥	공업 현대화, 농업 현대화, 국방 현대화, 과학문화 현대화의 사회주의 국가를 건설함.	3가지 현대화에 국방 현대화의 내용을 추가함.
양보주의 4가지 현대화	1964년	저우언라이	• 3개의 5개년 계획을 이용하여 1980년까지 독립적이며 완전한 산업 체계와 국민 경제 체계를 구축하여 농업 기계화를 실현함. • 20세기 말까지 농업, 공업, 국방, 과학 기술의 현대화를 실현하여 경제적으로 세계 선두에 선다는 것임.	과학문화 현대화를 과학 기술 현대화로 변경하였으며 두 단계로 나누어서 양보주의 4가지 현대화 전략을 제시함.
중국식의 4가지 현대화	1979년	덩샤오핑	중국의 기본적 국정에 입각하여 '중국식 현대화의 길'을 걸어야 하며 경제 건설, 국민 경제, 생산력을 중점으로 발전시켜야 한다고 주장함.	중국의 기본적 국정에 입각하여 경제 건설을 중심으로 개혁개방과 생산력 발전을 통해 샤오캉 사회를 실현하는 목표.

삼보주 전략	1987년	덩샤오핑	·GNP를 1980년의 두 배로 늘려 원바오 문제를 해결함. ·20세기 말까지 GNP를 다시 두 배 늘려 샤오캉 사회를 이룸. ·21세기 중반 일 인당 GNP를 중등 선진국 수준으로 끌어올려 부유하고 현대화된 사회를 실현함.	·옛날과 달리 덩샤오핑은 현대화 목표를 설정할 때 그 험난함과 장기성을 충분히 고려하였음. ·차근차근 단계를 밟았으며 지나친 맹목성과 낙관성을 배제하고 성과에 서두르지도 않음.
신(新) 삼보주 전략	1997년	장쩌민	중국공산당 건설 100년이 되는 시기(2021년)에 국민 경제를 더욱 성장시키고 제도를 개선하며 21세기 중반 건국 100년이 되는 때(2049년)에 기본 현대화를 실현하고 부강 민주 문명의 사회주의 국가를 건설하겠다는 '2가지의 100년 목표'를 제시하고 '신(新) 삼보주' 전략을 형성함.	·과거 20년 동안 중국 발전 단계와 내·외부 조건에 대해 분석하여 전망성이 있는 판단을 내림. ·장쩌민이 덩샤오핑 '삼보주' 전략의 세 번째 발전에 대해 새롭게 조정함. ·시장 경제 체제, 제도 개선 등 구체적인 목표를 추가함. ·정치, 경제, 문화 등을 종합적으로 고려하여 '부강 민주 문명'을 현대화의 필수 의무로 정함.
과학발전관	2003년	후진타오	사람이 근본이 되고 경제 건설이 중심이 되며 경제 사회와 사람이 전면적이고 조화로우며 지속 가능한 발전을 이루기 위해, 2020년 전면적인 샤오캉 사회 건설 목표를 세움.	사회주의 현대화의 목표는 '부강 민주 문명'에서 '부강 민주 문명 조화'로 풍부해졌으며 '과학발전관'을 제시함.

양보주 전략	2017년	시진핑	2020년 전면적인 샤오캉 사회 건설 이후에 대한 '양보주' 전략을 수립함. 첫 단계는 2020년부터 2035년까지 샤오캉 사회를 기초로 다시 15년 동안 노력하여 사회주의 현대화를 기본적으로 실현한다는 것임. 두 번째 단계는 2035년부터 21세기 중반까지 현대화를 기초로 다시 15년을 투자하여 중국을 부강, 민주, 문명, 조화, 아름다운 사회주의 현대화 강국으로 만들겠다는 것임.	· '양보주'는 '삼보주'를 기초로 '2가지의 100년 목표'를 더 구체화함. · '부강 민주 문명 조화'를 조정하고 '아름다운'을 추가하였다. 이로써 '부강'과 경제, '민주'와 정치, '문명'과 문화, '조화로운'과 사회, '아름다운'과 생태, '5위 일체'라는 균형을 이루는 완벽한 구성이 완성됨. · 원래의 '국가'를 '강국'으로 수정하여 두 번째 100년 목표의 내재적인 요구를 제고함.

시진핑은 2012년 11월 29일 국가 박물관에서 '부흥의 길'을 참관하면서 처음으로 '중국의 꿈' 사상을 제기하고 수차례 이를 강조하고 설명하였다. "중화민족 위대한 부흥 실현은 근대 이후 중국 인민의 가장 큰 꿈이다. 우리는 이를 '중국의 꿈'이라고 부른다."

그리고 2013년 12회 인민대회 1차 회의에서 국가 주석으로 당선된 후 이에 대해 더 상세하게 설명하였다. "샤오캉 사회를 건설하고 부강, 민주, 문명, 조화, 아름다운 사회주의 현대화 국가라는 목표를 실현하며 중화민족 위대한 부흥을 실현하는 '중국의 꿈'은 중국이 부유하고 강해지며 민족 진흥과 풍요로운 삶을 이루는 것이다."[7] 이렇게 중국의

---

7) 시진핑, 「제12회 전국인민대표대회 1차 회의에서의 연설(在第十二屆全國人民代表大會第一次會議上的講話)」, 2013년 3월 17일, 중국인대망(中國人大網)(http://www.npc.gov.cn/npc/dbdhhy/12_1/2013-03/18/content_1789130.htm, 2018.11.16.)

꿈은 '국가 부강, 민족 진흥, 인민 행복'이라는 3가지 방향을 바라본다.

2) '5위 일체'와 '4가지 전면성'의 포석

'5위 일체'와 '4가지 전면성'이라는 '중국의 꿈'의 포석은 모두 중국 사회주의 건설의 실천에 뿌리를 두고 있다. 지난 세기 말 사회주의 초기 단계 기본 노선이 제기된 후, 당 중앙에서 경제, 정치, 문화의 '3위 일체' 구상이 점차 형성되었다. 신세기 진입 후 세계 정세, 국가 정세에 큰 변화가 생기면서 사회주의 문명의 안정과 국가 안보를 위하여 중국공산당 중앙이 사회주의 조화로운 사회 건설을 제기함으로써 '3위 일체' 발전이 사회 건설을 포함한 '4위 일체'로 발전하였다. 새로운 출발점, 새로운 단계에서 생태 문명 건설이 사회주의 건설 실천의 주요 내용이 되었다. 당 18대 보고는 이에 대해 한 층 더 나아가 총 구성의 의미를 확대하고 생태 문명 건설을 그 안에 편입시켜 '5위 일체'로 발전시켰다. 이렇게 '3위 일체'에서 '4위 일체'로 그리고 최종적으로 '5위 일체'로 진화했다.

샤오캉 사회를 건설하려면 발전된 경제, 민주적 정치, 선진 문화, 조화로운 사회, 생태 문명 중 하나라도 빠지면 안 된다. '5위 일체'의 총 구성은 유기적 종합체로서 경제 건설을 근본으로, 정치 건설을 보장으로, 문화 건설을 영혼으로, 사회 건설을 조건으로, 생태 건설을 기초로 이루어져야 한다.

이를 실현하기 위하여 당 중앙은 전면적인 샤오캉 사회 건설, 개혁 심화, 의법치국 추진, 엄격한 당 관리 전략을 주장하면서 '4가지 전면성'의 실천 기초를 형성하였다. 2014년 11월 시진핑은 푸젠성(福建省)

시찰 시 '3가지 전면성' 사상을 제기하였다. 즉, '전면적인 샤오캉 사회 건설, 전면적인 개혁 심화, 전면적인 의법치국 추진'이 그것이다. 이를 기초로 2014년 12월에는 장쑤성(江蘇省)에서 '전면적인 엄격한 당 관리, 개혁개방과 사회주의 현대화 건설 추진을 위한 새로운 단계로의 진입'을 이야기하며 '3가지 전면성'을 '4가지 전면성'으로 업그레이드하였다.

'5위 일체'와 '4가지 전면성'은 모두 경제 건설을 중심으로 상호 지지하는 '중국의 꿈'에 대한 논리의 틀을 따른다. 중국공산당 '제2차 혁명' 이후 전국에서 경제 건설 중심에 대한 공감대가 형성되었다. 이를 기초로 환경 발전에 대한 변화, 정치, 문화, 사회와 생태 문명 건설이 경제 건설의 기둥이 되었다. '5위 일체'가 구성되었지만 경제 건설의 핵심은 언제나 사회주의 건설이다. 동시에 전면적인 샤오캉 사회 건설은 '4가지 전면성' 전략 구성의 최종 목표이며 그 핵심 역시 경제 발전이다. 그러나 경제 발전은 개혁 심화, 의법치국과 엄격한 당 관리를 배제하고는 실현될 수 없다. 그러므로 구체적으로 보면 '5위 일체'와 '4가지 전면성'의 내용은 서로 맞물린다.

3) '삼보주'에서 '양보주'까지의 전략 목표

단계별 목표 실현은 중국공산당 '제2차 혁명' 국정운영의 귀한 경험이다. 개혁개방 초기, 덩샤오핑이 사회주의 현대화 건설을 위한 '삼보주'를 제기하였고 그 후 당이 현실에 따라 이를 더 발전시키고 심화하였다. 당 15대 장쩌민이 2010년 당 건설 100년과 건국 100년까지의 '신(新)삼보주' 목표를 구상하였고 당 16대 후진타오가 21세기 초반 20년까지 전면적인 샤오캉 사회 건설을 위한 목표를 내놓았으며 당 18대 시진핑은 2020년까지 전면적인 샤오캉 사회를 실현하겠다고 하였다. 현재 '삼보주' 전략 중

앞 두 단계 목표는 이미 실현되었고 세 번째도 곧 막을 연다.

19대 시진핑은 2020년 전면적인 샤오캉 사회 건설 이후에 대한 '양보주' 전략을 수립하였다. 첫 단계는 2020년부터 2035년까지 샤오캉 사회를 기초로 다시 15년 동안 노력하여 사회주의 현대화를 기본적으로 실현한다는 것이다. 두 번째 단계는 2035년부터 21세기 중반까지 현대화를 기초로 다시 15년을 투자하여 중국을 부강, 민주, 문명, 조화, 아름다운 사회주의 현대화 강국으로 만들겠다는 것이다. 신시대 '양보주' 전략은 중국이 사회주의 현대화 강국으로 걸어가는 위대한 청사진을 그려내었으며 21세기 중반까지의 목표와 사명을 확정하였다. '중국의 꿈'의 최대 특징은 바로 국가, 민족, 개인이 운명 공동체가 되며 국가의 이익, 민족의 이익, 개인의 구체적인 이익이 하나로 연결되는 것이다.

'삼보주'와 '양보주' 전략 목표는 일맥상통한다. 사회주의 현대화 국가 건설과 중화민족 위대한 부흥은 근대 이후 중국의 주요 노선이었으며 중국공산당이 대대로 땀을 쏟아 온 목표였다. 마오쩌둥을 위시한 중국공산당이 중국인들을 일어서게 했고 덩샤오핑의 중국공산당은 중국인들을 부유하게 만들었으며 시진핑의 당 중앙은 사회주의 현대화 강국의 목표를 향해 매진하고 있다. 이는 중국공산당이 중국인들을 이끌고 더 높은 목표를 향해 가는 '자아진화'의 과정이며 이 과정에서 장기적인 목표를 중기, 단기 목표로 나누어 사회주의 건설의 청사진과 방안에 과학성, 명확성, 실행성을 부여하였다. 그러므로 '삼보주'와 '양보주' 최종 목표는 일치한다.

'양보주'는 '삼보주'를 기초로 100년 분투의 목표를 더 구체화하였다. '삼보주' 중 세 번째 단계의 목표는 신(新)중국 탄생 100년이 되는 해에 부강, 민주, 문명, 조화의 사회주의 현대화 국가를 건설한다는 것이다. 당 19대는 이를 조정하고 '아름다운'을 추가하였다. 이로써 중국특색 사회주의 사업 '5위 일체' 중 생태 문명 건설과 균형을 이루고 '부강'과 경제 건설, '민주'와 정치 건설, '문명'과 문화 건설, '조화로운'과 사회 건설, '아름다운'과 생태 문명 건설이 균형을 이루는 완벽한 구성이 완성되었다. 그 외에도 원래의 '국가'를 '강국'으로 수정하여 두 번째 100년 목표의 내재적인 요구를 제고하였다.

〈표 27〉 '중국의 꿈'의 제시 및 형성 과정

시간	단계	배경	'중국의 꿈' 전략의 형성 및 혁신 과정
2012년 11월	처음 제시	총서기 취임 후 '부흥의 길' 참관할 때	"중화민족 위대한 부흥 실현은 근대 이후 중국 인민의 가장 큰 꿈이다. 우리는 이를 '중국의 꿈'이라고 부른다."라고 처음으로 '중국의 꿈'을 제기.
2013년	걸음마 단계	12회 인대 1차 회의 주석으로 당선된 후	중국의 꿈은 샤오캉 사회를 건설하고 부강, 민주, 문명, 조화, 아름다운 사회주의 현대화 국가라는 목표를 실현하며 '국가 부강, 민족 진흥, 인민 행복'이라는 3가지 방향을 바라봄.
2014년	실천 단계	푸젠성(福建省)과 장쑤성(江蘇省) 시찰 시	'3위 일체'에서 '4위 일체'로 그리고 최종적으로 '발전된 경제, 민주적 정치, 선진 문화, 조화로운 사회, 생태 문명'이라는 '5위 일체'로 진화했음. 그리고 '전면적인 샤오캉 사회 건설, 전면적인 개혁 심화, 전면적인 의법치국 추진'이라는 '3가지 전면성'에다 '전면적인 엄격한 당 관리'를 추가하여 '4가지 전면성'으로 업그레이드하였음.
2017년	목표 확립 단계	중국공산당 19대에서	2020년 전면적인 샤오캉 사회 건설 이후에 대한 '양보주' 전략을 수립. 1단계: 2020년부터 2035년까지 샤오캉 사회를 기초로 사회주의 현대화를 실현. 2단계: 2035년부터 21세기 중반까지 현대화를 기초로 중국을 부강, 민주, 문명, 조화, 아름다운 사회주의 현대화 강국으로 만듦.

4) '중국의 꿈'이 가진 의의와 현실적 장애

'중국의 꿈'이 실현되면 세계 문명 발전사에서 중대 사건이 될 것이다. 중국의 부상은 비종교 국가의 유일한 부상이며 서구 민주주의가 아닌 유일한 동방 독립 국가의 부상이다. 우리가 중국의 꿈을 인류 문명 발전사의 눈으로 바라볼 때 그 의의는 더 명확해진다.

먼저, 중국의 꿈은 중국의 국제 행동으로 잘 나타난다. 현재 국제 정세는 여전히 전환 중이며 국제 질서는 중대한 변화를 겪고 있다. 세계가 안정되고 있다고 하나 국부적으로는 여전히 혼란스럽다. 큰 나라 간 이익 쟁탈전이 날로 치열해지고 경쟁과 협력이 동시에 이루어진다. 테러, 마약 밀수, 다국적 범죄, 환경 오염 등 여러 문제에 함께 대응해 나가야 한다. 빈부 격차가 커져가고 무역 분쟁과 마찰이 늘어나며 자원 에너지 문제가 심각하다. '중국의 꿈'의 제기는 세계인에 대한 선언이다. 세계 인구의 1/4을 차지하는 중국이 세계적인 문제들을 위해 적극 나서고 인류 문명의 진보와 발전을 위하여 자신의 위치에 맞는 행동을 해나갈 것이다.

다음으로, '중국의 꿈'은 중국의 국제적 책임으로 나타난다. 중화민족 위대한 부흥 실현을 위한 '중국의 꿈'을 위해 중국특색 사회주의 노선을 반드시 걸어야 한다. 이는 사실상 국가 발전 모델의 혁신이며 국가 부상 방식의 혁신이다. '중국의 꿈' 제기와 실현은 인류 문명 성과의 계승과 발전을 위한중국특색 사회주의 생명력을 보여주는 것이며 서구 독점의 발언권과 패권을 이겨내어 세계 문명의 다양성을 더욱 풍부하게 하고 인류의 영원한 발전을 실현하며 각종 문명과 발전 방식이 서로 어우러지고 아름다운 공생의 세상을 만들어가는 것이다. 이는 세계 대국으로서의 중국이 수행해야 할 국제 책임이다.

'중국의 꿈'은 중국의 아름다운 청사진을 그려냈다. 청사진을 현실화하기 위해 현실에 기반하여 끊임없이 개선하고 노력하면서 '자아진화'를 거듭해야 한다. 성과도 중요하지만 인식의 차이, 정확한 문제 파악이 이상과 현실의 괴리를 줄일 수 있는 더 현명한 방법이다.

먼저 경제를 바라보자. 중국 경제 규모는 미국에 이어 세계 2위로 부상하였다. 그러나 일인당 GDP 순위는 상당히 밀려있다. 경제 전환의 압력으로 도시와 농촌 경제의 이원적 구조가 아직 존재한다. 둘째는 정치적인 면이다. 중국이 확립한 중국특색 사회주의 제도는 중국의 꿈 실현을 위한 보장이다. 그렇지만 구체적인 제도를 보면 아직도 시장 경제 체제 수요에 적응하지 못하고 있다. 날로 심각해지는 관료주의와 부패 문제 해결을 위해 제도를 더욱 개선하고 고도화해야 한다. 셋째는 문화이다. 시장 경제의 확대로 개인의 이익이 더 중요해지고 향락주의, 배금주의 등 부작용이 나타났으며 어떤 사람들은 신앙 위기와 정체성 위기, 미신, 가치관 등 과거와 다른 문제를 안고 있다. 넷째는 사회적인 면이다. 공공 서비스에 대한 수요가 증가하는 반면 정부의 능력이 부족하여 소득, 취업, 주택, 교육, 의료 등 사회적인 문제로 드러난다. 이런 문제들이 해결되지 않으면 사회의 안정 나아가 국가와 정부에 대한 민중의 신뢰까지 무너지게 된다. 다섯째는 생태 문제이다. 조방형 경제 성장 방식으로 GDP 증가만을 추구하고 자연의 희생은 외면하였다. 그 결과 대기 오염, 수질 오염 등 환경 오염이 발생하였다. 마지막으로 국제적인 면이다. '대국 부상'의 진통을 보면 이를 알 수 있다. 한 나라의 부상은 기득권을 가진 강국에 타격을 준다. 중국이 부상하면 미국 등 현재 세계 강국의 우려와 근심이 된다.[8] 그래

---

8) 왕중웨이(王仲偉), 후웨이(胡偉), 「중국의 꿈, 대국의 굴기는 국가 능력을 요구한다(中國夢：大國崛起呼喚國家能力)」, 『세계 관리(管理世界)』, 2014, 제1기, 4-5쪽.

서 좋은 국가 이미지를 만들어가고 중국에 대한 세계의 근심을 제거하며 윈·윈의 관계를 구축하여 국제 정치, 경제, 문화 교류의 주도권을 쥐는 것이 중국의 꿈 실현을 위한 필수 과제이다.

중국은 인류 문명 발전의 일부로 참여하기 위해 자신의 지위와 규모에 맞는 역할을 해내야 한다. 이는 사실상 중국이 세계 대국으로 부상하는 과정이다. 그리고 그 관건은 강대한 국가 능력을 구축하고 '자아정화, 자아혁신, 자아보완, 자아제고'를 추진하여 '자아진화'를 실현하는 것이다. 이는 중국의 꿈, 대국으로서의 부상을 위한 가장 기초적인 보장이다.[9]

---

9) 왕중웨이(王仲偉), 후웨이(胡偉), 위의 논문, 72쪽.

제 3 장

'신시대 중국특색 사회주의'와
'중국특색 사회주의'의 견지

〈표 28〉 시진핑의 리더십 혁신 과정

분야	정책	현실에 대한 진단	구체적 방안
정치	전면적인 엄격한 당 관리	중국공산당 '4풍' 문제의 심각성	'4가지 형태' 운영을 엄격하게 집행하고 최대한 빨리, 최대한 작은 것부터 예방하고 경계하도록 함. 맞춤형 사상 교육, 간부 관리, 감독 조사 등을 제도화하고 엄격하게 집행하여 부패를 철저히 막도록 함.
경제	공급 구조의 개혁	'신상태(新常態)'에 접어들었고 중국 경제의 구조적인 분화가 뚜렷해졌음.	경제 구조 조정을 통해 구조를 고도화하고 경제 성장의 질과 양을 늘리며, 투자 구조, 산업 구조를 업그레이드하고 경제의 지속 가능한 발전과 인민 생활 수준을 제고함. 지적 재산권 구조 고도화, 융자 구조 고도화, 산업 구조 고도화, 분배 구조의 고도화, 유통 구조의 고도화, 소비 구조 고도화 등을 포함함.

사회	맞춤형 빈곤 퇴치	'누가 빈곤한지', '원인은 무엇인지', '어떻게 빈곤을 퇴치할 것인지', '효과는 어떤지' 등 부정확한 문제가 많으며 통일된 빈곤 퇴치 정보 시스템 부재로 실제 상황 파악과 업무에 있어서 맹점이 많음.	맞춤형 빈곤 퇴치 사업의 메커니즘을 형성하고 '맞춤형 빈곤 퇴치'와 '확실한 가난 탈출'을 연계하며, 환경과 연계한 지속 가능한 발전 체제를 수립하며 교육을 통하여 여기에 힘을 불어넣고 사회 보장으로 이를 '뒷받침'하도록 하는 맞춤형 빈곤 퇴치 실천 루트를 통해 농촌에서 큰 성과를 보았음.
국제 관계	인류 운명 공동체	인류 문명의 다양성과 통일의 문제, '사회주의'와 '자본주의'의 관계 문제, 중국과 세계의 관계 문제	'5대 지주(支柱)'를 통해 '인류 운명 공동체'를 구축하며, '일대일로' 국제 협력을 적극 촉진하면서 외교적으로 '대국외교(大國外交)'를 중시함과 동시에 '신안전관(新安全觀)'을 추구함. '중국의 꿈' 실현을 통해 '세계를 향한 꿈'을 실현시킴.

1. 건전한 정치 및 경제 발전을 위한 개혁

시진핑은 집정 후 얼마 되지 않아 건전한 정치와 경제의 발전을 위하여 파격적인 개혁을 단행하였다. 중국공산당 18회 3중전회에서 「전면 개혁 심화의 중대 문제에 관한 중공 중앙의 결정」에 대해 설명할 때 "개혁개방은 현재 중국 운명을 결정짓고 '두 개의 100년' 목표 실현, 중화민족 위대한 부흥 실현을 위한 중요한 행보이다. 지속적인 발전을 이루고 사상을 해방하며 개혁개방을 쉬지 않고 이어가야 한다. 지금은 개혁개방의 발걸음을 멈출 수 없고 물러설 길도 없다."라고 발표하였다. 2014년 2월 7일 시진핑이 러시아 소치에서 인터뷰할 때 "제

2차 혁명은 쉬웠고 모두가 바라는 개혁은 이미 이루어졌다. 그에 따른 성과도 누렸다. 이제 남은 것은 힘든 과제 뿐이다. 우리는 이제 대담하면서도 안정적으로 걸어가야만 한다. 대담해야 한다는 것은 개혁이 아무리 어려워도 추진해야 하고 힘들어도 이를 견뎌낸다는 것이다. 안정적으로 걸어간다는 것은 정확한 방향을 찾아 차분하게 그리고 실수 없이 나아가야 한다는 것이다."[1] 그 과감한 개혁은 주로 정치적인 '전면적으로 엄격한 당 관리'와 '부패 척결' 그리고 경제적인 '공급면에서의 구조적인 개혁'으로 나타난다.

1) 전면적인 엄격한 당 관리

전면적인 엄격한 당 관리는 당 18대 이후 시진핑이 내놓은 중대 전략으로서, '4가지 전면' 전략 중 중요한 구성 부분이다. 시진핑은 당 관리에 대해 새로운 개념을 다수 제시하였다. 여기에 당의 사상 건설, 제도 건설, 조직 건설, 기율 건설, 반부패 청렴 기풍 건설이라는 내용을 포함하여 엄격한 당 관리라는 새로운 이념 체계를 완벽하게 형성하였다. 시진핑이 중국공산당 제18기 중앙 기율 검사 위원회 제2차 전체 회의에서 발언한 내용의 요지에 따라 권력 운영에 대한 제약과 감독을 강화하여 권력을 제도의 틀 안에 가두고 부패의 싹을 철저히 막는 징계 체제, 부패를 저지를 수 없게 하는 예방체제, 부패를 저지르기 어렵게 하는 보장 체제를 마련해야 한다고 지적하였다.[2]

---

1) 차이춘린(蔡純琳), 「시진핑이 개혁을 통해 어려움을 극복하다(習近平以勇毅推進改革攻堅克難)」, 중국청년망(中國靑年網)(http://news.youth.cn/sz/201808/t20180815_11698081.htm, 2018.11.15.)

2) 시진핑 저, 차혜정 옮김, 『시진핑, 국정 운영을 말하다』, 서울: 미래엔, 2015, 468-472쪽.

시진핑은 전면적인 엄격한 당 관리 중 중국공산당 '4풍'[3] 문제의 심각성을 인식하게 되었다. 그리고 4풍 문제의 반복성, 일부 간부의 기율 위반 행위가 양에서 질로 변한다는 것, 주체 책임의 형식화가 당 사업을 단지 겉보기에 그치게 한다는 것도 알게 되었다. 기초층 당 업무자는 그에 상응하는 경제적인 대우와 진급 루트가 없기 때문에 자신의 일을 단지 희생으로 여기게 되므로 적극성, 자발성이 결여된다. 그리하여 시진핑은 「중국공산당 당내 감독 조례」에서 당내 감독은 반드시 기율을 최우선 강조하고 '4가지 형태' 즉, '일반, 대다수, 소수, 극소수'의 기율 집행 감독 체제를 운영해야 한다고 하였다. 이 4가지 형태는 완전한 체계이며 계단식, 단계적으로 추진하고 간부의 기율 위반에 대해 경중에 따라 대응책을 적용한다. 첫째, 평가와 자아비판, 확인과 질문을 통해 스스로를 부끄러워하고 비판하는 태도를 '일반'화한다. 둘째, '대다수'는 당 기율 위반에 대한 가벼운 처분과 조직 조정으로 해결한다. 셋째, 무거운 처분과 중대 직무 조정은 '소수'의 경우이다. 넷째, 기율 위반으로 불법을 저질러 안건화하고 심사하는 것은 '극소수'로 한다. 최대 관건은 전면적으로 당의 집정 능력과 지도 수준을 제고하는 것이다.[4]

시진핑은 '4가지 형태' 운영을 엄격하게 집행하고 최대한 빨리, 최대한 작은 것부터 예방하고 경계하도록 하였다. 맞춤형 사상 교육, 간부 관리, 감독 조사 등을 제도화하고 엄격하게 집행하여 부패를 철저

---

3) 4풍이란 형식주의, 관료주의, 향락주의, 사치주의를 가리킨다. 이는 중국공산당의 성격과 취지에 어긋나며 많은 중국인들이 가장 싫어하고 비난하는 행위이다. 그리고 대중과 공산당, 간부의 관계를 해치는 악의 뿌리이다. 2013년 4월 28일 시진핑은 전국 총공회에서 열린 전국 노동 모범 대표와의 대화 시 이를 언급하였다.

4) 「엄격한 당 관리를 어떻게 더 깊이 있게 발전시킬 수 있는가?(如何推動全面從嚴治党向縱深發展)」, 중국바이두망(百度)(https://m.baidu.com/sf_baijiahao/s?id=1593804282674029791&wfr=spider&for=pc, 2018.11.16.)

히 막도록 하였다. '호랑이(고위급 부패)'와 '파리(하위급 부패)'를 함께 잡으면서 지도간부들의 기율 위반, 법 위반 사건을 철저히 조사하고 처리할 뿐만 아니라 사건, 인민들 사이에서 발생하는 옳지 않은 풍조와 부패 문제도 철저히 해결해야 한다고 하였다.[5] 그는 성역 없이, 예외 없이, 용서 없이 이를 실행하고 엄중히 처벌하며 압박하면서 철저히 예방하고 한 푼의 뇌물도 철저히 조사하도록 하였다. 뿌리부터 조사하고 반부패를 법제화하며 사각지대를 만들지 않도록 하였다. 시(市), 현(縣) 당 위원에 대한 순찰 제도를 마련하고 민중 주변에서 부패가 사라지도록 힘을 기울였다. 또한, 혼자서 싸우는 것이 아니라 전 당과 국가가 함께 감독하고 지휘하여 권위적인 감독 체계를 구축하여 공권력을 가진 모든 이들에 대해 조사하고 감독해야 한다고 강조하였다. 그리고 부패를 막을 수 있는 방호벽을 세워 상하 모두 조직적, 민주적으로 감독하고 서로 견제하고 감시해야 한다고 하였다. 또한, 정치 순찰 심화, 발전 문제 견지, 철저한 경고와 위협으로 전 국민이 참여하는 감독망을 만들어야 한다고 하였다.

2013년 81%, 2014년 88.4%, 2015년 91.5%, 2016년 92.9%......이는 중국 국가 통계국이 발표한 18대 이후 당의 청렴도 만족도 조사 결과이다. 이 숫자를 보면 인민의 만족도가 점차 높아져가는 것을 알 수 있다. 시진핑은 이렇게 5년 간 엄격한 당 관리에 있어서 큰 성과를 거두었고 당은 강렬한 '자아혁명' 정신으로 인민의 인정과 신뢰를 얻었다. 부패는 세계적으로 고질적인 질병이다. 그리고 중국은 이에 대해 강력한 약을 처방하였다. 18대 이후 5년 동안 감찰 기관에서 총 2,674,000건을 조사하고 1,545,000건을 안건화하였으며 1,537,000명을 처벌하였

---

5) 시진핑, 앞의 책, 472쪽.

다. 범죄에 연루되어 사법 기관에 이관된 자는 58,000명, 성군(省軍)급 이상 당원 간부 및 기타 중급 간부는 440명이 안건에 연루되었다. '100 명의 적색수배자(百名紅通人員)'[6] 중 51명도 체포되었다. 이와 동시에 당내 법규 체계 확립도 가속화하였다. 중앙 '8가지 항목 규정'[7] 제정 에서 「중국공산당 순시 작업 조례」 수정까지, 「중국공산당 기율 처분 조례」에서 「중국공산당 문책 조례」의 출범까지, 「중국공산당 당내 감 독 조례」부터 「중국공산당 당무 공개 조례(시범 시행)」까지…… 5년 동 안 90개 이상의 당내 법규를 출범하고 수정하였다.[8]

2) 공급 구조의 개혁

신(新) 중국 탄생 70년, 개혁개방 40년 동안 중국 경제는 괄목할만한 성과를 거두었고 GDP는 세계 2위로 급부상하였다. 그러나 2008년 이 후 세계 금융 위기와 경제의 영향 그리고 장기적으로 누적된 국내 갈 등으로 중국 경제도 '신상태(新常態)'[9]에 접어들었고 해결이 시급한 여

---

6) '천망(天網)' 행동은 중앙 반부패 조사팀이 2015년 4월 시작한 해외로 도망치는 비리자 퇴치 운동으로 그 중 '100명의 적색수배자(百名紅通人員)'는 부패 비리를 저지른 100명 에 대한 명단이다.

7) 2012년 12월 4일 중공 중앙 정치국이 회의를 통해 업무 풍조 개선, 대중과의 긴밀한 연 계를 위한 중앙 정치국 8가지 규정을 심의하였다. 여기에는 조사 연구 개선을 통한 기초 층의 실제 상황 파악, 회의 간소화와 회의 풍조 변화, 시찰 활동의 규범화, 근검 절약 등 내용이 포함된다. 2018년 12월 3일 중공 중앙 기율 검사 국가 감찰 위원회 사이트에 8 가지 항목을 6년 동안 실시하여 전국적으로 당 기율 위반자를 206428명 처벌하였다고 발표하였다.

8) 양즈(楊志), 「지류청기만건곤(只留清气满乾坤)」, 중국문명망(中國文明网)(http://www.wenmi ng.cn/ll_pd/xsd/cyzdxzsfz/201803/t20180304_4606486_4.shtml, 2018.11.17.)

9) 신상태(새로운 상태)란 시진핑이 자주 사용 어휘 중 하나이다. 여기에서 '새로운'은 '옛 것과 다른'이란 의미이며 '상태'는 고유의 형태를 말한다. 그러므로 새로운 상태는 과거 와 다르고 상대적으로 안정된 상태이다. 이는 추세적인 성격, 저항 불가의 성격을 가진 발전 형태로 중국 경제가 이미 과거 30여 년의 고속 성장기와 다른 새로운 단계로 진입

러 문제가 가시화되었다. 특히 2015년 이후에는 경제 지표의 연동성에 괴리가 확대되면서 경제 성장과 CPI가 지속적으로 저하되었다. 국민 소득이 다소 증가하였다고 하나 기업 이윤은 감소하였고 소비 상승과 투자 하락 등 모순이 여기저기에서 나타났다. 이와 동시에 화폐 정책에 대한 역량 투입에 비하여 성과는 미비했고 구경제의 한계가 드러난 반면 인터넷에 기반한 신경제는 더욱 활발해졌다. 동북지역 경제 위기가 가중된 반면 경제적으로 낙후되었던 서부 지역은 오히려 성장세가 활발해졌다. 경제학 이론에 의하면 이러한 현상은 전통적인 의미의 인플레이션이 아니라 비정상적인 디플레이션이었다.[10] 간단히 말해서, 중국 경제의 구조적인 분화가 뚜렷해졌다. 시급한 해결 과제는 아래 5가지로 나타났다.

첫째, 경제 성장 속도가 둔화되었다. 1978년 이후 중국 경제는 30여년 동안 연평균 9.8%의 속도로 성장해왔다. 그리고 2010년부터 수년간 성장 속도가 지속적으로 하락하면서 고속 성장에서 중고속 성장으로 형세가 변하였다. 경제 성장 속도의 둔화는 공급 능력 하락을 의미한다.

둘째, 일부 업계 생산력 과잉 현상이 나타났다. 2012년 말, 철강, 전해 알루미늄, 시멘트, 판유리, 선박업계의 생산 대비 에너지 이용률이 72%, 71.9%, 73.7%, 73.1%, 75%로 감소하여 국제 수준을 밑돌았다.

셋째, 혁신 동력이 부족하였다. 경제 성장에 대한 과학 기술의 기여도가 선진국을 훨씬 밑돈다. 이는 기술 교육에 대한 투자 부족과 관계가 깊다. 2010년 중국 R&D 지출은 GDP 중 1.75%에 불과하여 선진국

하였다는 것을 의미한다.

10) '공급 구조의 개혁(供給側結構性改革)', 중국백과망(百科網)(https://baike.so.com/doc/2363 7262-24191329.html, 2019.1.17.)

수준보다 2% 적었다. 장기적으로 공공 교육 지출이 GDP에서 3%도 채 되지 않아 세계 평균 4.5%, 선진국 5% 이상에 비하여 턱없이 부족했다.

넷째, 성장 방식과 산업 구조의 불합리이다. 자원 소모는 많고 성장 효율은 낮았다. 2009년 중국 GDP가 세계에서 8.6%를 차지하였지만 세계 석탄의 46.9%, 석유의 10.4%가 중국에서 소모되었다. 산업 구조를 보면 공업이 뼈대가 되는 반면 3차 산업 성장은 상대적으로 더뎠다. 2010년 3차 산업이 GDP에서 차지하는 비중이 43.0%이었으나 중등 소득 국가, 고소득 국가들은 이미 50%, 70%를 넘어서서 중국과 큰 대비를 보였다.

다섯째, 생산과 투입 효율이 낮았다. 노동 생산률의 경우 2008년 노동자 GDP가 10,378달러로 세계 평균의 60%에 그쳤다. 참고로 이는 미국의 15.8%, 일본의 22.8% 수준이다. 투자 효율은 전반적으로 낮고 자금의 고투입, 저효율, 저수준의 상태가 현저했다.[11]

시진핑은 현단계 경제 문제를 생산과 공급 문제라고 판단하였다. 시진핑의 공급 구조 개혁의 취지는 경제 구조 조정을 통해 구조를 고도화하고 경제 성장의 질과 양을 늘리겠다는 것이다. 수요의 개혁은 주로 투자, 소비, 수출이라는 삼두마차(三頭馬車)가 이끌어간다. 그리고 공급은 노동력, 토지, 자본, 제도, 혁신 등 요소로 이루어진다. 공급 구조의 개혁은 투자 구조, 산업 구조를 업그레이드하고 경제의 지속 가능한 발전과 인민 생활 수준을 제고하는 것이다. 또한, 지적 재산권 구조를 고도화하고 국가와 인민이 추진하고 정부가 조정하며 민간의 힘이

---

11) 팡진쥐(逄錦聚), 「경제 발전의 새로운 상태 중 주요 갈등과 공급의 구조적 개혁(經濟發展新常態中的主要矛盾和供給側結構性改革)」, <China Review of Political Economy> 제7권 제2기, 2016. 3, 50-52쪽.

상호 촉진하는 구조를 만들어가는 것이다. 투자와 융자 구조 고도화, 자원 통합의 촉진으로 자원 배치와 재생 수준을 업그레이드하는 것이며 산업 구조 고도화, 산업의 질 향상, 상품 구조와 질의 제고이다. 그리고 분배 구조의 고도화, 공평 분배의 실현으로 소비를 생산력으로 승화시키는 것이며 유통 구조의 고도화, 거래 자본 감축으로 경제량을 늘리는 것이고 소비 구조 고도화로 소비품의 업그레이드, 인민 생활의 질 향상과 혁신 - 조화 - 환경 - 개방 - 공유의 발전을 이루는 것이다.[12]

경제 구조 조정의 사명과 사회 주요 갈등의 변화 등으로 인해 공급 구조 개혁의 장기화, 심화의 필요성이 생겼다. 그러므로 시진핑은 공급 구조의 개혁에 대해 제도적인 혁신을 강조하였다.

먼저 제도 혁신을 가장 우선적 위치에 두고 정부가 경제, 사회 방식의 혁신을 관리해야 한다. 권력의 선을 긋고 행정적인 개입을 위한 법을 줄여 관찰자이자 최대의 관리자가 되는 동시에 거시 조정, 시장 관리 감독, 공공 서비스, 사회 관리, 환경 보호 등 기본 직책을 이행하여야 한다.

다음으로 재무 세제 개혁 추진으로 정부와 국민, 중앙과 지방 간 안정적인 경제 관계 및 규범화된 정부 재정 관리 제도를 형성하는 것이다. 재정은 국가 통치의 기초이자 기둥이다. 시진핑 집정 후 재무 세수 개혁을 성공적으로 실시하였다. 그러나 현재의 경제 상황과 재무 세제 개혁의 외부 환경이 악화되고 있다. 앞으로 일정 시기 동안 재무 세제 개혁은 다른 개혁과의 조율과 동시에 자체적인 심화가 필요하고 부동산세, 개인 소득세 개혁, 중앙과 지방 권한 개혁, 지방 소득 구조 조정, 예산 관리 기초 제도 건설 등 어렵고도 고질적인 문제들을 함께 극복

---

12) 팡진쥐(逄錦聚), 위의 논문, 52쪽.

해야 한다.

마지막으로 국유 기업 개혁, 소득 분배 제도 개혁, 사회 보장 제도 개혁 등을 적극 추진하여 원만한 시장 경쟁 환경을 조성하고 사회 공평 정의를 실현해야 한다. 중국의 실제 상황을 접목해보면 공급 개혁의 핵심은 요소 시장의 개혁을 통해 시장이 자원 분배에서 결정적인 역할을 발휘하도록 유도하고 경제 사회에 활력을 불어 넣는 것이다.[13]

국제 경험을 통해 경제가 중등 소득 단계에 접어들기 전까지는 노동력, 토지, 자연 자원, 자본 등 생산 요소가 큰 역할을 하지만 중등 단계가 되면 관리, 제도, 기술 혁신의 역할이 더 크다는 것을 알 수 있다. 요소 생산율을 제고하려면 공급 구조를 개혁할 때 요소 생산율을 기준으로 제도와 기술 혁신 등 요소의 투입을 더 주목해야 한다. 공급 구조 개혁은 전체적이고 장기적이다. 현재 개혁이 본격적으로 시작되었고 경제 성장이 '신상태(新常態)'에 접어들었으며 각종 갈등이 중첩되고 잠재 위험이 집중되고 있다. 시진핑 집정 이후 안정 속의 추진을 기조로, 경제 성장의 '신상태'에 맞는 정책의 틀을 마련하고 새로운 성장 이념을 지도로, 공급 구조 개혁을 주요 노선으로 하는 정책 체계를 형성하였다.[14]

---

13) 리샤오웨(李曉偉), 「공급 구조 개혁: 핵심은 제도 혁신과 제도 공급이다(供給側改革：核心是制度創新与制度供給)」, 중국청년망(中國青年网)(http://pinglun.youth.cn/ll/201603/t20160320_7756831_1.htm, 2018.11.20.)

14) 자오위(趙宇),「공급의 구조적 개혁이 가진 과학적 의미와 실천적 요구(供給側結构性改革的科學內涵和實踐要求)」, 『당의 문헌(党的文獻)』, 2017, 제1기, 50-57쪽.

2. 맞춤형 빈곤 퇴치(精準扶貧)

1) '맞춤형 빈곤 퇴치'의 시대적 배경

중국의 빈곤 퇴치는 1980년대 중반부터 시작되어 30년 간 쉼 없이 노력한 결과 이제는 눈부시게 큰 성과를 거두었다. 그렇지만 빈곤 인구수가 많고 상황 파악이 어려우며 정확성이 약하고 자금과 프로젝트의 방향이 부정확하다는 문제도 안고 있다. 전국 농촌 빈곤 인구 데이터는 중국 국가 통계국이 일부 농촌 주민 샘플 조사 데이터를 근거로 하여 추산한 것이다. 따라서 이 데이터는 빈곤 인구 규모 연구, 추세 분석에 있어서 과학성이 부족하다. 그렇기 때문에 '누가 빈곤한지', '원인은 무엇인지', '어떻게 빈곤을 퇴치할 것인지', '효과는 어떤지' 등 부정확한 문제가 많다. 전국적으로 통일된 빈곤 퇴치 정보 시스템 부재로 실제 상황 파악과 업무에 있어서 맹점이 많아 완벽한 성과를 기대하기 어렵다.

맞춤형 빈곤 퇴치의 배경은 조방형 조치의 실시이다. 빈곤 인구 데이터는 단지 샘플에 의존해서 해석되었기에 사업의 질과 효율이 낮다는 문제를 계속 안고 있었다. 예를 들면 빈곤 인구의 수와 대상을 대략적으로 추산하여 자금 투입이 분산된다. 일부 지역에서는 데이터를 위조하기 때문에 국가 자원이 낭비되며 진정한 빈곤자가 도움을 받지 못하는 사회 불공평 심지어 부패의 원인이 되기도 한다. 표면적으로는 방법상 문제로 보이지만 실질적으로는 간부의 관념과 이념의 문제라는 것을 무시할 수 없다.

요컨대, 기존 빈곤 퇴치 체제를 개선하고 보충해야 한다. 다시 말하면 자금과 정책이 누구에게 쓰이는지, 어떻게 쓰이는지, 결과가 어떤지를 잘 알아야 한다. 빈곤 퇴치는 진정으로 빈곤한 이들을 대상으로 정확한 방향으로 시행되어야 한다. 빈곤 퇴치는 절박한 자들을 돕는 것이다. 형식으로만 추진해서는 빈곤을 몰아낼 수 없다.[15] 그래서 시진핑은 '맞춤형 빈곤 퇴치'를 말하였다. 이는 시진핑만의 독특한 '새마을 운동'이라고 할 수 있다.

2) '맞춤형 빈곤 퇴치' 정책의 혁신 과정

시진핑은 오랫동안 가난하고 낙후된 지역에서 일했기에 가난에 대해 너무나 잘 알았다. 중국공산당 닝더지위(寧德地委) 서기 재임 기간, 그는 빈곤 퇴치를 위해서 기초부터 점진적으로 행동해야 한다면서 '4가지 기초층',[16] 군중 노선 등 사상을 발표하였다. 1997년 푸젠성(福建省) 부서기 재임 기간에는 푸젠과 닝샤(寧夏)에 맞는 빈곤 퇴치 공정을 추진하였으며 닝샤에서 민·닝(福建·寧夏)마을을 세우기 시작하였다. 18대가 끝난 후 얼마 지나지 않아 시진핑은 환징진(环京津) 빈곤 지대를 시찰하면서 "가난 탈출은 정확성이 요구된다."라며 맞춤형 빈곤 퇴치 사상의 싹을 틔웠다.

2013년 시진핑이 후난성(湖南省)을 시찰하면서 빈곤 퇴치의 실사구시, 현지 맞춤형을 강조하였다. 이는 그가 처음으로 '맞춤형 빈곤 퇴치'의 개념을 설명한 것이다. 그해 12월 18일 「메커니즘 혁신으로 농

---

15) 천영화(陳永華), 「빈곤 퇴치는 제도 확립과 연결시켜야 한다(扶貧莫忘扶制)」, 중국공산당 원망(共産党員网)(http://tougao.12371.cn/gaojian.php?tid=1116370, 2018.11.20.)
16) '4가지 기초층'이란 ① 지도 간부가 기초층을 직접 방문하고 접대하며, ② 기초층 현장에서 일을 처리하며, ③ 기초층 현장에서 조사연구하며, ④ 기초층에 내려가서 당의 방침 및 정책을 널리 홍보하는 것이다. 이는 시진핑 총서기가 1998년 푸젠 닝더에서 근무 시 강력하게 제창한 것이다.

촌 빈곤 퇴치 개발에 관한 의견」을 통해 맞춤형 빈곤 퇴치 사업의 메커니즘을 형성하고 2014년 전국 각지에서 거의 1년 동안 빈곤 인구에 대해 초동 조사하고 체계를 구축하였다. 2015년에는 윈난성(雲南省) 시찰 시 '맞춤형 빈곤 퇴치, 확실한 가난 탈출'을 실시하면서 현지 상황에 맞고 실수요에 부합하며 가난을 뿌리 뽑을 수 있는 정책 실시를 요구하였다. 그가 처음으로 '맞춤형 빈곤 퇴치'와 '확실한 가난 탈출'을 연계하고 이를 위한 구체적인 방법을 제시한 것이다. 2015년 11월 27일 시진핑은 중앙 빈곤 퇴치 개발 업무 회의에서 맞춤형 빈곤 퇴치와 확실한 가난 탈출 이론과 실천에 대해 설명하면서 긴 이야기를 나누었다. 이로써 맞춤형 빈곤 퇴치 사상의 기본이 형성되었다.[17]

〈표 29〉 '맞춤형 빈곤 퇴치(精準扶貧)' 정책의 혁신 과정

시간	단계	배경	정책의 혁신 과정
2012년 이전	발아 단계	닝더지위(寧德地委) 서기 재임 기간	기초부터 점진적으로 행동해야 한다면서 '4가지 기초층', 군중 노선 등 사상을 발표.
		푸젠성(福建省) 부서기 재임 기간	푸젠과 닝샤(寧夏)에 맞는 빈곤 퇴치 공정을 추진하였으며 닝샤에서 민·닝(福建·寧夏)마을을 세우기 시작함.
		환징진(环京津) 빈곤 지대를 시찰할 때	"가난 탈출은 정확성이 요구된다."라며 맞춤형 빈곤 퇴치 사상의 싹을 틔웠음.
2013년	처음 제시	후난성(湖南省)을 시찰할 때	처음으로 '맞춤형 빈곤 퇴치'의 개념을 제시하고 설명하였다. 빈곤 퇴치의 실사구시, 현지 맞춤형을 강조함.

17) 탄쉐원(檀學文), 리징(李靜), 「시진핑의 맞춤형 빈곤 퇴치 실천 연구(習近平精准扶貧思想的實踐深化研究)」, 『중국 농촌 경제』, 2017.9, 6-7쪽.

2014년	추진 단계	「메커니즘 혁신으로 농촌 빈곤 퇴치 개발에 관한 의견」의 시행	맞춤형 빈곤 퇴치 사업의 메커니즘을 형성하고 2014년 전국 각지에서 거의 1년 동안 빈곤 인구에 대해 초동 조사하고 체계를 구축.
2015년	기본 형성 단계	윈난성(雲南省) 시찰 시	'맞춤형 빈곤 퇴치, 확실한 가난 탈출'을 실시하면서 현지 상황에 맞고 실수요에 부합하며 가난을 뿌리 뽑을 수 있는 정책 실시를 요구.
		중앙 빈곤 퇴치 개발 업무 회의	맞춤형 빈곤 퇴치와 확실한 가난 탈출 이론과 실천에 대해 설명함.
2016년	실천 단계	국무원 빈곤 퇴치 판공실, 에너지국, 발전 개혁 위원회 등 여러 부서의 공동 행동	맞춤형 빈곤 퇴치 정책은 다양화해졌으며 가난 탈출 사업을 추진하고 환경과 연계한 지속 가능한 발전 체제를 수립하며 교육을 통하여 여기에 힘을 불어넣고 사회 보장으로 이를 '뒷받침'하도록 하는 맞춤형 빈곤 퇴치 실천 루트를 통해 농촌에서 큰 성과를 보았음.

3) '맞춤형 빈곤 퇴치'의 성과와 실천 장애

당 18대 이후 시진핑은 빈곤 퇴치 사업을 통해 가난 탈출 사업을 추진하고 환경과 연계한 지속 가능한 발전 체제를 수립하며 교육을 통하여 여기에 힘을 불어넣고 사회 보장으로 이를 '뒷받침'[18]하도록 하는 맞춤형 빈곤 퇴치 실천 루트[19]를 통해 농촌에서 큰 성과를 보았다.

---

18) '뒷받침 빈곤 퇴치(兜底扶貧)'란 빈곤 인구 중 완전히 혹은 부분적으로 노동력을 상실한 사람들을 대상으로 하여 사회 보장을 통해 뒷받침해 주는 것이며 농촌 빈곤 퇴치 기준 및 농촌 최저 생활 보장금의 계획을 전면적으로 세우고 조정하며 기타 형식의 사회 구조 지원을 강화하는 것이다.

19) 천젠(陳健), 「시진핑 신시대 맞춤형 빈곤 퇴치 사상 형성의 현실적인 논리와 실천 루트

그 결과 농촌의 빈곤 인구가 줄어들고 생활환경이 현저히 개선되었다.

2012년부터 2016년까지 농촌 빈곤 인구는 연평균 1,400만 명씩 감소하여 9,899만 명에서 4,335만 명으로 줄었다. 빈곤 지역 농촌 주민의 평균 가처분 소득은 연평균 10.7% 증가하여 2016년 8,452위안으로 늘어 전국 농촌 평균 증가율보다 2.7%p 증가하였다. 2016년 빈곤 퇴치에 대한 정부의 투자도 대폭 늘었고 중앙과 성정부 재정 자금 투입이 1,000억 위안을 처음으로 돌파하였다. 그중 중앙 재정은 667억 위안으로 동기 대비 43.4% 증가, 성정부 재정은 400억 위안 이상으로 동기 대비 50% 이상 늘어났다.

이와 동시에 새로운 형식도 나타났다. 2016년 국무원 빈곤 퇴치 판공실, 국가 에너지국이 허베이성(河北省), 안휘성(安徽省), 산시성(山西省) 등 6개 성(省) 30개 현(縣)에 빈곤 퇴치 시범 구역을 설정하고 516만 KW의 광발전(光伏) 빈곤 퇴치 프로젝트를 명령하였다. 국무원 빈곤 퇴치 판공실과 국가 여유국(관광국)은 전국 22,600개 빈곤 지역에 관광을 통한 도움을 제공하였다. 428개 빈곤 현(縣)에는 온라인 상거래 발전 시범 구역을 지정하고 상무부, 재정부, 국무원은 158개 빈곤 현에 온라인 상거래 농촌 시범 구역을 지정하였다. 일자리 마련해주기와 주택 이주가 주요 지원 형식이 되었다. 2016년 국가 발전 개혁 위원회가 중앙 예산 중 160억 위안을 투입하여 윈난(雲南), 구이저우(貴州), 쓰촨(四川), 간쑤(甘肅), 샨시(陝西) 등에 빈곤 인구를 위한 주택 보조금을 지원하여 249만 명을 이주시켰다. 2016년 전국적으로 빈곤층 노동력 480만 명에게 일자리를 찾아 주었다.[20]

(習近平新時代精准扶貧思想形成的現實邏輯与實踐路徑)」, 『재경과학』, 2018, 제7기, 53-57쪽.

20) 리윈롱(李云龍), 「5년 동안 중국 농촌 빈곤 퇴치 사업의 성과(這5年, 中國農村扶貧工作成效顯著)」, 중국망(中國网)(http://www.china.com.cn/news/cndg/2017-09/01/content_415129

그러나 시진핑 신시대 맞춤형 빈곤 퇴치 사상에도 적지 않은 장애가 있었다. 이를 아래에 정리해보았다.

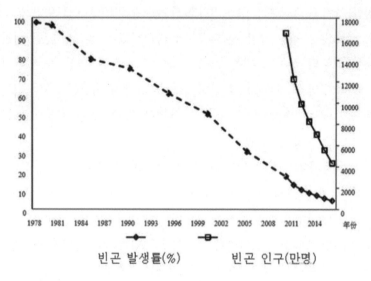

빈곤 발생률(%)   빈곤 인구(만명)

〈그림 7〉 연도별 중국 농촌 빈곤 발생률 및 빈곤 인구[21]

첫째, 일부 지방은 중앙 검사를 위하여 교차 시찰 평가 체제와 제3자 평가 제도를 수립하였다. 이 제도는 빈곤 퇴치 사업을 효과적으로 촉진하였다고 하나 일부 지역에서 그 목적을 단지 중앙 시찰에 대한 퍼포먼스로 생각하여 인민의 반감을 샀고 지방 간부들이 중앙 정부 조사에 대한 대응에만 마음을 쏟아 소중한 시간 낭비를 초래하였다.

둘째, 맞춤형 빈곤 퇴치 대상의 적극성을 고취할 메커니즘이 강해져

야 하고 피동적인 수혈 방식을 능동적인 방식으로 전환할 방법이 요
구된다. 장기적으로 일부 빈곤층의 참여율이 낮아서 사업의 효과를 경
감시키고 체제의 발전을 막는 걸림돌이 되었다. 특히 일부 지역은 중
앙 정부의 빈곤 퇴치 사업 완수를 위하여 전통의 피동식 수혈 방식을
그대로 유지시키는 경우도 있었다. 이런 방식은 맞춤형 빈곤 퇴치의
성과에 영향을 미치고 사업 발전을 촉진하는 동력 유발을 가로막았다.

3. '인류 운명 공동체'의 추진

1) '인류 운명 공동체'의 배경과 의미

인류에게는 단 하나의 지구만 있고 세계는 각국이 함께 살아가는
공동 터전이다. 2012년 11월 시진핑이 중국공산당 18대에서 '인류 운
명 공동체' 의식을 제기하였다. 총서기 취임 후 해외 인사와 첫 회견
시 그는 국제 사회의 운명 공동체가 날로 강해지면서 세계 경제의 복
잡한 정세와 문제를 혼자서 외면할 수 있는 나라는 없다고 하였다. 운
명 공동체는 중국 정부가 인류 사회에 관하여 반복하여 강조하는 새
로운 이념이다. 2011년 「중국의 평화 발전」 백서에서는 '운명 공동체'
라는 새로운 각도에서 인류 공동의 이익과 가치의 새로운 의미를 모
색하였다.[22]

지금의 세계는 전례 없는 큰 변화를 겪고 있다. 정치 다극화, 경제
글로벌화, 문화 다양화, 사회 정보화를 거스를 수 없을 뿐더러 나라 간

---

22) 멍링창(孟令昌), 「인류 운명 공동체와 대동 세계 간의 관계(人類命運共同体和大同世界的關系)」, 중국곤륜책망(昆侖策网)(http://www.kunlunce.com/llyj/fl1/2018-09-08/127812.html, 2018.11.25.)

연계와 의존도가 심화되었고 동시에 공동의 도전이 눈 앞에 닥쳐 있다. 식량 안전, 자원 부족, 기후 변화, 인터넷 해킹, 인구 급증, 환경 오염, 전염병, 다국적 범죄 등 과거와 다른 안전 문제들이 끝없이 새롭게 나타나면서 국제 질서와 인류 생존에 큰 도전을 던졌다. 국적, 종교, 의지와 관계없이 세계는 이미 운명 공동체가 되었다. 그리고 동시에 도전에 대한 인류 공동 대응을 목표로 한 세계적 가치관과 공감이 이미 형성되었다.

시진핑이 제시한 '인류 운명 공동체'의 의미 역시 끊임없이 풍부해지고 발전하고 있다. 먼저, 시진핑이 시대 발전과 인류 운명 공동체의 관계를 정리하였다. 그는 현재의 세계 정세를 정확하게 분석하고 이를 기초로 인류의 나아갈 방향에 대해 사고하였다. 그리고 국강필패(國强必覇)[23]가 아니라 협력과 윈·윈, 세계 경제의 번영 공유가 추세이며 그 핵심이 바로 '인류 운명 공동체'라고 생각했다. 2013년 3월 24일 모스크바 국제 관계 대학에서 '인류 운명 공동체'를 언급한 후 그의 사상이 국제적으로 널리 인식되자 여러 장소, 여러 분야를 걸쳐 이를 반복하여 강조하였다. '인류 운명 공동체'는 그 사회적 영향력을 점차 확대하고 있다.[24]

사실 인류 운명 공동체 건설은 중화 문명이 오랜 시간 변치 않고 품어온 '이화위귀(以和爲貴)'[25]나 '협화만방(協和萬邦)'[26] 평화 사상부터 '기소불욕, 물시어인(己所不欲,勿施於人)',[27] '사해지내개형제(四海之內皆兄弟)'[28]

---

23) 국강필패(國强必覇)란 국력이 강해지면 필히 패권을 추구한다는 뜻이다.
24) 청팡팡(程芳芳),「시진핑 인류 운명 공동체 사상 연구 논평(習近平人類命運共同体思想研究述評)」, 서남과기대학(西南科技大學), 2018년 7월, 1, 2쪽.
25) 이화위귀(以和爲貴)란 무슨 일이나 조화가 가장 중요하다는 뜻이다.
26) 협화만방(協和萬邦)이란 온 나라를 평화롭게 한다는 뜻이다.
27) 기소불욕, 물시어인(己所不欲,勿施於人)이란 자신이 원하지 않는 일을 남에게 하도록 하지 말라는 뜻이다.

까지의 처세술 그리고 다시 '계리당계천하리(計利當計天下利)',29) '궁즉
독선기신 달즉겸선천하(窮則獨善其身, 達則兼善天下)'30)의 정신과 상통한
다.31) 이렇게 다른 세상과 운명을 같이 하고 조화를 이루어간다는 이
념은 중화 문화의 깊은 곳에 언제나 살아 있는 유전자와 같다. 시진핑
은 신시기 중국인은 중화민족 위대한 부흥의 '중국의 꿈' 실현에 힘을
기울이고 세계인의 행복을 추구하며 운명 공동체라는 이념을 더욱 빛
내야 한다고 생각하였다.

2015년 12월 4일 시진핑은 중국·아프리카 협력 포럼 개막식에서
인류 운명 공동체 구상을 알렸다. 경제적으로 윈·윈하고 문화적으로
교류하며 정치적으로 평등과 신뢰를 다진다. 안보에 있어서 서로 돕고
국제 사무에 있어서도 단결하고 힘을 모은다. 이는 '5대 지주(支柱)'라
고 불리며 국제 사회가 포용과 균형으로 발전하며 공평과 정의의 방
향으로 나아가고 협력과 상생을 골자로 신형 국제 사회 관계를 구축
하기 위한 초석이라 할 수 있다.32) 그리고 이것이 바로 '인류 운명 공
동체'를 실현하는 루트이다.

---

28) 사해지내개형제(四海之內皆兄弟)란 세상 사람들은 모두 형제이다는 뜻이다.
29) 계리당계천하리(計利當計天下利)란 천하 사람들을 위하여 책략을 짜야 한다는 뜻이다.
30) 궁즉독선기신 달즉겸선천하(窮則獨善其身, 達則兼善天下)란 혼자일 때 수양에 힘을 쏟고
   세상에 나가면 천하 사람을 위하여 힘쓰라는 뜻이다.
31) 리전(李貞), 리징저(李京澤), 「시진핑 천하위공의 천하심(習近平天下爲公的天下情懷)」, 중
   국인민일보(人民日報)(해외판), 2018.1.31, 5쪽.
32) 샤오파쥔(邵發軍), 「시진핑 '인류 운명 공동체' 사상 및 가치에 대한 연구(習近平"人類命
   運共同体"思想及其当代价值研究)」, 『사회주의 연구』, 2017, 제4기, 6쪽.

〈표 30〉 '인류 운명 공동체'의 발상과 보완 과정

시간	단계	배경	주요 관점
2011년	처음 제시	「중국의 평화 발전」 백서에서	'운명 공동체'라는 새로운 각도에서 인류 공동의 이익과 가치의 새로운 의미를 모색함.
2012년 11월	명시 단계	중국공산당 18대에서	국제 사회의 운명 공동체가 날로 강해지면서 세계 경제의 복잡한 정세와 문제를 혼자서 외면할 수 있는 나라는 없다고 함.
2013년 3월	영향력 확대 단계	모스크바 국제 관계 대학에서	국강필패(國强必霸)가 아니라 협력과 윈·윈, 세계 경제의 번영 공유가 추세이며 그 핵심이 바로 '인류 운명 공동체'라고 생각함.
2015년 12월	실시 포석 단계	중국·아프리카 협력 포럼 개막식에서	경제적으로 윈·윈하고 문화적으로 교류하며 정치적으로 평등과 신뢰를 다짐. 안보에 있어서 서로 돕고 국제 사무에 있어서도 단결하고 힘을 모음. 이는 '5대 지주(支柱)'라고 불림.

2) '일대일로'와 인류 운명 공동체

중국 고대 실크로드는 세계 판도를 따라 각 나라 국민의 우정과 교류, 상호 이익을 통한 감동적인 이야기를 그려냈다. 그리고 2013년에 시진핑이 제시하였던 '실크로드 경제벨트'와 '21세기 해상 실크로드'의 공동 건설 즉, 중국 국가급 전략인 '일대일로'라는 구상이 퍼져나가고 있다. '일대일로'는 시공을 초월한 발상이며 옛날과 현재를 아우르고 아시아와 유럽을 연결하여 평화, 발전, 협력, 상생의 시대적 흐름을 타고 각 나라 발전과 번영을 위한 웅대한 꿈을 싣고 참신한 시대적 의미를 품은 채로 옛 실크로드의 길을 다시 걷게 된다.[33] 따라서 '일대

---

33) 서지(徐智), 『숫자로 말하는 '일대일로'』, 인천대학교 출판부, 2018, 7쪽.

일로'는 사람과 사람, 나라와 나라가 서로 얽히고 하나의 공동체로 긴밀히 연계되어 있는 운명을 만들었다.

'일대일로'는 역사에 뿌리를 두고 미래를 향한다. 그리고 중국에서 출발하지만 세계 속으로 스며든다. '일대일로'의 건설은 고대 실크로드 정신의 계승이며 인류 운명 공동체 형성을 최상의 목표로 두고 있다. 시진핑은 당 19대에서 중국이 대외 개방의 기본 국책을 견지하고 문을 열고 건설을 도모하며 '일대일로' 국제 협력을 적극 촉진하면서 정책 소통, 시설 연계, 무역 교류, 자금 융통, 민심 상통을 실현하여 국제 협력의 새로운 무대를 만들고 공동 발전의 새로운 동력을 창조하겠다고 다짐하였다.[34] '일대일로' 건설은 연선 국가의 국민을 하나로 이어서 협력으로 상생하고 공동 번영하도록 노력하여 모두가 발전의 성과를 누리도록 하기 위함이다. 이는 실크로드 정신의 계승이자 중국이 부르짖는 '인류 운명 공동체'의 목표이다.

오늘날의 '일대일로' 건설은 개방과 포용으로 세계를 향해 나아가는 것이다. 이익 쟁탈을 피하고 패권과 세력 확장을 도모하지 않으며 문명과 이데올로기로 편을 가르지 않는다.[35] 시진핑은 '일대일로' 건설로 각국의 전략을 서로 연계하고 서로의 장점을 배워가며 세계 경제의 과제를 함께 풀어가는 것이 모두의 이익에 부합하는 것이라고 강조하였다.

---

34) 종시(鐘實), 「대외개방 기본국시를 견지하며 일대일로 국제협력을 촉진하다(堅持對外開放基本國策促進一帶一路國際合作)」, 『시국(時局)』, 2017.11, 15쪽.

35) 천쉬룽(陳須隆), 「'일대일로' 건설은 인류 운명 공동체 구축의 실천이다("一帶一路"建設是构建人類命運共同体的偉大實踐)」, 중국사회과학망(中國社會科學网) (http://www.cssn.cn/mkszyzghpd/mkszyzghpd_ssjjd/201810/t20181031_4768122.html, 2018.11.26.)

3) '중국의 꿈'과 인류 운명 공동체

복잡하고 어지러운 국제 배경에서 인류 운명 공동체 구축, 영원한 평화, 보편적인 안전, 공동의 번영, 개방과 포용, 깨끗하고 아름다운 세계를 만들어가는 것은 세계를 위한 이바지이다. 그리고 이는 중국이 중화민족 위대한 부흥을 실현하고 평화 발전과 부상을 실현하는 행동이다. 중국특색 사회주의를 만들어가는 신시대 중국은 중화민족을 이끌고 위대한 부흥, 평화 부상 실현을 위한 자신감과 능력을 갖추었으며 또한 세계 번영과 안정을 위해 큰 힘을 바칠 각오가 되어 있다. 평화로운 부상이라는 목표와 인류 사회 공동 발전이라는 실천의 결합은 중국이 추진하는 대외 정책이며 동시에 대내 정책이다.[36)]

2017년 시진핑은 중국공산당과 세계 정당 고위층 회담에서 「함께 손을 잡고 아름다운 세계를 만들어가자」라는 기조 연설을 하였다. 그리고 여기에서 먼저 자신의 일을 잘 해결해야 한다고 강조하였다. 이는 인류 운명 공동체를 위한 기여이자 각국 앞에서 중국공산당이 언제나 세계 평화와 안녕, 세계 공동의 발전과 문명 교류를 위하여 노력하겠다는 약속이었다.[37)] 중국의 꿈과 인류 운명 공동체 사상의 기본은 하나이다. 중국공산당은 세계 인구의 20%나 되는 사람들과 함께 아름다운 생활을 향해 나아가면서 국민 행복이라는 중국의 꿈을 실현하였고 더욱 풍요로운 생활을 위하여 지금도 계속 전진하고 있다. 중국은

---

36) 저우첸(周泉), 「인류 운명 공동체 구축-신시대 중국의 평화로운 부상의 새로운 실천(构建人類命運共同体：新時代中國和平崛起的新實踐)」, 『당정간부학간(党政干部學刊)』, 2018년 제3기, 28쪽.

37) 이위안(李源), 양리나(楊麗娜), 「시진핑이 중국공산당과 세계정당 고위급 대화 개막식에서의 기조 연설(習近平出席中國共産党与世界政党高層對話會開幕式幷發表主旨講話)」, 중국공산당신문망(中國共産党新聞网), 2017.12.2.
(http://cpc.people.com.cn/n1/2017/1202/c64094-29681323.html, 2018.12.25.)

수 십년 동안 선진국이 몇 백년에 걸쳐 이루어낸 발전을 실현하여 오랜 시간 묵었던 과제들을 극복하였으며 국가 부강과 민족 진흥이라는 '중국의 꿈'으로 점차 다가가고 있다. 그 자체가 바로 '인류 운명 공동체' 실현을 위한 공헌이다.

외교적으로 시진핑은 '대국외교(大國外交)'를 중시함과 동시에 '신안전관(新安全觀)'을 추구하였다. 국가 원수가 된 후 첫 방문 대상과 방문 루트38)를 보면 중국이 국제 관계의 민주화, 국제 질서와 체계의 공정 합리화를 위하여 얼마나 깊은 진심과 의지를 품고 있는지 알 수 있다. 이는 세계 신질서, 영원한 평화, 공동 번영과 조화로운 세계라는 '세계에 대한 꿈'이라고 불린다. 시진핑은 외교 정책에 있어서 융통성이 매우 강하고 자신감이 넘치면서도 겸손하다. 반면 대화에 있어서는 솔직하고 직선적이며 매우 간결한 방식으로 자신의 뜻을 전한다. 그는 신 외교 전략의 새로운 사고를 명확하게 전달한다. 즉, 국제 관계 처리 시 '협력 상생'을 강조한다던지 혹은 러시아나 미국과 같은 강국과의 관계에 있어서도 '평등'을 주장한다. 자국의 이익을 도모함과 동시에 타국의 입장을 고려한다. 중화민족 위대한 부흥의 '중국의 꿈' 실현은 '세계를 향한 꿈' 실현에 매우 유리하다. 또한 '세계를 향한 꿈' 실현은 역으로 '중국의 꿈' 실현에 호의적인 외부 환경을 조성해준다.39)

---

38) 시진핑은 2013년 3월 14일 중국 국가 주석으로 취임한 후 처음으로 러시아, 탄자니아, 남아프리카, 콩고를 방문하였다. 시진핑이 취임 후 첫 방문지로 선택한 국가를 통해 국제 관계의 민주화를 위한 중국의 진심과 국제 질서와 국제 체계의 공정함과 합리성을 추구하는 중국의 의지를 엿볼 수 있다. 이 국가들은 대표적인 개발 도상국이자 신흥 시장이며 국제 사무에 평등하게 참여하고자 하고 세계 경제의 균형, 글로벌 정치의 개선, 국제 관계의 민주화를 누구보다 갈망하고 있다. 그들과의 양자 혹은 다자 협력은 실질성과 시범성의 성격을 가지며 목표 실현에서 매우 유리하다.

39) 시인홍(時殷弘), 「중국인민대학 국제관계학원 교수가 '중국의 꿈'과 '세계를 향한 꿈'의 상호 관계를 평가하다」, 중국북방망(北方網)(http://news.enorth.com.cn/system/2013/03/22/010775692.shtml, 2018.12.25.)

그러므로 '중국의 꿈'은 세계 평화, 발전, 협력, 상생의 꿈이며 중국인 뿐 아니라 세계인의 축복이다. '인류 운명 공동체'와 '중국의 꿈'은 깊은 논리로 이어져 있으며 '인류 운명 공동체'는 '중국의 꿈'에 대한 더 깊은 차원의 해석이다.

4) '인류 운명 공동체'가 해결해야 할 과제

먼저 인류 문명의 다양성과 통일성의 관계이다. 전체적인 인류 문명은 상호 작용, 상호 융합, 상호 형성이라는 특징이 있다. 인류 문명의 다양성과 통일성은 서로 평행하면서도 동시 존재하는 것이며 인류 운명 공동체는 반드시 인류 문명의 다양성과 통일성의 관계에 대응해야 한다.

다음으로 자본주의와 사회주의의 관계이다. '인류 운명 공동체' 사상은 중국의 시각에서 세계를 겨냥한 일종의 대(大)세계관이다. 이 대(大)시야와 대(大)경계는 자본주의와 사회주의를 동일시한 것이 아니라 오히려 양자 간 현실적인 모순을 전제로 한다. 이를 모르면 인류 운명 공동체의 본질을 진정으로 이해할 수 없다.

마지막으로 현재 중국과 세계의 관계이다. 최대 개발도상국이자 최대 사회주의 국가인 중국은 이데올로기가 다른 국가와의 관계를 잘 조율해야 한다. 중국이 제기한 '인류 운명 공동체' 사상은 의심과 우려를 낳을 수 있다. 서구의 일부 국가는 중국이 아프리카와 '신식민주의'를 형성한다는 의심의 목소리를 내고 있으며 심지어 '인류 운명 공동체'를 사상적 식민주의라고 폄하한다.[40]

---

40) 샤오파쥔(邵發軍), 「시진핑 '인류 운명 공동체' 사상 및 가치에 대한 연구(習近平"人類命運共同体"思想及其当代价值研究)」, 『사회주의 연구』, 2017, 제4기, 6쪽.

인류 운명 공동체 건설 촉진은 시진핑이 세계 정세를 정확하게 판단하고 세계를 위해서 기여 하고자 제기한 중국 솔루션이다. 이는 서로 의존하는 국제 권력관, 공동 이익관, 지속 가능 발전관, 세계 통치관 등 글로벌 가치관을 품고 있다. 경제 글로벌화는 지구촌을 더욱 작게 만들었고 사회 정보화는 세계를 공평하게 만들었다. 서로 다른 국가들이 타인과 나를 동일시하면서 동고동락의 동반자가 되었다. 과거 구태의연한 사고는 이제 버려야 한다. 타인의 것을 빼앗아 부를 누리거나 자신의 이익을 도모해서는 안 된다. 의로운 것과 이익을 모두 고려하고 양자의 균형을 잡아야만 두 마리 토끼를 모두 잡을 수 있다.

종합적으로 2018년까지 시진핑의 리더십 혁신 과정을 분석해 보면, 시진핑은 전임 최고지도자들에 비해 유리한 조건과 능력을 갖추고 출범했으나 시진핑이 해결해야 할 과제는 결코 쉽지 않다.[41] 그래도 제6부에서 분석한 바와 같이, ① 정치와 경제, 그리고 개혁과 성장이라는 두 마리 토끼의 문제에 있어서, 시진핑은 전면적인 엄격한 당 관리와 공급 구조의 개혁을 통해 건전한 정치 및 경제 발전의 개혁 시도를 해보았으며 두 마리 토끼를 동시에 잡아야 하는 어려운 과제를 극복하고 있다. ② 가장 심각한 사회 이슈인 빈부 격차 문제에 있어서, 시진핑은 후진타오의 '조화로운 사회' 방침을 계승하여 '맞춤형 빈곤 퇴치' 등 정책들을 통해 사회적 공감대가 형성되었으며, 사회·정치적 안정을 유지해 왔다. ③ '중국위협론'이라는 외교적 과제에 있어서, '중국의 꿈'과 '세계를 향한 꿈'의 제시, '대국 외교'와 '화평 굴기'의 추구, '일대일로'와 '인류 운명 공동체'의 발상 등을 통해, 국강필패(國强必覇)

---

41) 조영남, 『중국의 꿈: 시진핑 리더십과 중국의 미래』, 서울: 민음사, 2013, 34쪽.

가 아니라 협력과 윈·윈, 상생과 번영, 평화와 발전 등 이념을 강조하는 동시에, '포스트덩샤오핑의 외교 전략'을 마련하고 경제 발전에 전념할 수 있는 평화롭고 안정적인 국제 환경을 조성하기 위해 강대국 및 주변국과 다양한 우호 관계를 유지하는 것이다. 단 주권·영토·발전 등 '핵심 이익(core interest)'과 관련된 문제에는 비타협적으로 대응한다는 방침이다.[42]

시진핑은 1950년대에 출생하여 사회주의혁명과 관련이 없는 세대다. 이런 점에서 시진핑을 중심으로 하는 5세대야말로 진정한 '탈혁명형(post-revolutionary) 지도자'라고 할 수 있다.[43] 시진핑의 리더십은 부친 시중쉰의 애국애민 정신의 영향을 많이 받았고 문화대혁명 기간에 부친이 핍박을 받게 되자 그도 누명을 쓰고 멸시를 당했지만 샨시(陝西)의 황무지에서 이를 묵묵히 견디고 승화해냈으며, 허베이(河北), 푸젠(福建), 저장(浙江), 상하이 등 풍부한 지방 정치 경력을 통해 개혁개방 정책을 직접 추진한 경험들을 많이 쌓았다. 한마디로 시진핑은 개혁개방 분위기 속에서 교육을 받고 지도자로 성장한 '개혁개방형 지도자'이며, 전임지도자 장쩌민과 후진타오와 같은 '기술관료형' 지도자가 아니라, 시진핑은 '인문사회형' 지도자라는 특징이 있다.[44]

'신시대 중국특색 사회주의 사상'은 시진핑 집정기의 리더십 혁신이다. 시진핑은 중국이 '신시대'에 진입했다고 선언하면서, '신시대 사회의 갈등에 새로운 변화가 없는지, 어떻게 인식할 것인지, 어떻게 해결할 것인지'가 문제라고 생각했으며, '신시대에 어떠한 중국특색 사회주의를 견지할 것이며 어떻게 견지할 것인가'에 관련해서, '신시대 중

---

42) 조영남, 위의 책(2013), 39-40쪽.
43) 조영남, 위의 책(2013), 104쪽.
44) 조영남, 위의 책(2013), 104-105쪽 내용의 재정리.

국 사회의 갈등이 고품질 삶에 대한 날로 늘어나는 수요와 불균형, 불충분한 발전으로 인한 갈등으로 전환되었다'는 진단을 내렸다. 그리고 시진핑은 중국이 어떤 단계에 처해 있으며, 각 단계의 주요 과제가 무엇이고, 그것을 해결하기 위해서는 어떤 정책을 추진해야 하는가를 제시하고 있다.

그리하여 시진핑은 일련의 처방에 따른 리더십 혁신을 통해, 덩샤오핑의 '양손을 굳건히(兩手硬)' 정책과 장쩌민의 '3개 문명(三个文明)' 노선, 그리고 후진타오의 '4대 민생(四大民生)' 목표에 연이어 시진핑은 경제 건설, 정치 건설, 사회 건설, 문화 건설, 생태 문명 건설이라는 '5위 1체(五位一體)'를 중점으로 '중국의 꿈'을 지향하고 나가고 있다.

제7부

중국공산당의 리더십 혁신이
북한에 주는 시사점

1978년 덩샤오핑으로부터 2018년 시진핑까지 40년의 개혁개방 기간 동안, 중국공산당은 지속적인 리더십 혁신을 통해 '제2차 혁명'을 추진하면서 서구 발전 방식의 강점은 흡수하고 자국의 결점은 극복하였으며, '자아진화'의 모델을 바탕으로 개발도상국의 모범이 되었다. 미국의 저명한 정치학자 브레진스키(Zbigniew Brzezinski)*는 자신의 저서 「통제 밖으로: 21세기 전야의 글로벌 혼란」에서 중국이 성공한다면 수많은 개발도상국이 앞 다투어 이를 모방할 것으로 예언하였다.** 동시에 중국이 가진 비(非)서구적 배경과 정치 사회 조직이라는 특징 때문에 아프리카, 남미, 동아시아, 아랍에 유난히 그 추종자가 많다고 해도 과언이 아니다. 그러므로 중국공산당 '자아진화'의 리더십 혁신 경험이 개발도상국인 북한에도 시사점을 줄 수 있다고 본다.

* 브레진스키 (Zbigniew Brzezinski, 1928년 3월 28일-2017년 5월 26일) 폴란드 태생 미국인, 작가이며 민주당원으로 미국 카터 전대통령의 안보 담당 보좌관이었고 공산권 전략 이론가였으며 소련에 대한 극단적 반대주의자로 불렸다.
** 브레진스키 저, 판쟈핀(潘嘉玢), 류루이샹(劉瑞祥) 공동 번역, 『통제밖으로: 21세기 전야의 글로벌 혼란』, 중국 사회과학출판사, 1995, 205쪽.

제 1 장

북한 경제 발전에 주는 시사점

중국공산당 '제2차 혁명'의 '자아진화' 과정은 세계적으로 특히 개발도상국에게 강렬한 충격을 주었으면 경제적으로 성공한 사례라고 할 수 있다. 덩샤오핑이 '남순강화'를 통해 중국식 '사회주의 시장경제 체제'를 탄생시킨 후, 장쩌민 집정기에는 '서부대개발' 및 '해외 진출' 전략의 실시를 통해 중국특색 사회주의를 보완하였고 중국 경제 발전에 힘을 보탰으며, 후진타오 집정기에는 지속 가능한 경제 발전의 노력을 통해 중국 경제 발전의 불균형, 부조화의 문제들을 점점 해결하였고, 시진핑 집정기에는 중국 경제 '신상태(新常態)'와 생산·공급 문제를 직면하여 공급 구조의 개혁을 단행하였다. 이러한 40년의 노력으로 중국은 GDP 기준, 세계 2대 경제체가 되었고 미래 중국이 세계 최대 경제체로 부상할 것이라 예측하는 경제학자도 점차 늘고 있다.[1]

세계 경제에 엄청난 영향을 몰고 온 중국의 경제적 성과를 아래 3가

---

1) 스탠다드차타드 은행 경제학자인 데이비드만(DavidMann)은 발표한 글로벌 경제에 관한 새로운 장기 예측 연구 보고에서 2030년 신흥 시장 중 7개 국가가 세계 10대 경제체가 될 것으로 전망했다. 그 중 최대 경제체는 중국이다. 원문 출처: OMFIF Bulletin(2017년 1월)(https://www.sohu.com/a/137412804_674079 2019. 2.1.)

지로 분석해보았다. 먼저, 세계 각지에 저렴한 가격, 다양한 품질의 상품을 제공한다. 둘째, 세계 최대 신흥 시장이자 각 국 상품의 수요자이며 다국적 기업의 투자지이다. 셋째, 막대한 경제 규모로 세계 경제 성장의 엔진이 된다. 그런데 중국 경제가 개발도상국에 미치는 최대 영향은 역시 성공의 표본으로서, '민부(民富)' 창출과 민생 문제 해결의 모범 사례를 제공한다는 것이다. 중국의 부상으로 개발도상국은 후발국가 현대화의 가능성과 필요성을 인식하게 되었다.

한편, 북한 경제는 1988년부터 30년 가까이 침체기에 머물러 있다. 그리고 1999년까지 12년이라는 긴 시간 동안 마이너스 성장을 이어오면서 경제는 붕괴 직전까지 몰려 있다. 그 후 2011~2014년 4년 연속 1%의 성장률, 2016년에는 3.9%의 성장률[2]을 거두었지만 기초가 약하고 장기간의 고립으로 안정적인 회복을 기대하기 어려운 상황이다. 최근에는 '민부' 창출과 경제 발전을 위한 새로운 시도와 노력으로 신의주 및 개성이 발전하고 있으며 공업에 있어서도 호조를 띠고 있다. 그럼에도 불구하고 성과는 아직 불투명하고 경제적으로 굶주림의 그늘에서 겨우 빠져 나온 상태에 불과하다. 농업 생산량이 과거에 비해 늘었지만 전반적인 능력은 아직 약하고 비료 부족에 연이은 자연 재해 및 턱없이 부족한 경작지로 인해 식량 부족이 심각한 실정이다. 핵실험 후 미국의 무역 제재로 북한 경제는 설상가상의 위기에 처하였다. 2009년 CIA 보고에 의하면 북한 영아 사망률은 1000명당 51.34명이었다.[3] 이렇듯, 민부 창출과 민생 문제의 길은 요원한 현실이지만 개발도상국 및 사회주의 체제 국가의 일원인 중국이 경제 기적을 이루는

---

2) '2016년 북한 주요 통계 지표', 한국 통계청(http://kostat.go.kr/portal/korea/index.action, 2017.12.15.)

3) '북한 경제', 중국바이두바이커망(百度百科網)(https://baike.baidu.com/item/%E6%9C%9D%E9%B2%9C%E7%BB%8F%E6%B5%8E/12629875?fr=aladdin, 2019.1.30.)

과정을 통해 북한이 새로운 노하우를 배울 수 있을지도 모른다.

1. '민부(民富)'의 창출과 국가의 역할

1) 중국 특색의 시장 경제 '제3의 길'과 '민부'의 창출

중국이 성공한 원인을 개방이란 한마디 말로 결론지을 수 없는 것처럼 서구 시장 경제 체제 도입 때문이라고 말할 수도 없다. 그리고 중국의 대외 개방이 단순히 나라의 문을 연 것으로 간단하게 말할 수 없는 것처럼 시장 경제 실시를 서구 시장 경제 체제의 답습이라고 판단을 할 수는 없다. 이러한 단순한 학습으로는 중국 성공의 비결을 배울 수 없다. 해외 일부 연구가들은 중국의 시장 경제 체제에 중국만의 특색이 있다는 것을 인식한다. 북한이 중국에게서 이러한 노하우를 배울 수 있는지의 관건은 바로 '중국만의 특색'을 정확하게 이해하고 학습할 수 있는지에 달려 있다.

중국은 단순히 시장의 힘으로 경제를 성장시킨 것이 아니라 정책적인 수단과 시장의 힘을 유기적으로 결합하였던 것이 성공의 비결이었다.[4] 서구 좌파 학자인 나트 웨인스테인(Nat Weinstein)은 중국이 자본주의 세계 경제 위기 속에서 독보적으로 우뚝 설 수 있었던 것은 국가의 직접적이면서 효과적인 통제 때문이라고 생각하였다. 중국이 전체적으로 사유제와 시장화를 통해 국유 경제와 계획 조절을 대체하지 않았기 때문에 아직도 안정과 균형을 유지할 수 있다고 하였다.[5] 영국

---

4) 류궈웬(劉國遠), 「개발도상국이 배워야 할 중국의 노하우: UNCTAD의 데틀레프 커터 특별 탐방」, 『참고 소식』, 4쪽, 2006.9.14.

5) Nat Weinstein, "*In Response to Monthly on China*", Socialist Viewpoint, Vol 4, No.8 Sep 20

캠프릿지 대학의 피터 놀란(Peter Hugh Nolan) 교수[6])는 중국이 걷고 있는 시장 경제의 길을 '제3의 길'이라고 불렀다. 그는 국가와 시장이 일종의 창조적이면서 공생의 상호 관계를 맺고 있다고 평가하였다. 중국 제3의 길은 완전한 철학으로, 시장을 자극하고도 통제하는 구체적인 방법을 통치자, 관료, 국민에 관련된 중국 전통적 도덕 체계에 기인한 심오한 사상과 결합하였다고 설명하였다. 이 도덕 체계가 효과적으로 운영되면, 시장이 해결하지 못한 실질적인 문제를 해결할 수 있는 정부의 비(非)이데올로기적 행위는 이러한 철학적 기초를 보완해 주었다고 하였다.[7])

학자들은 다양한 언어, 다양한 방식으로 중국 특색의 시장 경제의 특징을 논한다. 중국 정부는 시장 기능을 강조하면서도 시장 만능주의, 시장 숭배의 신(新)자유주의의 길을 선택하지 않았다. 다시 말하면 중국에서 시장 원리주의[8])가 영향력을 발휘하면서도 주도적인 지위는 갖지 못했다는 것이다. 중국 경제의 개혁은 신자유주의 시장 경제 방식에 완전히 위배된 시장 경제를 창조하였다. 중국에서 시장은 동유럽처럼 중앙 계획을 모두 시장으로 대체하거나 기업 사유화의 폭주에 전념하지 않고 오히려 시장과 사유 기업이 계획과 국유제에 보조 역할만 할 뿐이다. 중국은 공산당 지도하에 시장화 개혁을 실시하였고 자원 분배 수단으로서 시장 경제와 사회주의 가치 목표를 하나로 결

---

04. 판춘옌(範春燕), 「근래 중국특색 사회주의에 관한 서구 좌파 학자의 쟁론과 시사점」, 『국외 이론 동향』, 2011, 제7기, 31쪽 재인용.

6) 피터 놀란(Peter Hugh Nolan), 1949년 4월 출생, 영국의 저명한 경제학자이며 캠브릿지 대학 상업학원 교수이자 발전 연구학과 주석이다. 대표 저서로는 『자본주의와 자유: 글로벌화의 모순』이 있다.

7) Peter Hugh Nolan, *China at the Crossroads*, Journal of Chinese Economic and Business Studies UK, Jan. 2005. 쉬제자이(徐覺哉), 앞의 논문, 41쪽. 재인용.

8) 시장 원리주의(market fundamentalism)란 시장이 균형을 스스로 회복할 수 있으므로 정부가 어떠한 방식으로도 개입할 필요가 없다는 것이다.

합하였다. 그리고 자신의 시장 경제 체제를 '사회주의 시장 경제'라고 불렀다. 시장과 계획의 결합은 정부의 시장 통제를 견지한다. 바로 이런 특징 때문에 중국이 경제 발전을 이루면서도 '정부의 무능력'이나 '시장 통제 불능'이라는 부작용을 피할 수 있었던 것이다.

따라서 '사회주의 시장경제'라는 중국식 '제3의 길'은 정부의 역할과 시장의 역할의 효율적인 결합을 보장하게 된다. 한편, 북한의 경제 개혁은 중국과 비교해 보았을 때 중국 초기 과정을 모두 포함하는 포괄성을 띠고 있다는 특징을 지닌다고 할 수 있지만, 북한의 개혁 조치는 전반 경제체제의 왜곡 조절을 위한 가격사업을 앞세우면서도 구체적인 산업부문별 개혁안을 표명하지는 않았다. 그리하여 북한의 경제 개혁 과정은 중국과 비교하면 제한적인 면이 있다. 그리고 북한의 제한적 경제 개혁은 기대 밖의 실패를 거듭하며 대외상황이 악화되자 교류 확대, 공급 확대, 생산 증대의 통로가 차단되면서 시장의 확대 및 발전 양상이 파행적으로 전개되게 되었다.[9] 그러므로 북한과 같은 개발도상국이 중국의 시장 경제 경험을 배워나갈 수 있는지는 중국 특색의 시장 경제라는 '제3의 길'을 정확하게 이해하고 운영할 수 있는가에 달려 있다. 향후의 경제 개혁 및 발전 방향에 있어서 북한에게 시사하는 바를 다음 세 가지로 이야기할 수 있다.

첫째, 중국을 거울로 삼아 인프라 건설을 강화하는 동시에 수출 증대로 산업화를 촉진시켜야 한다.

중국공산당 리더십 혁신 과정에서의 경제 발전은 주로 자유주의 경제 정책에 의존하였다. 대외 개방으로 노동력이 자유롭게 이동하게 되었고 국가와 개인 융자를 통해 일류 인프라를 구축하였으며 국가가

---

9) 박희진, 『북한과 중국: 개혁개방의 정치경제학』, 서울: 선인, 2009, 336-337쪽.

전략적 의미를 가진 경제 영역을 독점하였다. 인프라 낙후는 지금 대부분의 신흥 국가 경제 발전의 걸림돌이다. 그렇기에 인도, 브라질 등은 중국과의 인프라 건설 협력에 관심을 갖고 경험을 나누길 원한다.

인도의 모디 총리는 임기 초기에는 중국과의 교류와 협력을 서두르며 정체된 경제의 활성화에 취지를 둔 최신 경제 개혁 계획을 발표하였다. 여기에 인플레이션 감소, 세금의 간소화, 일자리 창출, 자금 유치 등이 있다. 영국 「파이낸셜 타임즈(Financial Times)」는 모디가 인프라와 외자 유치에 있어서 중국을 모방하겠다고 발표했다면서 모디 정부의 경제 개혁 계획을 '중국식 경제 진흥 계획'이라고 거론한 바 있다.10) 북한 역시 중국식 경제 진흥 계획으로 경제 개혁을 단행하고 인프라 건설을 강화하는 것이 경제에 유리하리라 사료된다.

그 외에도 중국의 경제 발전 방식은 한국, 일본 등 동아시아 국가의 방식을 참고하여 수출 주도, 제조업 선도로 산업화를 추진하였다. 그렇지만 규모에 있어서는 매우 방대했다. 2000년 이후로 중국은 영역을 초월한 무역과 투자가 활발해졌고 근본적으로 국제 시장 구조를 바꾸어놓았을 뿐 아니라 미국과 서구 경제의 제조업 기지로 자리 잡았다. 미국의 작가인 니콜라스 크리스토프(Nicholas Kristof)11)는 이에 대해 중국 발전의 길이 인류 빈곤 탈출에 희망을 가져다 주었다고 하였다.12) 세계은행은 1978년 이후 중국의 개방 정책을 "인류 역사상 최대 규모, 최고 속도의 빈곤 감소 과정"이라고 평가하였다.

이 점에서 북한도 중국을 배워볼 가치가 있다. 물론 북한의 외부 조

---

10) 「중국의 노하우를 배우고 싶은 인도」, 경제참고보(經濟參考報), 2014.6.11, 2쪽.
11) 니콜라스 크리스토프 (Nicholas Kristof), 미국 「뉴욕 타임즈」 컬럼 작가로 「뉴욕 타임즈」 홍콩, 베이징, 도쿄 수석 기자로 활동하였고 미국 언론계 최고 영예인 퓰리처상을 두 번이나 수상하였다.
12) 「중국의 길, 성공의 길」, 인민일보(人民日報), 2010.3.18, 3쪽.

건은 쉽지 않다. 그런데 북한의 자립적 민족건설노선은 외국에 예속되어 있지 않고 자국 국민들을 위한 경제체제 그리고 해당 국가의 자원과 국민의 노력에 의해 자주적으로 운영되는 경제체제를 말한 바와 같이,[13] 북한이 강조하는 자급자족 경제의 원칙은 대외경제관계를 최소한의 필요 원자재 및 자본재를 수입하기 위한 보완적 차원으로만 인식하게 하였다고 할 수 있다. 환언하면 북한은 수출을 원자재 및 자본재 수입에 필요한 외화획득의 방편으로만 인식하고 수출의 경제 성장 및 경제발전의 긍정적 효과를 무시했던 것이다.[14] 이에 따라 북한은 대외개방을 억제함으로써 비교우위를 무시한 산업구조를 고착화시키고 있는 것이며 이는 북한경제의 성장을 저해하는 요인으로 작용하고 있다. 뿐만 아니라 북한은 소형 경제체이기 때문에, 장기적으로 보면 내향형 경제 발전 전략은 북한 경제의 지속 가능한 발전에 큰 도움이 되지 않는다. 그러므로 중국의 외향형 경제 발전 전략을 모방해야 하며 수출과 제조업으로 산업화를 유도해야 한다. 그러나 북한 수출입 상품에 대한 국제 사회의 제재는 북한 경제의 폐쇄성을 더욱 심화시켰다.

둘째, 중국처럼 경제 특구와 산업 단지 건설로 경제 개혁을 이끌어야 한다.

중국 특색의 시장 경제 경험은 중국 자신에게도 의미가 매우 클 뿐 아니라 경제와 문화의 낙후, 경제와 사회 부흥의 길 모색이라는 과제를 안고 있는 개발도상국에도 좋은 모범 사례가 된다. 당연히 북한에게도 의미있는 참조항이 될 것이다. 중국 경제 발전의 원인은 시장 중

---

13) 전영호, 『북한의 경제발전 전략: 선군정치와 북한경제』, 서울: 615, 2006, 56-60쪽.
14) 종사첩, 「북한의 개혁개방 정책에 관한 연구: 중국과의 비교를 중심으로」, 한국외국어대학교 국제지역대학원, 2013, 50쪽.

심 경제 활동을 추진함과 동시에 경제 특구와 산업 단지 건설을 돌파구로 삼아 내부와 외부 자본의 축적을 시도했기 때문이다. 외부 자본 축적은 외국의 직접적인 투자와 수출 주도형 성장으로 가능하며 내부 자본 축적은 국유 기업에 대한 국유 은행의 신용 대출 지원과 인프라에 대한 투자에 의존한다. 확장성 투자는 중국 경제 성장에서 날로 중요한 역할을 해주었다. 북한 경제 발전에도 이는 마찬가지일 것이다. 북한은 중국처럼 경제 특구와 산업 단지 건설로 경제 개혁을 추진하고 투자 주도형 무역에 더 많은 시도와 노력을 기울여야 한다.

현재 일부 신흥 국가의 시장 경제를 살펴보면 순조로운 개혁을 방해하는 장애물이 많지만 북한, 러시아, 인도와 같은 나라들은 중국의 경제 특구와 산업 단지 사업을 모방하여 국부적인 개혁으로 외자를 유치하였고 일부 특구에서는 심지어 중국 전문 행정구역을 설립하였다.

북한의 경우 1991년을 시작으로 나진 선봉 특구에서 소량의 개인 상업이 시작되었고 2002년에는 개성에 산업 단지를 건설하였으며 2013년 5월 말, 최고 인민 회의 상임 위원회가 경제 개발구법을 출범시켜 '북한의 특별 지정 법규에 따라 특수 대우를 받는 특별 경제구'를 규정하였다. 그렇지만 이 경제 특구의 발전은 일부 성과에도 불구하고 중국만큼 영향력이 크지 못하였다. 특구 자체가 빠르게 발전하지 못했다는 문제점 외에도 북한 국민 경제에 미친 영향력에도 한계가 있었으며 철저한 개혁개방의 길로 인도하지 못했고 초기 계획 당시의 기대와는 너무나 거리가 멀었다.

그 원인을 분석해 보자면 대외 협력에 있어서 보수적이고 단일하게 주권만을 과도하게 강조하였다는 것이 첫 번째 원인이고 북한 경제 특구가 완전히 개방된 특구가 아니라 '철조망으로 둘러싸진' 격리된 경제 특구였다는 것이 두 번째, 그리고 중앙 집권으로 인해 특구의 자주권과 정책의 안정성이 결여되고 시장 경제의 공정한 거래가 불가능했다는 것이 세 번째, 경제 특구 발전과 국가 정책의 상호 연동이 실현되지 못했고 국가 정책이 특구 경험을 바탕으로 원활한 촉진과 조정을 이루지 못했다는 것이 마지막 원인이다.[15]

따라서 중국과 북한의 경제특구 및 산업 단지 조성과 발전을 비교하면, 중국의 경제특구 정책은 일부 지역의 개방에 국한된 부분적 개혁개방이 아닌 국가 전체의 개혁개방을 목표로 하여 점(點)-선(線)-면(面)의 단계적인 개발을 실시하여 시너지 효과를 창출하였다. 반면 북한의 경제특구 정책은 전반적인 국가경제는 사회주의체제를 유지하면서 특구 지역만을 자본주의 세계 경제에 개방하고, 외자를 유치함으로써 개발을 촉진하겠다는 생각을 가지고 있는 것으로 보인다.[16]

셋째, 신흥 경제체와의 금융 협력을 강화하고 독립 자주 발전 방식으로 세계 경제 구도에 융합되어야 한다.

저명한 미래 학자 나이스빗(John Naisbitt)은 2011년 세계은행 보고에 의거하여 2025년 다극화 세계가 출현하여 선진 경제체와 신흥 경제체 모두에게 상당한 경제적 영향을 줄 것이라 예측하였다.[17] 여기에서 중국 경제 발전의 영향을 받은 지금의 신흥 국가 경제에 두 가지 특징이 있다는 점을 주목해야 한다. 그리고 이 두 특징은 미래에 북한이 민부(民富)의 창출과 경제 발전을 추구할 때 유념할 필요가 있다.

하나, 신흥 국가가 선진국에 대한 의존을 축소하고 신흥 경제체 간

---

15) Pangoal Institution 동북아 센터 과제팀, 「북한 경제의 현황, 추세, 문제 및 대응」 (http://www.pangoal.cn/news_x.php?id=3655&pid=13, 2019.2.1.)

16) 종사첩, 앞의 논문, 69쪽.

17) 존 나이스빗, 도리스 나이스빗 공저, 장옌(張岩) 번역 『대변혁: 남북 경제 벨트가 우리의 세계를 어떻게 바꿀 것인가』, 길림출판집단/중화공상연합출판사, 2015년. 천쉐밍 외, 앞의 책, 149쪽 재인용.

협력을 추진해야 한다. 「신흥 경제체 블루북: BRICS 발전 보고(2014)」[18] 에 따르면 십여 년의 황금기를 겪은 후 BRICS는 조정기에 접어들었다. 이는 외부 경제 환경적 원인을 제외하고도 개발도상국 자체에 원인이 있었다. 예를 들면 외부 추진력에 대한 과도한 의존이다. 이를 다른 각 도에서 생각해보면 신흥 경제체가 여전히 선진 경제체에 대해 의지하 며 완전한 독립체로 성장하지 못했다는 의미가 된다.[19] 롤러코스터와 같은 파동을 피하기 위하여 신흥 국가는 선진국의 자본이나 기술에 대한 의존을 줄이고 자체 경제를 발전시킴과 동시에 세계 경제 구도 의 변화를 위하여 노력해야 한다. 그러나 이는 한 나라의 노력만으로 이루어지는 것이 아니다.

둘, 중국 경제 발전의 여세를 빌어 중국과 다방면으로 협력하면서 독립 자주 발전 방식을 모색하고 세계 경제 구도와 융합해야 한다. 신 흥 경제체 발전 현황과 전망을 위하여 중국이 가진 리더의 지위는 자 명하다. 「이코노미스트(The Economist)」잡지는 2014년 구매력 평가 이론 을 기초로 수립한 개발도상국 1인당 GDP 증가율이 2013년에 선진국 보다 2.6% 더 높았다는 기사를 게재하였다. 중국을 제외한다면 이 수 치는 1.1%에 그칠 것이다. 이런 속도로 개발도상국이 선진국 소득 수 준을 따라잡기 위해서는 한 세대가 아니라 한 세기의 노력이 필요할 것이다.[20] 사실상 신흥 경제체 자체의 경제 성장 속도가 둔화되었지만 중국과의 협력에 대한 열정은 전혀 줄어들지 않았다. 그 외에도 신흥 경제체가 독립 자주 발전 방식을 모색하고 있으며 개발도상국 금융

---

18) 린웨친(林躍勤), 저우원(周文), 『신흥 경제체 블루북: BRICS발전보고(2014)』, 사회과학문 헌출판사, 2014.
19) 천쉐밍 외, 앞의 책, 150쪽.
20) See The Headwinds Return, The Economist, Sep. 13, 2014. 천쉐밍 외, 앞의 책, 150쪽 재인용.

플랫폼을 구축하고 세계은행과 IMF에 대한 지나친 의존에서 벗어나며 선진 경제체 화폐 정책의 영향을 줄이려 시도 중이다. 동시에 개발도상국과 관련된 금융 항목에 주목하고 특히 개발도상국 인프라 건설을 위한 융자 서비스를 제공하고자 한다.

한편 북한은 독립 자주의 방식으로 발전하고 있지만 세계 경제 구도에 융합하기는커녕 신흥 경제체와의 금융 협력도 너무나 보잘것없다. 북한의 극단적 폐쇄 경제정책은 세계기술 발전추세로부터 유리될 수밖에 없었고 국제환경변화에 능동적으로 적용할 수 있는 기회를 상실하게 되었다.[21] 이러한 결과는 결국 북한의 경제정책은 국내 민부(民富)의 창출과 경제 발전에 대한 큰 효과가 없다는 것을 보여준다.

요컨대, 중국 특색의 시장 경제 '제3의 길'을 위한 최상의 사회 조건은 경쟁 시장, 활력 넘치는 국민 사회, 효과적인 정부의 균형이 이루어진 사회이다. 북한에 있어서 이 점이 의미하는 바가 매우 중요하다. 시장의 영향력이 너무 크면 불평등과 과도한 상업화가 유발되며 정부의 영향력이 지나치게 크면 전제주의가 조장되고, 시민 사회가 너무 막강하면 사회 분열로 충돌이 일어난다. 그러므로 지방, 국가, 지역, 국제적인 차원에서 이들의 균형이 요구된다. 중국이나 북한이나 모두 세계를 돌아보고 자신에게 맞는 최상의 솔루션을 찾아야 한다. 시장 경제에 진입하는 동시에, 시장 경제가 있으면 시장 사회가 있다는 것을 잊지 말아야 한다. 하지만 시장 사회도 고유의 제한적인 면이 존재한다. 이 때문에 중국과 북한 등 개발도상국은 발전으로 인한 빈부 격차와 환경과 같은 불균형 문제에 대응하면서 동시에 국민을 위한 사회 보장과 사회 투자를 실현해야 한다.

---

21) 국제무역연구원, 『포스트 김정일 시대의 북한경제』, 서울: 한국무역협회 국제무역연구원, 2010.6, 46-47쪽. 종사첩, 앞의 논문, 51쪽 재인용.

2) 경제 성장에 있어서 국가의 역할

중국공산당 리더십 혁신 과정에서 구현된 점진성 개혁은 중국의 현대화에 안정과 성장을 가져왔다. 그리고 국가가 개혁, 성장, 안정의 공존이라는 역할을 수행했다. 이러한 국가 역할의 비결을 알기 위해서는 중국 방식의 핵심을 알아야 한다.22) 미국 경제학자 배리 노턴(Barry Naughton)23)은 그의 저서 「중국 경제: 이행과 성장」에서 중국 모델의 중요한 특징이 '정부 주도'라고 말했다. 그렇지만 시기마다 정부가 주도하는 정도의 차이는 있다.24) 마틴 자크(Martin Jacques)는 「중국이 통치하는 세계」에서 8가지 특징으로 중국의 현대성을 정리하였다. 그 중 그가 가장 강조한 것은 국가가 경제 성장에서 매우 중요한 역할을 했다는 것이다. "중국이 시장 개혁을 단행하였지만 경제 성장에서 중앙정부와 각 급 정부는 아직도 중요한 역할을 수행하고 있다."25) 박희진은 중국은 계획체계를 해체하고 시장체제로 대체하는 과정에서 국가가 적극적인 후견인 역할을 담당한다는 것이 제일 큰 특징이라고 지적하였다.26) 의심할 바 없이, 1982년 중국공산당 12대를 통해 개혁개방을 국가적 정책방침으로 밝혔으며, 국가전략을 총체적으로 세우면

---

22) Martin Jacques, *When China Rules the World : The Rise of the Middle Kingdom and the End of the Western World*, Allen Lane, Jun. 2009. 천쉐밍 외, 앞의 책, 184쪽 재인용.

23) 배리 노턴 (Barry Naughton) , 미국 샌디에이고 캘리포니아대(UCSD) 교수이자 경제학자, 중국 경제의 전환, 산업과 기술, 무역, 중국 정치 경제에 대해 많은 연구를 해왔다. 중국 경제 개혁 연구의 선구자이며 저서 『Growing Out of the Plan:1978-1993』(캠브릿지대학 출판사, 1995년)로 Masayoshi Ohira Memorial Prize를 수상하였다. 최근 중국 경제를 연구한 저서 『중국 경제: 이행과 성장』이 2007년 MIT 출판사에서 출판되어 중국어와 한국어로 번역되었다.

24) See Barry Naughton, *The Chinese Economy : Transitions and Growth*, MIT Press, 2006. 천쉐밍 외, 앞의 책, 184쪽 재인용.

25) 천쉐밍 외, 앞의 책, 184쪽.

26) 박희진, 『북한과 중국: 개혁개방의 정치경제학』, 서울: 선인, 2009, 340쪽.

서 시대와 더불어 발맞춰서 자아수정해 왔다.

반면 북한은 이미 붕괴된 국가 계획체제를 개혁을 통해 우선발전단위를 중심으로 공고화하려고 하였다. 게다가 북한이 2002년 7월 1일 '경제관리개선조치'(7·1 조치)라는 이름으로 실시했던 개혁정책은 제반 산업기반기설이 붕괴된 상태에서 산업부문별 개혁의 형태로 진행된 것이 아니라, 왜곡된 경제체제를 정비한다는 의미가 컸기 때문에, 생산 증대의 효과를 크게 거두지 못했다. 따라서 북한은 '제한적 대외개방과 7·1 조치, 그리고 시장도입'과 병행적으로 선군시대 경제건설 노선인 국방공업우선발전전략을 수립한다. 특히 분권화·상품화가 진전되지 않은 상태에서 급격한 화폐경제로의 이행은 시장의 생산적 기능을 마비시키고, 시장을 향한 맹목화·물신화 양상을 빚어내게 된다. 이에 북한의 시장은 급격한 증가세를 보이고 있지만, 시장의 번창은 계획체계를 대체하는 자원배분의 메커니즘으로 가능하기 힘들다.[27] 그러므로 국가가 민부의 창출과 경제 발전에서 도대체 어떠한 역할을 해야 하는지, 그리고 북한에게 어떠한 시사점을 줄 수 있는지에 대해서 다음 두 가지로 논할 수 있다.

하나, 민부의 창출과 경제 발전에 있어서 국가가 안정적인 시장 전환의 역할을 수행해야 한다.

이는 경제 전환의 고통을 안고 있는 북한의 입장에서 매우 중요한 지점이다. 북한 경제는 1990년대 초 냉전이 끝난 후 국제 정세의 급변이라는 외부 환경과 자연 재해라는 국내 환경의 이중 타격을 입고 1990년부터 1998년까지 9년 연속 마이너스 성장을 보였다. 그 후 1998년 북한이 김정일 시대로 접어든 후 국제 사회의 원조와 경제 정책의

---

27) 박희진, 위의 책, 340-341쪽.

부분적인 개선으로 겨우 바닥에서 일어났으며 1999년부터 2005년까지 플러스 성장으로 전환되어 GDP 평균 성장률 2.7%를 실현했다. 그러나 2006년부터 시작된 핵실험으로 국제 사회가 북한에 경제적 제재를 가하고 시장 기능을 부분적으로 흡수한 경제 정책이 통제 정책으로 전환되면서 다시 마이너스 시대가 되었다. 북한 경제 전환의 불안정성과 불확실성의 원인은 국가가 안정적인 시장 전환의 역할을 수행하지 못했기 때문임을 알 수 있다.

중국의 비교적 우세는 강대한 국가 노동 전통과 사회 응집력 및 강한 민족의식에 있다. 중국이 글로벌 경제 위기에도 흔들리지 않았던 것은 실무에 능한 지도자가 자유 시장 전환을 서서히 안정적으로 추진했기 때문이다. 이 과정에서 국가가 필요한 개입과 안정의 역할을 수행하여 '지령성 계획'의 계획 경제체제와 '자본주의' 시장 경제체제가 결합된 '지령성 자본주의'를 형성하였다. 경제가 쇠퇴할 때 지령과 통제형 체제가 시장 체제보다 더 효과적이다.[28] 그런데 여기서 말하는 지령과 통제형 체제의 효과성은 시장체제의 생산적 기능을 적극적으로 수행한다는 전제하에서 실현하는 것이다. 이를테면 과거 북한식 시장 전환의 과정에서 북한의 국가 역할은 사회주의 체제와 정권 유지에 대해 너무 지나치게 관심을 기울이고 있었던 것이다. 따라서 북한의 경제개혁은 선군시대, 선군정치, 국방공업 우선발전론에 근거한 체제이데올로기와 결합하여 진행되고 있는 독특한 특징을 보이게 된다.[29] 모든 개혁 효과를 국가 중심단위로 집중도록 하는 북한식 국가 역할은 '지령성 계획'의 계획 경제체제를 통해 권력 유지를 위할 뿐,

---

28) See Rana Foroohar, *Why China Works*, Newsweek, Jan. 19, 2009. 천쉐밍 외, 앞의 책, 169쪽 재인용.
29) 박희진, 앞의 책, 342쪽.

'자본주의' 시장 경제체제의 유익한 요소들과 전혀 결합하지 않다고 해도 과언이 아니다.

미국 하버드 대학의 마틴 킹 화이트(Martin King Whyte) 교수는 「중국 경제 번영의 패러독스」에서 중국의 점진주의 전환 전략 성공의 원인으로 최고 정책 결정자가 굳은 의지로 시장 개혁을 추진하였고 사회와 정책 정착을 담당하는 관료 기구에 신호를 보냈으며 신뢰를 가지고 모두의 미래를 시장 경제 체제의 역할과 신체제의 효과에 맡겼기 때문이라고 하였다. 공산당 통치와 국가 권위는 붕괴되기는커녕 오히려 새로운 정책에 방향을 제시하였다.[30] 중국 경제 발전은 강대하고도 발전 지향적인 국가 기구가 이끌어가는 것이고 그 최고 목표는 경제 발전이다. 그리고 정치의 안정은 경제 발전의 선결 조건이다. 장기적인 전략을 관철하고 집행할 때 다른 체제가 가진 다변성으로 인한 불안정성을 피할 수 있다. 이들이 중국 국가 역할의 특징이며 경제 발전 중 안정적인 시장 전환에 핵심적인 역할을 해 주었다. 그리고 이런 중국의 경험이 북한에도 도움이 되리라 생각한다.

둘, 개혁 지도에 있어서 현대화로의 전환 중 국가의 역할도 북한과 같은 개발도상국이 관심을 기울일 가치가 있다.

소련 전문가 커츠(David M. Kotz)는 경제 전환에서 국가의 역할이란 각도에서 러시아와 중국의 사례를 분석하였다. 그의 분석 결과로는 러시아는 경제 생활에 대한 국가의 통제가 신속히 사라졌던 반면 중국은 국가 지도 하의 전환이었다. 이는 전면적 포기가 아니라 선택적 통제였다. 가격 통제, 국유 기업 사유화의 장기적인 연기, 대형 국유 기업의 국가 지령 수용, 확장성 통화 정책 실행, 은행 시스템에 대한 국

---

30) See Martin King Whyte, *Paradoxes of China's Economic Boom*, The Annual Review of Sociology, 2009. 천쉐밍 외, 앞의 책, 185쪽 재인용.

가의 지속적인 통제, 국가의 다국적 무역과 자본 이동 통제 등 국가 역할에 대해 그는 대단히 긍정적인 태도를 가졌으며 계획 경제에서 시장 경제로의 전환을 지도할 수 있는 유일한 기관이 바로 국가라 여겼다.[31]

중국은 강대한 국유 경제와 거시 조정 능력으로 선진국의 경제적 개입을 방어하였고 정치 경제 발전의 독립성과 자주성을 유지하였다. 개발도상국 경제가 위험 대처 능력이 낮고 민족 경제가 취약한 것은 주요 경제 부처에 대한 국가의 약한 통제력과 관계가 있다. 중국 개혁 개방 중 국유 기업은 에너지, 교통, 금융 등 주요 산업과 서비스업을 장악하고 국민 경제 발전에서 가장 중요한 자원인 토지를 국가가 소유하였다. 정부 위주의 경제 통치 방식은 과거 계획 경제 방식과 다르며 동아시아와 서구 방식과도 다르다. 중국 정부는 신용 대출 금리와 관련된 규칙들에 대한 파악을 통해 정부가 국가 경제에 대한 효과적 통제를 유지하였다.

2011년 김정은 집정 후 북한 경제가 서서히 회복세를 보였지만 전반적인 상황을 볼 때 산업 구조와 국제 무역 구조의 불균형과 불안정성이 여전히 존재하기 때문에 핵심 산업 혹은 무역 상품이 타격을 입으면 국민 경제 발전의 발목이 붙잡히게 된다. 이런 상황은 강대한 국유 경제와 거시 조절 능력을 가진 국가 역할의 필요성을 잘 보여준다.

치열한 국제 환경과 열악한 국내 조건에서 국가 역할은 자국의 힘을 이용한 국제 자본의 도전에 대응, 안정적인 발전 환경 조성, 그리고 경제 글로벌화 '이익'의 충분한 이용으로 국내 경제 발전의 갈등과 문

---

31) See David M. Kotz, *The Role of the State in Economic Transformation : Comparing the Transit ion Experiences of Russia and China*(http://www.umass.edu/economics/publications/2005.04, 2 017.11.20.)

제 해결에 유리하다. 또한 개혁 지도에 유리하므로 경제 발전 목표 실현을 가능케 한다. 동시에 사회의 전반적인 발전 수준이 높지 않은 상황에서 국민 이익을 확대하여 가치 지향의 국가 역할을 실현할 수 있고 시장 경제 운행으로 인한 불공평한 분배 등 폐단 극복에도 유리하다. 그 외에도 경제 발전을 기초로 안정적인 정치 민주, 문화 진보, 사회 조화, 생태 문명 건설을 위하여 긍정적인 환경을 조성한다.

이처럼 북한은 중국을 모방하여 국가가 현대화 전환에서 중요한 역할을 하도록 해야 한다. 중국이 자본주의 세계 속에서 안정적으로 성장해 올 수 있었던 원인들 중의 하나는 바로 직접적이고 효과적인 국가 역할에 있다. 서구의 주류 경제계는 케인즈(Keynesian Economics) 이론을 유일한 위기 대처 방법이라 믿는다. 그리고 이를 이용하여 중국에 영향력을 행사하고자 한다. 그렇지만 중국은 이를 부분적으로 받아들이고 더욱 효과적인 방법을 취하였다. 즉, 금리를 상향 조정하고 국유 기업 생산력과 과열된 대출을 줄여서 자원을 필요한 영역으로 유도하였다는 것이다. 이런 직접적인 통제가 가능한 것은 사유제와 시장이 아니라 국유 경제와 계획 조정으로 균형을 유지했기 때문이다. 북한이 이런 국가 역할을 참고할 수 있지 않을까 싶다.

사실 북한이 경제의 지속 가능한 발전을 실현하려면 자신의 상황과 국제 환경의 복잡성을 고려하여 핵문제 해결, 국제 환경 개선, 경제 발전 전략 수정, 개혁개방을 추진해야 한다. 그렇지만 이는 북한 정부의 역할 없이는 불가능하다. 다만 이러한 정부의 역할은 기존의 체제나 이데올로기를 고수하는 것보다 정부와 시장 사이에서 국가의 피동성을 탈피하고 능동성을 확보하기 위해 개혁을 주도하는 모습을 보여야 한다. 국가가 관건적, 주도적인 역할을 발휘하지 못하면 미래 북한 경제는 더 깊은 수렁에 빠질 수밖에 없다.

2 민생 문제 및 중앙·지방의 관계

1) 민생 문제와 정부의 합법성

일부 서구 학자들은 '국민에 의한 정부(民治)'가 아닌 상황에서 '국민을 위한 정부(民享)'가 있을 수 있다는 것을 이해하지 못했다. 그러면서도 개혁개방을 통한 중국의 성과를 부정할 수도 없었다. 서구는 민주 제도가 정치적인 합법성의 유일한 원천이라고 인식한다. 그렇다면 중국 정권의 합법성은 무엇일까? 누구라도 자신의 국가가 아무런 위신이 없는 약한 정부가 아니라 권위 있는 강한 정부이기를 바란다. 당연히 권위는 합법성과 연계된다. 그러면 중국 권위 정부의 합법성은 어디에서 오는 것일까? 이에 대해 중국 문제를 연구하는 학자들이 깊게 생각해 볼 필요가 있다.

토마스 헤베러(Thomas Heberer)는 중국공산당 지도 체제가 '전환'과 '다지기' 단계를 거친 후 '적응' 단계에 이미 접어들었으며 이 단계에서 정권의 합법성은 주로 '현대화, 국력 증강, 안보 수호, 사회주의 민주 건설 등에 대한 약속'에 기인한다고 여겼다.[32] 어느 정도 정확한 견해이다. 중국 정치의 합법성은 '절차'의 합법성이 아니라 '구현'에서 오는 합법성이라고 할 수 있다. 즉, 절차에 따라 부여받은 것보다 국민에게 제공된 실질적 복지에서 얻어진 합법성이다. 그리고 국민의 실질적인 복지는 바로 '민생 문제'이며 민부의 창출과 경제 발전이 근원이다.

'민생 문제'는 신해혁명 시기 손문의 '삼민주의'와 밀접한 연원을 가지고 있으며, 중국공산당 '제2차 혁명'의 리더십 혁신 과정을 되돌아보면 중국 경제 발전의 길은 경제 성장을 촉진함과 동시에 '인본주

---

32) 쉬제자이, 앞의 논문, 44쪽.

의' 사상과 맞춤형 빈곤 퇴치 정책 등을 통해 국민 생활수준도 향상시켰다. 단순한 시장화를 통해서는 결코 많은 개발도상국의 발전을 실현할 수 없으며 많은 인구들의 민생 문제도 해결할 수 없을 것이다. 그러나 중국은 40년 동안 '제2차 혁명'을 거치면서 가난 탈출을 성공적으로 실현하였다. 미국의 군사외교지 「내셔널 인터리스트(The National Interest)」는 "중국공산당이 과거 수많은 정부가 해내지 못한 방식으로 국민 생활을 개선하고 중국이라는 기차를 빠르고도 정확하게 운행하고 있다."라고 평가하였다.[33] 중국공산당 경제 방식은 다른 개발도상국의 어떠한 방식보다도 경제 성장과 민생 개선에 더 효과적이다.

그러므로 중국 국민이 공산당 지도를 인정하고 기꺼이 수용하는 것은 지도층이 절차에 따라 선출되었기 때문이 아니라 자신의 이익을 대표하고 자신들에게 복지를 제공해주기 때문이라고 할 수 있다. 중국공산당은 민생을 특히 강조하여 민생 개선을 중요한 사명으로 간주하고 심혈을 기울여 역사적인 성과를 이루어 냈다. 민생 성과에 대해 종속이론[34]의 대표인 사미르 아민(Samir Amin)의 평론을 읽어보자. "우리가 흔히 말하는 사회 불평등, 실업, 농민들의 이주 등은 자본주의 제도를 실시하는 국가에서 더 심각하다. 여기에 기적을 창조했다고 인정받은 국가도 포함되어 있다. 중국인은 외부 상황을 잘 모르고 자신들을 저평가한다. 그렇지만 제3세계 국가 상황을 이해하는 자들은 중국이 주변 국가에 비하여 훨씬 나은 상황이라는 것을 잘 알고 있다."[35] 따

---

33) 장쟈린(姜嘉林), 「글로벌 시각에서의 중국의 길」, 『구시』, 2013년 6월 2일, 48-49쪽.
34) 종속이론 (Dependency Theory) 혹은 종속학파로 불린다. 1960년대 말 라틴 아메리카 학자에 의해 제기되었으며 국제 관계와 발전 경제학 이론이다. 세계를 선진국과 낙후 국가로 나누며 후자는 세계 시스템에서 선진국의 영향이나 부패 때문에 발전하지 못한다고 주장하였다. 종속이론은 경제와 정치의 결합이라는 각도에서 출발하여 저발전 국가와 서구 선진국 간의 관계를 논증하였다.
35) Samir Amin, "On China : 'Market Socialism' A Stage in the long Socialist Transition or

라서 중국 정부의 합법성은 바로 이러한 '훨씬 나은' 국민의 실질적인 이익에서 출발한다고 말해도 과언이 아닐 것이다. 개혁개방기의 리더십 혁신 과정을 보면 중국공산당의 지도자들은 민심을 얻어야 천하를 얻는다는 옛 교훈을 굳게 믿는다. 그리고 국민이 정부의 '절차'가 아닌 '구현'에 관심을 갖도록 하는 것이다. 이런 경험들이 북한 정치의 합법성에 관한 쟁론에 해결의 실마리를 줄 수 있다.

경제성장을 통한 국민의 생활순준 향상은 정권의 정통성 제고에는 물론 사회에 대한 정권의 침투력과 정책의 효율성 증진에 크게 기여한다. 거꾸로 경제적 어려움이 지속되면 될수록 정권의 어떤 정책도 사회에 효율적으로 침투할 수 없다. 따라서 북한 김정일 집정기에는 매년 정책 집행의 효율성을 저해하고 있는 경제난을 타개하는 데 주력했다. 이른바 '7 · 1 조치'를 단행한 것도 그 일환이다.[36] 하지만 '7 · 1 조치'는 많은 긍정적 효과에도 불구하고 수중에 현금을 가지지 못한 북한주민들의 생계유지를 어렵게 만들었고 물품 공급 부족으로 인한 물가상승과 거시적 경제의 불안을 초래했다. 또한 국가가 모든 것을 책임지던 상황에서 주민들 각자가 생계를 알아서 해결해야 하는 상황으로 바뀜으로써 당과 국가에 대한 주민들의 신뢰가 크게 줄어들었고 주체사상에 대한 신념이 약화되고 말았다.[37]

더욱 심각한 사례는 2009년 북한은 선군(先軍)사상을 주체(主體)사상과 같은 국가 지도 사상으로 승격시켰던 것이다. 국방위원회도 국가 주권의 최고 군사 기관이 되어 국가의 중요한 정책을 결정하는 권한

Shortcut to Capitalism ?", Social Scientist, Nov-Dec 2004. 판춘엔(范春燕), 「중국특색 사회주의에 대한 근래 서구 좌파 학자의 쟁론 및 그 시사점」, 『해외 이론 동향』, 2011, 제7기, 29쪽 재인용.

36) 이교덕 외, 『북한체제의 분야별 실태평가와 변화전망』, 통일연구원, 2005, 3쪽.

37) 이교덕 외, 위의 책, 3-4쪽.

을 부여받았다. 군비 지출은 북한 국가 예산의 1/3 이상을 차지한다. 선군 정치로 중공업에 더 관심을 기울이고 농업이나 경공업은 무시하게 되어 민간 경제 조정과 회복의 가능성을 말살하였다. 국민의 의식주 문제는 더 힘겨워졌고 식량 부족은 김정일 시대에 해결되지 못했다. 북한의 막대한 군사 지출은 민생의 희생으로 이루어진 것이다. 북한은 민생 문제의 중요성을 간과하였으며 정부의 합법성 구현은 아슬아슬한 줄타기를 하고 있다.

따라서 북한에 있어서 민생 문제와 정부의 합법성, 양자의 논리적 관계를 잘 인식해야 할 것 같다. 민생 문제를 제대로 해결해야만 정부 합법성의 가능성이 있을 것이라고 할 수 있다. 정부의 합법성, 아니면 정권의 공고화를 영원히 제1 순위로 삼으며, 적극적인 개혁개방 정책의 실시보다 체제유지에 조금이라도 문제가 될 요인들은 철저히 배격되면 민생 문제를 해결하기는커녕 정부의 합법성에도 부정적인 영향을 미친다고 할 수 있다. 환언하면 북한으로서는 심각한 경제적 위기를 극복하기 위해서는 대외개방을 통한 선진국의 자본·기술을 도입하여야 하지만, 정책의 수단인 개혁개방이 역으로 큰 정치적 부담을 주기 때문에 실현되기가 어렵다는 상호 모순된 정책적 부담을 안게 된다.[38]

고든 화이트(Gordon White)가 지적했던 것처럼, 개혁은 공식적인 이데올로기의 재정의, 당의 재건설을 불러오게 되며, 중국의 경험에서처럼 점차로 경제성장과 높은 생활수준의 달성에서 이데올로기를 대신하는 정당성을 구하게 된다.[39] 이는 북한이 견지해 온 정치 우위, 사

---

38) 양운철, 「나진·선봉 경제무역지대: 개방과 국제협력의 시험장」, 『"북한문제"의 국제적 쟁점』, 세종연구소, 1999, 170-173쪽.

39) Gordon White, *Riding the Tiger: The Politics of Economic Reform in Post-Mao China*, London: MacMillan Press, 1993, pp 147-168. 정영철, 『북한의 개혁·개방 : 이중전략과 실리

상의 우위에 따른 체제 정당성이 심각하게 도전받을 수 있음을 의미
한다. '7·1 조치'가 '고통의 산물'이었던 것처럼, 그것을 관리·운영
하는 것 역시 '고통의 연속'이 될 가능성이 높다.[40]

'절차의 합법성'과 '구현의 합법성'은 모두 중요하다. 그렇지만 둘
중 하나를 선택해야 한다면 중국 정부는 당연히 '구현의 합법성'을 선
택할 것이다. 즉, 리더십 혁신으로 민중의 지지와 신뢰를 얻는 것이다.
상대적으로 '제도의 순결성'과 '제도의 유효성'도 모두 필요하지만 양
자 모두 갖출 수 없는 상황이라면 중국 정부는 '제도의 유효성'을 선
택할 것이다. 과거 40년 동안 제도의 전환과 혁신 중 중국 정부는 제
도의 중요성을 인식하고 제도의 순결성보다 유효성을 강조하였다. 이
런 현실적인 태도는 북한의 제도 특히 정치 제도에 시사점을 준다.

중국 국민은 서구 사람들처럼 정부를 '필요악(惡)'[41]으로 생각하지
않고 '필요선(善)'으로 여긴다. 그리고 요즘 중국인은 '선(善)'을 정부 구
성원 품성으로 이해할 뿐 아니라 업무 효율, 성공률과 연계시킨다. 중
국 정부는 '청렴한 정치(廉政)'뿐만 아니라 '좋은 정치(良政)'도 추구한
다. 그리고 '좋은 정치'는 '선한 통치(善治)'와 연계된다. 장웨이웨이(張
維爲)는 "'전제'가 '민주'보다 더 효율적인 것이 아니라 '좋은 정치'가
'무능한 정부'보다 효율적인 것이다. 중국 '제2차 혁명'의 비교적인 성
공으로 볼 때 어떤 정치 제도이건 최종적으로 '좋은 정치'를 정착시킬
수 있으면 되고 중국인이 말하는 '인본주의'와 '여정도치(勵精圖治)'[42]

사회주의』, 선인 도서출판, 2004, 188쪽 재인용.

40) 정영철, 『북한의 개혁·개방: 이중전략과 실리사회주의』, 선인 도서출판, 2004, 188-
189쪽.

41) 존 로크(John Locke, 1632년 8월 29일-1704년 10월 28일, 영국 철학자) 주요 저서 『정
부론』에서 정부를 필요악으로 보고 '제한된 정부' 개념을 제기하였다. 기본 인권(생명
권, 재산권, 자유권)을 강조하고 정부 행위를 위한 '최저 한계선'을 설정하여 법치와 인
민의 '혁명'권으로 정부의 강권에 대항해야 한다고 주장하였다.

를 구현하면 된다.”고 말하였다.[43] 중국은 제도의 유효성을 가장 강조하며 ‘좋은 정치’, ‘선한 통치’를 강조한다. 이는 결코 임시방편이 아니라 리더십의 ‘자아혁신’의 길이다. 제도의 유효성을 주목하는 것은 어느 정도로 보면 제도의 자아혁신의 추세를 대표할 수 있는 것이다. 이로써 중국은 서구가 이루어내지 못하는 새로운 제도를 발견할 수 있을지도 모른다.[44] 일부 개발도상국은 제도를 전환하고 수립할 때 타국의 제도를 자국에 그대로 이식하였다. 중국이 제도의 유효성을 강조하는 것은 이러한 ‘제도의 이식’에 대한 고정 관념을 깨는 것이다. 이 역시 북한에게 보여주고 싶은 점이다.

2014년 10월 영국 파이낸셜 타임즈(Financial Times)는 중국 정부가 국민 생활수준을 빠르게 향상시키고 민생 문제를 해결하여 민중의 지지를 얻었다는 글을 실었다. 일부 서구의 학자는 중국 정부가 언젠가 민중의 지지를 잃게 될 것이라고 추측했지만 아직까지 빠른 경제 성장률을 유지하고 생활수준이 지속적으로 향상되는 지금의 중국 상황을 고려할 때 정권 지지율이 반드시 높아질 것이라는 예측 또한 편파적이다. 마틴 자크(Martin Jacques)는 중국 정권에 대한 민중의 지지가 경제 성장 속도에 따라 변한다는 판단은 그다지 옳지 않다고 하였다. 중국 정부의 합법성은 역사에도 기인한다. 이를테면 정부와 가정은 가장 중요한 조직이며 중국 전통 문화에서 정부는 문명의 수호자이자 화신이라는 ‘가국정회(家國情懷)’의 전통 관념이다.[45] 이 역시 중국 정부 합

---

42) 모든 힘을 다하여 나라를 잘 다스릴 방법을 강구하다는 정신을 가리키는 사자성어다.

43) 장웨이웨이(張維爲), 『중국 쇼크: ‘문명형 국가’의 부상』, 상하이 인민출판사, 2011, 134 –135쪽.

44) 야오양(姚洋), 앞의 논문, 18쪽.

45) ‘가국정회(家國情懷)’이란 중국 전통 문화 중의 하나로서, 가정과 국가가 조직 구조에서의 공통성(家國同構), 공동체 의식, 인애(仁愛)의 감정 등 기본적 함의를 지니고 있다. 동시에 행효진충(行孝盡忠), 민족정신, 애국주의, 향토관념, 천하위공(天下爲公) 등 중국

법성의 원천 중의 하나가 된다. 현명한 통치, 정부 능력 및 국가와 국민 관계가 가지는 가정적 색채 등 중국 정부의 특징도 뿌리가 깊다. 사람들은 중국 정부를 변하지 않는 정부로 여기는 것은 서구 입장에서 국가를 서구 방식대로 개혁해야만 진정한 개혁이라 생각하는 편견 때문이다. 사실, 1978년부터 중국 정부는 중대하고도 지속적인 '자아진화'를 겪었으며 그 규모는 미국이나 영국의 개혁보다 훨씬 컸다. 만약 중국 정부가 개혁을 겪지 않았다면 어떻게 대규모의 경제 전환이 가능했겠는가? 이런 상황은 앞으로도 지속되고 어쩌면 지금보다 더 큰 성공을 거둘지도 모른다.[46]

2) 중앙과 지방 관계의 균형

어느 정도 규모가 있는 국가로서, 건강하고 활력이 있는 경제발전을 도모하려면 반드시 중앙과 지방 간의 문제를 제대로 해결해야 할 것이다. 중앙과 지방이라는 양자 관계는 본질적으로 정치 구조의 합리화와 국가 통치의 능률화라는 두 가지 주제를 안고 있다. 그러므로 중앙과 지방의 관계 조율은 세계 모든 국가가 풀어가야 할 과제이며 중국과 북한도 예외는 아니다.

중국은 대대로 '황종희의 정률(黃宗羲定律)'[47]과 같은 통치 난제가 존

전통 문화와 밀접한 관계를 가지고 있다. '가국정회(家國情懷)'는 중국의 민족 응집력, 가족 행복감, 국민 애국심의 제고와 강화에 대해 중요한 시대적 가치가 있다.

46) See Martin Jacques, *The Myopic Western View of China's Economic Rise*, Financial Times, Oct.23, 2014. 천쉐밍 외, 앞의 책, 171쪽 재인용.

47) 중국 역사상 세수 개혁이 수차례 이루어졌지만 매번 당시 사회 정치 환경의 한계로 농민이 개혁 전보다 더 높은 부담을 져야만 했다. 명나라와 청나라의 사상가였던 황종희는 이를 '오래 누적돼서 고치기 어려운 해로움(積累莫返之害)'이라고 불렀다. 2003년 3월 6일, 원자바오 총리는 전국인대회에서 후베이성 인대대표 토론에 참여하여 "역사상

재해왔다.[48] 사실상 이는 중국에서 흔히 말하는 '규제를 강화하면 죽고, 고삐를 풀면 혼란에 빠지는(一管就死, 一放就亂)' 상황이다. 마오쩌둥 '10대 관계를 논하다'에서도 중앙과 지방의 관계를 강조하였다. 그러므로 중앙과 지방 권력 구조 관계는 중국 국가 통치의 중요한 내용이자 국가 통치 체제의 중요한 구성 부분이다. 역사를 돌아보면 중앙 집권 국가였던 중국은 중앙과 지방의 관계가 언제나 통치의 주제였다. 역사의 득실로 이야기하자면 중국은 대대로 중앙 집권 조건에서 지방의 주동성과 융통성 발휘를 매우 중시하였고 지방이 흥해야 중앙이 흥하고 지방을 안정되게 통치해야 천하가 평안하다고 하였다.[49]

북한은 중앙 기구가 강력한 집권 성격을 가진다. 집권이 아니면 국가의 통일성과 전체성을 도모할 수 없다. 그러나 북한 지방 자치권의 내용에 입각해서 볼 때, 북한의 지방행정은 자치권이 전혀 없고, 중앙의 명령을 수행하는 지방 하부조직에 불과함을 알 수 있다.[50] 따라서 북한처럼 중앙 집권만 있다면 당연히 안 되며 지방 분권도 어느 정도 필요할 것이다. 지방 분권 없이는 경제 발전의 동력이 없고 경제 발전의 적극성도 고취할 수 없다. 그러므로 향후에 건강하고 활력이 있는 경제 발전을 위해, 북한의 정치적 분권화, 즉 국가 중앙 집권과 지방 분권의 통일은 북한에 있어서 반드시 이루어내야 할 과제이다.

중국공산당 '제2차 혁명' 과정에서의 분권화는 당·정 간의 분리(黨

세수 개혁은 농민의 부담을 오히려 더 가중시켜 황종희 정률을 유발했다."라면서 "공산당은 황종희 정률을 반드시 벗어나야 한다"라고 강조했다. 2005년 제10회 전국인대상위회 제19차 회의에서 전국 농업세 폐지를 선언하였다. 2006년 1월 1일부터 중국은 2600여 년 동안 징수해왔던 농업세를 정식으로 취소하였다.

48) 저우쉐광(周雪光), 「황종희의 정률(黃宗羲定律)부터 제국의 논리까지(從'黃宗羲定律'到帝國的邏輯)」, 『개방시대』, 2014 제4기, 110쪽.

49) 첸무(錢穆), 『중국 역대 정치의 득과 실(中國歷代政治得失)』, 베이징 3연서점, 2001, 108쪽.

50) 이교덕 외, 『북한체제의 분야별 실태평가와 변화전망』, 통일연구원, 2005, 177쪽.

政分離), 정부와 기업 간의 분리(政企分離), 그리고 지방에 대한 중앙의 권력이양(權力下放)의 조치를 수반하였는데,[51] 1980년대에는 총 3회 (1980, 1985, 1988년)에 걸쳐 실시했던 재정개혁이야말로 바로 '중앙 집권'과 '지방 분권'의 유기적인 결합에 대한 사례이다. 특히 '제2차 혁명' 시기 네 명 최고지도자들의 풍부하고도 능동적인 지방 정치 경력과 중국공산당 기초층 정치에 대한 중시를 통해서 보면 이러한 '중앙 집권'과 '지방 분권'의 관계 균형은 항상 리더십 혁신의 주제였다. 중국에서 중앙 기구는 막강한 힘을 가지기 때문에 역량을 모으고 통합을 이룰 수 있다. 반면 지방 기구는 자주 능력이 강하여 자신의 관할 내에서 관리권을 행사하고 효과적으로 통치할 수 있다. 중국과 같은 대국에 있어서 통치는 중앙 의지의 통일을 보장하면서 통치의 거리를 압축시키고 중앙 정책의 방향을 관철하면서 목표 실현이라는 전제하에 지방의 자체적이고 능동적인 발휘를 보장하여 통치의 지향성과 효율의 최대화를 실현한다. 북한은 중국과 크기를 비교할 수는 없으나 중앙 집권과 지방 분권의 유기적인 결합이라는 통치 방식을 참고해 볼 필요가 있다.

그러므로 먼저 거버넌스 배후의 이념에 대해 말하자면 북한은 지방의 자주성을 중시하고 다양성을 인정하며 정책적 여지를 충분히 보장해야 한다. 이런 면에서 보면 북한은 지방행정의 자치권이 전혀 없고, 중앙의 명령을 수행하는 지방 하부조직에 불과하기 때문에 북한의 거버넌스는 계속 보완할 필요가 있는 것 같다. 다음으로 거버넌스 배후의 전략을 보면 북한은 통치의 효과 실현을 주목하고 지방 통치가 중앙 정부의 목적과 요구에 부합하는지, 중앙 정부의 취지와 전략 실현

---

51) 이교덕 외, 위의 책, 45쪽.

에 합당한지 살펴보아야 한다. 이로써 북한은 정책의 다양성을 실현하면서도 제도의 탄력성을 유지하고 지방 정부의 적극성과 자주성을 충분히 발휘할 수 있으면서도 규제와 고삐의 균형을 유지할 수 있다.

중국에 있어서 균형 잡힌 중앙과 지방 관계는 구체적인 통치 제도를 빌어 중앙 권위와 지방 통치의 유기적인 연계를 돕는다. 중국의 현행 권위 체제와 북한의 권위 체제가 차이성이 나타난다고 하나 구체적인 거버넌스는 아마도 북한의 중앙과 지방의 관계 균형에 도움이 될 것이다.

먼저 재정적인 세수(稅收) 분리의 예를 들어보자. 개혁 초기의 재정 개혁 중 가장 잘 알려져 있는 체제는 '재정청부제(財政承包制)'로서, 해당 지방정부는 중앙정부와의 교섭 하에 해당 지역·지방에서 거두어들인 세수 중 일정 부분(혹은 일정 비율)을 중앙에 넘기고 남은 부분은 지방의 재정수입으로 사용할 수 있게 하는 조치이다.[52] 세수 분리 제도 개혁을 통해 중앙 재정권을 강화하고 지방 재정권을 지원하여 거버넌스 능력과 적극성 고취를 보장한다. 이를 기초로 '항목제' 형식으로 중앙이 전 자금에 대한 전체적인 책임을 지고 지방이 입찰하는 방식을 통해 중앙 일원 거버넌스와 지방의 효과적인 거버넌스 간의 균형을 실현할 수 있다.

단, 재정청부제의 성공 이면에는 지방간의 발전 및 소득 격차 외, 지방보호주의, '제후경제(諸侯經濟)', 투자 및 기간산업 발전의 불균형, 지방정부의 행정 간섭 및 지연행위, 그리고 지방 간의 이익갈등이 만연하게 되었다. 소위 '중앙에는 정책이 있고, 지방에는 대책이 있다(上有政策, 下有對策)'는 표현은 심각한 '지방주의(localism)'의 발현으로서, 중

---

52) 이교덕 외, 위의 책, 45쪽.

국의 지도부가 역사적·경험적으로 극히 경계하고 있는 현상이다.[53] 이는 국가경제의 발전을 위해서는 지방경제의 발전이 필수적이기 때문에 발생한 현상으로 볼 수 있는데, 중앙정부는 지방지도자에 대한 보직 순환을 포함한 인사조치, 중앙정부의 거시적 조절능력 강화 및 선별적 규정 입안·시행, 그리고 부패·범죄·사기 등 불법행위에 대한 강제적 동원[54] 등 대응수단을 취하였다.

북한 7·1 조치를 전후해서 중앙정부와 지방정부 간의 재정 관계에도 변화가 보인다. 그 주요 변화는 두 가지이다. 첫째, 지방의 예산편성에서의 자율성과 자기책임이 증가했다. 둘째, 지역별 수납체계의 부활이다. 이밖에도 경제난의 지속 그리고 국가와 기업 및 중앙정부와 지방정부 사이의 재정관계 변화와 관련하여 대두하는 문제가 중앙정부의 수입 감소 문제이다. 이 때문에 중앙정부는 재정수입 확대 및 재정규율 증대에 노력하며 이러한 가운데 변화한 상황에 맞게 재정 징수 체계가 변화하고 있다.[55] 이는 역시 중앙과 지방 관계의 균형을 유지해야 국가 재정 수입을 확대하고 경제 발전을 지속적으로 실현할 수 있다.

다음으로 선관(選官) 제도이다. 중국 중앙은 고도로 집중된 정치적 임명 능력을 가지고 있는데 선관 제도는 지방 관료가 신분 상승을 이룰 수 있는 시합[56]으로도 보여진다. 개혁개방 이후 중국이 고속 발전

---

53) 이교덕 외, 위의 책, 45쪽.
54) 이교덕 외, 위의 책, 46쪽.
55) 이교덕 외, 위의 책, 216쪽.
56) '신분 상승을 위한 시합'이란 이론은 중국 경제 성장과 관료 승진의 관계를 대단히 정련되고 생동감 있게 표현하였다. 이는 지방 관료의 적극성을 묘사하여 학계의 주목을 받았다. 그러나 지방 관료가 GDP 성장률 및 순위에 대해 매우 치열하게 경쟁하는 현상에 대해 'GDP로만 영웅을 가린다'라는 여론 심지어 '숫자로 관료가 되고 관료는 숫자를 말한다'라는 표현이 더 풍자적이라고 하는 학자도 많다. (저우리안(周黎安): 중국 지방 관료의 신분 상승 경쟁 방식 연구, 「경제연구」 2009년 제7기) 그렇지만 그 현실적

하자 학술계에서는 리더십 혁신 과정에서 이론적 해석을 얻어 내자는
시도에 전력을 다하면서 '중국이 잘 한 것이 무엇인지'라는 질문에 대
한 답을 찾아보았다. 경제 성장에 관한 연구는 지방 정부 간 경쟁을
'제도 패스워드'라고 불렀다. 지방 관료는 동등한 지방과의 경쟁 특히
경제 성장과 신분 상승을 동일시하고 임기 내 경제적인 실적을 승진
으로 해석하게 되었다. 상급 관료는 하급 관료의 경제 실적을 평가하
여 업무 능력 제고를 도모하였다. 신분 상승을 위한 시합을 이용하여
국가는 지방 관료를 선발하고 이들의 실적을 평가하여 지역 발전에
최선을 다하도록 유도한다. 이로써 중앙이 관료를 통치하고 지방은 사
업을 관리하는 '상하 통치의 분업(上下分治)' 제도가 형성된다.[57)

　이러한 양자 관계의 배후에는 중국 거버넌스 현실의 논리가 있다.
즉, 권위 체제하의 효과적인 거버넌스를 보장하는 것이다. 중국의 이
러한 방식과 북한의 현행 중앙 지방 관계 제도를 서로 결합한다면 지
나치게 멀어진 국가 관리의 거리를 줄일 수 있고 지방 정부의 적극성
을 고취하여 지방의 발전 뿐 아니라 중앙과의 관계를 개선하여 북한
의 재정 수입 확대와 더불어 경제 번영까지 도모할 수 있을 것이다.

인 평가 혹은 개혁에 관한 제안을 위해서는 먼저 이 이론을 인정해야만 한다. 지방 관
료가 평가 기준을 인정하면서도 개선을 시도해야 성장을 위한 경쟁을 화해를 위한 경
쟁으로 전환할 수 있다. 이 사고는 중국 중앙조직부에서 발표한 통지(2013년 12월 6일,
중국공산당 중앙 조직부 「지방 당정 간부와 지도자 평가 작업에 관한 통지」)에서 잘 드
러난다. "다양한 지역, 다양한 계급의 지도자와 간부에 대한 직책의 요구 조건에 따라
핵심적이고 특색이 있는 평가 기준을 설정하고 질과 효과, 지속 가능한 경제 발전과 민
생 개선, 사회 화해 진보, 문화 건설, 생태 문명 건설, 당의 건설 등을 평가 내용으로
삼아야 한다. 자원 소모, 환경 보호, 생산 과잉, 생산 안전 등 기준을 늘려야 한다. 그리
고 과학 기술의 혁신, 교육 문화, 일자리 취업, 국민 소득, 사회 보장, 건강 보건 등에
대한 평가에 더 집중해야 한다."
57) 차오정한(曹正漢), 「중국 상하 분리 통치 체제 및 그 안정적인 메커니즘(中國上下分治的
治理体制及其稳定机制)」, 『사회학연구』, 2009, 37쪽.

제 2 장

북한 정치 발전에 주는 시사점

우리는 '포스트 사회주의(Postsocialism)'의 관점으로, 정치 리더십 혁신을 통한 중국특색 사회주의 '자아진화' 과정을 해석해 볼 수 있다. '포스트 사회주의'란 고전적인 마르크스주의의 이념으로 자본주의 역사의 발전 단계를 바라보는 것도 아니고, 개혁·개방 정책을 탈사회주의 선언 혹은, 사회주의가 지나갔다는 전제 아래 중국을 분석하고 해석하는 것도 아니다. 중국공산당 '제2차 혁명' 시기의 '포스트 사회주의'는 사회주의 의미에서 자본주의에 대응하고 자본주의 발전 과정의 장점을 흡수시키고 사회주의 발전 과정의 결함을 극복해나가는 것을 말한다.[1] 중국특색 사회주의는 유토피아 사상으로서의 사회주의를 지향하지 않고 맹목적인 자본주의를 추구하지도 않는다.

한편, 북한은 '우리식 사회주의'에서 출발하여 2002년 '실리 사회주의'로 정식화되고 '우리식 사회주의'의 내용적 특성으로서 자리잡게

---

1) Arif Dirlik, *"Postsocialism? Reflections on Socialism with Chinese Characteristics"*, Marxism and the Chinese Experience, p.364. 판춘옌(范春燕), 「중국특색 사회주의에 관한 근래 서방 좌파 학자의 쟁론 및 시사점(近年來西方左翼學者關于中國特色社會主義的爭論及其啓示)」, 『해외 이론 동향』, 2011, 제7기, 30쪽 재인용.

되었는데 현실의 당면한 경제재건을 위해 요구되는 '실리'의 추구를 목적으로 하는 사회주의인 것이다.[2] 그런데 1990년대 초·중반에 걸쳐 농민시장의 확대와 비사회주의적 현상의 만연, 그리고 경제 노선을 둘러싼 내부 논쟁을 거치면서 제대로 된 정책을 수립하지 못하고 있었다.[3] '선군정치', '강성대국', '제2의 천리마 대진군 운동'으로 대표되는 체제 고수의 의지를 표명하면서 전통적인 사상과 정치 우위의 노선을 추구하였는데 북한의 대내·외적 위기 상황을 반영한 것으로서, 경제 상황의 악화로 인한 위기감에 대해 사회주의 미래에 대한 신념에서의 동요까지 어느 정도 나타났다고 해도 과언이 아니다.

중국특색 사회주의의 가치는 현재 세계 경제에서의 중요성에 있는 것이 아니라 자본주의 체계에 일종의 대체적인 경험 제공을 위한 노력에 있다.[4] 이런 각도에서 중국공산당 리더십 혁신의 '자아진화' 과정은 미래 북한의 정치 발전을 위해 의미 깊은 시사점을 던져줄 수 있을지도 모른다.

1. 국가 능력과 정부 이미지

1) 역량의 집중으로 이루어지는 국가 능력의 강화

중국이건 북한이건 모두 권력집중제 국가이기 때문에 한국이나 서구 민주체제 국가의 입장에서 보면 조만간 민주화로 이행할 것이라고

---

2) 정영철, 『북한의 개혁·개방: 이중전략과 실리사회주의』, 선인 도서출판, 2004, 175쪽.
3) 정영철, 위의 책, 18쪽.
4) 아리프 딜릭(Arif Dirlik), 뤼증퀘이(呂增奎) 번역, 「포스트 사회주의를 바라보다: 중국특색 사회주의의 과거, 현재, 미래 분석(重訪后社會主義：反思中國特色社會主義的過去, 現在和未來)」, 『마르크스주의와 현실』, 2009, 제5기, 24쪽.

생각하지만 이러한 권력집중제도는 내재적인 강점도 분명히 있을 것이다. 중국공산당 개혁개방기의 리더십 혁신 과정을 돌아보면 이러한 내재적인 강점을 제대로 이용하여 국가 능력을 강화시켜서 '제2차 혁명'을 추진하였는데 이러한 강점들은 북한의 국가 능력 확대에 있어서 시사하는 바가 있을지도 모른다.

'역량을 집중하여 큰일을 이루는 것(集中力量辦大事)'은 중국식 사회주의 제도의 내재된 강점이라고 할 수 있다. 또한 이는 오랫동안 실천을 통해 얻어진 공공 통치 방식이다. 실천은 진리를 검증하는 유일한 기준이다. 현대인의 눈에 비친 만리장성이 바로 역량을 집중하여 큰일을 이루었던 전형적인 사례이다. 마찬가지로 중화인민공화국 탄생 후 '양탄일성(兩彈一星)'[5] 역시 정치적으로 매우 큰 의미를 가진다. 덩샤오핑이 말했던 것처럼 1960년대 이후 중국에 원자탄과 수소탄이 없었다면 그리고 인공위성을 발사하지 않았다면 중국은 영향력 있는 대국으로 불리지 못했을 뿐더러 지금의 국제적 지위를 확보하지 못했을 것이다. 다시 말하면 '양탄일성'은 중국의 정치 환경이 매우 어렵고 경제적으로 힘겨운 상황에서 전 국민이 힘을 모아 큰일을 이루어낸 성과였다. 개혁개방 후 중국공산당은 전통적인 속박에서 벗어나 힘을 하나로 모아 큰일을 이루는 제도적인 강점을 발휘하였다. 해야 할 것과 하지 말아야 할 것을 현명하게 판단하고 서부 대개발을 실시하면서 사스, 원촨(汶川) 대지진 등 자연재해를 이겨냈으며 개혁개방을 추진하여 '자아진화'의 길을 면면히 걸어왔다. 중국공산당은 18대 이후 글로벌 경제 회복세의 둔화, 빈번한 국부 충돌과 전쟁, 세계적인 문제의 대두와 같은 외부 환경에 대응하면서 동시에 중국 경제의 업그레이드라는 긴박

---

5) 양탄일성(兩彈一星)이란 원자탄과 수소탄, 그리고 인공위성이다.

한 사명 감당을 위하여 '역량을 집중하여 큰일을 이루는 제도적인 강점'을 지속적으로 발휘하였다. 또한 공급면에서의 구조적인 개혁 정책을 단행하며 현대화 경제 시스템 건설에 주력하고 중국 경제의 고품질 성장으로의 전환을 추진하였다. 이제 중국의 경제력은 세계 2위로 자리 잡았고 종합적인 국력도 현저히 증강되어 세계 경제 성장에 대한 기여도가 수 년 연속 30% 이상을 웃돌게 되었다.[6]

'역량을 집중하여 큰일을 이룬다'는 강점은 새로운 시대적 조건에서 강대한 통치 능력으로 전환되어 중국 사회주의 제도의 장점을 발휘하고 더욱 공고히 다질 수 있다. 이는 역사적인 증명이자 사회 발전의 객관적인 결과이다. 그러나 현재 복잡하고 변화무쌍한 경제, 정치, 사회 환경에서 '역량을 집중하여 큰일을 이루는 공공 통치 방식'이 가지는 의미는 무엇일까? 보편적인 진리로 이를 적용할 수 있을까? 특히 북한과 같은 개발도상국가에 시사하는 의미가 있을까? 이러한 문제들을 함께 고민하고 연구해 볼 필요가 있다.

먼저, '집중'의 의미이다. 이는 자금, 물질, 인력을 집중했던 산샤(三峽)댐처럼 수량의 집중이란 의미가 있는 동시에 각 성(省) 자원의 분배, 지진 재난 지역 재건처럼 공공 자원 분배의 의미도 있다. 또 다른 면으로는 이론적 차원으로 파레토의 법칙(Pareto's principle)의 뜻을 품고 있다.[7] 즉, 주요 역량을 집중하여 20%의 가장 중요한 문제를 해결하는 것이다. 20%의 가장 중요한 문제란 가치관에 따라 우선순위를 부여한 문제이다.[8] 다음으로, '역량'의 의미이다. 이는 자금, 물질, 인력

6) 보아오 아시아 포럼 2018년 개막식에서 시진핑의 기조 연설, 2018.4.10.

7) 파레토의 법칙(Pareto's principle)은 19세기 말과 20세기 초에 이탈리아 경제학자 파레토가 발견하였다. 그는 전체 결과의 80%가 전체 원인의 20%에서 일어나는 현상이라고 생각하였다.

8) 마오자오후이(毛昭暉), 「역량을 집중하여 큰 일을 이루다: 중국식 진리」, 『염정요망(廉政

을 포함하면서 정신적 역량까지 포함한다. 즉, 인성과 인격 활동의 의식과 감정의 발양이다. '역량'은 한 나라의 문화, 도덕, 이미지, 호소력 등과 같은 국가의 소프트 파워에 의해 결정된다. 또 다른 면으로는 정책 결정의 주체와 실시 주체의 관념적 행위를 통일하지 않고 각종 역량을 끊임없이 수용하고 융합하는 것이다. 마지막으로, '큰일'의 의미이다. '큰일'이란 정치적인 문제이면서 통치의 문제이고 민생의 문제이다. 정치적 시각에서 보면 올림픽이 큰일이지만 통치 차원에서 보면 지진 재난 구조가 큰일이며 민생의 차원에서는 부동산 가격 안정, 물가 통제, 빈부 격차 축소가 큰일이 된다. 이처럼 진정한 의미의 '큰일'이란 정치, 통치, 민생 등 공생의 가치를 가진 '큰일'을 말한다. 또 다른 면으로는 역량을 집중하여 큰일을 이룬다는 논리의 시작이 '큰일'이 아니라 '역량을 집중해야만 하는 필요성'에서 출발한다. 그러므로 '역량을 집중하여 큰일을 이룬다'는 것은 해야 할 것과 하지 않아야 할 것이라는 범위 내에서 이루어져야 하며 특히 '큰일'이라는 명분으로 거짓된 일과 대의를 저버리는 것, 불필요한 자원 낭비를 방지해야 한다. 이는 또한 역량을 집중하여 큰일을 이루는 중국의 공공 통치 방식이 한국 국가 능력 강화에 주는 시사점이라 할 수 있다.

'역량을 집중하여 큰일을 이룬다'는 공공 통치 방식은 불균형 발전 전략이다. 즉, 전체적인 안정을 유지한다는 전제하에 제한된 역량을 효과적으로 모으고 발휘하여 국부적인 문제 해결을 통해 경제 사회의 자아진화와 전체의 발전을 도모하는 것이다. 이로써 불균형 발전 전략의 핵심이 역량의 통합과 국부 문제의 해결이라는 것을 알 수 있다. 역량을 집중하여 큰일을 이루는 공공 통치 방식은 불균형 전략의 중

瞭望)』, 2008 제7기, 21쪽.

요한 선택임과 동시에 불균형 발전 문제 해결을 위한 효과적인 수단이기 때문에 미래 북한의 정치 발전에 대해 도움이 되리라 기대된다.

북한과 중국의 정치 문화는 역사적인 유사성이 있다. 한무제(漢武帝)의 "백가 배척, 유가 숭상(罷黜百家, 獨尊儒術)" 후 2천 년 동안 중국은 '대일통(大一統)'이라는 전통 문화 특징을 형성하면서 이웃 나라인 한국에도 큰 영향을 미쳤다. 충(忠), 효(孝), 성(誠), 신(信), 예(禮), 의(義), 염(廉), 치(恥)가 가진 현대적인 의미 중 하나는 통일, 복종, 집중, 질서, 규범이다. 즉, 정어일(定於一)9)이다. 이는 역량을 집중하여 큰일을 이루는 공공 통치 방식의 윤리에 현실적인 양분을 제공하였다.

지금의 북한이건 중국이건 '기관 정치'는 피할 수 없는 현실이다. 일부 공공 정책 기관의 실권자는 특정 자본 집단과 담합하여 공익이라는 명분으로 대중의 이익을 저해하고 사회 공평과 정의를 거스르고 있다. 그런데 역량을 집중하여 큰일을 이루는 공공 통치 방식은 일종의 비범하고 동태화된 '공공 이익 테스트 베드'이다. 역량을 집중하여 큰일을 이루면 다양한 이익을 효과적으로 통합, 분화, 조정하여 이익의 재분배를 실현하고 강자는 약하게, 약자는 강하게 조율하는 정책적인 목적 달성이 가능하다. 그 외에도 국가 긴급 사태 혹은 특수한 위기에 대해 적극성과 유효성을 구현해 낼 수 있다.

그러나 '역량을 집중하여 큰일을 이루는 공공 통치 방식' 역시 양날의 검이라는 것도 부정할 수 없다. 특히, 북한은 권력집중적 지도원칙을 지나치게 강조하기 때문에 정치 권력의 과도한 사용은 권력 구조와 운영 방식의 기형을 유발하여 '소극적인 역할'과 '적극적인 역할'의 불균형을 심화시킨다. 그러므로 북한이건 중국이건 역량을 집중하

---

9) 정어일(定於一)이란 천하는 하나로 정해진다는 뜻이다.

여 큰일을 이루는 공공 통치 방식 하에서 '한계를 벗어난' 권력 집중과 인치 관성의 대응책을 모색해야 한다. 간단히 말해 법치화라는 수단으로 민주 정책 결정 메커니즘의 강도를 높여 공공 통치 방식의 남용으로 인한 통제 불능을 막아야 한다. 또한 효율적인 정부를 건설하여 보통의 통치 방식으로 다변하는 환경에 대응해나가야 한다. 이는 '역량을 집중하여 큰일을 이루는 공공 통치 방식'의 효과적인 실시와 국가 능력의 강화에 매우 중요한 의미를 갖는다.

2) 통합적 리더십으로 이루어지는 정부 이미지의 수립

정부 이미지란 정부가 공권력을 행사하는 과정에서 나타나는 행위적 특징과 정신적인 모습에 대해 사회 대중이 느끼는 인상과 전체적인 평가를 말한다. 좋은 정부 이미지는 중대한 자원이자 무형의 자산이며 동시에 정부의 역할을 효과적으로 발휘하는 전제 조건이 된다. 정부 이미지는 정부의 합법성과 정부 권위의 원천이며 정치적인 공감대와 안정의 기초이자 사회 경제 발전의 핵심 지지 역량이다.

통합적 리더십은 일반적인 의미에서의 리더십을 바탕으로 정책집행의 효과성을 극대화하기 위해 통합적 합리성을 활용하는 지도자의 능력이다.[10] 최고지도자의 통합적 리더십은 국민을 통합할 수 있는 지도력을 의미한다. 정책집행의 효과성에 대한 중국 정부의 평가는 국가 사안 처리 시 집정당이 특정 계급 혹은 집단의 이익을 대표하지 않으며 통합적 리더십으로 전 민족의 이익에서 출발하여 '중립'의 이미지를 유지하고 이익 집단에 의해 좌우되지 않는 것으로 나타난다. 중국

---

10) 김형렬, 「국가최고집행자(CE)의 통합적 리더십에 관한 고찰」, 『한국정책논집』 제9권, 2009, 4쪽.

은 통일의 역사가 유구하고 사회 응집력과 민족 자존감이 높은 나라로 포용력 있는 정부를 지향해왔다. 토머스 헤베러(Thomas Heberer)[11]는 지금의 중국 정치 변화를 연구할 때 중국공산당이 하나의 계급에서 민중의 정당으로 발전했다는 것에 특히 주목해야 한다고 하였다. 그는 장쩌민의 '3개 대표론' 사상을 인용하여 중국 사회의 급변을 이야기하였고 공산당이 노동자와 농민의 이익을 대표할 뿐 아니라 전 중국인과 중화 민족의 이익을 대표한다고 하였다.[12] 그의 견해가 설령 잘못되었다 하더라도 중국공산당이 집정당으로서 특정 집단을 위하여 봉사하거나 자신의 이익을 추구하거나 특정 사회 집단에 대해 차별적 정책을 취하지 않기 위해 노력해왔다는 것은 사실이다. 중국은 개발도상국가로서 국가의 기반이 정착되기 위해서는 국민을 통합할 수 있는 강력한 리더십이 필요하다. 어느 이익 집단에 의해서도 좌우되지 않으며 소득 분배, 이익의 조정 등 경제 문제와 더불어 민중의 권리 보장, 공정한 사법 등과 같은 정치, 사회 문제를 다루는 중국 정부의 '중립 이미지'[13]가 북한 등 개발도상국에도 무언가 보여주는 것이 있을지도 모르겠다.

그렇다면 중국이 통합적 리더십을 통해서 어떻게 '중립의 정부 이미지'를 확립할 것인가? 중립의 이미지를 가진 정부가 지향하는 것은 무엇인가? 어디에서부터 파고들어야 할 것인가? 중립 정부의 역할을 어떻게 발휘할 것인가? 또 북한이 느끼고 참고해야 할 것은 무엇인가?

---

11) 토머스 헤베러(Thomas Heberer), 독일의 중국 전문가로 뒤스부르크에센대학교 정치학 연구소/동아시아학 연구소 소장이다. 독일에서 가장 유명한 중국통으로 불린다.
12) 쉬제자이(徐覺哉), 「해외 학자가 논하는 중국특색 사회주의(國外學者論中國特色社會主義)」, 『중국특색 사회주의 연구』, 2008, 제3기, 44쪽.
13) 야오양(姚洋), 「중국의 길이 가진 세계적인 의미(中國道路的世界意義)」, 『국제 경제 평론』, 2010, 제1기, 8쪽.

필자는 여기에 대해 아래와 같이 네 가지로 정리해보았다.

첫째는 사회 공평 실현을 중립 정부 이미지의 정책적 방향으로 삼는 것이다.

복잡하고 다양한 사회 현상 때문에 중립의 정부 이미지를 유지하기 위해서는 사회 공평을 중요한 정책 방향으로 잡아야 한다. 공평은 경제, 정치, 문화, 윤리 등 다양한 유형으로 나뉜다. 지금 북한과 중국의 국민들은 소득 분배의 공평에 특히 주목한다. 그러므로 단순히 소처럼 일하는 것이 아니라 효율과 산출에 더 집중하고 어떻게 수확을 공평히 나눌 것인지에 관심이 크다. 중국 정부는 노동에 따른 분배를 골자로, 다양한 분배 방식을 병행하여 일부 지역, 일부 국민의 부(富)를 먼저 실현한 후 사회 공평, 소득 분배의 합리적인 조정을 추진하여 지역 간 그리고 사회 구성원 간 소득 차이 문제를 해결하고자 하였다. 이렇게 하여 점진적으로 전 국민의 부(富)를 실현하는 것이다.[14] 여기에서 '노동에 따른 분배'와 '다양한 분배 방식'의 병행[15]은 사회 대중의 공감대를 이끌어 내었고 각 이익 집단 간 마찰과 저항을 줄였다.

둘째는 이익 균형을 착안점으로 중립의 정부 이미지를 실현하는 것이다.

모두가 알다시피 사회는 사람으로 구성되고 사람의 생존과 발전은 자원 없이 불가능하다. 그렇기에 각양각색의 자원 분쟁이 일어난다. 각 이익 주체들은 이익의 최대화를 바라고 더 많은 자원을 갖고자 한

---

14) 중국공산당 16회 4중전회 「당의 집정 능력 강화에 관한 중국공산당 중앙의 결정」을 참조
15) 중국은 공유제를 골자로, 다중 소유제 경제 공동 발전의 소유제 구조로 그리고 노동에 따른 분배를 골자로, 다중 분배 방식 병행의 분배제를 반드시 실행해야 한다고 결정하였다. 공유제는 개인 소득 분배 중 노동에 따른 분배를 견지해야 한다. 사회주의 초기 단계에서의 소유제 구조가 공유제 경제 외에도 기타 비공유제 경제였기에 노동에 따른 분배 방식 외에도 기타 분배 방식이 필연적으로 존재하게 되었다.

다. 과거를 돌아보면 중국이 시장 경제 체제를 건설하는 와중에 시장 경제에 걸맞는 이익 균형 메커니즘을 구축하지 못했다. 성과는 커졌지만 공평 공정하게 그 성과를 나누는 메커니즘이 없어서 강자는 더 많이, 약자는 조금만 누리는 사회적 모순이 발생했다. 그 결과 사회는 불안정하고 중립의 정부 이미지 실현은 머나먼 이야기가 되었다. 물론 이익 균형이 이익의 균등한 분배가 결코 아니다. 이는 사회 각 이익 주체가 모두 수용할 수 있는 방식과 규칙으로 자원을 나누고 균형을 잡는 것이다.

셋째는 중립 정부가 이익 표출 메커니즘과 충돌 조절 메커니즘이라는 역할을 수행하는 것이다.

객관적으로 중국의 이익 대표, 이익 표출, 이익 종합 메커니즘 건설은 아직 사회의 다양한 이익 수요를 따라갈 수 없다. 이는 사회 안정에 큰 위협을 가하였다. 중립의 정부 이미지를 잘 실현하고 각 이익 수요를 흡수할 수 있는 이익 대표, 이익 표출, 이익 종합 메커니즘을 수립하는 것이 북한과 중국 정치 체제 개혁의 시급한 과제이자 정치 리더십 혁신의 중요한 단계이다. 이 외에도 현실적인 경험으로 보아 충돌은 사회 발전에 파괴성, 분열성의 부정적인 역할을 한다. 이익 충돌이 한계를 넘어서 통제 불능이 되면 사회 정치 안정을 위협하게 된다. 그러므로 이익 충돌을 조정하는 메커니즘이 매우 중요하다. 이익 충돌 조정 방식으로는 법률적인 조정, 행정 조정, 사회 자아 조정 등 여러 가지가 있겠지만 그중 훌륭한 지도자의 리더십 혁신이 매우 큰 역할을 한다.

넷째는 제도적으로 경쟁과 기회의 평등을 보장하여 중립 정부의 이미지 수립을 촉진하는 것이다.

중립 정부 이미지 수립 촉진을 위하여 공평 경쟁 메커니즘을 구축하고 전 사회 구성원에게 경쟁의 기회를 평등하게 제공해야 한다. 특히 경쟁 시작의 평등을 통해 각 사회 구성원이 사회에서 당연한 성장 조건을 누리며 시장 경쟁 참여 주체가 경쟁 속에서 평등한 권리를 누리고 평등하게 의무를 이행하여야 주체 간 차이로 인한 특권 현상을 북한의 대외개방정책은 국내 경제의 어려움을 타개할 수 있는 경험적인 조치라는 측면이 있고 동시에 중국과 같이 명확한 개혁개방에의 노선 전환을 보여주지 않았던 것도 사실이다. 2002년의 '7·1 조치'와 그 전후에 실행된 대외개방조치를 종합적으로 분석해보면 북한 개혁개방에 매진하고 있다고 볼 수 있지만 북한은 결코 개혁개방에 강한 의지를 명확하게 표명하고 있지는 않다.[16] 한편, 중국 정부가 '제2차 혁명'의 리더십 혁신을 통해 국가의 발전 전략을 실제 상황에 따라 수시로 조정해 왔는데 지금 추진하고 있는 중화민족 부흥의 '중국의 꿈' 실현은 민중의 적극성을 고취하고 민중에게 올바른 격려를 지원하기 위함이다. 북한 역시 마찬가지이다. 현 시기에는 국내·외 상황에 맞는 북한 국민의 통합을 더욱 굳건하게 이룩할 북한의 비전은 무엇이야 하는가를 진지하게 고민할 필요가 있다. 북한은 후발국가로서 국가 발전 단계마다 강력한 통합적 리더십을 발휘하여 새로운 문제에 대응해 나가야 할 것이다. 그리고 이것이 성공의 키워드이다.

한국의 부상을 돌아보면 1960~1970년대 독재 체제에서의 리더십으로 가난했던 경제를 외향적인 경제 체제로 전환하여 '한강의 기적'을 이루었고 1998년 아시아 금융 위기가 발발하였을 때 김대중 전 대통령이 '전 국민 금 모으기 운동'과 파격적인 개혁을 통해 저품질 수출형 경제를 하이테크형 경제로 전환하여 금융 위기 극복의 '신화'를 이

---

16) 김유호, 「북한의 개혁개방정책과 중국의 역할」, 한국외국어대학교 정치행정언론대학원, 2012, 36쪽.

루었다. 한국이 통합적 리더십을 통해 중립 정부 이미지의 성공적인 모습으로 전 국민의 적극성을 끌어 올렸던 경험은 같은 민족인 북한에 대해 참고할 만하다고 할 수 있다.

북한은 북한 번영과 한반도 통일에 관한 '북한의 꿈'이라는 장기적인 계획을 수립하고 역량 있는 통합적 리더십으로 사회 공동 지향과 목표를 유도한다면 모든 국민, 모든 계급, 모든 이익 집단의 힘을 정부 사업으로 한데 모을 수 있을 것이다. 이렇게 역량 있는 정치 수단은 정치 리더십 혁신에서 중립 정부 이미지의 구현이며 중국 정치가 성공을 거둘 수 있었던 원인 중 하나이다. 그리고 이는 북한에 매우 긍정적인 영향을 줄 수 있을 것이다.

2. 책임제 권위 체제와 거버넌스 혁신

중국공산당 '제2차 혁명'의 '자아진화' 과정은 리더십 혁신을 지속적으로 추진하는 강력한 국가 권위가 개발도상국의 정치 발전에 매우 중요하다는 것을 증명하였다. 노팅험 대학교(University of Nottingham)의 야오수제(姚樹杰) 중국학 학원장은 나무 욕조 법칙(Cannikin Law)으로 중국 문제를 분석하곤 하였다. 욕조의 나무 판자가 전체에 영향을 미친다는 것을 발견했을 때마다 중국 정부는 항상 그 해결 방안을 깊이 고민한다.[17] 그의 눈에 리더십 '자아혁신'을 통해 형성된 책임감 있는 권위 정부가 중국 정치 개혁의 조건이었다.

소련과 동유럽 급변 후 서구 자본주의 자유 민주제도가 다른 이데

---

17) See Shujie Yao, *China Emerges More Rapidly Amid Global Financial Crisis*(http://www.bbc.c o.uk/zhongwen/simp/indepth/2009/10/091012_cr_china_economy_yaoshujie.shtml 2009.10.9.)

올로기를 이겼다고 선언했던 프랜시스 후쿠야마(Francis Fukuyama)[18]는 2009년 9월호 일본 정치 잡지 「중앙공론(中央公論)」에 '일본은 중국의 시대를 직시해야 한다'라는 글을 발표하였다. 그는 글을 통해 중국 발전 방식의 가치가 수천 년 이어온 전통 즉, 책임감 있는 권위 체제에 있다고 하였다. 다시 말해서 커다란 중앙 집권 국가, 고도의 행정 관료 체제, 국가 기관과 군대를 중앙 정부로 장악되고, 정치적으로 국민에 대해 책임을 진다는 것이다. 현재 이런 정치 전통과 현실적인 방식이 개발도상국의 주목을 끌고 있으며 북한의 정치 발전에도 매우 큰 의미를 줄 것이다.

인도의 '민주' 방식과 중국의 '권위' 방식 중, 중국 방식에 더 관심이 쏠린다고 해도 과언이 아니다. 이는 전자가 분산과 우유부단함을 대표한다면 후자는 집중과 효율을 대표하기 때문이다. 후쿠야마 교수는 객관적인 사실을 통해 서구 자유 민주가 인류 역사 진화의 종결점은 아니라고 여겼다. 중국의 부상에 따라 소위 '역사 종결론'은 개선의 필요성이 발생했다. 후쿠야마 교수는 "인류 사상의 진화는 중국 전통의 가치를 어느 정도 주목해야 할 필요가 있고 중국 역시 향후의 발전 과정에서 민주 법치 이념을 실천하여야 하며 세계는 다원화에 기초하여 새로운 융합을 실현해야 한다."[19]고 지적한 바와 같이, 북한도 이러한 진화 과정에 따라서 정치의 발전을 촉진시키리라 기대한다.

---

18) 프랜시스 후쿠야마 (Francis Fukuyama) 1952년 10월 27일 출생, 1989년 서구 민주제도가 승리했다는 '역사의 종언'으로 유명한 일본계 미국인 학자이다. 하버드 대학 정치학 박사로 미국 국무원 정책 기획국 부국장을 지냈다. 저서로『역사의 종결과 최후의 일인』,『정치 질서와 정치 쇠퇴: 산업 혁명부터 민주 글로벌화까지』등이 있다.

19) 『중앙 공론』잡지에 실린 후쿠야마 교수의 글「일본은 중국의 시대를 직시해야 한다」, 중국망(http://www.china.com.cn/international/txt/2009-08/20/content_18368184.htm, 2019.1.21.)

1) 민주집중제와 책임 있는 강한 정부

두말할 것 없이, 민주는 지금 시대의 흐름이자 추세이다. '제2차 혁명' 이래 중국공산당의 정치 체제 개혁 역시 자연스럽게 민주 건설을 주요 내용으로 추진되었다. 덩샤오핑 시기의 민주 법치(法治) 사상으로부터, 장쩌민 시기의 의법치국 이념과 정치 문명 사상까지, 그러한 후에 인본주의, 당내민주, 기초층 민중 자치 제도를 위주로 한 후진타오 시기의 민주 정치 개혁의 시도부터, 시진핑 시기의 전면적인 엄격한 당 관리까지 중국공산당은 자체적인 리더십 혁신을 통해 책임감이 있게 중국식 민주화 과정을 서서히 추진해 왔다.

그렇지만 일부 서구 사람들의 눈에 비친 중국은 민주 국가가 전혀 아니다. "현대화된 중국은 왜 민주화로 이행하지 않는가, 아니면 못하는가? 이는 1978년 개혁개방 이래로 중국을 관찰해 온 서구 학자들의 오랜 의문점이었다. 서구의 저명한 학자들조차 언필칭 '민주주의 이행론'을 내세우곤 한다."[20] 그러나 "여기에 가장 중요하면서도 무시된 게 하나 있다. 즉 '민주화'란 서구식 기준이란 점을 간과한 것이다."[21]

서구식 기준으로 평가한다면 중국 민주제를 지탱하는 인민대표대회 제도와 중국공산당 지도하의 다당 협력과 정치 협상 제도는 민주에 해당되지 않는다. 그러나 2001년 미국 민주 이론가 래리 다이아몬드(Larry Diamond)가 저술한 「중국의 선택과 민주」에서는 많은 작가가 중국의 민주화 전망에 낙관적임을 알 수 있다. 일부 학자는 개혁을 지지한 엘리트가 일반 서민과 함께 민주 정치 체제를 이루어 낼 것이라 여

---

20) 정승욱, 「중국은 결코 사회주의를 포기하지 않는다」, 세계일보, 2019.4.20.(http://www.segye.com/newsView/20190417517421?OutUrl=naver, 2019.4.22.)
21) 정승욱, 위의 글(http://www.segye.com/newsView/20190417517421?OutUrl=naver, 2019.4.22.)

기며 일부 학자는 중국의 문화가 민주 정치를 건설하고 민주 정치를 다지는데 기여할 것이라 믿고 있다.[22]

서구 학자 뿐 아니라 개발도상국도 이를 인정한다. 2007년 「인도 정보망」에는 세계적으로 서구의 민주 방식만 존재하는 것이 아니며 민주 본질을 견지하기만 하면 모두 민주가 된다는 글이 발표되었다. '중국식 민주 제도는 중국 정세에 잘 맞으며 세계 민주 제도의 새로운 방식이 되었다.'고 하였다.[23] 미국 웨슬리안 대학교(Wesleyan University) 철학과의 엔젤(Stephen C. Angle) 교수는 대부분 국가가 대의제 민주를 최종 목표로 정하지만 중국은 경쟁성 민주를 단순하게 도입하면 오히려 불공정한 결과를 초래하므로 경쟁성 다당 민주제가 아닌 민주집중제 형식을 실시하였다고 분석하였으며, 이런 민주 형식은 대중의 정치 참여권을 확대할 수 있다고 생각하였다. 엔젤 교수는 또한 민주집중제의 향후 개혁은 중국 인민이 이루어야 할 목표라고 말하였다.[24]

후쿠야마 교수는 '강대한 정부', '법치', '민주' 없이 질서 있고 좋은 사회 실현은 불가능하다고 하였다. 그런데 이 세 조건의 순서가 매우 중요하다. 그 중 첫 번째는 '민주'가 아니라 '정부'이다. 그는 지금까지 효과적인 통치능력 없이 민주화를 추진하면 모두 실패한다고 분석하였다. 아프리카의 수많은 지역이 그렇다. '민주'는 매우 중요하지만 '강한 정부'와 '법치'가 제대로 존재하지 못하는 전제 하에는, 국가 문제를 해결하기는커녕 오히려 가중시킬 가능성도 있다. 그의 눈에 비친 인도는 비록 저효율의 법치와 혼란의 민주제임에도 불구하고 '법치'와

---

22) Larry Diamond, *Elections and Democracy in Greater China*, Oxford University Press, USA July 2001, 쉬졔자이, 앞의 논문, 47쪽 재인용.

23) 쉬졔자이, 앞의 논문, 47쪽.

24) Stephen C. Angle, *Must We Choose Our Leaders? Human Rights and Political Participation in China*, Journal of Global Ethics UK, No.2 Vol.1 2005, 쉬졔자이, 앞의 논문, 47쪽 재인용.

'민주'가 어느 정도 존재하는 것은 사실이라고 할 수 있다. 그러나 '중앙 정부'는 상대적으로 권위가 낮고 세 가지 조건 중 두 가지를 만족하여 아주 나쁜 것은 아니지만 성공까지는 갈 길이 먼 것 같다. 반면 중국은 '법치'와 '민주제'는 상대적으로 약한데 '강력한 중앙 정부'가 있다. 세 조건 중 단지 하나만 갖추었지만 우선 순위에 맞으므로 아무런 문제가 없다고 판단하였다.[25]

후쿠야마 교수의 초점은 '민주'에서 '국가 능력'과 '국가 건설'로 전환된 듯하다. 비록 그의 이런 발언은 미국을 겨냥하여 미국 정치 제도의 저효율에 대한 실망스러움을 나타내는 것이며 미국 정부에 대한 효율을 높여야 한다는 호소이었지만, '강력한 정부', '법치', '민주'의 새로운 순위에 대한 그의 견해는 세계 정치계에 충격을 주었다. '역사 종결론'의 저자로서, 그는 '민주'의 유효성을 공개적으로 인정하면서도 파괴성의 가능성도 주장하며 세계의 이목을 끌었다. 그의 견해가 주는 의미도 북한에 있어서 고려해 볼 가치가 있다.

후쿠야마의 새로운 이론에 따라 중국을 분석하면 권력 집중 정치에서의 강력한 정부가 다른 개발도상국보다 비교적으로 우월하다. 중국은 반드시 이 우월함을 기초로, 지속적인 리더십 혁신을 통해 법치를 건설하고 민주를 발전시키며 현대 거버넌스 능력을 개선해야 한다. 후쿠야마의 새로운 학설은 현재 중국의 법치 및 민주 건설을 늦출 이유가 되지는 않는다. 만약 누군가가 중국은 강한 정부가 전부라고 한다면 이해 부족이다. 후쿠야마는 세계 정치 역사 연구 후, 중국 정치 건설 순서에 대해 긍정적으로 평가하는 것이지 향후 중국 정치 발전의 길은 아직 멀다고 생각한다. 따라서 중국이 그간 이루어 낸 성과가 규

---

25) 후쿠야마, 앞의 글, 중국망(http://www.china.com.cn/international/txt/2009-08/20/content_18368184.htm, 2019.1.21.)

칙 위반이 아니라 세계적 보편성 정치 규칙에 부합한다고 인정하는 것이다. 중국의 목적지는 아직 멀리 있지만 정확한 길과 방향으로 걸어간다면 앞으로도 인류 문명 진화의 길 모색에 어떠한 성공의 경험을 북한 등 후발 국가에게 계속 나눌 것이다.

반면 북한을 보면 1970년대 초 '백두산 핏줄'로 형성된 '유일적 지도 체계'를 확립한 후 권력 구조에 전혀 변화가 없었다. 국내외 복잡한 정세 변화에 따라 지도자의 권위만 내세웠다. 북한 경제의 진흥과 발전에 부작용을 가져온 것은 과도한 집권 체제, 경제와 어긋난 개혁, 경직된 사회 체제였다. 이는 무책임한 권위 체제라 말할 수 있다. 자신의 권력을 다지기 위하여 김정일은 스탈린 통치를 모방하고 여기에 북한 특유의 유가 충성 사상을 더하여 북한식 사회주의 체제를 탄생시켰다. 이는 국가 활동에 대한 수령의 유일한 영도를 철저히 실현하고 보장하기 위할 뿐이지, 그 결과는 국민 사상의 해방을 가로막으며 개혁에 반대하는 보수 풍조를 날로 확대하고 말았다. 그래서 강한 정부가 모든 것이라는 견해는 완벽한 이해가 아니다. 무책임한 강한 정부와 과도한 권력 집중 정치는 중국이 바라는 바가 아니며 북한의 정치 발전에 대해서도 역효과를 낼 것이다.

2005년 10월부터 북한 정부는 식량을 지정 장소에서 매매하는 전매 제도의 실시를 시작하였으며, 1980년대부터 시작된 소규모 농지 분할의 시도를 중단하였다. 이는 계획 경제 시기의 '주체 농업 방법'의 실패를 의미한다. 2009년에 김정일이 추진한 경제 관리 개선 조치와 집권 정치 간의 모순은 결국 보수 정치로의 회귀를 초래하였다. 같은 해 11월 30일 북한 정부가 갑자기 화폐 개혁을 시작하였고 이에 따라 계획 경제 관리 질서를 다시 강화하고 외화 유통을 금지하였다. 그런데 화폐 개혁을 경솔하게 실시하면서도 상품을 제대로 비축하지 않아, 인플레이션을 억제하지 못했을 뿐 아니라 다시 새로운 인플레이션이 발생하는 악순환이 이어졌다. 사실 북한은 다른 속셈이 있는데 그의 취지는 경제 관리 개선 조치로 촉발된 시장 경제 요소 제거에 있었다고 할 수 있다.[26] 이렇게 북한은 강한 정부의 형태하에서 각종 개혁 정책을 실시했지만 '강한 정부'가 의도하는 바는 오로지 자신의 권력을 지키고 다지기 위할 뿐, 진정한 사회주의 민주 정치가 아니었다. 또한 북한 및 노동당의 '자아진화'에 대하여 강한 정부로서의 추진 역할을 제대로 수행하지 못했다고 해도 과언이 아니다.

프랑스 학자인 토니 앤드리아니(Tony Andreani)는 「중국은 아직 사회주의 국가인가?」라는 글 중에서 중국이 자본주의로 진화할 것이라는 서구의 여론에 반박하였다. 그는 중국이 사회주의 민주를 건설 중이며 거대한 도전에 직면하였다고 하였다.[27] 중국 민주 정치 건설의 특징은 서구 민주 정치의 길을 맹목적으로 따라 걷지 않고 서구 국가가 추천한 경쟁식 민주를 도입하지 않았으며 자신의 정세에 따라 독특한 협상식 민주, 심의 민주를 형성하였다. '화(和)', '합(合)', '중(中)'을 지향해 온 중국의 전통 문화는 협상식 민주와 심의 민주의 형성에 대해 깊은 영향을 미쳤다. 협상식 민주, 심의 민주와 같은 방식은 현 단계 중국 국정에 대해 민주 정치 비용을 줄이고 참여자의 협력과 의견 표출에 도움이 된다. 과거를 통해 중국에서 이런 협상식 민주, 심의 민주는 정치의 발전을 추진하고 공공 통치 수준을 제고함과 동시에 사회 충돌과 동요를 피할 수 있음을 증명하였다.

미국 브루킹스 연구소(Brookings Institution)의 존 손튼(John Thornton)은

---

26) Pangoal Institution 동북아 센터 과제팀, 앞의 논문.
27) 리치칭(李其慶), 「중국특색 사회주의를 부정하는 관점에 대한 프랑스 학자 토니 앤드리아니의 반박」, 『당대 세계와 사회주의』, 2005, 제4기, 117쪽.

중국인이 선거의 역할을 인식하면서도 협상식 민주 및 심의 민주 정치가 다당 공개 경쟁식보다 중국에 더 적합하다고 고집한다고 하였다. 그는 중국인의 이런 관념을 충분히 이해할 수 있다면서 중국인이 서구 사람들처럼 과도한 언론, 뉴스, 집회의 자유를 좋아하지 않으며 질서정연한 자유의 확대에 찬성하고 사회 조화에 더 큰 관심이 있다고 판단하였다. 중국인 입장에서 보면 협상식 민주와 심의 민주의 실시를 통해, 대중과 단체들에게 정책 결정의 과정에서 자신의 관점을 밝힐 수 있도록 해서 민주 정치 목적을 달성한다고 본다.[28] 그러므로 중국식 민주 제도는 세계 민주 제도의 새로운 방식이 되고 있을지도 모른다. 이 역시 북한과 같은 사회주의 국가에 하나의 사례를 던져준다.

지금 세계를 보면 북한 등 개발도상국의 정치 발전에 있어서 중요한 것은 서구식 민주 실현 여부보다 자신에게 적합한 민주 형식을 어떻게 찾아내는가이다. 모든 민주화 경험이 옳다고 할 수는 없다. 제3세계 국가가 민주의 새로운 방식을 확대하고 있는 시점에서 나타난 중국식 민주 제도는 지금 중국 정치의 다른 요소와 함께 제3세계 국가 특히 북한에 더욱 강렬한 시범 효과를 준다.

2) 거버넌스와 능력 있는 효율 정부

우리는 어떠한 개발도상국의 민주 형식 발달과 더불어 어떠한 문제와 과제 역시 커져가는 것을 보았다. 그 원인은 민주가 일종의 도구에 불과하기 때문이다. 도구로서의 민주는 권력과 이익 분배에 사용되지만 어떠한 개발도상국에 있어서 정치 투쟁과 유혈 사태까지 야기하게

---

28) John Thornton, *The Prospects for Democracy in China*, Foreign Affairs, No.1 2008. 쉬제자이, 앞의 논문, 47쪽 재인용.

된다. 인도의 경우 민주 사회가 가장 발달했던 이십 여 년 동안 통치는 오히려 약화되고 비정상적인 민주 패러독스가 나타났다. 이는 인도뿐 아니라 다른 개발도상국에서도 보편적인 현상이었다. 즉, 하나의 집단이 확실히 진정되고 질서와 법규에 맞게 실행을 하기로 결정하면 평등이란 명분으로 또 다른 새로운 거친 단체가 공연히 이 사회의 질서와 법규를 어지럽힌다는 것이다.

　이것이 우리에게 알려주는 것은 정치 발전 중에서 민주는 당연히 중요하지만, 더 중요한 것은 거버넌스라는 것이다. 이를 위하여 중국공산당은 리더십 혁신을 통해, 18회 3중전회에는 '거버넌스 체계와 거버넌스 능력의 현대화' 이론을 제기하였다. 거버넌스 체계의 현대화에는 현대 정치의 기본 특징인 민주 책임, 권력 제한, 대중의 참여, 자유, 시장과 법치 등이 포함된다. 그렇지만 이러한 형식의 현대화는 결과적으로 거버넌스 능력을 통해 실현되어야 선진적인 정치 형식이 통치의 걸림돌이 되지 않는다. 거버넌스 현대화는 중국처럼 거대한 국가에 다른 개발도상국에는 없는 강력한 국가 능력을 요구한다. 그러므로 중국의 개혁은 '능력 있는 효율 정부'로 거버넌스 현대화를 실현해야 한다. 북한 등 개발도상국은 중국의 거버넌스 경험을 통해 아래 세 가지 인식과 대처법을 배워볼 필요가 있다.

(1) 고도의 적응성을 가진 거버넌스 능력

　1997년 및 2008년 경제 위기 후 중국식 경제 운영 방식은 개발도상국의 눈을 끌었다. 경제 위기로 사람들은 역사와 현실적 차원에서 사회주의 제도와 자본주의 제도, 그리고 두 제도 하의 발전 방식에 대해 사고하였다. 중국은 금융 위기를 통해 거버넌스의 능력을 나름대로 증명했다. 이처럼 세계사적으로 미국적 민주주의 모델이 힘을 잃어가고 중국적 모델이 현실적 득세를 하는 국제정세 속에서, 특히 중국과 바로 인접한 한반도에서는 이에 대응할 수 있는 이념적 대응이 더욱 중요하게 요구된다.[29]

영국 「가디언(The Guardian)」지는 "글로벌 금융 위기가 진전되면서 중국과 미국, 유럽의 대조가 가장 뚜렷하게 나타났다."라는 글을 실었다. 미국 「타임즈(Time)」는 "세계 경제 몰락이 보여준 최대 코미디는 자본주의 위기에 있어 민주 선거로 선출한 미국 정부보다 공산당이 통치하는 중국이 더 유효했다는 것이다."라고 비웃었다.[30] 그 원인은 리더십 혁신을 통해 추진해 온 중국공산당의 '제2차 혁명'에서 고도의 적응성을 가진 거버넌스 능력이 큰 역할을 발휘했기 때문이라고 할 수 있다.

첫 번째는 고도의 적응성을 가진 거버넌스 능력은 중국 경제 정책에서 구현된다. 중국공산당은 '제2차 혁명' 과정의 실제 상황에 따라 국가 주도의 자유 개방 경제 정책을 지속적으로 혁신하였다. 이는 덩샤오핑의 '사회주의 시장경제 체제', 장쩌민의 '해외 진출 전략', 후진타오의 '지속가능한 경제 발전 모델', 시진핑의 '공급 구조의 개혁' 등 중국공산당의 리더십 혁신을 통해 선조의 경험을 기초로 아시아 성장 방식을 개선하여 급성장, 사회 안정, 시장 개입의 통치 방식을 형성한 것이며 일종의 대표성의 '시장 권위주의(Market Authoritarianism)'였다. 여기에 강렬한 국가 개입적 색채를 띠지만 기본적으로는 자유 개방의 경제 정책으로 민영(民營)의 발전을 허용했다는 특징과 권위 제도가 그

29) 구해우, 『김정은 체제와 북한의 개혁개방』, 나남출판, 2012.7.20, 31-32쪽.
30) 「국제 여론의 눈길이 중국의 개혁개방 심화에 몰리다: 소프트파워 증강(國際輿論聚焦中國全面深化改革開放：增添軟實力)」, 중국인민일보(人民日報), 2013.11.11, 2쪽.

대로 존재하고 집정당이 정부, 법원, 군대, 그리고 정보 유통에 대한 시스템과 과정을 통제했다는 특징이 있다.[31] 중국의 이런 발전 방식은 세계적으로 큰 영향을 미쳤다. 시장 민주와 시장 권위 사이에서 일부분 개발도상국은 시장 권위주의를 선택할지도 모른다. 이는 시장 권위주의가 자유의 일부를 포기하지만 고성장과 안정, 생활 수준의 제고를 가져오기 때문이다. 현존한 경제 제도를 어떻게 보완하고 보다 좋은 제도를 구축하는가에 대해 북한이 고민할 때 중국의 '시장 권위주의' 경험을 참고해보는 것도 좋을 듯하다.

두 번째는 거버넌스 능력의 발전 방향이 글로벌화에 대한 적응을 중점으로 이루어진다는 것이다. 중국공산당 '제2차 혁명'의 과정은 국내 정세에만 입각하지 않고 글로벌화 비전을 가지고 리더십 혁신을 통해, 고도의 제도 적응성으로 오늘날 글로벌화 경제 발전에 순조롭게 적응할 수 있었다. 「파이낸셜 타임즈(Fianacial Times)」는 세계 금융위기 이후 중국 스타일의 새로운 세계화의 시대가 열렸다고 하면서 세계 2위 경제대국에 올라선 중국은 자기 방식대로 글로벌 경제의 통합을 촉진하길 원한다는 분명한 메시지를 보내고 있다고 지적했다.[32] "이 같은 현실 속에서 한미 FTA가 실현되지 않으면 한국 경제, 나아가 한반도는 중국이라는 블랙홀로 급속히 빨려 들어갈 것이다"[33]고 하였듯이, 이는 비록 일부분 한국 학자의 견해지만 결코 과언이 아닐 것이다. 「공산주의는 왜 붕괴되지 않았는가: 아시아와 유럽 권위 정부의 적응력에 대한 이해」라는 책에는 동유럽과 아시아 공산주의 권위 정권에 대한 서구 학자들의 지속적인 연구 내용이 담겨 있다. 이들의 연구 대

31) 천쉐밍 외, 앞의 책, 168쪽.
32) 「파이낸셜 타임즈(Fianacial Times)」, 2012.1.18. 구해우, 앞의 책, 33쪽 재인용.
33) 구해우, 앞의 책, 33쪽.

상은 동유럽과 몽골을 포함하여 1989년~1991년에 해체된 10개의 공
산주의 정권과 베를린 장벽이 무너진 후에도 굳건히 버티고 있는 5개
의 전통 사회주의 국가인 중국, 베트남, 라오스, 북한, 쿠바였다. 이 책
의 연구 결과는 이론적으로 공산주의 적응력 기초에 있어서 제도의
적응성이 가진 중요성을 강조하였다. 그 외에도 경제 적응성, 이데올
로기 적응성, 잠재 경쟁 메커니즘에 대한 적응성, 전방위 입체적인 문
책제의 적응성이라는 4가지 면에서의 적응성을 연구하였다. 만약 하
나의 정권이 변화에 대하여 적응하지 못한다면, 특히 글로벌화에 대해
적응하지 못하면 지도층은 결국 붕괴되고 말 것이라고 하였다.[34]

(2) 권위주의 체제에서 현대화를 실현한다는 거버넌스 방식

한 나라가 어떤 체제를 선택하는지는 국가 발전 단계와 국가의 임
무에 달려있다. 서구 국가들이 부상할 때 선진 생산력을 대표했고 하
나같이 강력한 정부를 강국이 되기 위한 정치적 보장으로 여겼다. 2차
산업화 시기의 국가들은 거의 모두 권위주의 체제에서 현대화를 실현
하였다고 해도 과언이 아니다. 상대적으로 개발도상국은 산업화, 중산
계층 증가 등 여러 문제를 동시에 안고 있기 때문에 자원 흡수와 분배
능력을 갖춘 강력한 정부가 실제 상황에 더욱 적합할 것 같다.

중동 아랍 국가들이 안고 있는 문제는 다른 개발도상국보다 복잡하
기 때문에 강력한 정부가 더욱 필요하다. 물론 중동 어떤 강권 정치
국가들의 몰락은 정권의 폐단을 보여주었지만 요점은 국민에 대한 집
권자의 배신으로 공권력이 권력 남용의 도구로 몰락했다는 것에 있다.

34) See Martin K. Dimitrov, *Why Communism did not Collapse: Understanding Authoritarian
Regime Resilience in Asia and Europe*, Cambridge University Press, 2013. 천쉐밍 외, 앞의
책, 170쪽 재인용.

문제는 무장 투쟁이나 민중의 항의 등으로 정권이 무너진 후, 항의자들은 그 모든 책임을 간단하게 강권 정치 자체로 돌리며 일언당(一言堂)35)이나 종신제 등 적폐를 없애기 위하여 '민주화'라는 방식으로 '독재'가 가져온 폐단을 제거하고자 하였다. 서구 민주 정치는 분권 균형, 다당 경쟁, 개인의 이익 등을 강조하므로 재건된 중동 개발도상국에게 저효율과 무질서를 초래하여 동요가 일상화되고 국민이 주인으로서의 이익을 누리기는커녕 오히려 민주 정권의 희생자가 되었다. 게다가 '민주화'라는 명목 때문에 다시 강경 수단을 통한 질서 회복이 쉽지 않다. 이러한 중동 국가의 고통은 북한에 경종을 울려줄 것이다.

현대화된 서구의 길을 모방하기란 쉽지 않다. 그렇다면 자신의 길을 걸어가는 것은 쉬울까? 중국의 답은 경제의 시장화, 정치의 민주화, 문화의 다원화와 관계없이 후발 국가는 현대화 발전 과정에서 중앙 권위를 반드시 실현해야 한다는 것이다. 권위 있는 중앙은 중국공산당 '자아진화'의 중요한 특징이며 북한이 따라야 할 정치적 원칙이자 경험이다. 중국공산당 '자아진화'의 실천은 능력 있는 효율적인 중앙 권위가 북한과 같은 개발도상국의 현대화에 필요하다는 것을 또 다시 증명해주었다.

후쿠야마는 「정치 질서와 정치 쇠퇴: 산업 혁명부터 민주 글로벌화까지」에서 시장과 민주가 승리의 필수 요건이지만 과거 20년 동안 드러난 현상은 실망을 안겨주었다고 하였다. 거버넌스 능력이 부족한 국가는 민주와 시장 모두 성공할 수 없다. 장기적으로 세계 선두에서 온 유럽과 미국이 강력한 중세기 법전을 계승하였고 19세기에 능력에 기인한 문관 제도를 도입하였으며 고효율의 국가 기관을 설립한 후 다

---

35) 일언당(一言堂)이란 제 말만 주장하고 대중을 발언하지 못하게 한다는 '일인 독재(一人獨裁)'의 뜻이다.

시 선거권을 도입하였다. 그러나 남미 국가들은 1980년대 개혁을 겪은 후 많은 정부가 난장판이 되었다. '아랍의 봄(Arab Spring)' 실패 역시 정부의 무능력을 보여주며 이집트 '무슬림 형제단(Muslim Brotherhood Emblem)' 역시 선거의 승리와 모든 권력 획득의 구분을 정확하지 않게 이해했다. 결국 이 국가의 중산층은 다시금 권위주의를 받아들일 수밖에 없었다. 후쿠야마의 눈에 비친 중국은 거버넌스 능력이 출중한 정부가 탄생했다. 그리고 정부의 직위들은 모두 필기시험을 보고 선발하며 그 국가의 방대한 사업을 처리할 수 있는 리더십이 있는 엘리트들이 이끌어왔다. 후쿠야마는 우리가 보고 있는 현재 중국은 한 세기의 몰락 후 다시 일어난 부흥이라고 평가하였다.

북한에 있어서 권위적 유지와 이데올로기적 고수를 너무 지나치게 강조해 왔는데 체제적 위기가 오히려 심각해지고 있다. 그리하여 이러한 체제적 위기가 심각할수록 개혁개방을 통해 현대화를 실현하는 요구가 더욱 절박하다고 할 수 있다. 다만 이러한 현대화를 실현하는 과정에서 책임감이 있는 권위체제가 반드시 필요하고, 동시에 융통성이 있는 거버넌스 혁신과 제대로 결합해야 한다. '서구 민주와 법치를 배워 가면서 능력 있는 효율 정부를 만들겠다'[36]는 중국공산당의 거버넌스 방식도 참고할 필요가 있을 것이다.

(3) 개혁·발전·안정의 균형을 이룬다는 거버넌스 이념

현재 국내외 학자들은 세계적인 과제를 다음 두 가지로 꼽는다. 하나는 빈곤과 발전, 또 다른 하나는 전쟁과 평화다. 중국공산당 '자아진화' 과정은 아직 개선 중에 있지만 이 두 문제 해결에 있어서 자신만

---

36) 천쉐밍 외, 앞의 책, 201쪽.

의 독특한 힘을 이미 증명하였다. '중국 모델'은 세계가 직면한 근본적인 도전에 대응하였으며 북한 등 개발도상국들이 빈곤을 극복할 수 있는지, 현대화 실현을 최우선 과제로 실행할 수 있을지, 전통과 현대의 상호 작용으로 자신만의 제도를 설계할 수 있을지, 그리고 인권 실현 중 상황에 따라 경중의 조절이나 완급 조절이 가능할지에 관한 참고할 만한 범례가 되었다.

중국공산당 '제2차 혁명'의 과정은 빈곤 탈출을 현대화 건설의 최우선 사명으로 정하고 이를 위한 노력으로 성과를 거두었다. 과거 40년 동안, 중국 7.4억 인구가 빈곤 탈출이 되었는데 세계 빈곤 탈출 인구 중 중국인이 70%나 된다.[37] 실사구시의 이념을 통해, 모든 것은 경험과 끊임없는 종합과 분석을 하며 자신과 타인의 경험과 교훈을 받아들이고 부단히 대담하고도 신중한 제도의 혁신을 취하였다. 점진적인 방식으로 개혁을 추진한다는 것은 지금의 제도를 깨는 것이 아니라 이용하고 개선하며 전환하여 현대화를 위하여 서비스하는 것이다. 중국공산당 '제2차 혁명'의 리더십 혁신 과정을 보면 개혁은 쉬운 것부터 어려운 것으로, 농촌에서 도시로, 연해에서 내륙으로, 경제에서 정치로의 순서에 따라 진행하여야 한다. 개방적인 태도로 타인의 장점과 단점을 선별하여 배워야 하나 반드시 자신이 주인이 되어야 하고 맹목적인 모방은 피해야 한다. 이들은 중국공산당 리더십 혁신의 '자아진화' 과정의 특징이다. 그렇지만 가장 큰 특징은 변화무쌍한 역사를 가진 대국으로서 중국은 개혁, 발전, 안정이라는 3자 관계를 처리할 때 안정을 가장 중요하게 생각하고 이를 기초로 개혁개방과 경제 사

---

37) 「중국 빈곤 인구 대폭 감소, 빈곤 탈출 인구가 세계 빈곤 탈출 인구의 70%를 초과한다 (我國貧困人口大幅減少 減貧人口占全球減貧超過70%)」, 중국 빈곤 원조 온라인(中國扶貧在線)(http://f.china.com.cn/2018-10/17/content_66652280.htm, 2018.10.17)

회 발전을 단행하였다는 거버너스 이념이다.

북한은 2002년 7월 1일부터 경제를 위하여 '7·1 조치'이라 불리는 내부 개혁을 시작하였다. 이는 고도로 집중된 중앙 계획 경제 체제의 변화가 목적이었다. 이 '7·1 조치'의 실시로 북한 경제가 활력을 갖게 되었지만 폐단은 역시 피할 수 없었다. 북한의 생산력 수준은 본질적으로 향상되지 않았고 물자 유통량이 부족하여 인플레이션이 발생하자 국민의 주머니 사정이 더 어려워졌다. 그 외에도 중국이 개방 시장 경제 초기에 겪었던 관리의 빈틈과 통제 불능, 부패, 부정, 부당 이익 추구 등 부작용이 잇따랐다. 이로 인한 새로운 문제와 행정 기관 능력에 빈틈이 생기고 장기간 적응해왔던 평균 분배 체제가 심각한 사회 갈등을 빚어냈다. 조급하게 추진한 시장 경제의 부작용이 점차 커지자 내부에서 개혁에 대한 논쟁이 격렬하게 일어났다. 경제 활력 강화를 위한 시도와 사회 안정 확보를 위한 노력은 결국 진퇴양난의 곤경에 처하게 되었고 김정일 경제 정책은 개혁개방과 관리 강화 사이에서 설 자리를 잃게 되었다.

북한이 개혁과 후퇴를 반복하는 모습을 보인 것은 개혁의 당위성에 대한 인식을 하면서도 이내 그 후유증에 대한 두려움 때문이라고 할 수 있다.[38] 또한, 북한의 지도집단이 의도했던 '실리'를 통한 '주체'의 건설이 반드시 의지대로만 실현되는 것도 아니다. 이중전략이 내포하고 있는 개혁개방의 길은 자칫 시장의 전면적인 도입과 경제 체제에서의 자본주의화를 결과할 수도 있는 것이다. '주체'와 '실리'라는 두 개의 수레바퀴를 힘들게 끌고 있지만, 역사의 경험은 두 개의 수레바퀴가 항상 균등하게 움직였던 것은 아님을 보여주었다.[39] 따라서 '실

---

38) 이교덕, 앞의 책, 173쪽.
39) 정영철, 앞의 책, 189쪽.

리'를 추구하는 과정에서 불가피하게 '주체'에 대한 자아수정도 필요할 것이다. 그리고 이런 '실리'와 '주체'의 결합으로 나타났던 이중전략을 위해 안정적 내외부 조건들은 꼭 필요한 것이다. 미국의 대북 안전보장이 북한의 전면적인 개혁개방에 필수조건이라는 주장도 있으나[40], 중국공산당 개혁개방기에 내부로부터의 절대적인 지지가 리더십 혁신의 밑바탕이 되었던 사례에서 보듯이 개혁과 발전의 과정에서 내부적인 정치안정도 매우 중요하다.

그러므로 개혁, 발전, 안정이라는 3자 관계의 정확한 처리는 북한에 있어서 반드시 주목해야 할 문제이다. 이념의 사회통제력 약화, 경제문제의 답보, 핵문제 해결 등 유동적인 대내외적 요인이 맞물리면 북한 체제는 적지 않은 도전을 받을 가능성이 크다.[41] 개혁은 발전을 위한 행동이라 하지만 사실상 이익 관계의 조정이다. 그리고 실제 추진과정에서 균형 발전은 불가능하기 때문에 이런 개혁과 발전은 안정과 연계된다. 체제 및 정권의 안정성은 국가 정책이 사회 전반에 효율적으로 침투하여 국민의 지지를 얻는 정도와 밀접히 관련되어 있다.[42] 그래서 국가 통치에 있어서 이들의 관계 처리가 중요한 문제가 된다. 중국은 지금 전방위 샤오캉 사회로의 과도기 단계에 처해 있다. 이는 발전의 관건이며 개혁을 다지는 단계이다. 이 시기에 개혁, 발전, 안정의 관계를 처리하는 임무는 매우 어렵고도 험난하다. 사회가 진보하면서 이익은 다원화되고 개혁 발전에 관련된 이익은 더 복잡해지는 추세이다. 저항도 갈수록 커지고 사회 갈등도 서로 교차되어 나타난다. 개혁개방기에 중국공산당의 리더십 혁신 과정을 되돌아보면 개혁, 발

---

40) 이교덕, 앞의 책, 173쪽.
41) 이교덕, 위의 책, 173쪽.
42) 이교덕, 위의 책, 3쪽.

전, 안정의 관계 처리에 있어서 견지했던 원칙을 아래에 정리해보았다.

첫째, 개혁, 발전, 안정의 상호 조화와 촉진을 유지한다. 안정은 전제이지만 상대적이므로 개혁의 리스크가 크고 사회 동요의 가능성이 있다고 해서 개혁을 포기하거나 속도를 조절하면 안 된다. 그렇지 않으면 더욱 심각한 사회 불안정을 초래하게 된다. 또한 발전 중 부조화, 불균형의 가능성이 있다고 해서 발전을 멈추면 안 된다. 절대적인 사물은 없다는 바와 같이, 우리가 '부(富)'의 창출을 추진하는 전략은 '부'의 동시 실현이 아니다. 이는 절대 불가능하므로 순서에 따라 '부'를 실현하여 최종적으로 전체의 '부'를 이루는 것이다. 그러므로 전체를 고려하고, 신중에 신중을 기하며 개혁, 발전, 안정의 내재 관계를 조정하고 상호 조화와 촉진을 도모해야 한다. 정치와 사회 안정 속에서 개혁과 발전을 추진하고, 개혁과 발전을 추진하는 중 정치와 사회의 장기적인 안정을 실현해야 한다.

둘째, 개혁의 강도, 발전의 속도, 사회의 수용 정도를 통일한다. 개혁과 발전 때문에 사회 불안정을 초래할 가능성이 있다고 하여 개혁과 발전을 포기하면 안 된다. 하지만 개혁과 발전 또한 사회 안정의 내재적 요구를 무시해서도 안 된다. 개혁은 과감하고 단계적이며 발전을 가속화해야 하지만 조화에 주의해야 한다. 개혁과 발전은 국가 정세와 사회의 수용 능력을 살펴야 한다. 개혁과 발전의 전체적인 계획을 모두 고려하고 세심하게 안정, 개혁, 발전의 관계를 조율해야 한다. 갈등은 즉시 해소해야 하며 불안정 요소는 제거하여 안정을 유지하고 개혁과 발전을 촉진해야 한다. 한마디로 개혁은 동력이고 발전은 목적이며 안정은 전제이다. 1990년대 러시아 '쇼크 독트린'식의 개혁은 이런 관계를 조율하지 못하고 실패로 끝났다. 이는 사회 개혁은 자아 조정 메커니즘이 요구되며 사회 개혁은 열차와 마찬가지로 핸들과 브레이크가 필요하다는 것을 다시금 알려준다. 정확한 방향, 합리적인 속도만이 사회가 발전 속에서 안정을 유지하고 안정 속에서 발전할 수 있도록 한다.

셋째, 국민의 생활 개선을 개혁 발전과 안정 관계의 교집합으로 생각한다. 이를 강조하는 이유는 발전에 주력하고 개혁을 추진하며 안정을 유지하는, 3자의 공동의 목표이기 때문이다. 또 다른 이유는 대중이 개혁 발전의 주체이자 동력이며 안정의 원천이자 기초이기 때문이다. 대중의 지지가 있어야 복잡한 상황과 갈등을 피할 수 있다. 그런데 대중의 지지를 얻으려면 대중의 근본적인 이익 실현, 유지, 확대를 사업의 출발점으로 인식해야 한다. 이는 미래 북한의 개혁에 매우 중요한 사실이다. 중국공산당 리더십 혁신 과정은 중국 사회 발전 전략과 실천이 인민의 수요에 부합하였으며 개혁의 성공이 인민의 실질적인 수요 만족 때문이라는 것을 증명하였다. 게다가 인민의 실질적인 수요를 사회의 수요로 전환하여 사회 수요와 개인 수요를 통합하고 사회 발전과 개인의 발전을 하나로 묶어냈다. 이러한 리더십 혁신 과정 속에서 중국 사회가 눈부신 발전을 이루는 동시에 중국 국민이 성장할 수 있었다. 그리고 이 발전이 가진 전면성과 자유의 성격은 계속 짙어져 가고 있다.

넷째, 개혁 발전의 추진력, 사회의 안정, 전방위 진보를 유지하는 관건은 바로 중국 사회가 내외 관계에서 조화의 메커니즘으로서 역할을 수행하는 것이다. 사회 각층의 이익의 차이, 갈등, 대립에 대응하여 사회 조화와 통합을 이루고 상호 촉진, 협력 윈·윈, 조화로운 공존의 이익 공동체로 만들 수 있는지 여부가 국가의 앞날과 운명을 좌우한다. 시기와 형세를 정확하게 파악하고 개혁의 방향, 속도, 박자를 실시간 조정하여야 개혁으로 발전을 촉진할 수 있다. 지속 가능한 발전은 상대적인 안정 속에서의 발전이다. 속도가 빠르지 않아도 지속적으로 진행만 한다면 기복이 큰 간헐적 발전보다 신뢰성이 높다. 발전은 사회 내부 환경의 안정 뿐 아니라 외부 환경 안정도 요구된다. 중국 사회에 있어서 외부 환경은 자연 환경, 국제 환경까지 포함하는데 북한은 더욱 그렇다.

이로 볼 때 중국공산당이 리더십 혁신 과정에서 제기한 조화로운 사회와 지속 가능한 발전 전략 목표는 '왜 발전하는지', '어떻게 발전하는지'에 대한 해결을 기초로, '어떻게 과학적으로 발전하는지'에 대한 답을 제시하였다. 또한 '무엇이 발전인지'에 대한 답을 기초로 '발전이란 무엇인지'라는 문제를 해결하고 '생산력 성장이 발전', '개혁이 발전'의 제기를 기초로 자연, 사회, 사람의 조화롭고 지속 가능한 발전이란 문제를 해결하였다. 이런 발전만이 조화롭다고 할 수 있으며, 조화로운 사회 건설에도 유리하며 발전, 안정, 조화의 관계에 새로운 특징을 부여할 수 있다.

민주 제도에 있어서 중국 발전의 길은 북한 등 개발도상국의 목표나 사회 조건과 흡사하다. 필자는 북한의 목표가 발전, 안정, 인권이며 이들의 균형을 유지할 필요가 있다고 생각한다. 미국은 다른 무엇보다도 인권 보장을 최우선 목표로 삼고 이를 위하여 발전과 안정을 희생할 수도 있다. 중국은 비록 미국처럼 인권 보장을 최우선 목표로 지향하지 않고 있지만, 중국공산당은 「국가 인권 행동 계획」의 반포를 통해 인본주의 사상을 강화하고, 맞춤형 빈곤 퇴치 정책의 실시를 통해 인민의 생존권, 발전권에 주목하며 끊임없이 리더십 혁신을 해 왔다. 뿐만 아니라, 중국이 생각하는 인권의 정의는 미국보다 훨씬 넓다. 개인 권리, 경제와 사회 권리, 정치와 국민 권리 외에도 '집단 인권'[43])까지 포함한다. 게다가 인권보다 현 단계에서의 점진적 개혁과 안정적이고 지속적인 발전이 더 중요하다.

지금 북한을 국제 사회에서 고립시키는 수단으로는 기대 효과를 거두기 어렵다고 판단한다. 이는 단지 북한 정치 체제 개혁의 발목을 붙잡는 방법에 불과할 뿐이며 특히 북한 정치 체제 개혁의 정당성과 합리성에 전혀 도움이 되지 않는다. 지금 김정은 시대 북한 정치 체제는 지속적이고 온건한 개혁 과정이 필요하다. 북한 정치 체제 개혁을 추진하는 최상의 솔루션은 국제 협력을 통해 외부 세계의 도움을 지원하는 것이다. 우리가 바라는 것은 북한 체제의 급격한 동요와 붕괴가 아니라 점진적 개혁과 안정적이고 지속적인 발전을 통해 북한이 새로운 시도와 정치 리더십의 혁신으로 정치 체제 개혁의 길로 들어서는 것이다. 이런 노력은 북한의 미래 사회 개혁개방 나아가 국가 부흥에 인프라가 되어 숙명적 선택 속에서 해방과 자유를 얻게 해 줄 것이라고 믿는다.

3. '일국양제'와 한반도의 통일 전략

중국공산당은 '자아진화' 과정에서 끊임없이 정치 리더십을 혁신하고 국가 능력을 강화하며 정당 제도를 개선함과 동시에 정치 경제 문화의 전방위 발전을 지속적으로 촉진했다. 특히 국가가 통일되지 않은 상황에서 과감하고도 혁신적인 '일국양제' 구상을 제시하였다. 이를 통해 홍콩과 마카오를 성공적으로 되찾으면서 일관되게 '일국양제'와 타이완에 대한 '양안(兩岸)'정책을 고수하여 통일에 대한 자신감을 굳

---

43) 집단 인권, 특수 계층 권리라고도 부른다. 이는 소수 민족의 권리, 아동의 권리, 여성의 권리, 노인의 권리, 장애인 권리, 범죄자의 권리 등을 말한다.

건하게 유지했다. 역으로 한국을 보면 정부와 정당의 교체에 따라 '대북(對北)' 정책도 변하기 때문에 통일에 대한 국민의 신념이 흔들린다. 그러므로 필자는 본 절(節)에서 홍콩, 마카오, 타이완에 대한 '일국양제'를 분석을 통해 한반도의 현재 정세와 평화 통일에 대한 남북한의 인식 및 차이를 살펴보고 한반도에 '일국양제'의 실시 구상과 방안을 제시하고자 한다.

1) 홍콩과 마카오에 대한 '일국양제'의 실행과 타이완 구상

(1) 홍콩과 마카오에 대한 '일국양제'의 성공적인 실행

'일국양제' 이론의 최종 목표는 조국 통일을 실현하고 평화롭게 해결하는 것에 있다. 홍콩, 마카오에서의 성공이 바로 그 정확성을 증명한다. 구체적인 내용은 아래 두 가지로 구현된다. 첫째, 홍콩이 순조롭게 아시아 금융 위기를 극복하도록 지원하고 도왔다는 것이다. 1997년 가을, 아시아 금융 위기가 발발하면서 금융과 부동산에 의지해왔던 홍콩 주식 시장과 부동산 시장이 혼란에 빠졌다. '홍콩인에 의한 홍콩인 통치'라는 중압감에 시달리던 홍콩 정부에 있어서 이는 엄청난 시련이었다. 홍콩 특별 행정구는 홍콩 달러와 미국 달러의 연계 환율 제도를 강화하여 국제 투자자들을 홍콩에서 몰아내고자 했다.[44] 이와 동시에 중국 중앙 정부가 홍콩의 상황에 대해 지속적으로 주목하고 지원하면서 위안화 평가 절하를 막았다. 홍콩과 국제 투자자들의 결전에서 승리를 확보하기 위하여 중앙은행 부행장 두 명을 홍콩에 파견하여 일

---

44) 리우룽바오(劉蓉寶), 「홍콩 '일국양제'의 성공적인 실천이 조국 통일에 주는 시사점」, 『호남성 사회주의 학원 학보』, 2005, 제1기, 13쪽.

의 추진을 돕게 하고 홍콩 정부를 전력으로 지원하여 금융 위기 극복을 위한 홍콩의 싸움에 든든한 멘토가 되었다. 둘째, 마카오 사회 안정을 보장하고 경제 발전을 촉진하였다. 마카오는 반환 전 거의 매주 총격 사건이 발생하여 '미국 서부'라는 오명을 얻었지만 반환 후 마카오 특별 행정구 정부는 치안을 새롭게 정비하면서 경찰과 중국 대륙, 홍콩과의 교류를 확대하고 경찰 훈련 교육을 지원하였다. 그렇게 1년이 지난 후 마카오는 세계에서 가장 안전한 관광지로 탈바꿈했다. 안정적으로 경제가 회생되고 2018년 상반기에는 경제 성장률이 동기 대비 7.6%나 증가하여 타이완과 홍콩 뿐 아니라 중국 대륙의 증가율을 웃도는 쾌거를 거두었다.

이런 성공이 타이완 문제 해결, 양안의 평화 통일 실현을 위하여 심지어 한반도의 평화 통일을 위하여 좋은 본보기가 되었으면 한다. 성공 원인을 아래 세 가지로 결론지을 수 있다.

첫째, 원칙 확고성과 전략 탄력성의 결합이다. '일국양제'의 핵심은 하나의 중국에 두 개의 제도, 자치 관리와 평화로운 협상과 통일이다. '하나의 중국'이란 전제는 변하지 않지만 '하나의 중국'을 실현하는 길은 때와 상황에 맞게 조정된다. 사실상, 마카오의 반환과 '일국양제'의 실천은 홍콩 모델과 어느 정도로 일치하지만 이는 단순한 복제나 답습이 아니라 마카오의 실제 상황과 구체적인 특징을 충분히 고려한 마카오만의 모델이었다. 마카오 과도기에 해결해야 할 과제는 공무원 현지화, 법률 현지화, 중국어의 모국어로서의 지위였다. 이는 홍콩 모델에는 없었던 것이다. 마카오 기본법 역시 홍콩과 상황이 다르다. 양자가 기본적으로는 유사한 듯 하나 행정관 임직 자격 및 입법 기관, 행정 기관과 사법 기관의 탄생과 배치 등에서 각자의 특징이 있다.

둘째, '일국양제'라는 정치 구상을 법률화와 제도화하여 평화 통일의 법적인 기반을 조성하였다. 홍콩과 마카오에서의 '일국양제'의 성공은 정치적 구상의 법률화, 제도화가 구현된 것이며 강력한 법률과 제도의 보장 덕분이었다. 1982년 중국 헌법 제31조는 "국가가 필요시에 특별 행정구를 설치할 수 있다"라고 규정한 바 있다. 특별 행정구 기본법과 그리고 다시 군대 주둔법 등 구체적인 법규 및 정책이 잇따라 출범하면서 홍콩과 마카오 사안의 해결에 견실한 기초와 조건을 마련하였으며 각 행정 관계 조정의 규범을 갖추게 되었다.

셋째, 통일 전 평온한 과도기를 겪고 통일 후에는 최대한 이를 유지해야 한다. 홍콩, 마카오 반환은 수십 년의 과도기를 거친 결과이다. 1984년 중국과 영국이 홍콩에 대해 공동 성명을 체결하고 1987년 포르투갈과 마카오에 대한 공동 성명을 정식 체결한 후 1997년 7월 1일, 1999년 12월 20일 홍콩과 마카오가 반환되기까지 두 지역은 각각 13년과 12년이라는 과도기를 겪었다. 이 '과도기'에 여러 가지 까다로운 문제들이 해결되었다. 예를 들면 중국 정부가 기본법을 제정하고 순서에 따라 '예위회(豫委會)', '주위회(籌委會)', '추위회(推委會)'를 수립하여 충돌을 원만하게 조정함으로써 홍콩과 마카오의 해결 및 반환을 위한 견실한 기초와 조건을 다졌다.

(2) 타이완에 대한 '일국양제' 구상

모두 알다시피 '일국양제'가 제기된 최초 목적은 타이완 문제 해결이었지만 먼저 양안 통일에 적용되지 못했다. 오히려 1980년대 초 홍콩에 관하여 중국과 영국이 협상할 때 홍콩 버전으로 응용된 것이다.[45] 그러므로 '일국양제'의 홍콩, 마카오 모델 그리고 타이완 모델이

---

45) 치펑페이(齊鵬飛), 「홍콩 문제에 관한 덩샤오핑의 조사 연구와 '일국양제' 새로운 사고

란 어휘가 사용되었다. 타이완 모델 중 '위임 체제'와 '분권 형태'가 갈등을 일으켰다. '위임 체제'란 홍콩과 마카오 문제 해결 시 적용한 것으로 국가가 먼저 주권 지상이 그 근본 원칙임을 제시한 후 중앙이 특별 행정구에 관리권을 위임하는 것이다. 이렇게 일방적인 위임을 통해 홍콩과 마카오의 제한된 자치성이 결정되었다. 그런데 이 위임 체제가 타이완 문제에서는 의심과 비난의 빌미가 된다. 1994년 타이완은 '타이완 양안 관계 설명서'를 발표하며 "중화민국 정부와 중국공산당 정권은 본질적으로 대등한 정치 체제이다……누구라도 상대 지역에 통치권을 행사할 수 없으며 주권이란 명목으로 상대에게 강요해서는 안 된다."[46]라고 하였다. 이 주장은 사실상 양안 주권의 충돌성과 중첩성을 조성하였고 경쟁의 성격을 가진 두 주권 권력이라는 틀로 나타나면서 '분권 형태'를 형성하였다. 그러므로 갈등을 해결하고 문제의 관건을 찾아야 국가 분단이라는 특수한 상황을 재인식할 수 있다.

첫째, '일국양제'의 타이완 모델은 문제가 타이완의 '통치권'에 있음을 먼저 고려해야 한다. 최근 타이완 학자들이 현실을 직시하고 타이완의 통치권을 인정하고 수용하여야 한다고 중국 대륙을 향해 주장한다. 이를 기초로 양안의 실무적인 협력을 실현한다는 것이다. 그런데 필자는 이러한 통치권의 분립 즉, '분권 형태'는 두 개의 국가를 인정한다는 것이며 중국 주권을 분할하고 타이완 주권을 확립하는 것이라고 생각한다.[47] 이는 근본적으로 타이완인을 포함한 전 중국인이 타이

의 초보 형성」, 『중국공산당사 연구』, 2004, 제4기, 21-30쪽.

46) 「타이완 해협 양안 관계 설명서(台海兩岸關系說明書)」, 『타이완, 홍콩, 마카오 상황(台港澳情況)』, 1994, 제29기, 11쪽.

47) 시진핑 총서기는 타이완 통일 단체 연합 방문단을 접견할 때 타이완과 중국 대륙이 하나의 중국이라는 사실에 변함이 없고 앞으로도 변하지 않을 것을 강조하였다. 타이완이 추구하는 '통치권' '고화', '분권 형태'의 장기화는 사실상 '헌정'을 중심으로 하는 '최고 통치권', '완전한 통치권'의 추구를 의미한다.

완의 운명을 결정한다는 인민 주권 원칙과 양안 관계의 최소 한계에 위배되는 것이며 '일국양제' 기본 방침에 어긋난다.

둘째, '일국양제' 타이완 모델은 양안 관계의 법치화 문제를 고려해야 한다. 중국공산당 18회 4중전회에서 제기된 법치 운영 방식의 공고화와 양안 관계의 평화로운 발전 심화에 따라 타이완에 관한 법률 법규를 개선하고 법적 수단으로 하나의 중국이라는 원칙을 고수한다는 조건이 수립된 후 '양안 관계 법치화'는 미래 양안 관계 연구의 중요한 내용이 되었다. 양안 관계 법치화, 양안 협정 등 명제를 연구할 때 그리고 타이완에 관한 행정 사법 활동, 양안 국민의 합법적 권리의 법적 근거 수호에 있어서 중국 전국인대 및 상임위와 타이완 입법 당국이 양안 헌법의 동등한 법적 지위를 인정하고 수용하는 것으로 타이완이 오해하지 않도록 해야 한다.[48] 다시 말하면 국가 최고 권력 기관의 권력을 유지하고 행사하는 것을 방지해야 한다. 근본적으로 말해 현재의 중국 대륙 행정 사법 기관은 '양회 협의'[49]에 의거하여 행정 법규 조례를 직접적으로 적용하고 제정한다. 최근 아시아 인프라 투자 은행 명칭 문제의 원인은 헌법이 규정한 양안 관계 즉, "타이완은 중화인민공화국의 신성한 영토의 일부이다."라는 내용을 엄격히 따랐기 때문이었다. 중국과 타이완의 각종 협정은 중앙인민정부가 행정 기관으로서 양안 관계의 특수성에 근거하여 해협 양안 관계 협회로부터 위임받아 타이완 해협 교류 기금회와 체결하였고 법에 따라 행정 순서 내부에서 법정 관계를 조정하였다. 헌법에 의거하여 전국인대 및 상임위원회가 타이완에 대한 정치 사회적 사무의 최고, 최종, 헌법성

---

48) 마오치멍(毛啓蒙), 「위임 문제와 분권 형태: '일국양제' 타이완 방식의 기본 모순과 약간의 문제점에 관한 재검토」, 『타이완 연구』, 2015, 제4기, 58쪽.

49) 1993년 4월, 해협 양안 관계 협회와 재단법인 해협 교류 기금회가 연계와 회담 제도 수립을 위하여 협상을 통해 「양회 연계와 회담 제도 협의」(「양회 협의」)를 체결하였다.

결정권을 유지하고 행사하기 때문에 특정 주체로서 양안 협정에 참여하는 절차가 불필요하다.

결론적으로 양안 정치 문제의 해결은 여전히 장기적으로 국가가 분리된 특수한 상황이다. 또한 '일국양제' 타이완 모델의 최종 실현을 추구하는 과정에서 서두르지 않고 오류를 범하지 않아야 한다. 그렇지 않으면 타이완 당국이 '통치권', '주권', '분권 형태'의 장기적인 논술 공간이 초래될 수 있다. 간단히 말해 대륙은 '일국양제' 타이완 모델을 수립하면서 타이완인이 민주적인 절차로 선거를 통해 얻어낸 공권력 및 그 권력의 운영 메커니즘을 인정하여야 한다. 그렇지만 어떠한 권력 주체 혹은 운영 메커니즘도 하나의 중국이라는 원칙에서 벗어나서는 안 된다.

2) '평화 통일'에 대한 남북한의 인식

국제적인 영향을 일단 배제하고 남북의 통일 정책만 살펴보면, '평화 통일'에 모두 동의한다는 전제하에 남북한은 통일의 절차, 방법 및 통일 후 국가 기관 설치 등 구체적인 사안에 대해서는 아직 공감대가 형성되지 않은 상황이다. 대략적으로 북한의 통일 방안은 '고려연방제 통일'이며 그 핵심은 '일국양제' 즉, 통일 후 한반도가 '고려'라는 국호를 사용하고 북부의 사회주의 제도, 남부의 자본주의 제도를 유지하는 것이다. 한국의 통일 방안은 '3 단계 통일'인데 경제와 문화에서 정치까지 3개의 단계로 나누어 하나의 국가, 하나의 제도를 점차적으로 실현한다는 것이다. 즉, 자본주의 제도의 통일을 말한다.[50] 양자의 주요

---

50) 왕두어(王鐸), 「'일국일제'와 '일국양제'를 중심으로 남북한의 통일 정책 비교」, 중국연변대학교, 2008, 36쪽.

차이는 아래 4가지로 분석할 수 있다.

첫째, 통일 원칙에 대한 이해의 차이이다. 먼저 '자주'에 대해 한국은 민족 자결로 해석하지만 북한은 외부 세력 배척과 주한 미군 철수로 정의를 내린다. 다음으로 '평화'에 대해 한국은 무력 통일 반대이지만 북한은 '두 체제와 두 정부' 수립을 통한 남북 협력 통일을 구상한다. 마지막으로 '민주' 원칙을 보면 한국은 전 민족의 민주적 참여로 해석하는 반면 북한은 한국 정부의 통일 전선 수립을 배척한다.

둘째, 통일의 형태와 절차의 차이이다. 한국의 통일 방안은 하나의 민족, 하나의 국가를 목표로 한다. 동시에 '남북 연합' 단계(연방제)를 중간 단계로 설정한다. 그런데 북한은 '고려 민주 연방 공화국' 방안으로 원래의 과도기적 단계의 연방제를 대체하였다. 그리고 하나의 민족, 하나의 국가, 두 개의 제도, 두 개의 정부 형태를 주장하면서 중간 과도기 단계를 언급하지 않는다. 추진 방식을 보면 서로의 입장에 차이가 있다. 한국의 통일 방안은 점진적이고 단계적인 접근이나 북한은 이상적이며 급진적인 접근에 기초한다. 양자는 국가 이익 수요의 차이에 따라 일정 범위 내에서 상대의 입장을 수용하는 방식을 취하였다.

셋째, 통일 방법의 차이이다. 한국의 통일 방안은 경제 교류에 집중한다. 경제 교류 협력에서 시작하여 마지막으로 정치적인 통일까지 한발 한발 완전한 통일을 이루는 것이다. 북한은 현재의 사회 체제 유지, 두 정부의 독립이라는 전제하에 형식적인 연방제 통일을 강조한다. 북한은 정치적인 연합에 집중하며 선정치, 후경제이다. 이로 볼 때 한국과 달리 북한은 한반도 긴장 국면 완화를 최우선 해결 과제로 생각한다.

넷째, 통일 정책 시기의 차이이다. 통일 정책은 남북 실력의 변화를 반영한다. 남북 전쟁이 끝난 후 1970년대 초까지 북한의 '평화 통일' 주장이 여론적으로 우세였다. 1970년대 이후 한국의 경제력이 북한을 넘어서고 빠르게 발전하게 되자 한국식 통일 방식이 힘을 얻으면서 발언권이 확대되었다. 1990년대, 구(舊)소련 해체와 냉전 완화로 북한이 고립되었고 한국이 중국, 러시아와의 관계를 개선하면서 북한은 더욱 외로워졌다. 한국의 통일 정책은 제6공화국 당시 급변하면서 한민족 공동체 방안이 제시되었다. 그러나 이 방안은 통일을 위한 제시가 아니라 국제 정세를 이용하여 북한을 더욱 고립시키기 위한 정책이었다. 이 정책은 시작과 함께 포스트 냉전 구도와 결합 되었다. 이는 진정한 통일보다는 정권의 안전을 최우선 목표로 하는 통일 정책이었다.[51)]

그러므로 지금까지 한반도 통일의 구체적인 절차와 방법에 대해 한국 학자들은 단계별 진행에 찬성하는 태도이다. 평화적인 수단으로 북한의 개혁을 유도하고 최종적으로 한국 방식으로 통일을 이룬다는 것이다. 단지 독일 통일 후 경제적인 부담을 교훈 삼아 과정을 늦추었을 뿐이다. 북한은 일관되게 '일국양제'를 고수하고 있다. 이 주장은 실질적으로 자신의 수요와 한국과의 교류에 따라 적절히 조정될 수 있다. '고려 민주 연방 공화국'이건 '3단계 통일'이건 상대측의 완전한 동의를 얻지 못한 상황이지만 양자 모두 둘의 결합을 제기하였고 두 차례에 걸친 정상 회담에서도 인정을 받았다. 남북은 국가 통일 실현을 목적으로 하는 북한의 연방제와 한국의 연합제가 공통점을 가지고 있다고 여기고 향후 이 방향으로 통일을 추진하자고 동의하였다. 남북은 경제 협력을 통해 민족 경제를 균형 있게 발전시켜야 하며 사회, 문화, 스포츠, 보건, 환경 등 각 영역에서 협력과 교류를 적극 추진하고 상호 신뢰를 쌓아야 한다고 협의하였다.[52)]

---

51) 왕두어(王鐸), 위의 논문. 35-38쪽.
52) 멍칭이(孟慶義), 「한반도 통일 방안 설계(朝鮮半島統一方案的設想)」, 『동강학간(東疆學刊)』,

3) 한반도에서 '일국양제'의 실시 구상과 방안

한반도의 조속한 통일을 위하여 중국 '일국양제'의 경험을 배우고 동시에 타이완 모델의 문제와 과제를 참고해 볼 수 있다. 이에 대해 필자는 앞 두 절(節)의 내용 정리를 통해 한반도에서 '일국양제'의 실시 구상과 방안을 제시하고자 한다.

첫째, 먼저 가장 핵심은 '권력 분배'이다. 현재 세계 대다수 국가가 하나의 중국을 인정하고 있다. 그러므로 타이완이 어떠한 선택을 하더라도 중국 대륙은 물러서지 않을 것이다. 그렇지만 2차 대전이라는 역사와 미국, 일본, 중국, 러시아의 한반도 분리로 인해 현재 남북한은 두 개의 주권 국가가 존재하고 있다. 그러므로 한국이 통일을 원한다면 먼저 '권력 분배'라는 문제를 해결하고 '하나의 주권'과 '분권 통치' 중 하나를 선택해야 한다. 2000년 첫 남북 정상 회담 후 '남북 공동 성명'을 통해 "남과 북은 전 민족의 공동 노력 하에 국가 통일이라는 문제를 자주적으로 해결하는 것에 동의하였다."라고 발표하였다. 이것이 기본 공식이다. 분할 60여 년 후 새로운 정치적 범주에서의 한 민족은 단순히 남과 북의 통합이 아니라 새로운 정치 주체의 탄생이다. 그렇기 때문에 새로운 정치 주체를 형성하는 것은 민족 통일의 길을 모색하는 것이다. 그리고 이는 더 큰 범위에서의 '일국양제' 정책의 응용이라고 말할 수 있다. 연방 정부 혹은 분리식 연합 정부와 같은 정치적인 설계보다 더 넓은 개념의 정치 체제를 제정하고 경제, 문화, 정치의 새로운 루트를 찾아야 한다. 현재 한반도의 역사적 상황과 현실적인 특징을 충분히 고려하고 각자의 이익을 최대한 감안하면 양자 모두 군대를 유지할 수 있고 남과 북의 지도자도 자신의 직무를 그대

2001, 제1기. 22쪽.

로 이어갈 수 있다.

둘째, 이를 기초로 일정한 법적 절차와 형식으로 법률화와 제도화를 실현해야 한다. 쌍방은 협정을 이어가며 국제 조직의 인정을 받고 "어떠한 명의와 어떠한 방식으로 남북 분열을 조성하는 사실 혹은 남북 통일에 장애가 될 중대한 사건의 발생 혹은 평화 통일의 가능성이 완전히 사라지게 되면 양국은 비평화적인 방식 및 필요한 조치를 통해 국가 주권과 영토의 완전성을 수호할 수 있다."라는 내용을 협정을 통해 분명하게 밝혀야 한다. 이는 미국, 일본, 중국, 러시아 등 주변 세력이 한반도에 미치는 영향을 막아 자신이 주인이 되는 것이다. 또한 이 정책을 정치화하여 다른 세력의 개입을 막을 법적 근거를 마련해야 한다. 그러면 향후 남북이 한반도 평화 문제를 해결할 때 홍콩과 마카오에 대한 '일국양제' 기본법을 참고하고 그 외에도 국제법 형식으로 '남북 공동 성명'의 법률 형식으로 한반도 통일을 제도화, 법률화해도 된다.

셋째, 홍콩과 마카오 문제 역시 하루 아침에 이루어진 것은 아니다. 마찬가지로 한반도 통일도 일정한 '과도기'가 필요하다. 우리는 2000년 '남북 공동 성명'을 이 과도기의 시작으로 간주해 볼 수 있다. 과도기 내에 남과 북의 소통과 차이점의 인정을 통해 서로의 교집합을 찾아야 한다. 필자는 '과도기' 동안에는 아래와 같이 두 가지의 시도를 제안한다.

하나는 북한에 경제 개발구를 적극적으로 건설하여 한국이 자문가의 입장으로 시장 경제 지식과 경험이 부족한 북한에 노하우를 전수하는 것이다. ① 재정, 금융, 무역, 외환 제도의 개혁 ② 가격 결정, 유통, 물류 노하우 ③ 수출 지향형 발전 전략의 경험과 외국인 직접 투자 유치 노하우 ④ 산업 구조와 기업 구조의 조정 ⑤ 전문 경제 인력의 교육과 훈련 등에 관한 지식과 경험을 제공하고 전수할 수 있을 것이다. 이를테면 한국은 북한을 자본주의 세계체제(capitalist world-system)로 편입시킴으로써 북한주민의 민생을 향상시키고 이를 주관해야 할 북한체제의 안정 및 국제적응력을 제고하기 위해 필요한 각종 경제적, 외교적, 과학적, 산업적 이니셔티브를 적극 취해야 한다.53) 한국은 풍부한 개발경험을 통해 북한을 러시아·중국 등 종래의 우방국들과 공동으로 추진하는 경제개발 협력 사업으로 자연스럽게 인도하고 나진·선봉지역을 보다 사업성이 높은 자유무역지대로 조성하는 노력과 투자를 늘려야 할 것이다.54)

또 다른 하나는 민간 차원의 교류를 활성화해야 한다. 남북한 정치합의를 통해 경제 특구 신설이 결정되면 정부는 인프라 지원, 교류 협력 관련 법제 정비라는 범위만으로 그 역할을 축소하여야 한다. 관련 법제에는 남북 간 민간 투자를 장려하고 보장하는 내용은 물론 북한이 일방적으로 공단 운영을 중단하는 사태의 재발을 방지하는 제재 조치가 포함되어야 한다. 북한이 정치적 대남 협상의 수단으로 남북교류의 속도를 조절하지 못하도록 제도적 장치를 마련하여야 한다. 그리고 한반도 문제의 해결을 위해서는 상설적인 남북대화가 긴요하다. 남북대화의 상설화는 북한을 설득할 수 있는 독자적인 통로를 가지게 된다는 것을 의미하며 한반도 평화와 위기관리를 위해 보다 큰 영향력을 발휘하여야 한다.55)

마지막으로 정윤재 교수 '안재홍의 국제적 민족주의론' 연구 중의

---

53) 정윤재, 「안재홍의 국제적 민족주의론」, '정윤재 교수 정년퇴임 기념강의', 2019.2.20, 6쪽.
54) 양운철, 「나진·선봉 경제무역지대: 개방과 국제협력의 시험장」, 『"북한문제"의 국제적 쟁점』, 세종연구소, 1999, 217쪽.
55) 이종석, 「"북한문제"의 국제적 쟁점: 발생 원인, 양상, 전망」, 『"북한문제"의 국제적 쟁점』, 세종연구소, 1999, 63-64쪽 참조.

민족주의적 이니셔티브(nationalist initiatives)를 참고할 수 있다. 민족자존의 차원에서 식민사관과 계급투쟁노선을 배제하여 건강한 내부통합을 추진해야 한다. 남북한은 상대방을 평화적 공존과 통합의 대상으로 간주하고 미세먼지를 포함한 환경문제, 위안부문제, 독도문제와 같은 민족차원의 현안들에 대해 공동 대처하며 민족동질성의 유지·확대를 도모해야 한다. 나아가 남북한 공동의 미래비전(예컨대, 한민족경제공동체/Korean Commonwealth, 'Swiss in Asia')을 선제적으로 제시하여 그것이 지역과 세계차원의 평화건설에도 크게 유리함을 내외에 적극 설득할 수 있어야 한다.[56]

---

56) 정윤재, 위의 글, 5쪽 참조.

제 3 장

북한 리더십 혁신에 주는 시사점

1. '결합'의 자아 발전 방식

미국 워싱턴대학교 중국 정책 연구 센터의 션다웨이(沈大偉) 센터장은『중국공산당: 간결과 적응』이란 책에서 중국공산당이 해외 정치적 경험을 자국의 실정과 결합하여 통일된 혼합 체제를 형성해가고 있다고 하였다. 중국 정치는 동아시아 신권위주의, 소련 레닌주의, 서유럽 사회민주주의(Social Democracy), 남미의 협동조합주의(Corporatism) 등 유용한 요소들을 모두 흡수하고 여기에 중국의 전통적 문화특징을 지닌 레닌주의와 결합하였다는 것이다.[1] 중국이라는 거대한 나무는 중국의 전통 문화에 뿌리를 두고 중국의 특색이 줄기가 되었으며 다른 나라의 선진 경험이 가지가 되었다는 비유가 매우 적합하다고 생각한다. 이런 체제는 적응력과 탄력성이 우수하여 성장 잠재력이 매우 크다. 전통 레닌주의, 공산주의, 소련 방식에서 다시 태어난 중국공산당은

---

1) David Shambaugh, *China's Communist Party: Atrophy and Adaptation*, University of California Press, 2008. 천쉐밍 외, 앞의 책, 171쪽 재인용.

이미 현대적인 요소를 융합하였다. 소련 레닌주의의 흔적이 아직 남아 있지만 중국공산당 '제2차 혁명'의 리더십 혁신을 통해 당내 민주와 기초층 민주가 성장하고 있고 중국 전통 유가(儒家)의 '현인(賢人)정치' 이념을 강조하면서 현대적인 '선한 통치(善治)'도 표방한다. 이러한 리더십 혁신을 통해 전통과 현대가 결합된 정치 발전 경험은 북한 등 레닌주의 정당 국가에도 좋은 본보기가 될 것이다.

개발도상국에 있어서 경제 발전은 정치 동요를 흔히 야기하곤 한다. 정치 동요는 또한 경제 발전을 제약한다. 이런 '발전'과 '안정'이 서로 공존할 수 없는 상황은 현대화로 인한 정치, 경제, 문화 영역의 체계적 변화가 전통적 사회 구조와 관념에 강력한 충격을 일으키기 때문이다. 아랍국가에서 빈번하게 일어나는 종교 충돌, 사회적 불안정은 이들이 현대화 건설을 매진하는데 걸림돌이 된다. 이는 앞서 언급한 경우와 비슷한 사례이다. 북한 등 대다수 개발도상국에 있어서 이는 현대화 추진 중에 전통과 현대의 관계를 어떻게 처리하고 자기 나라의 과거, 현재, 미래를 어떻게 전면적으로 인식하며 어떻게 리더십 혁신을 통해서 '자아진화'의 과정을 계속 추진할 것인지에 관계된다.

일부 학자들은 중국특색 사회주의 성공의 경험을 '결합'이라는 한마디로 결론짓는다. 마르크스주의 기본 원리와 중국의 실천, 시대적 특징을 결합하고 중국 경험과 세계 경험을 결합하며 당대 중국 사회주의 문화와 중화민족 전통 문화를 결합한 것이다.[2) 이 세 가지 '결합'은 미래 북한의 리더십 혁신에 유익한 교훈이 될 것이다.

하나, 국가의 실정과 마르크스주의의 결합이다.

1984년 덩샤오핑이 「중국특색 사회주의 건설」이라는 글에서 "우리

---

2) 위커핑(兪可平), 『글로벌화 시대의 사회주의(全球化時代的社會主義)』, 중국 중앙번역출판 사(中央編譯出版社), 1998, 67쪽.

는 마르크스주의를 견지하고 사회주의 길을 견지하겠다. 그러나 반드시 중국의 실정과 결합된 마르크스주의여야 하며 중국의 실제와 결합된 중국특색 사회주의 길이어야 한다."라고 말하였다.[3] 북한도 이처럼 자신만의 사회주의 길을 걷는 동시에 국가 정세와 결합하고 실제와 결합하여야 하며 맹목적인 모방과 고착화를 경계해야 한다.

중국특색 사회주의 발전 과정을 돌아보면 역대 지도자들은 마르크스주의를 중국 문제 해결에 어떻게 적용하고 공허한 행보를 피할 것인지에 대해 언제나 고민하였다. 마오쩌둥은 "마르크스주의의 보편적인 진리와 중국 혁명의 구체적인 실천을 반드시 결합하여야 한다. 이는 이론과 실천을 통일한다는 의미이다……사상은 객관적인 사실을 반드시 반영해야 하며 객관적인 실천을 통해 검증되어야 한다. 증명이 곧 진리이다. 이것이야말로 진리이다. 그렇지 않은 것은 모두 거짓이다."라고 말한바 있다.[4] 진리에 대해 논한 후 덩샤오핑은 "마르크스주의를 중국의 구체적인 행동과 서로 결합한다"라고 하였다.[5] 당시 소련 공산당 중앙 서기였던 고르바초프를 접견 시, 그는 또한 "진정한 마르크스 레닌주의자는 반드시 현재 상황에 따라 마르크스 레닌주의를 인식하고 계승하며 발전시켜야 한다……새로운 사상, 관점 없이 계승, 발전만 하면 진정한 마르크스주의자가 아니다."라고 강조하였다.[6]

북한의 개혁개방 과정을 보면 '우리식 사회주의', '실리 사회주의' 이념을 제기하였는데 어느 정도 북한 자국의 실정과 마르크스주의의 결합을 시도한 것 같다. 그러나 이는 북한 체제의 개혁을 정당화하는 이데올로기로서 공식화되었으며, 개혁개방의 추진과 함께 "사회생활

---

3) 덩샤오핑, 『덩샤오핑 문선』(제3권), 중국인민출판사, 1993, 63쪽.
4) 마오쩌둥, 『마오쩌둥 문집』(제7권), 중국인민출판사, 1999, 90쪽.
5) 덩샤오핑, 앞의 책(제3권, 1993), 191쪽.
6) 덩샤오핑, 위의 책(제3권, 1993), 291-292쪽.

의 모든 분야에서 더욱 든든히 모기장을 쳐야 한다"고 강조하였다. 그리고 그 상징적 표현으로서 '실리 사회주의'는 곧 '강성대국-우리식 사회주의' 건설을 위한 '21세기-김정일 시대'의 경제 전략으로 제기되었다.[7]

그러나 덩샤오핑이 "우리의 모든 개혁의 최종적 성공여부는 정치체제의 개혁에 달려 있으며, 경제 체제 개혁이 잘 이루어지지 못하는 것은 이러한 장애에 부딪혔기 때문이다"라고 언급했듯이,[8] 경제 체제 개혁과 경제 발전에 따라, 북한 지도자의 리더십 혁신을 통해 적당한 정치 체제 개혁도 요구한다. 그런데 북한의 지도자들이 '실리 사회주의'를 제창하고, 경제에서 새로운 방식을 도입하더라도 정치, 사상적 변화와 수정에 대해서는 극히 부정적임을 알 수 있다.[9] 이는 진정한 국가 '실정'과 마르크스주의의 결합이라고 할 수 없으며 향후에 북한의 지도자들이 리더십 혁신을 통해 전면적인 개혁개방을 추진할 수밖에 없을 것이다.

둘, 세계 경험과 본국 경험의 결합이다.

영국 역사학자 아놀드 조셉 토인비(Arnold Joseph Toynbee)는 "서구 옵저버는 중국이 스스로 서구의 탄력적이고 뜨거운 불길을 자신의 보수적이고 안정적인 전통문화와 융화할 가능성을 결코 무시해서는 안 된다.", "만약 중국이 사회와 경제 전략의 선택에 있어서 새로운 길을 개척할 수 있다면 자신과 세계에 큰 선물이 될 것이다. 이 선물은 현대 서구 국가의 활력과 전통 중국의 안정이 결합된 작품이다."라고 하였다. 영국 철학가 러셀(Bertrand Russell)은 「중국 문제(The Problem of China)」

---

7) 정영철, 앞의 책, 180쪽.
8) 덩샤오핑의 진술 중, 방찬영, 『기로에 선 조선민주주의 인민공화국』, 서울: 박영사, 1995, 283쪽. 정영철, 위의 책, 180쪽 재인용.
9) 정영철, 앞의 책, 180쪽.

라는 저서에 "나는 중국인이 서구 문명의 장점을 자유롭게 흡수하고 단점을 버린다면 중·서 문명의 장점이 어우러진 찬란한 업적이 탄생할 것이라고 믿는다."라는 글을 썼다.[10] 중국은 아직 현대 의미에서의 민족국가가 아니다. 이를테면 민족국가로서의 중국은 현대적 전환을 아직 철저히 완성하지 못한다. 따라서 향후에는 중국이 만약 중국 특색의 길을 걸어야 한다면 이는 시장 경제와 중국 전통 정치 문화의 조화가 관건이다.[11]

마찬가지로 독일 하노버(Hannover) 대학교 사회철학자 오스카 네크트(Oskar Negt)는 공자 공공 윤리의 영향과 중국의 현대화 과정을 연계하여 중국특색 사회주의가 구현한 정치 민주 방식을 이해하였다.[12] 대부분의 서구 사람들과 달리 그는 중국이 특수한 민주를 실현할 것이고 이 민주가 단순히 서구 자본 계급 민주를 추상적으로 복제한 것이 아니라 '공자의 공공 윤리'의 영향을 받을 것이라고 믿었다. 왜냐하면 어떤 복제라도 오래 지속되지 못하고 서로의 참고와 결합을 통해서야 진화의 길을 지속적으로 걸어갈 수 있기 때문이다. 따라서 리더십 혁신의 과정에서 세계 경험과 본국 경험을 서로 결합하는 동시에 맹목적이고 추상적으로 복제하지 않는 경험은 북한에 대해 거울로 삼아 참고할 만하다.

셋, 본국 전통 문화와 사회주의 문화의 결합이다.

중국은 '중국특색 사회주의'를 발전시킬 때 중화민족 전통 문화의 정수를 흡수하였고 중화 민족의 특색을 뚜렷하게 드러냈다. '조화로운

10) 차오웨이둥(曹衛東), 『권력의 타인(權力的他者)』, 중국 상하이 세기출판집단(世紀出版集團), 2004, 71쪽.
11) 차오웨이둥, 위의 책, 70쪽.
12) Oskar Negt, *Modernisierung im Zeichen des Drachen China und der europaische* Mythos der Moderne, Steidl, 2007. 천쉐밍 외, 앞의 책, 188쪽 재인용.

사회' 사상에서 중화 전통 문화의 '화(和)' 사상의 정수를 느낄 수 있으며 '인본주의', '민능재주, 역능복주(民能載舟, 亦能覆舟)'13) 역시 유구한 역사의 민본 사상을 구현한다. 중국공산당 17대 보고에서는 중화 전통 문화의 중요한 내용들을 강조하였다. "중화 문화는 중화 민족이 노력하고 발전시키며 단결하여 나아가는 동력이다", "전통 문화를 인식하고 그 정수를 취하며 그릇된 점을 버려 사회와 서로 적응하고 현대 문명과 조화를 이루며 민족성 유지와 시대성 구현을 실현해야 한다."14)

후쿠야마는 중국 발전 방식의 뿌리를 중화 전통 문화 특히 전통 정치 문화에 두었다. 이런 전통은 서구 전통 정치 문화와 비교하면 나름대로 특색을 지니고 서구가 따라잡을 수 없는 역사적 문화 특징이 있다. ① 강대한 중앙 집권 국가 기관과 군대를 중앙 정부가 장악하고 유럽처럼 봉건 영주 혹은 교회의 지배를 받지 않는다. ② 공정하고 보편적인 고시(考試) 제도로 행정 관료를 선발하며 서구나 중동 국가처럼 세습하지 않는다. ③ 정치가 국민에 대해 책임을 지고 '민본주의'를 구현하며 정치가가 도의적인 책임을 다한다. 서구처럼 특권 계층 내부에서 권력을 분배하지 않는다. 이러한 정치 문화 전통은 중국이 역사적으로 장기 통일과 안정을 유지할 수 있도록 하였고 인류 현대화 단계마다 긍정적인 의미를 보였다. 중국 전통 문화와 북한 전통 문화의 유사성과 공통성을 감안하여 북한도 미래 발전 방식을 자신의 전통과 결합하면 북한만의 특색 있는 사회주의 문화를 형성하고 장기적이고

---

13) 민능재주, 역능복주(民能載舟, 亦能覆舟)란 백성은 배를 띄울 수도 있고 뒤집을 수도 있다는 뜻이다.
14) 후진타오, 『중국특색 사회주의라는 위대한 깃발을 높이 들고 전면적인 샤오캉 사회 건설을 위하여 노력하자-중국공산당 제17차 전국대표대회에서의 보고(高擧中國特色社會主義偉大旗幟爲奪取全面建設小康社會新胜利而奮斗－－在中國共産党第十七次全國代表大會上的報告)』, 중국인민출판사, 2007, 35쪽.

안정적인 발전을 이루어 '자아진화'를 실현하리라 믿는다.

북한 발전 방식의 사상과 이념을 돌아보면 1948년 건국 이래 큰 변화 없이 단지 복잡하고 변화무쌍한 국제 국내 정세에 따라 마르크스 레닌주의, 주체사상, 김일성주의, 선군사상, 김일성-김정일주의 등 지도사상만 적시적 제기해왔다. 북한의 발전 사상은 포용성과 융합성이 결여되고 특히 서구 선진 사상과 선진 문화에 대한 태도는 더욱 그렇다. 이는 북한 체제 자체가 폐쇄적이기 때문일 뿐 아니라, 장기적으로 미국 등 서구 국가의 제재를 받아 왔기에 때문에 북한은 대담하게 앞을 향해 발을 내디디지 못하게 되었다. 그러므로 북한 정치 체제의 매우 큰 변화는 아직까지 가능성이 적다. 필자는 설령 미래 북한이 급진적인 개혁개방을 추진한다 하더라도 주체 사상을 부정하는 지도 사상이 나타나지는 않을 것이라 생각한다. 주체 사상은 '북한식' 사회주의 주체성과 민족성을 구현하고 강화하는 사상적 기초이자 생명이기 때문이다. 그렇지만 만약 북한은 중국처럼 리더십 혁신을 통해 '자아진화'의 길로 들어서려면, '북한식' 사회주의 특색을 견지하고 북한 전통 문화와 결합하는 것 외에, 세계의 경험 특히 서구 선진 사상과 선진 문화를 배우고 흡수시키는 것도 매우 필요할 것이다.

2. 실무 지향, 실사구시의 집정 이념

중국은 전통 사상 문화와 외래 사상 문화에 대한 정확한 이해와 대처를 통해 자신만의 독특한 사상 문화를 형성하였다. 북한 등 제3세계 국가에 진정으로 강렬한 영향을 줄 수 있는 것은 이런 독특한 사상 문화 자체와 이를 기초로 형성한 리더십 혁신에 관련된 사고방식일 수 있다. 현재 중국에 광범위하게 유행하고 있는, 일정한 사상 문화에 기초한 사고방식을 이해하지 못하면 중국의 리더십 혁신 경험 중에서 진정한 시사점을 얻을 수 없을 것 같다. 향후에 북한의 리더십 혁신에 있어서 가장 의미 있는 사고방식은 아마 실무 지향, 실사구시의 집정 이념일 것이라고 할 수 있다.

중국에는 '실사구시'의 전통이 있다. 학문에 대한 성실한 자세 외에도 실무에서 효율을 중시하고 자신의 행동으로 사물의 이치를 밝힌다. 이런 '실사구시' 사상 문화 전통은 최근 40년 동안 이루어진 중국공산당의 '자아진화' 과정에서 더욱 발양되었다. 그리하여 실무 지향의 전통은 중국인의 보편적인 사고방식이 되었다. 중국 모델 전문가인 장웨이웨이(張維爲)는 '중국의 길' 8대 특징을 종합할 때 '실천 이성(實踐理性)'을 최대 특징으로, 세계에 영향을 미칠 중국의 8대 이념을 정리할 때 '실사구시'를 최대 이념으로 손꼽았다.[15] 이런 견해는 어느 정도 일리가 있다. 중국공산당은 리더십 혁신을 추진하는 과정에서 '실천은 진리를 검증하는 유일한 기준'이라는 이념으로 개혁개방의 길을 걸어왔다. 이 말은 표면적으로는 공허한 철학적 표현으로 보이나 사실 영역이 넓고 효용 가치가 큰 원칙이라고 할 수 있다. 이 원칙은 중국을 '자아진화' 과정에서 수많은 정치와 경제적 함정으로부터 구해주었다고 해도 과언이 아니다. 그리고 실무 지향, 실사구시의 집정 이념을 통해서 중국이 과거 사상적 이론이나 이데올로기에 갇히지 않고 시대와 지리적 한계를 넘어서 폭넓은 경험과 장점을 배우도록 해주었다.

일부 해외 학자들은 '실용주의'라는 단어로 중국공산당 '자아진화'의 사상 문화 특징을 정의내리고자 한다. 일본 학자인 와타나베 토시

---

15) 장웨이웨이(張維爲), 『중국 쇼크: '문명형 국가'의 부상(中國震撼: 一个"文明型國家"的崛起)』, 상하이 인민출판사, 2011, 140쪽.

오(watanabe toshio)는 덩샤오핑 개혁의 가장 큰 특징으로 '실험성 실용주의'라고 하였다.16) 독일 학자 토마스 헤베러(Thomas Heberer)는 '이데올로기가 점진적으로 실용주의로 대체되고 있다'는 것을 중국이 사회변혁을 실시하는 가장 중요한 내용으로 바라보았다.17) 중국공산당이 국민의 아름다운 생활 보장을 위하여 '검은 고양이나 흰 고양이나 쥐를 잡는 고양이가 좋은 고양이다'라는 덩샤오핑의 명언에 따라서 리더십 혁신을 하였다고 할 수 있다. 서구 학자들은 덩샤오핑의 이 말을 실질적으로 "목적은 수단의 정확함을 증명할 수 있다"라는 의미로도 해석할 수 있으며, 이는 "유럽과 미국에서 유행하는 실용주의와 차이가 없다"고 본다.18) 이들은 지금 중국의 실무 지향의 사고방식과 서구의 실용주의를 동일시하였다는 것은 물론 완전히 맞는 해석이 아니지만, 중국이 기존의 정치적 낭만주의에서 이미 벗어났다는 사실을 잘 표현하였다. 중국공산당의 실무 지향, 실사구시의 집정 이념은 북한 리더십 혁신에 있어서 다음과 같은 네 가지 측면에서 시사하는 바가 있을 것 같다.

첫째, 중국공산당 '제2차 혁명'의 리더십 혁신 과정에서 숭상하는 실무 지향의 사고방식은 '제도의 실험'으로 구체적 나타났다. '생태 문명의 추진'이나 '공급 구조의 개혁'과 같은 중국 경제 발전 모델 전환의 최고 경험은 바로 '돌다리를 두드려 강을 건너는 방식'의 제도적 실험이다. 이는 '자아진화' 과정의 각 영역과 시기에 모두 나타났다. 중국의 점진식 경제 발전 모델 전환의 본질적 특징은 독립국가연합(CIS)과 동유럽 국가에 비하여 제도적인 실험을 진행하였다는 것이다.

---

16) 쉬제자이, 앞의 논문, 44쪽.
17) Thomas Heberer, *Reviewing of Several Problems of China's Development Model*, 『당대 세계와 사회주의(当代世界与社會主義)』, 2005, 제5기. 쉬제자이, 앞의 논문, 44쪽 재인용.
18) 쉬제자이, 앞의 논문, 43쪽.

중국이 성공할 수 있었던 것은 '발전의 공감대+필요한 정부 집행력+정치적 경쟁+효과적인 자극+제도적 실험'이 있었기 때문이다.[19] 그중 중국을 잘못된 정책 실천에 빠지지 않도록 인도한 '제도적 실험'이 가장 중요하다고 할 수 있다.

둘째, 실무 지향, 실사구시의 집정 이념은 '개방성'으로도 구현되었다. 즉, 글로벌화 배경에서 인력 자원 등 우세를 충분히 활용하고 경제 발전을 이룬 것이다. 중국의 대외 개방은 마침 다른 나라가 노동 집약형 경제 활동을 해외로 돌리던 시점과 맞았다. 중국은 글로벌화라는 세계적 추세를 어떻게 이용할지, 자본과 상품에 대한 세계적 유통을 어떻게 이용할지, 그리고 세계로 융화되어 새로운 글로벌 노동 분업 과정 속에서 어떻게 자신의 위치를 확보할지에 대해서, 충분히 판단하고 파악하였다. 리더십 혁신을 통해 추진했던 이런 개방성 정책들은 농후한 실용주의 색채를 띠고 있으며 강한 탄력성도 가졌다.

셋째, 실무 지향, 실사구시의 집정 이념은 '기회 포착'으로도 나타난다. 중국 경제의 실용주의 특징을 분석할 때 영국대사관 국제 개발부 '중·영 지속적인 발전 대화'의 기획 조정관 Leo Horn은 중국의 개혁은 특정한 이성에 집착하지 않고 고정 이데올로기의 제한을 받는 경제 발전 방식을 피하였다고 강조하면서 그 경제적 최대 성공 요인은 기회 포착이었다고 지적하였다. 중국이 고정된 길을 걷지 않고 실천을 통해 학습하며 탄력적으로 예상치 못한 결과와 사건에 대응하면서도 기회를 기다리고 기회를 만들어내며 실효성에 주목하였다는 것을 알 수 있다.[20] 브라질의 저명한 국제 문제 전문가 Procopio는 역시 실무

---

19) 루밍(陸明), 「적합한 제도, 경제 성장, 발전 균형: 중국의 대국으로서의 발전의 길과 세계적 의미(適宜制度, 經濟增長与發展平衡: 中國的大國發展道路及其世界意義)」, 『학술월간(學術月刊)』, 2008, 제6기, 25쪽.
20) Leo Horn, *China Developed by Luck, not Planning*, 2008.6.27.(http://www.thomascrampton.c

지향이 중국의 발전에 중요한 역할을 하였고 중국이 열악한 조건을 자신에게 유리한 조건으로 전환할 수 있게 했다고 평가하였다.[21]

넷째, 실무 지향, 실사구시의 집정 이념은 '자국의 실정에 부합하는 사회주의 제도'를 견지해야 한다. 20세기 세계 시스템의 중요한 특징은 자본주의와 사회주의 양대 진영의 대립이었다. 두 사회 제도의 공존은 경쟁이건 흡수와 학습이건 모두 인류 문명을 진보시켰다고 할 수 있다. 만약 사회주의가 일부 서구 학자와 정치가들의 예언 혹은 기대대로 역사 속에서 사라졌다면 세계 미래는 어떻게 변했을까? 덩샤오핑은 중국의 사회주의 견지는 중국의 실제 수요 때문이라고 말한 바 있다. 만약 개혁 실험이 성공한다면 세계에 중요한 기여를 할 것이다.[22] 마찬가지로 북한의 개혁에도 시사점을 던져줄 것이다.

그러므로 영국 학자 자크(Martin Jacques)는 40년의 중국공산당 리더십 혁신이 거둔 성과에 긍정적 평가를 보내고 이런 효과적인 제도에서 중국이 현대 역사에서 가장 위대한 경제 개혁을 이루어냈다고 여겼다. 중국 정부는 능력 있고 전략적 눈으로 사고할 수 있으며 실무와 시도에 능하다. 그는 "세계 주요 강국으로 부상하는 중국이 서구과는 전혀 다른 정치 방식과 범례를 만들어 갈 것이다."라고 생각하였다.[23] 최고지도자 리더십 혁신을 통해 발전해 온 중국특색 사회주의는 향후에는 일종의 평화 발전의 국제 전략을 이용해서 세계 다른 나라와 공동 발전 속에서 그리고 다른 문명과의 조화 속에서 자신의 사회주의

---

om/china/Leo-horn-hathanothai-china-developed-by-luck-not-planning/, 2018.12.12.)

21) Procopio, 「중국, 세계의 모범이 되다(中國爲世界提供了樣本)」, 중국신화망(新華網), 2009.9.7.(http://www.xinhuanet.com/, 2018.12.12.)

22) 덩샤오핑, 『덩샤오핑 문선』(제3권), 중국인민출판사, 1993, 135쪽.

23) 마틴 자크(Martin Jacques) 저, 장리(張莉), 류취(劉曲) 역, 『중국이 세계를 통치할 때: 중국의 부상과 서구의 몰락(当中國統治世界 : 中國的崛起和西方的衰落)』, 중국중신출판사(中信出版社), 2010, 314쪽.

현대화를 발전시켜야 한다. 이 역시 미래 북한의 발전에 중요한 시사점을 던져 준다.

따라서 북한 정치 체제 개혁과 사회주의 현대화 건설에 있어서 북한 노동당은 실무 지향의 자세를 가지고 국제 사회의 실제와 자국의 수요를 결합하는 것이 바람직하다. 또한 실사구시의 자세를 가지고 자발적이고 창조적으로 실천하고 종합하며 다시 실천하는 것도 바람직하다. 예를 들어 한반도에너지개발기구(KEDO: The Korean Peninsula Energy Development Organization)는 경수로건설과 중유공급을 통하여 북한으로 하여금 남한과의 건설적인 관계를 구축하고, 북미간과 북일간의 관계 정상화를 이루며, IMF, 세계은행, 아시아개발은행(ADB) 등의 국제 통화, 금융기관 등 보다 광범위한 범위로 관계를 맺어 주기 위해 노력하고 있다.[24] 북한은 이점을 인정해야 하고 실무 지향과 실사구시의 자세를 가지고 수십억 달러가 투입되는 경수로건설사업을 통해 서구 건설사업의 기술, 경영, 훈련 등 갖가지 분야에서 온갖 노하우를 익히고 건설사업뿐만 아니라 여러 경제 분야 전반에 걸쳐서 북한 경제의 근대화로 이어질 것이다. 이렇게 되면 북한은 자연히 개혁개방의 길로 들어서게 될 것이다.[25]

이와 동시에 한국과 국제 사회는 현 단계에서 북한에 대해 두 가지 방식의 '제한적' 정책을 펼칠 만하다고 생각한다. 하나는 북한에 대해 '제한'적인 제재를 가하고 북한에 대한 새로운 제재 방식을 다시 모색할 필요가 있다. 다른 하나는 북한에 대한 '제한'적인 지원을 한 걸음 한 걸음 회복하여 고난 극복을 돕는 것이다. 그리고 북한 역시 실무적

24) 백학순, 「한반도에너지개발기구(KEDO): 이익, 제도, 성과」, 『"북한문제"의 국제적 쟁점』, 세종연구소, 1999, 119-120쪽.
25) 백학순, 위의 책, 120쪽.

으로 국제 사회의 소통, 교류, 협력하고 과감한 모색과 진지한 노력으로 정치 체제 개혁과 사회주의 현대화 건설을 지속적으로 추진해야만 한반도 나아가 동북아 지역의 평화, 번영, 발전을 촉진하고 실현할 수 있다.

3. 균형, 혁신, 자아 수정의 진화 의식

중국공산당의 '제2차 혁명'은 경제 체제 및 관련 체제의 개혁을 통해 사회 각 방면의 적극성을 불러일으켰고 사회 생산력의 발전을 촉진하였으며 사회 전체 관계와 사회생활의 심각한 변화를 일으켰기 때문에 새로운 '혁명'이라고 할 수 있다. 그렇지만 이 '혁명'의 길의 특징은 편파적이거나 극단적인 길을 가지 않고 흔들림 없이 안정적인 개혁의 길을 걸어 왔다는 것이다. 이 때문에 중국은 빠르게 부상할 수 있었다. 물론 중국의 부상은 새로운 갈등과 문제를 야기하였지만 중국 국민들이 '화해중도(和諧中道)', '화이부동(和而不同)'의 이념으로 지혜롭게 극복하였다고 할 수 있다. 이는 역사적으로 중국이 방대하고도 복잡한 사회를 통치할 때 늘 견지해왔던 신념이었다.[26]

리더십 혁신을 통해 추진해 온 '자아진화' 과정에서 중국공산당은 전통적인 '중도(中道)' 사고방식을 최대한 발휘하였다. 이는 북한의 리더십 혁신에 있어서 어느 정도 참고할 만한 가치가 있다고 본다. '중도'란 '평등', '균형', '결합', '공존', '화해'를 매우 중시한다. 지금 중국인의 사고방식과 서구에서 유행하는 사고방식은 근본적으로 다르다

---

26) 장웨이웨이(張維爲), 앞의 책(2011), 141쪽.

고 해도 과언이 아니다. '중도'란 사고방식은 중국에 다음과 같은 세 가지 유익한 변화를 가져왔다. 첫째, 개인의 이익과 자본의 자유를 과도하게 강조하는 자본주의 경제 제도에 비하여 중국은 '결합'을 특징으로, '균형'을 실현 매커니즘으로 사회 전체와 개인의 상호 조화를 위하여 제도적으로 지원한다. 둘째, 자본주의는 대립, 견제, 적자생존의 정치 제도를 강조하지만 중국은 마음의 일치, 공동 발전을 특징으로 하는 제도를 설계하고 전통 가족 국가 체제라는 거대한 사회 응집력, 균형, 재생력을 계승하고 발양하였다. 셋째, 생존 경쟁을 강조하는 자본주의와 달리 중국은 '조화로운 공존' 제도로 전통적인 지혜를 이어가고 사물의 발전 규칙에 부합하며 시대 변화에 발맞춘 심리적 공감대, 행위적 이념, 핵심 가치관을 양성하였다.

중국공산당 리더십 혁신 과정에서 과학발전관이 중국특색 사회주의의 골자로 제기된 이후 그 본질과 의미는 '전면적이고 조화로운 지속 가능한 발전'을 모색하는 기본 발전 전략이었다. 이는 발전 전략에 대한 '균형'의 진화 의식의 적용이다. 중국 지도자는 '조화로운 사회'를 중국특색 사회주의의 본질적 속성으로 규정하고 중국특색 사회주의와 조화로운 사회 건설의 연결성을 재차 강조하였다. 물론 '균형'의 진화 의식 없는 '조화로운 사회'는 실현 불가능하다. 중국은 아직 현대화로 걸어가는 과정이며 이 과정에서 두 마리 토끼 중 하나만 잡아야 하는 난감한 상황에 부딪히곤 한다. 이런 상황에서도 중국이 궁지에 몰리지 않고 굳건히 목표로 삼은 길을 걸어갈 수 있는 이유는 지도자가 '균형' 있는 의식을 잃지 않고 대립된 양자의 '균형'을 유지하며 대립 속에서 '균형점'을 찾아 왔기 때문이다. 예를 들면 중국공산당의 리더십 혁신 과정에서 생산력 발전을 위하여 자본을 충분히 이용해야 하지만 환경 보호를 위하여 자본을 어느 정도 제한해야 한다. 그리하여 리더십 혁신은 자본 이용과 자본 제한 사이에서 '균형'을 유지하였으며 경제 발전과 환경 보호 사이에서 '균형점'을 모색해왔다. 그러므로 북한이 미래에 걸어야 할 길은 중국의 '화해중도'와 '균형' 의식에서 그 지

인류 사회 현대화 과정을 보면 중국 현대화는 서구만큼 길지 않았다. 18세기 영국 산업혁명부터 시작하여 서구 국가의 현대화는 200년의 역사를 자랑한다. 그러나 '양무운동(洋務運動)'27)이 상징하는 중국 근대화는 100년에 불과하다. 게다가 100년의 대부분을 동요와 전쟁으로 소모했다는 점을 감안하면 중국의 현대화가 걸어온 시간은 '제2차 혁명' 이후 40년으로 매우 짧다. 서구의 현대화는 수백 년 동안 적지 않은 갈등과 모순에도 불구하고 눈부신 성과를 거두었다. 이러한 성과와 교훈은 중국에 있어서 가치를 따질 수 없이 소중한 경험이자 자산이라고 할 수 있다. 그렇다고 해서 이것이 중국이 반드시 서구를 모방해야 한다는 의미는 아니다. 중국은 자신만의 현대화 발전과 건설 중 서구의 경험과 자국 실정의 결합을 매우 중요하게 생각하였고 체제의 '혁신'에 큰 힘을 기울였다.

'혁신'은 지금 중국에서 가장 많이 입에 오르내리는 단어이며 '혁신 추구'는 지금 중국에서 가장 특징적인 진화 의식이라고 해도 과언이 아니다. 미국 조슈아 쿠퍼 라모(Joshua Cooper Ramo)가 제기한 '베이징 컨센서스(Beijing Consensus/北京共識)'28)는 '개발도상국을 어떻게 조직할 것인지에 관한 세 가지 진리'이다. 그가 말하는 첫째 진리는 '혁신'의

---

27) 양무운동, 자구운동 혹은 자강운동이라고도 불린다. 1860년대부터 1890년대까지 중국 양무파가 서구의 군사 장비와 기계 설비, 과학 기술 수용을 통해 청나라를 구하고자 했던 움직임으로 전기에는 '자강(自强)'을, 후기에는 '구부(求富)'를 슬로건으로 내세웠다.
28) 라모는 미국 타임즈 잡지 해외 보도 편집장을 역임하였다. 최초의 연구는 남미 국가의 경제 발전 방식이었으며 소위 '워싱턴 컨센서스'라 불린다. 이런 특수한 학술적 배경으로 중국 발전 방식 연구 시 '베이징 컨센서스'와 '워싱턴 컨센서스'의 비교를 치중하였다.

가치를 새롭게 포지셔닝하여 '혁신'을 통해 개혁의 마찰과 손실을 줄이는 것이다.[29] 라모의 이런 견해에 따르면 중국공산당 리더십 혁신을 통해 추진하고 있는 '자아진화'의 핵심 내용이 자발적인 '혁신'이라고 할 수 있다.

중국공산당은 중국의 국가 정세가 독특하고 중국 발전을 위해 직면하고 있는 내외적 환경도 독특하다고 판단하였다. 그리하여 사회주의 국가들이 취했던 전통의 소련 방식이나 자본주의 국가가 창도한 미국 방식, 라인 방식(Rhineland Capitalism) 등은 모두 중국에 부합하지 않는다는 것을 잘 알고 있다. 그러므로 중국공산당의 리더십 혁신 과정에서는 과감하고도 혁신적으로 자국 국정과 사회주의 발전의 현실, 글로벌화, 정보화의 시대적 특징을 결합하고 선진국 발전 방식의 경험을 흡수하여야 자신에게 맞는 방식을 찾을 수 있다.[30]

'제2차 혁명'의 리더십 혁신 과정에서 장쩌민은 "혁신은 민족 진보의 영혼이며 국가 발전의 동력이자 정당에 생기를 불어넣는 원천이다."라고 하였다.[31] 수십 년 동안 중국의 대담한 시도 정신은 과거를 몰아내고 새로움을 창조하였으며 용감하고 과감한 실천으로 세계 특히 북한 등 제3세계 국가의 리더십 혁신에 교훈을 남겨주었다. 즉, '혁신형' 집정당과 '혁신형' 국가만이 자국 국민의 적극성을 고취하고 복잡한 정세에 대응하며 새로운 국면을 개척함으로써 국가의 '자아진화'의 길에 활력을 불어넣을 수 있다는 것이었다.

---

29) 장헝쥔(張恒軍), 「'베이징 컨센서스'와 '워싱턴 컨센서스'에 대한 비교: 중국모델과 남미모델의 각도에서("北京共識"与"華盛頓共識"之比較: 一种中國模式与拉美模式的視角)」, 『당대교육포럼(当代教育論壇)』, 2005, 제4기, 126쪽.
30) 창종야오(常宗耀), 「중국특색 사회주의 길이 갖는 세계적 의미에 관하여(關于中國特色社會主義道路的世界意義)」, 『이론 탐색』, 2008, 제4기, 46쪽.
31) 장쩌민, 『장쩌민 문선』(제3권), 중국인민출판사, 2006, 537쪽.

한국 등 성공적으로 현대화를 실현한 동아시아 국가처럼 중국 역시 서구 현대화의 경험을 배워오기도 했다. 동시에 중국공산당은 자국의 정치체제와 특수 국정에 근거해서 지도자 리더십 혁신을 통해 외부의 관념이나 경험을 언제, 어디에서 어떻게 참고하고 흡수할 것인지에 대해 주도권을 가진다는 특징도 있다. '워싱턴 컨센서스'가 시장, 기업가 정신, 글로벌화에 주목하였던 점을 배우면서도 정부의 역할을 대폭 줄인 신자유주의 경제 정책을 크게 수정하였다.[32] 중국은 '자아 수정'의 진화 의식으로 실험적인 방식을 이용하여 체제와 정책의 혁신을 추진하고 전통적이고 경직된 체제와 방식의 굴레에서 벗어나 전면적인 변혁을 위한 기초를 다졌다.

이와 동시에 서구 현대화 방식과 자본주의를 대하는 태도 역시 북한이 참고할 만한 가치가 있다. 중국의 개혁개방은 중국 경제 발전, 정치 변화, 서구 경제의 글로벌화와 밀접하게 연계된다. 중국의 발전은 사실상 중국이 서구의 '게임의 법칙'에 따라 세계 질서로 흡수되는 과정이었다. 이러한 과정에서 중국은 서구에 상품을 팔고 서구는 중국에 사상과 제도를 전수하였다. 중국의 '자아진화'의 길은 독특한 방식으로 자본주의를 대하면서 자본주의를 목표로 삼지 않고 오히려 자국 목표 실현의 수단으로 삼았다. 자본주의 발전 원리를 융합하면서도 국가의 지도에도 따른다. 동시에 국가는 국민 생활수준의 향상을 항상 가슴에 깊게 새기며 합법성의 위기를 예방하면서 양성 순환 방식을 이루어내었다.

이러한 양성 순환 방식은 역시 북한의 리더십 혁신에 매우 중요한 지점을 제공하고 있다. 북한은 이 양성 순환 방식의 지도 사상 차원에

---

32) 베이징대학 중국과 세계 연구 센터, 「'인민공화국 60년과 중국 방식' 내부 학술 심포지엄 문집」, 2008.12.20, 162쪽.

서 균형, 혁신, 자아 수정의 진화 의식을 가지고 지속적인 리더십 혁신을 통해 미래 정치 체제를 점진적으로 혁신하고 이를 북한의 현실에 적용하면서 '북한식' 방식을 재해석하고 재창조할 수 있다. 그리하여 '북한식' 민부의 창출과 민생 문제의 해결, '북한식' 국가 능력의 강화와 정부 이미지의 수립, '북한식' 민주집중제와 책임감 있는 강한 정부, '북한식' 거버넌스와 능력 있는 효율 정부, 그리고 '북한식' 한반도 평화 통일의 해결 방안 등 실질적인 의미를 심화하고 발전시켜, '북한식' 리더십 혁신을 지속적으로 보완하고 추진하며 북한의 '자아진화'의 길을 통해 북한의 정치 안정과 경제 발전, 더 나아가 한반도의 평화와 번영을 추진하고 실현할 수 있을 것이다.

제8부

맺는말:
중국 '자아진화'의 길과 개발도상국

총괄적으로 보면 1978년부터 2018년까지 40년 동안 중국공산당의 개혁개방기는 정체 속에서 출발하였고 고난 속에서 전진하였으며 '돌다리를 두드리면서 강을 건너는 탐색'과 '최고지도자의 리더십 혁신'을 결합하면서 더욱 심화되었다. 이러한 과정은 제도나 조직 따위를 새롭게 뜯어고친다는 '개혁(改革, reformation)'의 특징은 물론, 이전의 제도와 거버넌스 방식을 근본적으로 변화시키고 심각한 사회 변혁을 일으킨다는 '혁명(革命, revolution)'의 요소도 포함하고 있다. 그리고 묵은 관습, 조직, 방법 따위를 완전히 바꾸어서 새롭게 한다는 '혁신(革新, innovation)'의 이념을 통해서 정치, 경제, 사회 등 여러 측면에서 점점 발달하여 간다는 '진화(進化, evolution)'의 과정이 이루어진다고 할 수 있다. 그러므로 중국공산당의 개혁개방기는 '제2차 혁명'이라고 불릴 수 있으며, 그의 최대 특징은 바로 최고지도자 '리더십 혁신'을 통해 실현한 '자아진화'의 길이다.

이 책 제3부부터 제6부까지는 중국공산당 최고지도자의 리더십 혁신을 중심으로 '제2차 혁명' 40년 동안 4명의 최고지도자가 이끌어왔던 '개혁개방'의 경험과 '자아진화'의 길을 분석하였다. 결론에서 필자는 중국공산당 대표대회와 역사적인 전환기마다 이루어진 이 4명의 리더십 혁신을 연구 종합하여 '제2차 혁명'이라는 중국 '자아진화'의 길을 정리해보겠다.

덩샤오핑은 1978년 12월 당 11대 3중전회(三中全會)에서 해방 사상과 실사구시 노선을 새롭게 확립하였다. 계급 투쟁을 최선으로 여겼던 오판을 멈추고 전당 사업의 착안점을 사회주의 현대화 건설로 전환하였다. 또한 이로써 개혁개방의 중대 결정을 실행하여 역사적인 위대한 전환점을 밟고 중국공산당 '제2차 혁명'의 '자아진화'의 과정을 시작한 것이다. 1982년 덩샤오핑이 당 12대 개막사에서 "마르크스주의의 보편적인 진리를 중국 실정에 접목하여 중국만의 길을 걷고 중국특색 사회주의를 건설하는 것이야말로 오랜 역사적 경험을 통해 얻은 결론이다"라고 발언하면서 '중국특색 사회주의'가 중국공산당의 '제2차 혁명' '자아진화' 과정의 새로운 실천 주제가 되었다.

중국공산당 12대부터 13대까지 중국 개혁개방과 현대화 건설이 추진되고 심화됨에 따라 덩샤오핑은 '사회주의란 무엇이며 어떻게 사회주의를 건설해야 하는가'에 대한 이론과 실천에 대해 깊게 생각하고 사회주의에 관하여 중요한 과학적 판단을 내렸다. 1984년 당 12대 3중전회(三中全會)는 「경제 체제 개혁에 관한 결정」을 발표하면서 사회주의 경제란 공유제에 기반한 계획적인 상품 경제라고 결론을 내렸다. 그 후 농촌 개혁부터 도시 개혁까지, 경제부터 각 방면 체제 개혁까지 대규모 역사가 펼쳐지고 새로운 지침과 더불어 이에 대응된 이론적 관점도 형성되었다.

1987년 10월, 중국공산당이 개혁개방 역사상 기념비적인 의미를 갖는 13대를 개최하였다. 이는 개혁개방 10주년이 다가오는 시점에서 열린 의미 깊은 대회였다. 여기에서 덩샤오핑은 당대 중국 역사의 방향과 사회주의 초급 단계라는 국가 정세에 대해 명확히 밝혔다. 이를 근거로 개혁개방 10년의 소중한 노하우를 결합하여 사회주의 초급 단계 기본 노선을 정하였다. 이와 동시에 중국공산당 13대는 사회주의 초급 단계의 실제에서 출발하여 '6가지 필수 원칙'을 통해 개혁 심화를 위하여 장기간 반드시 견지해야 할 정책 방침을 정하였다.[1] 이 '6가지 필수 원칙'은 개혁개방 10년 경험의 산물이었다. 특히 주목해야 할 것은 이 대회에서 덩샤오핑이 11대 3중전회 이후 실천에 기초한 이론 혁신을 '12가지 관점'[2]으로 정리한 것이다. 그리고 이 관점으로 중국특색 사회주의 이론의 윤곽이 잡혔다. 이로써 중국의 개혁개방을 위한 중국특색 사회주의 이론 지도 방침이 탄생하였다.

1992년 10월 중국공산당 14대에서 장쩌민은 '어떠한 당을 건설하고 어떻게 건설할 것인지'에 대해 고민하고 탐색하기 시작하였다. 장쩌민

---

1) '6가지 필수 원칙'이란 ① 역량을 집중하여 현대화를 건설해야 한다. ② 전면적인 개혁을 견지해야 한다. ③ 대외 개방을 견지해야 한다. ④ 공유제를 주체로, 계획적인 상품 경제를 발전시켜야 한다. ⑤ 안정적인 단결을 전제로, 민주 정치 건설을 위하여 노력해야 한다. ⑥ 마르크스주의를 지도 사상으로, 정신 문명 건설을 위하여 노력해야 한다는 6가지 필수 원칙을 말한다. 『13대 이후 주요 문헌 선집』(상), 중국인민출판사, 1991, 13-14쪽.
2) '12가지 관점'이란 ① 해방 사상, 실사구시, 실천이 진리를 검증하는 유일한 기준이라는 관점 ② 사회주의는 반드시 국가 정세에 맞게, 자신의 길을 통해 건설해야 한다는 관점 ③ 경제 문화가 낙후된 상황에서 사회주의 건설은 반드시 오랜 시간의 초급 단계가 필요하다는 관점 ④ 사회주의 사회의 근본적인 임무는 생산력 발전과 역량 집중을 통한 현대화 실현이라는 관점 ⑤ 사회주의 경제는 계획 상품 경제가 필요하다는 관점 ⑥ 개혁은 사회주의 사회 발전의 중요한 동력이며 대외 개방은 사회주의 현대화 실천의 필수 조건이라는 관점 ⑦ 사회주의 민주 정치와 사회주의 정신 문명은 사회주의의 중요한 특징이란 관점 ⑧ 4가지 기본 원칙과 개혁개방 원칙을 반드시 결합해야 한다는 관점 ⑨ '일국양제'로 국가 통일을 실현한다는 관점 ⑩ 집정당의 당풍이 당의 존망에 관계된다는 관점 ⑪ 자주 독립, 완전 평등, 상호 존중, 상호 불간섭 원칙에 따라 해외 공산당과 기타 정당과의 관계를 발전시킨다는 관점 ⑫ 평화와 발전이 당대 세계의 주제라는 관점을 말한다. 선바오샹(沈寶祥), 「덩샤오핑 이론의 과학 체계 연구 논평」, 『덩샤오핑 연구 기술(상권)』, 중공중앙문헌연구실, 2003.2.18, 55쪽.

은 이 대회에서 개혁개방 14년의 실천 경험을 종합하고 향후 나아갈
방향을 계획하였다. 장쩌민은 "14년 실천의 경험을 하나로 종합하면
중국특색 사회주의 건설을 당 기본 노선을 정하여 굳건하게 견지해왔
다는 것이다."라고 강조하였다.3) 1997년 9월 중국공산당 15대가 열렸
다. 장쩌민은 여기에서 개혁개방 실천에 기초한 덩샤오핑 이론의 역사
적 지위와 지도 지침이 갖는 의미를 형성하고 이를 당장(黨章)에 편입
시켰다. 장쩌민은 덩샤오핑 이론에 대해 평화와 발전이 시대 주제가
된 역사적인 배경에서 중국 개혁개방과 현대화 추진 중 사회주의 성
공과 좌절의 역사적 경험을 종합하고 다른 사회주의 국가의 흥망성쇠
를 거울로 삼아 점차 형성하고 발전해온 것이라고 평가하였다.4) 1998
년 12월 18일 중국공산당 개혁개방 20주년 대회에서 장쩌민이 '제2차
혁명' 20년의 성과에 대해 논하고 개혁개방의 역사적인 경험을 '11가
지 필수 원칙'으로 종합하였다.5) 이 11가지 기본 경험은 '3개 대표' 사
상의 내용이 되었으며 리더십 혁신을 통해 중국특색 사회주의 이론을
더욱 풍부하게 확대하고 발전시켰다. 2002년 11월 중국공산당이 신세
기 진입 후 첫 번째 전국대표대회인 당 16대를 개최하였다. 장쩌민은
이번 대회에서 1989년부터 2012년까지 13년의 개혁개방 경험을 체계

---

3) 『14대 이후 주요 문헌 선집』(상), 중국인민출판사, 1996, 14쪽.
4) 『15대 이후 주요 문헌 선집』(상), 중국인민출판사, 2000, 12쪽.
5) '11가지 필수 원칙'이란 ① 당의 마르크스주의 사상 노선을 반드시 견지한다. ② 반드시
전면적이고 정확하며 적극적으로 사회주의 초급 단계에서 집행당의 기본 노선을 관철한
다. ③ 반드시 역량을 집중하여 사회주의 생산력 발전을 최우선 목표로 정한다. ④ 반드
시 개혁개방을 견지한다. ⑤ 생산력 발전에 필요한 경제 제도와 경제 체제를 반드시 수
립하고 개선한다. ⑥ 중국특색 사회주의 민주 정치를 반드시 건설한다. ⑦ 물질 문명과
정신 문명의 공동 발전을 반드시 견지한다. ⑧ 안정 단결의 사회 정치 국면을 반드시 수
호하고 유지한다. ⑨ 중국 개혁개방과 사회주의 현대화 건설을 위하여 장기적이고 평화
로운 국제 환경을 반드시 쟁취한다. ⑩ 국민의 이익 수호와 최대화를 개혁과 건설의 출
발점으로 정하고 견지한다. ⑪ 반드시 당 지도를 견지, 강화, 개선한다라는 원칙이다. 『장
쩌민 문선 제2권』, 중국인민출판사, 2006, 250-262쪽.

적으로 종합하고 '10가지 견지'[6]로 정리하였다. 이 기본 경험과 중국 공산당 11대 3중전회 이후 점진적으로 형성해온 기본 이론, 기본 노선, 기본 강령은 새로운 역사적 출발점에서 중국특색 사회주의를 견지하고 발전시켰다.

2007년 10월 중국공산당 17대 보고에서 후진타오는 '어떠한 발전을 실현하고 어떻게 발전할 것인가?'라는 주제에 관하여 '과학발전관'을 제기한 시대적 배경, 과학적 의미, 실천 요구, 현실적 의의에 대해 면밀하게 설명하였다. 그리고 '10가지 결합'을 이용하여 개혁개방의 역사적 경험을 종합하였다.[7] 2008년 12월 18일 중국공산당 개혁개방 30주년 대회에서 후진타오는 '제2차 혁명' 30년의 성과를 논하며 2007년 중국공산당 17대에서 종합한 '10가지 결합'으로 개혁개방의 역사적인 경험을 정리하였다. 이 경험은 후진타오 '과학발전관'의 핵심이 되었

---

6) '10가지 견지'란 ① 덩샤오핑 이론을 지도 이념으로, 지속적인 이론 혁신을 견지한다. ② 경제 건설을 중심으로, 발전의 방법을 통하여 전진 과정에서 나타난 문제 해결을 견지한다. ③ 개혁개방을 견지하고 사회주의 시장 경제 체제를 개선한다. ④ 4가지 기본 원칙을 견지하고 사회주의 민주 정치를 발전시킨다. ⑤ 물질 문명과 정신 문명의 양수조(兩手抓)를 실현하고 의법치국(依法治國)과 의덕치국(依德治國)을 결합한다. ⑥ 안정을 모든 방침보다 우선시하고 개혁 발전 안정의 관계를 정확하게 조율한다. ⑦ 군대에 대한 당의 절대적인 지도를 견지하고 중국 특색의 강하고 우수한 군대로의 길을 걷는다. ⑧ 단결을 견지하여 단결의 힘을 기르고 중화민족 응집력을 강화한다. ⑨ 자주 독립의 평화 외교 정책을 견지하며 세계 평화를 수호하고 공동 발전을 촉진한다. ⑩ 당의 지도력 강화와 개선을 견지하고 새롭고 위대한 당 사업 건설을 추진한다. 『장쩌민 문선 제3권』, 중국인민출판사, 2006, 532-535쪽.

7) '10가지 결합'이란 ① 마르크스주의 기본 원리와 마르크스주의 중국 버전을 결합한다. ② 4가지 기본 원칙과 개혁개방을 결합한다. ③ 인민이 역사의 창조자이며 인민의 발전에 중점을 둔다는 정신과 당 리더십 혁신을 결합한다. ④ 사회주의 기본 제도와 시장 경제 발전을 결합한다. ⑤ 경제 개혁 추진과 최고층 건설 개혁을 결합한다. ⑥ 사회 생산력 발전과 민족 문명 소양 제고를 결합한다. ⑦ 효율 제고와 사회 공평 촉진을 결합한다. ⑧ 자주 독립과 경제 글로벌화를 결합한다. ⑨ 개혁 발전 촉진과 사회 안정 유지를 결합한다. ⑩ 중국특색 사회주의 위대한 사업 추진과 당의 새롭고 위대한 사업 건설을 결합한다. 『17대 이후 주요 문헌 선집(상)』, 중국인민출판사, 2009, 8쪽.

으며 리더십 혁신을 통해 중국특색 사회주의의 인식을 심화하였다. 2012년 11월 후진타오는 중국공산당 18대에서 2002년부터 2012년까지 10년 동안 중국 개혁개방 역사의 경험을 종합하고 "10년의 노력을 정리하면서 가장 중요한 것은 바로 마르크스 레닌주의, 마오쩌둥 사상, 덩샤오핑 이론, '3개 대표' 사상을 지도 이념으로 견지하면서 실천을 기초로 이론의 혁신을 과감하게 추진하고 중국특색 사회주의 견지와 발전에 관한 상호 연관, 상호 관철의 새로운 사상, 새로운 관점, 새로운 판단을 제시하여 '과학발전관'을 형성하고 관철하였다는 것이다." 라고 강조하였다.[8] 이 결론은 '과학발전관'이 중국공산당 '자아진화' 중 리더십 혁신의 산물이며 중국특색 사회주의가 '제2차 혁명' 30여 년 동안 이를 관철하고 이어온 결과임을 의미한다.

2017년 중국공산당 19대에서 시진핑은 18대 이후 5년의 개혁개방으로 거둔 성과를 정리하면서 중국과 세계에 미치는 영향을 해석하였다. 중국공산당 19대는 18대 이후 시진핑이 '신시대에 어떠한 중국특색 사회주의를 견지할 것이며, 어떻게 견지할 것인지'를 주제로 제기한 새로운 사상, 새로운 판단, 새로운 전략을 신시대 중국특색 사회주의 사상으로 종합하고 이를 당장(黨章)에 편입시켰다. 이는 리더십 혁신을 의미하며 중국공산당 지도 사상의 시대적 변화를 실현하였다. 2018년 12월 18일 중국공산당이 개혁개방 40주년 대회를 열고 시진핑이 '제2차 혁명' 40년의 역사적 성과를 뒤돌아보며 '9가지 필수 견지'로 그 경험을 정리하였다.[9] 이 '9가지 필수 견지'는 중국공산당 개혁개방 경험

8) 『18대 이후 주요 문헌 선집』(상), 중국중앙문헌출판사, 2014, 6쪽.

9) '9가지 필수 견지'란 ① 모든 사업에 대한 당의 지도를 견지하고 당의 지도력을 끊임없이 강화하고 개선한다. ② 인민 중심을 견지하고 아름다운 생활에 대한 인민의 희망을 실현한다. ③ 마르크스주의 지도를 견지하고 실천을 기초로 이론 혁신을 추진한다. ④ 중국특색 사회주의의 길을 걷고 중국특색 사회주의를 지속적으로 견지하고 발전시킨다.

에 관한 가장 새로운 정리이다. 이 경험은 신시대 중국특색 사회주의 사상에 새로운 시대적 내용을 추가하였고 중국공산당이 중국특색 사회주의 사업 추진을 견지하는 데 근본적인 원칙이 되었다. 시진핑의 리더십 혁신은 앞 선인들이 종합하고 정리한 핵심 요지를 계승하고 중국특색 사회주의 새로운 정세를 접목하여 새로운 시대적 특징을 나타냈다.

'제2차 혁명' 10주년에 중국공산당 '자아진화'에 대한 덩샤오핑의 정리(整理)가 개혁개방 사업을 어떻게 더 움직일 것인지에 주목했다면, '제2차 혁명' 20주년에 개혁개방에 대한 장쩌민의 정리는 개혁개방 사업을 21세기로 어떻게 잘 이끌어갈 것인지에 주목하였고 '제2차 혁명' 30주년에 역사적 경험에 대한 후진타오의 정리가 신세기에 개혁을 어떻게 지속적으로 심화시킬 것인지에 주목하였으며 '제2차 혁명' 40년의 경험에 대한 시진핑의 정리는 개혁 심화로 중화민족의 위대한 부흥을 어떻게 실현할 것인지에 주목하였다. 시진핑은 개혁 심화의 원칙, 기본 입장, 지도 사상, 발전 방향, 종합적인 목표, 기본 임무, 외교 전략, 지도의 핵심, 기본 방법을 체계적으로 해석하였다. 이 경험의 종합과 중국공산당 19대 보고 내용은 시진핑의 신시대 중국특색 사회주의 사상에 관한 주요 내용과 서로 보완하면서 어우러져 중국공산당 정치리더십 혁신에 관한 이론들을 더 풍부하게 만들었다고 할 수 있다. 이는 '제2차 혁명'의 '자아진화' 과정에서 또 한 번의 '리더십 혁신'이었다.

---

⑤ 중국특색 사회주의 제도를 견지하고 발전시키며 중국 제도의 장점을 발휘하고 강화한다. ⑥ 발전을 최우선 사명으로 정하고 종합적인 국력을 끊임없이 증강시킨다. ⑦ 개방 확대를 견지하고 인류 운명 공동체 건설을 촉진한다. ⑧ 전면적으로 엄격한 당 관리를 견지하고 당의 창조력, 응집력, 전투력을 제고한다. ⑨ 변증 유물론과 역사 유물론 세계관과 방법론을 견지하고 개혁 발전 안정의 관계를 조율한다.

덩샤오핑부터 장쩌민, 후진타오까지 그리고 다시 시진핑까지, '제2차 혁명'에 관한 네 명의 최고지도자들은 시대 배경과 조건이 모두 다르기 때문에 개혁개방에 대한 이론과 실천의 핵심에 다소 차이가 있다. 비록 그들이 중국 사회주의 현대화 건설 중 해결했던 문제는 모두 다르지만 대내 개혁 및 대외 개방에 대한 정책은 서로 상통한다. 후배는 선배의 개혁개방 정책을 계승하고 새로운 역사 조건에서 이를 더욱 풍부하게 발전시켰으며 리더십 혁신을 통해 '자아진화'를 끊임없이 실현하였다. 그렇기 때문에 중국공산당 '제2차 혁명' 40년은 '자아진화' 방식을 통해 중국특색 사회주의 길을 열고 '덩샤오핑 이론'부터 장쩌민 '3개 대표론'까지, 후진타오 '과학발전관'부터 시진핑 '신시대 중국특색 사회주의 사상'의 리더십 혁신까지 중국특색 사회주의 제도를 개척하였고 중국특색 사회주의 문화를 확대하였다. 바로 이것이 '제2차 혁명' 40년 동안 리더십 혁신의 성과이다. 그 실제적 영향과 현실적 함의는 다음과 같이 정리할 수 있다.

첫째, '제2차 혁명'의 40년 동안 중국공산당은 자체적 혁명과 자체적 혁신을 통하여 중국 국정에 알맞은 사회주의 발전 방향을 모색하였다. 중국 국민들이 빈곤에 빠지지 않고 부유하게 생활할 수 있도록 하였으며, 국가를 폐쇄에 빠뜨리지 않고 열린 체제로 전환시켜 세계의 발전에 뒤떨어지지 않는 강성대국이 되도록 하였다. 둘째, 중국 사회를 고도로 집중된 계획 경제 체제에서부터 생기와 활력이 가득한 사회주의 시장 경제 체제로 전환시켰으며 폐쇄 및 반폐쇄 사회에서부터 전반적으로 개방된 사회로 전환시켰다. 셋째, 실천으로 진리를 검증하는 방식으로 과감하게 전통 사회주의 모델을 개혁하였다. 중국특색 사회주의 이론 체계를 형성하였으며 중국특색 사회주의 제도를 보완하였다. 넷째, '제2차 혁명'의 과정은 끊임없이 세계로 융합되는 과정이라고도 할 수 있다. 현재 중국공산당은 '인류 운명 공동체 구축'을 제창하는데 이것은 세계 각 나라 사람들이 원하는 '평화적으로 발전하고 협력해서 윈·윈한다'는 소망과 부합될 뿐만 아니라 중국이 고속 성장으로 세계의 발전을 이끌어 나가려는 의도의 체현이다.

그러므로 중국공산당 '제2차 혁명'의 과정은 '자아진화'라는 뚜렷한 특징을 가지고 있으며, 대중의 정치 참여보다는 중국 지도부를 구성하고 있는 정치 엘리트들의 리더십 혁신에 의한 각종 정책의 도입과 실천에 의하여 이루어졌다는 것이라고 판단할 수 있다. 국민들의 정치 참여를 매우 중요시하고 정치의 발전은 주로 국민들의 정치 참여에 의한 정책 개발 및 혁신에 달려 있다는 한국과는 다른 지점이라고 할 수 있다. 그리하여 한국과 다른 정치 발전을 거쳤던 중국공산당 개혁 개방기 리더십 혁신의 특징을 정리하면 다음과 같다.

첫째, '제2차 혁명'은 사회주의 기본 제도 및 성격을 변화시키지 않을 뿐만 아니라, 사회주의 기본 제도를 보다 더욱 강화시키고 보완시키며 발전시킴으로써 사회주의 제도의 우월성을 충분히 발휘하도록 한다. 둘째, '제2차 혁명'은 폭발적이고 돌변적인 것이 아니며 총괄적으로 보면 한 걸음 한 걸음 앞으로 나아가고 점차적으로 축적하는 점진적인 과정이다. 이러한 과정의 실현은 사회의 불안과 혼란이 동반되어서는 안 되고 그 또한 허용되어서도 안 된다. 셋째, '제2차 혁명'은 현 제도의 엘리트 정치 역량이 위에서 아래로 지도하고 진행하는 행동이다. 동시에 현 제도의 사회 기반인 수많은 국민들이 아래로부터 위까지 지지하고 발전시키는 행동도 필요하다. 이것은 하향식(下向式)과 상향식(上向式)의 통일이라고 할 수 있다. 넷째, '제2차 혁명'은 반드시 어떤 사람들의 이익과 권력에 영향주기 마련이며 이익과 권력의 관계와 구조를 조정해야 한다. 따라서 여러 가지 복잡한 상황과 문제가 생길 것이며 이에 대해 충분히 예견하고 신중하게 처리해야 한다.

위의 4가지 뚜렷한 '자아진화'의 특징을 가지고 있는 중국공산당 '제2차 혁명'은 최고지도자의 리더십 혁신을 통해 끊임없는 '자아진화' 과정을 거쳐 왔다. 중국인들은 40년의 '제2차 혁명'이 당대 중국을 이루었다고 말한다. 하지만 당대 중국의 모든 것이 완벽하다고 말하는 것은 아니다. 반대로 부족하고 결함과 단점 그리고 실수가 여전히 있는데, 특히 전임자가 후임자에게 남긴 과제들, 시대와 더불어 새로이 나타난 과제들, 그리고 지금 한국 학계에서 흔히 말하는 인치(人治) 혹은 전제군주정치의 전통으로 인해 남겨 놓은 과제들[10]을 수시로 그리고 지속적으로 보완하고 해결해야 한다. 그러므로 중국공산당은 또한 반드시 결합, 균형, 혁신의 의식을 가지고, 실무지향, 실사구시, 자아수정의 능력으로 최고지도자 리더십 혁신의 지속을 통해 개혁개방을 심화해야 하고 '제2차 혁명'의 '자아진화'의 길을 계속 걸어야 한다.

중국공산당은 '자아진화'를 하면서 시대 환경의 변화에 대응하고 있다. 조직 제도를 통해 본 그 변화의 과정은 민주적 요소를 도입하여 개방적·합리적 메커니즘을 구축해 가면서 동시에 당원들의 사상 이념을 통제하여 조직력을 유지해가는 모습이다. 앞으로 중국공산당은 내부로부터 당의 본질에 대한 개혁 요구에 직면하게 될지도 모른다.[11] 그리고 경제와 사회적 양극화 뿐 아니라 정치 문제까지 과제로 등장

---

10) 예를 들어, 이승익에 따르면 "중국의 정치 리더십은 법치보다는 후계자를 만들어가는 인치 전통이 강한 특징을 지녔음을 알 수 있다"고 지적하였고 "혁명사업이 안정적으로 지속되기를 바라는 집권자들의 의지에다 중국의 오랜 전제군주정치의 영향으로 풀이하는 시각이 많다"고 분석하였다. 또한 "종종 최고지도자가 카리스마적 권위를 동원해 끊임없이 혼란을 조장하고 정적을 타도하며 집권을 연장하는 등 부작용도 적지 않았다"고 지적하였다. (이승익, 앞의 책(2011), 249쪽.)

11) 김정일, 「중국공산당의 리더십에 관한 연구: 마오쩌둥, 덩샤오핑, 장쩌민, 후진타오를 중심으로」, 청운대학교, 2013, 39쪽.

하면서 중국의 차기, 후대 지도자들에게 과거와 다른 리더십을 요구하고 있다.[12]

　그러므로 미래를 향하여, 국민의 정치 참여에 의한 정책 개발 및 혁신에 달려 있는 한국과 달리, 중국공산당은 리더십 혁신이 '자아진화'의 유일하면서도 분명한 출구이다. 구체적으로 말해서, 그 핵심 내용을 중국 미래 발전 과정에서의 중요한 문제들을 처리하고 해결하는 리더십 혁신에서 구현해야 한다. 마오쩌둥은 사회주의 혁명과 건설 중 '10대 관계'에 대해 논한 바 있다. 훗날 장쩌민이 사회주의 현대화 건설 중 12가지의 중대한 관계의 정확한 처리를 논하였으며 후진타오는 개혁개방 역사에서 '10가지 결합'을 논하고 시진핑은 개혁개방 40년을 종합한 '9가지 필수 견지'를 말하였다. 이들의 기초는 덩샤오핑이 1984년 거의 동시에 제기한 두 가지 '요구'이다. 즉, '현대화를 향하여, 세계를 향하여, 미래를 향하여'와 '혁명과 건설을 위하여 자신의 길을 걸어야 한다'는 것이다. 이 두 요구 하에 중국공산당 미래 발전은 '가치' 관념의 지도, '자원' 조건의 지원, 횡적인 '이익' 추진과 종적인 '권력' 통제에서 벗어날 수 없다. 그렇기에 중국공산당 최고지도자는 '가치', '자원', '이익', '권력'이라는 네 가지 문제에 관하여 정치리더십을 지속적으로 혁신하면서 중국공산당 미래 '자아진화'의 길을 실현해야 한다.

　첫째, '가치 균형' 문제이다. 가치는 흔히 '좋은 것'이라 말하지만 이 '좋은 것'들 사이에도 갈등이나 충돌이 발생한다. 그러므로 이들의 순서를 정하고 선택하여 취해야 한다. 그렇지만 특정 방식으로 조화를 이루고 함께 병행하는 것이 가장 좋다. 미래 중국공산당은 사회 진보

---

12) 이승익, 「당대 중국 최고 정치 지도자들의 리더십 유형 연구」, 계명대학교, 2010, 206쪽.

와 사회 질서의 관계, 개혁 발전과 사회 안정의 관계, 경제 발전 속도
와 경제 발전 효율의 관계를 조율해야 한다. 그 외에도 공평과 효율의
관계, 국민의 행복과 존엄의 관계, 가치 목표와 실천 단계의 관계도 현
명하게 처리해 나가야 한다. 이와 동시에 생활 수준 향상과 삶의 질
향상의 관계, 전 사회 물질 문명과 정신 문명의 관계 및 사회 구성원
의 물질 생활과 정신 생활의 관계도 해결해야 한다.

둘째, '자원 이용' 문제이다. 먼저 '사람과 자연의 관계'이다. 즉, 인
문과 자연 환경 시스템 간의 동태적 관계이며 경제 발전 나아가 정치
사회 문화 각 영역의 발전과 인구, 자원, 환경의 관계이다. 다음으로
'세대 관계(relation between generations)'이다. 두 세대와 세대 간의 관계이
다. 당대 중국인과 조상 전통과의 관계, 당대 중국인과 후대 복지와의
관계가 포함된다. 마지막은 '내·외 관계'이다. 여기에 중국과 선진국,
주변 지역과 제3세계의 관계가 포함된다. 이 관계들에 관한 리더십 혁
신은 미래 '자원 이용' 문제의 해결에 있어서 매우 중요하다.

셋째, '이익 조화' 문제이다. 먼저 '국·민 관계'인데 국유 경제와 민
영 경제의 관계, 국가 권력과 민간 사회의 관계, 국가 이익과 민중 이
익의 관계가 그것이다. 다음으로 '지역 관계'로 도시와 농촌의 관계,
연해와 내륙 관계, 한족과 소수 민족 지역의 관계를 말한다. 마지막으
로 '집단 관계(intergroup relation)' 즉, 다양한 소득층 간의 관계, 다양한
이익 집단 간의 관계, 다양한 신앙인 간의 관계가 있다. 중국공산당은
리더십의 강점을 충분히 발휘하여 관계의 조율을 위하여 노력하여야
미래 '이익 조화' 문제를 해결할 수 있다.

마지막으로, '권력 배치'의 문제이다. 권력 체제의 구성 원칙에 있어
서 미래 중국 정치 발전의 관건은 공산당 지도의 권력, 인민이 주인이
되는 권력, 의법 치국의 권력이라는 3자 관계에 있다. 권력 체제 운영

방식에 있어서 미래 중국 정치 발전의 관건은 공산당 지도와 행정 시스템 혹은 행정 부처의 관계에 있다. 권력 체제 운영 차원에 있어서 미래 중국 정치 발전의 관건은 중앙과 각 급 지방의 관계에 있다. 이러한 관계를 처리하는 중국식 정치 리더십은 중국특색 사회주의의 최대 특징이며 이는 중국 발전의 실제 효과와 직접적인 관계가 있다. 그러므로 '권력 배치' 문제의 보완과 해결은 미래 중국공산당 최고지도자 리더십 혁신의 관건이며 중국공산당 '자아진화'의 추구 목표이다.

종합적으로 보면 중국공산당 '제2차 혁명'은 최고지도자의 리더십 혁신을 매우 중요시하였기 때문에 수차례 혁신을 통하여 변화하는 국내·외 상황에 적극적으로 대응해 왔으며 정치 발전뿐만 아니라 국가 부강과 민족 부흥을 촉진하였다. 이러한 리더십 혁신 과정이 북한에 있어서 줄 수 있는 시사점은 이 책 제7부에서 상세하게 논술한 바와 같이, 우선 경제 발전에 있어서, 민부의 창출과 민생 문제의 해결을 위해, 중국특색의 시장경제 '제3의 길'을 참고하여 경제 성장 과정에서의 국가의 역할을 중요시하며 중앙과 지방 관계의 균형을 잡으면 좋을 것 같다. 다음 정치 발전에 있어서, 역량을 집중하여 큰일을 이루는 공공 통치 방식으로 국가 능력을 강화하는 동시에, 통합적 리더십을 통해 정부 이미지를 수립해야 한다. 그리고 민주집중제의 비교적 우세를 활용하는 동시에 끊임없는 거버넌스의 혁신을 통해 책임감이 있는 강한 정부와 능력이 있는 효율 정부를 구축할 필요가 있을 것이다. 한반도의 안정과 번영에 있어서, '일국양제'의 경험을 참고하고 남북한 각자의 실제 상황에 근거하여, 각자를 평화적 공존과 통합의 대상으로 간주하고 같은 입장에서 보는 민족차원의 현안들에 대해 공동 대처하며 민족동질성의 유지·확대를 도모해야 한다. 마지막으로 리더십 혁신에 있어서, '결합'의 자아발전 방식과 '실무지향', '실사구시'의 집정 이념을 통해, '균형', '혁신', '자아수정'의 진화 의식을 가지고, 리더십 혁신을 지속적으로 보완하고 추진하며 북한의 '자아진화'의 길을 통해 북한의 정치 안정과 경제 발전, 더 나아가 한반도의 평화와 번영을 추진하고 실현할 것이다.

체제와 이데올로기를 초월하여 리더십 혁신을 통해 정치 발전을 촉진하는 중국 '자아진화'의 길이 북한과 같은 개발도상국, 그리고 세계 다른 국가에게도 의미가 있는 시사점이 될지 알 수 없지만 참고사항이 될 수 있다는 기대를 하면서 이런 시사점들을 최선을 다하여 다음과 같이 정리해 보았다.

첫째, '자아진화' 과정의 근본과 중심은 국민과 발전이다.

먼저, '자아진화'의 최대 목표는 국민을 모든 것의 근본으로 삼는 것(以民爲本)이다. 1978년 이후 실용적인 현대화 전략을 세운 중국은 국민의 요구를 만족시키기 위해 힘써왔다. 모든 개혁은 각 지역의 구체적인 실정에서 출발하여 국민의 실질적인 이익을 최우선으로 하였다. 다음으로, '자아진화'는 발전을 중시하는 정부를 수립하여야 한다. 발전에 주력하는 정부가 있었기에 현재 중국의 변혁이 가능했다. 이러한 정부가 있었기에 현대화를 실현하려는 전 국민의 의식을 통합할 수 있었고, 정치 안정, 거시 경제의 안정을 도모할 수 있었으며 나아가 획기적인 개혁개방을 추진할 수 있었다. 시진핑은 18회 3중전회에서 "전면적인 개혁 심화는 반드시 사회 공평과 정의의 촉진, 국민 복지 증진을 출발점과 귀착점으로 삼아야 한다……만약 국민에게 실질적인 이익을 줄 수 없다면, 그리고 만약 공평한 사회를 만들 수 없다면, 심지어 불공평이 심화되고 개혁이 그 의미를 잃는다면 결코 지속될 수 없다."라고 하였다.[13]

둘째, '자아진화' 과정의 방법과 루트는 끊임없는 실험과 선택적 학습이다.

먼저, '자아진화' 과정은 끊임없는 실험을 통해 실현된다. 자국의 실제적인 국정과 결합하여 반드시 실험(실천)으로 이론(인식)까지, 또 이론(인식)으로 실험(실천)까지의 반복 과정을 거쳐야 한다. 그리고 모든 개혁은 작은 범위에서의 실험 성공 후 큰 범위로 확대하고 추진되었다. '돌다리를 두드리면서 강을 건너는 신중함'은 중국의 지혜가 담긴 개혁과 실천 방법이다. 반드시 실현해야 하지만 아직은 완전히 파악하지 못한 개혁에 대해서는 탐색하고 연구하는 등 시도를 선행하였다. 실천과 창조를 존중하며 과감한 탐색을 장려하고 용감하게 개척하며 경험을 얻고 정확하게 판단한 후에야 추진하였다. 다음은, 선택적 학습이 매우 중요하다. 중국은 시장 역할, 기업가 정신, 글로벌화, 국제 무역 등 방면에서 서구를 모델로 삼았지만 맹목적인 모방이 아니라 어떤 것을 참고할 지, 언제 참고할 지, 어떻게 거울로 삼을지 고민하면서 자신의 의사를 결정하였다.

셋째, '자아진화' 과정은 점진적인 개혁과 안정적인 추진이 필요하다.

먼저, '자아진화' 과정은 급진적이 아닌 점진적인 개혁으로 추진하였다. 구 소련은 충격요법(Shock Therapy)을 사용하면서 이를 추천하였지만, 중국은 단호히 거절하였다. 구 소련 경제가 붕괴되고 국가가 해체되었을 때 중국은 비록 미약한 메커니즘이라도 운영 과정에서 점차적으로 개혁하여 현대화 사업을 추진하고 나아가 국민을 위해 봉사하는 것이 옳다고 판단하였다. 다음으로, '자아진화' 과정은 안정적인 행보 속에서 추진되었다. 선(先) 실험, 후(後) 종합을 거친 후에야 다시 보급되는 과정이었으며 불투명한 상황, 부적절한 조치로 인한 사회 동요

---

13) 『18대 이후 주요 문헌 선집』(상), 중국중앙문헌출판사, 2014, 552-553쪽.

를 피하고 안정적으로 개혁하면서 순조롭게 목표를 실현하기 위한 보장이 되었다. 이런 방법은 개혁으로 인한 동요를 막을 수 있다. '치대국 약팽소선(治大國若烹小鮮)'14)이라 하였다. 근본적인 부분에서 흔들림이 있어서는 안 된다. '자아진화'로 개혁을 추진하려면 흐름을 알아야 하고 전체적인 정세를 파악해야 하며 안정 속에서 지혜롭게 나아가야 한다. 실천은 시간이 지난 후 정책의 오류를 발견한 후에 시정하기가 쉽지 않다는 것을 알려주었다. 정책은 반드시 수립 전 반복적인 토론과 과학적인 평가를 거쳐야 하며 현실에 부합하고 타당성이 있어야 한다. 또한 장기적인 실행이 가능하고 빈번한 변화가 없어야 한다.15)

마지막으로 '자아진화' 과정은 전반적인 사고와 '우선' 순위가 필요하다.

끊임없는 '자아진화'를 촉진하려면 단계적이면서 전반적인 사고가 반드시 필요하다. 모든 변혁 과정에는 순서가 있기 마련이고 여기에서도 '우선' 순위가 있다. 1978년부터의 중국공산당 '자아진화' 과정을 보면 그 구도가 명확해진다. 먼저 개혁하기 쉬운 것에서 시작하여 어려운 것으로, 농촌에서 도시로, 연해 지역에서 내륙으로, 경체에서 정치로 순차적인 개혁이었다. 이런 방법은 무턱대고 따르거나 황급히 일에 착수하는 조삼모사(朝三暮四)의 문제점을 피할 수 있다. 개혁 추진을 위해서는 전반적인 사고와 '우선' 순위가 필요하다. 중국공산당 중앙정부가 일괄적으로 배정한 것은 각 지역이 미리 추진하면 안 되며, 조속히 추진해야 할 문제는 미루지 않아야 한다. 그리고 탐색이 필요한 문제는 밀어내지 않아야 하며, 깊이 연구하여 추진할 사업은 시간을

---

14) 치대국 약팽소선(治大國若烹小鮮)이란 큰 나라를 다스리는 일은 작은 생선 굽듯이 해야 한다는 뜻이다.
15) 시진핑, 『전면적인 개혁 심화에 관한 시진핑 논술 발췌』, 중국중앙문헌출판사, 2014, 42쪽.

가지고 천천히 해결해야 하며, 우선 법적 권한이 필요한 문제는 순서를 벗어나서 성급하게 추진하면 안 된다. "시기상조나 미성숙한 조건에서 무턱대고 따르는 행위를 피해야 하며 성급히 서두르면 도리어 이루지 못하게 된다."[16] 그러므로 이러한 순서의 배열로 첫 단계의 경험이 두 번째 단계의 개혁에 근거를 제공해줄 수 있었다. 이를 반복하여 중국공산당 '자아진화' 과정을 지속적으로 추진하였으며 앞으로도 이는 이어질 것이다.

결론적으로 말하자면, 중국은 지금까지 40년밖에 안 되는 중국공산당의 '제2차 혁명'이라고 불리는 개혁개방을 통해, 미국과 경쟁하는 G2국가로 설 수 있는 이유는 최고지도자들의 비전, 노선, 정책의 능동적 변화와 자체적 교정에 의한 리더십 혁신 없이는 이 같은 '자아진화'의 성과를 이룰 수 없을 것이라고 본다. 물론, 과거 '자아진화'의 성과보다 지금 '자아진화'의 문제 해결과 미래 '자아진화'의 곤란 극복이 급무이다. 그런데 문제와 곤란이 존재하고 있더라도 이 책에서 다룬 중국의 경험과 교훈이 북한과 같은 개발도상국들의 발전에 미약하나마 힘을 보탰으면 한다.

중국 옛말에서 '만물병육이불상해(萬物幷育而不相害), 도병행이불상패(道幷行而不相悖)'[17]라고 하였듯이, 향후에 중국과 북한의 정치 발전, 더 나아가 한반도의 안정과 세계의 번영을 위해, 국가와 국가가 활발히 교류하고 서로를 거울로 삼아 차이점과 공통점을 인정한다면 다양한 문화와 이념이 조화롭게 공존할 것으로 전망된다.

---

16) 시진핑, 위의 책, 49쪽.
17) 이 말의 출처는 『예기(禮記) · 중용(中庸)』이며, 뜻은 천하의 만물은 모두 함께 자라면서도 서로 방해하지 않고 세상의 많은 도로는 한곳으로 병행하면서도 서로 거슬리지 않는다고 가리킨다.

참고문헌

1. 저서

고영근, 『현대중국 정치론』, 부산외국어대학교 출판부, 2016.

공봉진, 『시진핑 시대, 중국 정치를 읽다』, 파주: 한국학술정보, 2016.

구해우, 『김정은 체제와 북한의 개혁개방』, 파주: 나남출판, 2012.

국제무역연구원, 『포스트 김정일 시대의 북한경제』, 서울: 한국무역협회 국제무역연구원, 2010.

김소중, 『중국을 정복하자: 한·중 수교 13주년 기념저서』, 서울: 백산서당, 2011.

김영화, 『강택민과 중국정치』, 서울: 문원, 1997.

_____, 『덩샤오핑 리더십과 중국의 미래』, 서울: 문원, 1997.

_____, 『중국정치리더십』, 서울: 문원, 2000.

김정계, 『후진타오 정권 중국의 권력구조와 파워 엘리트』, 대구: 중문, 2008.

_____, 『인물로 읽는 현대 중국정치사』, 대구: 중문, 2011.

_____, 전영란, 『중난하이로 가는 길: 시진핑 정권 대해부』, 고양: 린, 2014.

레이 달리오 지음, 고영태 옮김, 『원칙(PRINCIPLES)』, 서울: 한빛비즈, 2018.

마오쩌둥, 『마오쩌둥사상과 중국혁명』, 서울: 평민사, 2008.

모택동 지음, 김승일 옮김, 『실천론과 모순론-마르크스 이론의 중국적 변용』, 범우사, 2015.

박인규, 『글로벌 시대를 비상하는 중국』, 서울: 만남과 치유, 2014.

박희진, 『북한과 중국: 개혁개방의 정치경제학』, 서울: 선인 도서출판, 2016.

방찬영, 『기로에 선 조선민주주의 인민공화국』, 서울: 박영사, 1995.

백학순, 진창수, 『"북한문제"의 국제적 쟁점』, 성남: 세종연구소, 1999.

보홍조, 『현대중국정치제도』, 대구: 대명, 2002.

사춘도, 『중국공산당은 어떻게 성공했는가?』, 서울: 한얼미디어, 2012.

상강우, 『(중국을 움직이는) 시진핑 리커창』, 고양: 린, 2014.

서 지, 『숫자로 말하는 '일대일로'』, 인천대학교 출판부, 2018.

서진영, 『(21세기) 중국정치: '성공의 역설'과 중국적 사회주의의 미래』, 서울: 폴리테이아, 2008.

성영민, 『중국, 왜 덩샤오핑과 박정희를 말하는가?』, 서울: 청미디어, 2011.

송승엽, 『미래 중국 인사이트』, 서울: KMAC, 2015.

송영우, 『중국적 정치』, 서울: 지영사, 2012.

시진핑 저, 차혜정 옮김, 『시진핑, 국정 운영을 말하다』, 서울: 미래엔, 2015.

유현정, 『중국의 민주주의 현실에 대한 분석과 전망』, 성남: 세종연구소, 2011.

윤근로, 『서평: 정재호 편, 중국정치연구론: 영역, 쟁점, 방법 및 교류』, 파주: 나남, 2000.

이광재, 『중국(中國)에게 묻다: 21세기 초강대국의 DNA』, 서울: 학고재, 2012.

이교덕, 『북한체제의 분야별 실태평가와 변화전망: 중국의 초기 개혁개방과정과의 비교분석』, 서울: 통일연구원, 2005.

이도기, 『현대 중국공산당의 이해: 역사·지도사상·영도』, 서울: 통일신문사, 2009.

이민자, 『중국 인터넷과 정치 개혁: 새장 속의 자유』, 서울: 서강대학교 출판부, 2015.

이상국, 『후진타오 시기 중국의 안보·국방정책 결정 메커니즘 분석』, 서울: 한국국방연구원, 2011.

이상빈, 『현대중국의 정치경제』, 서울: 청목출판사, 2012.

이승익, 『중국 최고 정치지도자들의 리더십: 마오쩌둥에서 후진타오까지』, 서울: 도서출판 디비북스, 2011.

이재관, 유한주, 『혁신과 리더십』, 파주: 도서출판 기한재, 2006.

이정남, 『민주주의와 중국』, 서울: 아연출판부, 2012.

_____, 『개혁개방기 중국공산당: 구조·권력관계·대외정책』, 서울: 아연출판부, 2014.

이종석, 『새로 쓴 현대 북한의 이해』, 역사비평사, 2000.

이희옥, 『중국의 새로운 민주주의 탐색』, 서울: 성균관대학교 출판부, 2014.

장 환, 『중국 엘리트 정치: 구조·행위자·동학』, 서울: 아연, 2013.

전병곤, 『중국 시진핑 지도부의 구성 및 특징 연구』, 서울: 통일연구원, 2013.

전성흥, 『공산당의 진화와 중국의 향배: 제18차 당대회의 종합적 분석』, 서강대학교 출판부, 2013.

_____, 조영남, 『중국의 권력승계과 정책노선: 17차 당대회 이후 중국의 진로』, 파주: 나남, 2008.

전영호, 『북한의 경제발전 전략: 선군정치와 북한경제』, 서울: 615, 2006

전필수, 『(10년을 바라보는) 중국투자 100문 100답』, 서울: 한스미디어, 2015.

정영철, 『북한의 개혁·개방: 이중전략과 실리사회주의』, 서울: 선인 도서출판, 2004.

정윤재, 『정치리더십과 한국민주주의』, 파주: 나남, 2012.

정희채, 『정치발전론』, 法文社, 2000.

조영남, 『21세기 중국이 가는 길』, 파주: 나남, 2009.

_____, 『덩샤오핑 시대의 중국. 1, 1976-1982: 개혁과 개방』, 서울: 민음사, 2016.

_____ 외, 『시진핑 사상과 중국의 미래: 중국공산당 제19차 전국대표대회』, 서울: 지식공작소, 2018.

_____, 『중국의 꿈: 시진핑 리더십과 중국의 미래』, 서울: 민음사, 2013.

_____ 외, 『중국의 민주주의: 공산당의 당내민주 연구』, 파주: 나남, 2011.

_____, 『후진타오 시대의 중국정치』, 파주: 나남, 2008.

조용성, 『중국의 미래 10년 : 시진핑 시대의 중국을 조망하다』, 서울: 넥서스BIZ, 2012.

趙虎吉, 『중국의 정치권력은 어떻게 유지되는가: 강력한 당-국가체제와 엘리트 승계』, 서울: 메디, 2017.

좌등현, 『시진핑 시대의 중국』, 서울: 청림, 2012.

지만수, 박월라, 『중국의 경기순환 및 거시경제정책: 구조적 특징과 시사점』, 서울: 對外經濟政策研究院, 2010.

최경식, 『현대 중국 정치 제도』, 서울: 한올, 2009.

최헌규, 『차이나 키워드: 중국을 움직이는 12개의 동력』, 서울: 더난출판, 2011.

하진이, 『(대륙의 리더) 시진핑』, 서울: 삼호미디어, 2012.

胡鞍鋼, 『중국공산당은 어떻게 통치하는가: 중국집단영도체제』, 서울: 성균관대학교 출판부, 2016.

Kornberg, 이진영, 『중국외교정책: 정책·과정·전망』, 서울: 명인문화사, 2008.

Puel, Caroline, Puel, Caroline, 이세진, 『중국을 읽다 1980-2010: 세계와 대륙을 뒤흔든 핵심 사건 170 장면』, 파주: 푸른숲, 2012.

Scalapino, Robert A, 『한국 공산주의운동사』, 파주: 돌베개, 2013.

아마코 사토시, 『중화인민공화국사』, 서울: 일조각, 2016.

毛利和子, 이용빈, 『현대 중국정치: 글로벌 강대국의 초상』, 파주: 한울, 2013.

尾崎庄太郎 외 지음, 정민 엮음, 『모택동사상 연구1: 「실천론」 「모순론」의 논리와 중국혁명론』, 서울: 도서출판 하울, 1985.

2. 논문

강원택, 「모택동의 정치이상과 막시즘의 중국화」, 서울대학교, 1990.

고정오, 「중국 세대별 지도자들의 경제관 비교 연구-모택동(毛澤東)에서 호금도(胡錦濤)까지」, 중국지식네트워크, 2012.

구자선, 「장쩌민-후진타오 시기 중국공산당 개혁 연구: 당내민주와 자정운동을 중심으로」, 서울대학교, 2012.

권형기, 「공산당 조직원리의 변화 과정에 대한 역사적 고찰」, 서울대학교, 1991.

김선재, 「중국공산당 집권정당성의 근원 연구」, 한국외국어대학교, 2014.

김소연, 「중국의 경제개혁정책과 정치체제변화」, 이화여자대학교, 1997.

김수한, 「중국공산당 비공식 정치의 변화와 지속-개혁기 최고지도부 권력승계를 중심으로-」, 한중사회과학학회, 2013.

김애경, 「중국의 대외정책 결정과정에서 공산당의 변화된 역할」, 재단법인 동아시아연구원, 2014.

_____, 「중국의 대외정책 결정과정에서의 공산당의 역할」, 현대중국학회, 2014.

김용민, 「중국공산당 제18차 전국대표대회와 중국의 경제발전 전략 전망」, 한국중국문화학회, 2012.

김유호, 「북한의 개혁개방정책과 중국의 역할」, 한국외국어대학교, 2012.

김익도, 「江澤民 지도하의 中國政治」, 『사회과학논의』 제19권, 2000.

김재우, 「북한 변화 모델로서 중국 개혁개방 구조 분석」, 경기대학교 정치전문대학원, 2016.

김재철, 「시장화 개혁과 중국공산당의 변화: 촌급 당조직을 중심으로」, 한국국제정치학회, 1998.

김정계, 「중국 사회주의시장화 과정에 있어서 엘리트 배양정책의 변화: 정치행정엘리트를 중심으로」, 한국연구재단 연구성화물, 2008.

김정일, 「중국공산당의 리더십에 관한 연구-마오쩌둥, 덩샤오핑, 장쩌민, 후진타오를 중심으로」, 청운대학교, 2013.

김지해, 「중국공산당의 통치역량에 관한 연구: 마오쩌둥시대 말기부터의 통치위기와 극복을 중심으로」, 중앙대학교, 2011.

김지휴, 「심의민주에 관한 연구: 중국 인민정치협상회의를 중심으로」, 한국외국어대학교, 2015.

김판수, 「중국 혁명과정에서 공산당-대중 개조체계의 형성과 변화」, 중앙대학교, 2014.

김형렬, 「국가최고집행자(CE)의 통합적 리더십에 관한 고찰」, 『한국정책논집』(제9권), 2009.

남종호, 「중국 사회질서 유지 기능으로서의 유가 정치이데올로기」, 동덕여자대학교 한중미래연구소, 2014.

문현정, 「손문의 신삼민주의사상 형성에 대한 고찰」, 숙명여자대학교, 1990.

朴起徹, 「중국 정치체제 변화와 정통성의 모색에 관한 연구」, 서울: 한국중국문화학회, 2010.

박보현, 「중국 개혁개방 이후 정치엘리트 충원의 규범화 추세에 관한 연구」, 한국외국어대학교, 2009.

박은미, 「'3개 대표'를 논하다」, 한국외국어대학교 통역번역대학원, 2005.

박정수, 「중국 엘리트 정치의 변화」, 서강대학교, 2008.

배지은, 「중국 정치체제개혁 연구: 黨政關係의 변혁을 中心으로」, 인하대학교, 2002.

백학순, 「한반도에너지개발기구(KEDO): 이익, 제도, 성과」, 『"북한문제"의 국제적 쟁점』, 세종연구소, 1999.

사석진, 「5,4運動期 마르크스주의 受容過程에 관한 硏究」, 동국대학교, 2002.

서상민, 「시진핑 시기 중앙영도소조의 연결망분석과 집단지도체제」, 고려대학교, 2015.

서석흥, 김경환, 「중국의 19차 당대회에서 시진핑 사상 당장 삽입의 의미와 평가」, 중국지역학회, 2018.

서주원, 「개혁기의 정당정풍: 군중노선교육실천활동을 중심으로」, 서울대학교, 2016.

서진영, 「중국공산당의 힘: 개혁개방기 중국공산당과 권력구조의 변화」, 동아시아연구, 2004.

안치영, 「중국공산당 19차 당 대회 보고와 시진핑(習近平) 신시대 중국특색 사회주의 사상」, 『동양과 전망』, 2018.

양갑용, 「중국공산당 집권의 내구성: 간부, 학습, 교육」, 한국연구재단(NRF)연구성과물, 2016.

양　범, 「중국 개혁개방정책에 관한 연구: 등소평(鄧小平)체제를 중심으로」, 공주대학교, 2012.

양운철, 「나진·선봉 경제무역지대: 개방과 국제협력의 시험장」, 『"북한문제"의 국제적 쟁점』, 세종연구소, 1999.

엄운영, 「중국 정치체제 변동에 영향을 미치는 경제·사회적 요인에 관한 연구」, 한국외국어대학교, 2005.

오수열, 「중국공산당 창당과정에서 초기공산주의자들의 역할과 관계에 관한 연구」, 한국동북아논총, 2015.

유신일, 「시진핑 노선과 그 의미」, 한국동북아학회, 2014.

_____, 「중국공산당의 과거현재미래: 13억 중국을 움직이는 공산당의 실체」, 매일경제출판사, 2011.

유은하, 「개혁기 중국공산당 변화 연구: 당의 조직제도를 중심으로」, 현대중국학회, 2012.

윤상우, 「중국 발전모델의 진화와 변동」, 서울대학교, 2018.

윤지혜, 「개혁개방 이후 중국의 일당체제 유지에 관한 연구」, 한국외국어대학교, 2015.

위도영, 「중국의 통치체제 강화 전략 연구-시진핑 1인 권력집중현상을 중심으로-」, 고려대학교, 2015.

위충성, 「기획특집: 중국 민주주의 기획시리즈: 중국공산당 집권방식의 역사적 전환」, 동아시아 브리프, 2011.

이계영, 「중국 '和平堀起' 전략의 추동요인과 제약요인 비교연구」, 한국외국어대학교, 2012.

이권호, 「중국공산당의 이데올로기 조정과 통치권력 유지의 변증관계」, 한중사회과학학회, 2013.

이남주, 「개혁개방 "신시대"와 시진핑(習近平)사상」, 『동양과 전망』, 2018.

이동규, 「중국공산당과 현대신유학의 관계: 현대신유학의 이데올로기적 역할을 중심으로」, 조선대학교, 2015.

_____, 「개혁개방 이후 마르크스주의 중국화 연구」, 『中國學論叢』, 2017.

이문기, 「서평: 중국의 위기와 해법에 대한 5년 주기 종합진단서」, 성균관대학교, 2013.

이미경, 「現代中國에 있어서 마르크스, 레닌주의 受容過程: 1900~1931年間 知識人들의 思想的 動向을 中心으로」, 이화여자대학교, 1986.

이상덕, 「중국의 새 발전전략, "科學發展觀"에 관한 연구」, 한국외국어대학교, 2008.

이승익, 「당대 중국 최고 정치 지도자들의 리더십 유형 연구」, 계명대학교, 2010.

이영학, 「중국공산당 대외전략의 변화, 특징 및 전망: 개혁개방이래 역대 당대회 정치보고에 대한 분석을 중심으로」, 현대중국학회, 2012.

이완식, 「중국과 북한의 개혁 개방 정책에 관한 비교 연구」, 국방대학교, 2001.

이재호, 「시진핑 시대 중국의 미래 전망과 대응 전략」, 대외경제정책연구원, 2012.

이종석, 「"북한문제"의 국제적 쟁점: 발생 원인, 양상, 전망」, 『"북한문제"의 국제적 쟁점』, 세종연구소, 1999.

이종화, 「시진핑의 중국의 꿈(中國夢)과 과학발전관(科學發展觀)의 미래 발전」, 『중국과 중국학』, 2014.

이주희, 「중국의 정치체제 변동 요인과 정치개혁 논쟁에 관한 연구」, 중앙대학교, 2013.

이해영, 허만용, 「중국 정책학에 관한 연구경향분석」, 한국거버넌스학회, 2011.

이홍규, 「현 단계 중국의 '사회주의민주'의 새로운 모색과 운용에 대한 내재적 연구」, 서강대학교, 1993.

이희옥, 「새로운 중국모델의 대두와 지배이데올로기의 재구성: 과학발전관 중심으로」, 한양대학교, 2016.

_____, 「'3개대표론'과 중국사회주의의 변화」, 『중국학연구』, 2003.

임도윤, 「중국 '사회주의 핵심가치관'의 내용과 실천운동 연구」, 한국방송통신대학교, 2016.

임해순, 「마르크스주의의 중국적 변용—후진타오의 과학발전관을 중심으로」, 『동아인문학』, 2009.

장공자, 「차세대 지도자와 중국공산당의 역할변화」, 한국통일전략학회, 2010.

전미영, 「북한 정치리더십 연구를 위한 방법론적 시론」, 『한국학대학원논문집』(제10집), 1995.

전성흥, 「중국공산당 제19차 당 대회의 쟁점 분석: 시진핑 권력 강화의 이론과 현실적 제약」, 신아시아연구소, 2018.

_____, 이홍규, 「'중국 모델'의 실체와 함의: 체제변혁의 담론과 정책, 현상에 대한 비교역사적 탐구(연차보고서)」, 서경대학교, 2007.

정유진, 「중국 신사회계층의 등장과 공산당의 이념적 변화-3개 대표론(三個代表論)과 물권법(物權法)을 중심으로-」, 연세대학교, 2008.

정윤재, 「안재홍의 국제적 민족주의론」, '정윤재 교수 정년퇴임 기념강의', 2019.2.20.

조봉래, 「중국의 이념적 위기에 대한 중국 정부의 대응 연구」, 『위기관리 이론과 실천』, 2013.

_____, 「이인위본(以民爲本)'을 통해 본 당대 중국공산당의 '인민관(人民觀)」, 중국학 연구회, 2013.

종사첩, 「북한의 개혁 개방 정책에 관한 연구: 중국과의 비료를 중심으로」, 한국외국어 대학교, 2013.

지만수, 「중국의 과학적 발전관의 내용과 함의」, 『아태연구』, 2008.

지은아, 「中國共産黨與中國政府機構改革: 1978年以來中國中央政府機構改革研究」, 중국 인민대학교, 2002.

陳剛華, 「中國 農村土地政策 變化 硏究: 歷史的 制度主義와 딜레마 分析」, 高麗大學校, 2013.

진채령, 「중국 행정개혁에 관한 연구」, 세종대학교, 2012.

차소연, 「中國의 改革과 政治變動에 관한 硏究: 덩샤오핑 執權 이후 政治體制를 中心으로」, 대구효성가톨릭대학교, 2000.

최은선, 「시진핑의 신형대국론과 전통적 천하관」, 서강대학교, 2018.

최은지, 「중국공산당 반부패 운동의 목적에 관한 연구: 시진핑 시대 반부패 운동을 중심으로」, 연세대학교, 2017.

콩타오, 「덩샤오핑체제의 개혁개방 정책 연구: 중국의 개혁개방 과정과 전망」, 원광대학교, 2007.

팽성철, 「공산권 국가의 체제전환 요인에 대한 연구-'단일전환'과 '이중전환'을 중심으로-」, 고려대학교, 2013.

허 선, 「중국 최고지도부의 변화와 집단지도체제 형성과정: 마오쩌둥, 덩샤오핑, 장쩌민, 후진타오의 정책역활을 중심으로」, 한국외국어대학교, 2006.

Ae Kyung Kim, 「중국의 대외정책 결정과정에서의 공산당의 역할」, 현대중국학회, 2014.

Sreemati Chakrabarti, 「기획특집: 중국공산당이 직면한 도전」, 성균관대학교, 2013.

3. 외국 문헌

白朝蓉, 「改革是中國的第二次革命-學習鄧小平文選第三卷的体會」, 『實踐』, 1994.

蔡 丹, 「中國特色社會主義事業總体布局思想形成与發展研究」, 中共中央党校 博士論文, 2010.5.1.

曹衛東, 『權力的他者』, 中國上海世紀出版集團, 2004.

曹希岭, 張建德, 「鄧小平現代化建設"三步走"戰略論析」, 『理論學刊』, 2004.8.20.

曹正漢, 「中國上下分治的治理体制及其穩定机制」, 『社會學研究』, 2009.

常宗耀, 「關于中國特色社會主義道路的世界意義」, 『理論探索』, 2008 第4期.

陳 健, 「習近平新時代精准扶貧思想形成的現實邏輯与實踐路徑」, 『財經科學』, 2018 第7期.

陳學明 외, 『中國道路的世界意義』, 天津人民出版社, 2015.

陳雪薇, 「鄧小平与中國第二次革命的兩大基本問題」, 『中共云南省委党校學報』, 2004.

陳揚勇, 「江澤民"走出去"戰略的形成及其重要意義」, 『党的文獻』, 2009 第1期.

陳遠志, 「論第二次革命与經濟建設」, 『党史研究与教學』, 2001.

程芳芳, 「習近平人類命運共同体思想研究述評」, 西南科技大學, 2018.7.

程榮朝, 「深刻理解改革是中國的第二次革命-學習鄧小平文選第三卷的体會」, 『合肥工業大學學報(社會科學版)』, 1994.

崔東杰, 梁占方, 「對科學發展觀的几点思考」, 『河北職業技術學院學報』, 2007.1.29.

鄧小平, 「我們對香港問題的基本立場」, 『鄧小平文選』(第3冊), 中國人民出版社, 2001.

_____, 『鄧小平文選』(第2冊), 中國人民出版社, 1994.

_____, 『鄧小平文選』(第3冊), 中國人民出版社, 1993.

邱乘光, 「鄧小平一國兩制构想的形成与發展」, 『安徽史學』, 2007.5.15.

董建萍, 「改革是中國的第二次革命-關于社會主義發展動力的理論」, 『資料通訊』, 1995.

杜瑩芬, 「科學發展觀下的企業循环經濟」, 『广東社會科學』, 2006.7.15.

范春燕, 「近年來西方左翼學者關于中國特色社會主義的爭論及其啓示」, 『國外理論動態』, 2011 第7期.

馮書泉, 「對改革是中國的第二次革命的再認識」, 『科學社會主義』, 2013.

馮夏根, 「改革開放是中國的第二次革命」, 『深圳特區報』, 2018.

馮顯誠, 『毛澤東思想研究与探討』, 上海社會科學院出版社, 1989.

馮芸菲, 「孫中山憲政思想研究」, 中國北方工業大學 碩士學位論文, 2017.

國家統計局住戶調查辦公室, 『中國農村貧困監測報告 2016』, 中國統計出版社, 2016.

郭 祎, 「十年來≪實踐論≫·≪矛盾論≫研究述要」, 『党的文獻』, 2017 第5期.

韓洪洪, 「鄧小平"三步走"發展戰略研究述評」, 『鄧小平研究述評』(上冊), 2003.2.18.

韓振峰, 「習近平新時代中國特色社會主義思想的內在邏輯」, 『人民論壇』, 2017 第1期.

何 菁, 皇 黎, 『鄧小平的少年時代』, 党史博采出版社, 1997.

賀　瑞, 「列宁的改革思想和鄧小平的第二次革命」, 『內蒙古師大學報(哲學社會科學版)』, 1996.

胡鞍鋼, 『中國集體領導體制』, 中國人民大學出版社, 2013.

胡錦濤, 「堅持走中國特色的社會主義發展道路」, 人民網, 2012.12.23.

_____, 「提高社會主義基層民主政治建設水平保証基礎人民群衆直接行民主權利」, 人民日報, 2006年12月2日.

_____, 『高擧中國特色社會主義偉大旗幟爲奪取全面建設小康社會新胜利而奮斗: 在中國共産党第十七次全國代表大會上的報告』, 中國人民出版社, 2007.

_____, 『胡錦濤文選』(第3冊), 中國人民出版社, 2016.

黃斌昌, 「江澤民"三个代表"重要思想的形成與闡述探析」, 襄樊職業技術學院, 2002.

黃志高, 「第二次革命与中國現代化」, 『理論与現代化』, 1999.

紀萱華, 齊衛平, 「江澤民党建思想科學体系的特征探析」, 上海華東師范大學, 2000.

嘉　語, 「回憶江澤民同志在上海第二設計分局工作的有關情況」, 『党的文獻』, 2006.8.9.

江金權, 『深入學習實踐科學發展觀活動讀本』, 中國人民出版社, 2008.

江澤民, 「江澤民論有中國特色社會主義」, 求是網, 2016.8.31.

_____, 『論"三个代表"』, 中央文獻出版社, 2001.

_____, 『論科學技術』, 中央文獻出版社, 2001.

_____, 『江澤民文選』(第2冊), 中國人民出版社, 2006

_____, 『江澤民文選』(第3冊), 中國人民出版社, 2006.

_____, 『論"三个代表"』, 中央文獻出版社, 2001.

_____, 『論社會主義市場經濟』, 中央文獻出版社, 2006.

_____, 「江澤民考察中國社會科學院發表重要講話」, 『人民日報』, 2002.7.17.

姜艶英, 「全面從嚴治党需要不斷增强四自能力」, 『農家參謀』, 2017.

李　超, 「淺談孫中山憲政改革中的"直接民權"思想」, 『世紀橋』, 2013　第3期.

李　芳, 「樹立和落實科學發展觀推進我國經濟增長方式的根本性轉變」, 陝西省資本論研究會04年學術年會, 2004.10.1.

李建軍, 「中國与中亞的文化交流力建构」, 『中南民族大學學報』, 2013.1.20.

李君如, 「中國夢的意義, 內涵及辯証邏輯」, 『毛澤東鄧小平理論研究』, 2013　第7期.

李　龍, 「從韓國"干政門"看總統制危机」, 『新西部(理論版)』, 2017.

李其慶, 「法國學者托尼·安德烈阿尼批駁兩种否定中國特色社會主義的觀点」, 『当代世界与社會主義』, 2005　第4期.

李世平, 『中國現代政治思想史』, 四川人民出版社, 1985.

李松齡, 「和諧社會的經濟基礎」, 『吉首大學學報』, 2007.9.15.

李　貞, 李京澤, 「習近平天下爲公的天下情怀」, 人民日報(海外版), 2018.1.31.

列　宁, 『列宁全集』(第4冊), 中國人民出版社, 1995.

_____, 『列宁全集』(第7冊), 中國人民出版社, 1987.

_____, 『列宁全集』(第24冊), 中國人民出版社, 2014.

林建公, 「鄧小平的"改革是中國的第二次革命"的哲學思考」, 『理論學刊』, 2009.

林庭芳, 「從哲學認識論的視角論析改革是中國的第二次革命」, 『毛澤東思想研究』, 2009.

林躍勤, 周 文, 『新興經濟体藍皮書：金磚國家發展報告(2014)』, 社會科學文獻出版社, 2014.

劉妮楠, 「馬克思主義視域下中國生態文明建設思考」, 中國青年政治學院 碩士論文, 2014.

劉 琼, 「增强四自能力提高党的建設科學化水平」, 『傳承』, 2013.

劉蓉寶, 「"一國兩制"在港澳成功實踐對祖國統一大業的啓示」, 『湖南省社會主義學院學報』, 2005 第1期.

劉曉川, 「党的四自能力建設思想研究」, 湖南大學, 2015.

劉曉玲 외, 「增强"四自"能力:党高度的理論自覺和政治自信」, 『党史党建』, 2015 第1期.

_____, 「党的四自思想的理論品格與實踐价值」, 『求實』, 2016.

_____, 「略論增强党的四自能力思想的理論价值」, 『理論導刊』, 2014.

_____, 「增强四自能力党高度的理論自覺和政治自信」, 『湖湘論壇』, 2015.

盧國英, 『毛澤東思想原理』, 中國青年出版社, 1983.

陸 明, 「适宜制度, 經濟增長与發展平衡: 中國的大國發展道路及其世界意義」, 『學術月刊』, 2008 第6期.

羅來軍, 「改革開放：中國的第二次革命」, 『新華日報』, 2018.

馬光選, 「"改進型政党"建設:政党轉型与建設規律的新探索」, 『党建研究』, 2014 第6期.

馬克思, 恩格斯, 『馬克思·恩格斯全集』(第1冊), 中國人民出版社, 1995.

馬智宏, 「爲人民服務思想的普遍意義」, 毛澤東党建思想暨党的群衆路線理論研討會, 2014.1.4.

毛啓蒙, 「授權体制与分權形態："一國兩制"台湾模式的基本矛盾与若干問題再探討」, 『台湾研究雜志』, 2015 第4期.

毛澤東, 『毛澤東選集』(第1冊), 中國人民出版社, 1991.

_____, 『毛澤東選集』(第3冊), 中國人民出版社, 1991.

_____, 『毛澤東文集』(第7冊), 中國人民出版社, 1999.

_____, 『毛澤東著作選讀』, 中國人民出版社, 1986.

毛昭暉, 「集中力量辦大事: 中國式眞理」, 『廉政瞭望』, 2008 第7期.

梅榮政, 「改革是第二次革命-命題的形成及內涵」, 『學習月刊』, 1996.

孟慶義, 「朝鮮半島統一方案的設想」, 『東疆學刊』, 2001 第1期.

明 銳, 逸 峰, 『江澤民在上海1985-1989』, 上海人民出版社, 2011.6.

莫紀宏, 「論執政党在我國憲法文本中地位的演變」, 『法學論壇』, 2011 第4期.

莫志斌, 「習近平新時代中國特色社會主義思想的形成條件和時代价值」, 『湖湘論壇』, 2018 第4期.

聶 苗, 「增强四自能力的路徑研究」, 『福建党史月刊』, 2014.

歐陽榮華, 「試論中國第二次革命的含義」, 『宜春師專學報』, 1998.

潘紹龍, 潘 巍, 「試論构建和諧社會与科學發展觀的辯証統一性」, 『東南大學學報』, 2007.7.20.

逢錦聚, 「經濟發展新常態中的主要矛盾和供給側結构性改革」, 『政治經濟學評論』, 第7冊 第 2期, 2016.3.

漆 玲, 「習近平新時代中國特色社會主義思想研究」, 『理論与現代化』, 2018 第1期.

齊鵬飛, 「鄧小平關于香港問題的調査研究和"一國兩制"新思維的初步形成」, 『中共党史研究』, 2004 第4期.

錢 穆, 『中國歷代政治得失』, 北京：三聯書店, 2001.

錢淑萍, 「從轉變經濟增長方式到轉變經濟發展方式及其財稅對策思考」, 『江西財經大學學報』, 2008.7.25.

邵發軍, 「習近平"人類命運共同体"思想及其当代价值研究」, 『社會主義研究』, 2017 第4期.

沈寶祥, 「鄧小平理論科學体系研究述評」, 『鄧小平研究述評』(上冊), 中共中央文獻研究室, 2003.2.18.

宋毅軍, 「鄧小平解放戰爭時期軍事思想和實踐研究述評」, 『軍事歷史研究』, 2003.12.25.

蘇 偉, 「第二次革命与社會政治穩定」, 『求索』, 1994.

孫广軍, 朱建成, 「准确把握科學發展觀的本質和內涵」, 『理論學刊』, 2004.7.

孫顯元, 「第二次革命和第二次歷史性飛躍的開端和歷程」, 『江蘇大學學報』, 2011.

孫中山, 『孫中山全集』(第5冊), 中華書局, 1981.

_____, 『孫中山全集』(第6冊), 中華書局, 1981.

_____, 『孫中山全集』(第9冊), 中華書局, 1981.

_____, 『孫中山全集』(第11冊), 中華書局, 1981.

_____, 『孫中山選集』, 中國人民出版社, 1981.

檀學文, 李 靜, 「習近平精准扶貧思想的實踐深化研究」, 『中國農村經濟』, 2017.9.

湯麗芳, 陳若松, 「中國共産党對傳統文化的批判, 繼承与發展－－從中共歷届領導人觀念的 視角分析」, 『党史文苑』, 2015.1.12.

唐 峻, 羅 飛, 「鄧小平与中國_第二次革命」, 『求實』, 1997.

唐召云, 「論人的全面發展与全面建設小康社會」, 『湖南城市學院學報』, 2004.4.

完顔亮, 『三落三起鄧小平』, 党史博采出版社, 2014.2.5.

王春璽, 「鄧小平對建立中共中央總書記制与集体領導体制的貢獻」, 『政治學研究』, 2008 第 6期.

王 鐸, 「朝韓統一政策比較研究-以"一國一制"与"一國兩制"爲中心」, 延邊大學 碩士論文, 2008.

王恩興, 史曉珍, 「正确理解改革是中國的第二次革命」, 『錦州師院學報』, 1993.

王恒兵, 「当代中國馬克思主義大衆化問題研究」, 河南大學, 2011.

王洪模, 「鄧水平關于中國第二次革命的光輝思想」, 『中共党史研究』, 1994.

王 璐, 「科學發展理念中的"實踐"概念淺析」, 『學理論』, 2009.11.25.

王壽林, 「鄧小平對社會主義本質的科學揭示」, 『北京党史』, 2013.7.5.

王　希, 「淺論鄧小平"兩手抓,兩手都要硬"思想」, 『遼宁師專學報』, 2006.12.20..

王曉燕, 「新党情形勢下党加强"四自能力"建設路徑芻議」, 『中共杭州市委党校學報』, 2014.

王興嘉, 「論鄧小平關于改革是中國第二次革命的思想」, 『甘肅社會科學』, 1995.

王一琦, 「新時代增强党的四自能力建設研究」, 『知与行』, 2018.

王仲偉, 胡　偉, 「中國夢：大國崛起呼喚國家能力」, 『管理世界』, 2014 第1期.

王　琢, 「中國第二次革命的動因-論毛澤東時代的經濟遺産」, 『技術經濟与管理研究』, 1999.

韋其江, 「增强四自能力不忘從嚴治党初衷」, 『青海党的生活』, 2016.

吳　珍, 「强化四個自我保持党的純洁性」, 『兵團党校學報』, 2012.

奚洁人, 「第二次革命",需堅持正确方法論」, 『解放日報』, 2018.

習近平, 『在紀念毛澤東同志誕辰120周年座談會上的講話』, 中國人民出版社, 2013.

_____, 「我是黃土地的儿子」, 『全國新書目』, 2018年2月.

_____, 「在第十二屆全國人民代表大會第一次會議上的講話」, 中國人大网, 2013.3.17.

_____, 『習近平關于全面深化改革論述摘編』, 中央文獻出版社, 2014.

肖　飛, 「論毛澤東思想的理論創新」, 『求索』, 2010 第7期.

謝建平, 「四個自我与党的純洁性的辯証思考」, 『思想政治教育研究』, 2015.

謝　俊, 「毛澤東實事求是思想的形成, 發展及啓示」, 『華中農業大學學報』, 2008.

徐覺哉, 「國外學者論中國特色社會主義」, 『中國特色社會主義研究』, 2008 第3期.

徐　君, 「論鄧小平南巡講話的現實意義」, 『湘潮』, 2016.5.25.

許建春, 「對我國實施西部大開發的哲學思考」, 『理論探索』, 2004 第1期.

言浩杰, 「習近平全面從嚴治党思想中的自我革命論」, 『思想政治教育研究』, 2017.

楊　蘇, 「論中國共産党執政后第二次革命的必由之路」, 『党史文苑』, 2005.

姚　洋, 「中國道路的世界意義」, 『國際經濟評論』, 2010 第1期.

遊　嘉, 「淺析習近平新時代中國特色社會主義思想的形成過程」, 『中共伊犂州委党校學報』, 2018 第1期.

于　洪, 「簡論鄧小平的社會主義初級階段理論」, 『安徽文學』, 2008.5.15.

兪可平, 『全球化時代的社會主義』, 中央編譯出版社, 1998.

虞云耀, 「构建社會主義和諧社會若干問題」, 『中國監察』, 2005 第13期.

袁礼輝, 「試論中國第一_二次革命的關系」, 『銅仁師專學報』, 2001.

岳慧文, 「論毛澤東群衆路線理論的歷史發展過程」, 『党史研究』, 2015.6.

曾培炎, 『西部大開發決策回顧』, 中國党史出版社/新華出版社, 2010.

曾小林, 丁灵芝, 「鄧小平的留學歲月及其影響」, 『毛澤東思想研究』(第32冊), 第5期.

張愛芹, 沈秀敏, 「論鄧小平"三步走"的發展戰略思想」, 『山東社會科學』, 2001.7.15.

張昌彩, 「發揚自我革命精神 切實增强四自能力」, 『農業發展与金融』, 2017.

張鳳太 외, 「貴州少數民族地區自我發展能力探析」, 『都工工業學院學報』, 2013.1.

張國祚,『文化軟實力藍皮書:中國文化軟實力研究報告(2010)』, 社會科學文獻出版社, 2010.

張恒軍,「"北京共識"与"華盛頓共識"之比較: 一种中國模式与拉美模式的視角」,『当代教育論壇』, 2005 제4기.

張建霞, 王平貞,「增强党的建設四个自我能力」,『經濟研究導刊』, 2013.

張金鋸,「改革是中國的第二次革命-學習鄧小平文選第三卷的体會」,『運城高專學報』, 1994.

張　楠,「深入推進社會主義市場經濟体制改革－－讀鄧小平≪南巡講話≫」,『中國高新區』, 2018.3.20.

張瑞生,「改革是我國的二次革命」,『理論導刊』, 1992.

張式谷,「論当代中國的第二次革命」,『教學与研究』, 1993.

張澍軍, 張玉田,「論鄧小平"兩手抓,兩手都要硬"方針的哲學底蘊」,『東北師大學報』, 1997.3.23.

張順昌, 吳振宇,「孫中山民生主義思想的歷史演變」,『黔南民族師范學院學報』, 2008 第2期.

張順智,「論鄧小平改革是中國第二次革命的思想」,『山東省農業管理干部學院學報』, 2011.

張維爲,『中國震撼一一个"文明型國家"的崛起』, 上海人民出版社, 2011.

張文敏,「對党的純洁性建設与四个自我能力的若干思考」,『攀登』, 2014.

張曉剛,「鄧小平軍事思想探賾」, 西南師范大學, 2004.11.1.

張瀟爽,「習近平地方執政故事」,『人民論壇』, 2013.6.

張新洲,「從≪胡錦濤文選≫看科學發展觀的形成和發展」,『中共山西省直机關党校學報』, 2018.1.

趙國泰,「習近平從政生涯的八个片段」,『計策与信息』, 2010.12.1.

趙　玮,「習近平新時代中國特色社會主義思想對中國第二次革命的当代關照」,『濟宁學院學報』, 2018.

趙　宇,「供給側結构性改革的科學內涵和實踐要求」,『党的文獻』, 2017 第1期.

鄭學民,「中國道路引起世界格局和全球治理方式的歷史巨變」,『紅旗文稿』, 2014.10.20.

中共中央文獻研究室,『十三大以后重要文獻選編』(上), 中國人民出版社, 1991.

＿＿＿＿＿＿＿＿＿,『十四大以后重要文獻選編』(上), 中國人民出版社, 1996.

＿＿＿＿＿＿＿＿＿,『十四大以后重要文獻選編』(上), 北京人民出版社, 2000.

＿＿＿＿＿＿＿＿＿,『十四大以后重要文獻選編』(中), 北京人民出版社, 1997.

＿＿＿＿＿＿＿＿＿,『十五大以后重要文獻選編』(上), 中國人民出版社, 2000.

＿＿＿＿＿＿＿＿＿,『十七大以來重要文獻選編』(上), 中國人民出版社, 2009.

＿＿＿＿＿＿＿＿＿,『十七大以來重要文獻選編』(上), 中央文獻出版社, 2011.

＿＿＿＿＿＿＿＿＿,『十八大以來重要文獻選編』(上), 中央文獻出版社, 2014.

中央党校采訪實彔編輯室,『習近平的七年知青歲月』, 中共中央党校出版社, 2017.

鐘　實,「堅持對外開放基本國策促進一帶一路國際合作」,『時局』, 2017.11.

鐘万祥,「不斷增强党的四自能力永葆党的先進性和純洁性」,『理論導報』, 2013.

周漢民,「把中國的第二次革命進行到底」,『人民政協報』, 2018.

周金堂,「把增强"四自能力"作爲從嚴治党的重要抓手)」,『中國組織人事報』, 2014.12.5.

周　泉,「构建人類命運共同体：　新時代中國和平崛起的新實踐」,『党政干部學刊』, 2018 第3期.

周雪光,「從'黃宗羲定律'到帝國的邏輯」,『開放時代』, 2014 第4期.

朱秀英,「中國第二次革命的偉大開端：　紀念十一屆三中全會召開二十周年」,『德州師專學報』, 1998.

鄒永凡, 吳德勤,「論科學發展觀的人權意蘊」,『社科縱橫』, 2010.12.15.

Arif Dirlik, 呂增奎 譯,「重訪后社會主義：反思中國特色社會主義的過去, 現在和未來」,『馬克思主義与現實』, 2009 第5期.

Arif Dirlik, *Postsocialism? Reflections on Socialism with Chinese Characteristics*, Marxism and the Chinese Experience, 2000.

Barry Naughton, *The Chinese Economy : Transitions and Growth*, MIT Press, 2006.

David Shambaugh, *China's Communist Party: Atrophy and Adaptation,* University of California Press, 2008.

Fred Block, *Revising State Theory: Essays in Politics and Postindustrialism*, Philadelphia: Temple University Press, 1987.

Glenn D. Paige, *The Scientific Study of Political Leadership*, New York: The Free Press, 1977.

Gordon White, *Riding the Tiger: The Politics of Economic Reform in Post-Mao China*, London: MacMillan Press, 1993.

Ian Seckington, *China's New Leadership: The 'Fourth Generation' Bring Their Own Style of Leadership*, Journal of Communist Studies and Transition Politics, Vol. 19, No. 4, 2003.

John Naisbitt, 張岩 譯,『大變革：南环經濟帶將如何重塑我們的世界』, 吉林出版集團/中華工商聯合出版社, 2015.

John Thornton, *The Prospects for Democracy in China*, Foreign Affairs, no.1 2008.

Larry Diamond, *Elections and Democracy in Greater China*, Oxford University Press, USA July 2001.

Martin Jacques, *The Myopic Western View of China's Economic Rise*, Financial Times, Oct.23, 2014.

Martin Jacques, *When China Rules the World : The Rise of the Middle Kingdom and the End of the Western World*, Allen Lane, Jun. 2009.

Martin K. Dimitrov, *Why Communism did not Collapse: Understanding Authoritarian Regime Resilience in Asia and Europe*, Cambridge University Press, 2013,

Martin King Whyte, *Paradoxes of China's Economic Boom*, The Annual Review of Sociology, 2009.

Nat Weinstein, *In Response to Monthly on China*, Socialist Viewpoint, Vol 4, No. 8, Sep 2004.

Oskar Negt, *Modernisierungim Zeichen des Drachen China und der europaische Mythos der Moderne*, Steidl, 2007.

Peter Hugh Nolan, *China at the Crossroads*, Journal of Chinese Economic and Business Studies UK, Jan. 2005.

Rana Foroohar, *Why China Works*, Newsweek, Jan. 19, 2009.

Robert Lawrance Kuhn, 談崢 譯, 『他改變了中國－－江澤民傳』, 上海譯文出版社, 2005.1.

Samir Amin, *On China : 'Market Socialism' A Stage in the long Socialist Transition or Shortcut to Capitalism?*, Social Scientist, Nov－Dec 2004.

Stephen C. Angle, Must *We Choose Our Leaders? Human Rights and Political Participation in China*, Journal of Global Ethics UK, No.2 Vol.1 2005.

Thomas Heberer, *Reviewing of Several Problems of China's Development Model*. 『当代世界与社會主義』, 2005 第5期.

W. H. Tsai & N. Dean, *The CCP's Learning System : Thought Unification and Regime Adaptation*, China Journal, 2013.

Yoon-Jae Chung, *A Medical Approach to Political Leadership: An Chae-hong and A Healthy Korea*, Ph.D. dissertation, University of Hawaii, 1988.

Zbigniew Brzezinski, 潘嘉玢, 劉瑞祥 譯, 『大失控与大混亂』, 中國社會科學出版社, 1995.